남명학의 현장 권3

오이환

지은이 오이환

1949년 부산에서 출생하여, 서울대학교 철학과를 졸업하였다. 동 대학원 및 타이완대학 대학원 철학과에서 수학한 후, 교토대학에서 문학석사 및 문학박사 학위를 수여받았다. 1982년 이후 경상대학교 철학과에 재직해 왔으며, 1997년에 사단법인 남명학연구원의 제1회 학술대상을 수상하였고, 제17대 한국동양철학회장을 역임하였다. 주요 저서로는 『남명학파연구』 2책, 『남명학의 새 연구』 2책, 『동아시아의 사상』, 편저로 『남명집4종』 및 『한국의 사상가 10인—남명 조식—』, 교감으로 『역주 고대일록』 3책, 역서로는 『중국철학사』(가노 나오키 저) 및 『남명집』, 『남명문집』 등이 있다.

남명학의 현장 권3

1판 1쇄 인쇄: 2013년 09월 20일
1판 1쇄 발행: 2013년 09월 30일

지은이: 오이환
펴낸이: 홍정표
펴낸곳: 글로벌콘텐츠
등 록_제25100-2008-24호

공급처: (주)글로벌콘텐츠출판그룹
이 사_양정섭
디자인_김미미
편 집_노경민 배소정 최민지
기획·마케팅_이용기
경영지원_안선영
주 소_서울특별시 강동구 천중로 196 정일빌딩 401호
전 화_02-488-3280
팩 스_02-488-3281
홈페이지_http://www.gcbook.co.kr
이메일_edit@gcbook.co.kr

값 28,000원
ISBN 978-89-93908-84-8 94150
978-89-93908-81-7 94150(전5권 세트)

남명학의 현장 권3

오이환 지음

글로벌콘텐츠

머리말

나는 1987년 정월 초하루부터 일기를 쓰기 시작하여 오늘에 이르기까지 계속해 오고 있다. 그 이전에도 일기 쓰기를 시도해 본 적은 몇 번 있었으나, 대체로 그다지 오래 지속되지 못했다. 그 무렵 일기를 다시 써보게 된 계기는 너무 오래 전 일이라 지금으로서는 정확하게 기억해내지 못하나, 아마도 당시 내가 『孤臺日錄』이나 『端磎家曆日記』 등 선현들의 일기를 발견하거나 혹은 그 학술적 가치를 확인하여 학계에 보고한 것이 계기가 되지 않았을까 싶다. 그렇게 시작된 일기가 지금까지 25년이 넘는 세월동안 지속된 것은 그 무렵 이후부터 나의 일상생활이 점차 규칙적으로 되어 간 데에 근본 원인이 있는 듯하다. 오후 9시에 취침하여 오전 4시에 기상하는 것을 원칙으로 삼는 생활을 시작한 지로부터도 이미 20년 정도의 세월이 지난 것이다. 그러므로 아침 8시에 출근하기 전까지 네 시간 정도의 시간적 여유가 있는 셈이다.

이미 환갑을 넘겨 정년퇴직을 얼마 남겨두지 않은 이즈음, 나는 일기의 출판을 생각해 보게 되었다. 그것은 자신이 살아서 아직 사회적 활동을 할 수 있는 여력을 어느 정도 남겨두고 있는 시기에 그렇게 하지 않고서는, 장차 이 일기가 흐지부지 사라져 버리거나 자신의 의사와는 상관없이 내용이 변개될 가능성도 배제할 수 없겠다는 우려 때문이다. 그래서 재작년 11월에 『남명학의 새 연구』 출판을 위한 작업을 모두 끝내고 난 이후부터 일기의 정리 작업에 착수하였다. 처음 노트에 적기 시작했던 부분을 컴퓨터 파일로 옮겨 입력하고, 오래된 파일도 점검하기 시작했다. 이렇게 하여 대충 정리된 파일들을 작년에 어느 출판사로 보내 보았더니, 신국판 권당 500쪽의 형태로 한다면 약 20책의 분량이 되겠다는 회답이 있었다.

자신으로서는 매일 새벽에 그 전날의 일기를 적어왔고, 혹시 못 쓰게 되는 일이 있으면 다음 기회에 반드시 보충해 넣었으므로 빠진 날이 없을 것이라고 생각했지만, 파일을 정리하다보니 빠져 있는 부분을 몇 군데 발견하게 되었다. 그러나 그런 것도 후일 다른 파일을 통하여 빠진 부분이 들어 있는 걸 발견한 경우가 있으므로, 아마도 결락이 생긴 것은 파일의 복사 과정에서 생긴 하자가 아닐까 생각된다.

일기란 사적인 기록이다. 저명인사의 자서전이라 할지라도 그다지 팔리지 않는 경우가 많다고 들었는데, 저명하지도 않은 사람이 쓴 이 정도 되는 분량의 일기를 맡아서 출판해 줄 회사를 찾기가 어려운 것은 당연한 일이다. 또한 나로서는 남길만한 가치가 있는 내용으로 판단한 부분이라 할지라도 자신과 타인의 사생활을 세상에 노출시킨다는 것은 무척 염려스러운 점이기도 하다. 그래서 생각해 본 것이 일기 중 사적인 요소보다는 사회적 성격이 보다 많은 부분만을 발췌 편집하여 출판하는 것이었다.

그 중 첫 번째로 고려해 본 것은 나의 학문적 활동이다. 1987년은 남명학연구원이 설립된 다음해이고, 나의 남명학에 관한 연구 논문이 처음 출판된 해이다. 작년에 간행된『남명학의 새 연구』서문에서 공언한 바와 같이, 나는 이제 오랫동안 계속해 온 그 분야에 관한 연구를 접으려 하고 있다. 그러므로 자신의 연구 역정을 마무리 짓고 자신이 그 현장에 참여해 온 남명학의 연구사를 정리해 본다는 것은 그런대로 시의적절하고도 의미 있는 일이리라고 생각된다. 물론 나로서는 그때부터 남명학에 관한 연구나 그것을 위한 답사 및 문헌 수집을 시작했던 것이 아니고, 또한 남명학의 연구가 반드시 남명학연구원의 설립으로부터 시작된 것도 아니다. 그러나 대체로 말하자면 이 일기가 시작된 시점은 그 초창기에 속한다고 할 수 있다.

나는 이 책 속에 반드시 남명학에 관한 내용이 아닌 것도 다소 포함시켰다. 그러므로 이 책은 나의 학문 및 저술활동 일반을 포괄한 것이라고 할 수 있겠다. 그리고 이 책에 이어 나의 해외여행에 관한 기록 및 국내 여행과 등산에 관한 기록도 출판할 것을 계획하고 있다. 『남명학의 현장』의 출판에 즈음하여, 그 출판을 선선히 수락해 주신 (주)글로벌콘텐츠출판그룹의 홍정표 대표이사님과 재정적 지원을 통해 출판을 가능케 해주신 사단법인 남명학연구원의 조옥환 부이사장님께 심심한 사의를 표한다.

2013년 5월 24일

오이환

목 차

남명학의 현장 권3

1998년

1월

1 (목) 맑음

내 나이 오늘로서 쉰이 되었다. 知天命의 年代인 것이다.

어제 기사가 와서 인터넷을 학교의 홈페이지와 연결하는 작업을 하던 중에 내 E-메일 박스에 中國 鄭州市에 사는 程伊川의 후손 程德祥 씨로부터 영어로 된 인사 편지가 와 있는 것을 보았으므로, 오늘 그 답장을 써서 보냈다. 외국과의 사이에 E-메일을 주고받는 것은 이번이 처음인 셈이다.

오후에는 주로 대한철학회의 『철학연구』 제63집(1997년 12월 발행)에 실린 영남대 강사 白道根 씨의 논문 「鮮末 諸學派 儒學의 계승—서부경남 지방을 중심으로—」 및 경남대 宋甲準 교수의 「下廬 黃德吉의 철학사상」을 읽으며 카드화하였다.

3 (토) 맑음

종일 남명학연구원이 일본 小倉精神文化研究所를 통해 입수해 나에게 감정을 의뢰한 東洋文庫 소장 『南冥集』 두 종을 검토하였다. 하나는 문집 5권의 完帙인데, 아세아문화사에서 영인 출판한 釐正合集本과 기본적으로 같은 것이나 두 군데 다른 곳이 있었으며, 또 하나는 기유본 제2권의 散帙임을 확인하였다.

5 (월) 맑음

한국철학사상연구회의 대중지 『철학으로』 창간호에 실을 글 「주말 답사」의 집필을 다시 시작하였다. 정오 무렵에 사재명 군이 연구실로 찾아와 감정을 마친 전라남도의 조 씨로부터 입수된 『남명집』 이정합집본과 東洋文庫 소장 『남명집』 두 종을 복사 제본하기 위해 받아갔고, 함께 나동의 원궁가든으로 나가 돌솥밥으로 점심을 대접받았다.

6 (화) 맑음

「주말 나들이」라 제목을 바꾸고, 200자 10매 남짓까지 입력했다.

7 (수) 맑음

「주말 나들이」는 15매 남짓까지 입력하였다. 이것을 데이콤 등의 정보통신을 통하여 송달하도록 되어 있으므로, 거기에 가입해 있는 경제학과 장상환 교수에게 전송 방법을 문의해 보았으나, 내 컴퓨터에서는 순조롭게 이루어지지 않았다.

8 (목) 눈

오전 중 「주말 나들이」의 집필을 계속하여 臺灣 유학 시절까지 부분을 마쳤다.

9 (금) 맑음

밤에 서울의 을유문화사 측으로부터 전화를 받았는데, 내가 번역한 『중국철학사』의 第11刷를 인쇄하기 위해 인지를 발송했다고 한다. 해마다 판을 거듭하고 있지만 처음 몇 판 이후에는 500부씩 찍어 왔었는데, 이번에는 1,000부를 찍는다고 하며, 역자소개란의 나의 학위취득 사실 및 역자후기 난 후면의 追記 내용도 반영되었다고 한다.

10 (토) 맑음

오전 중 연구실에서 집필 중인 원고의 입력 작업을 계속하여 약 30매 정도에까지 이르렀다. 차도 없고, 뒷산의 눈길이 미끄럽기도 하여, 토요일 퇴근 버스를 타고서 일찌감치 집에 돌아와 하던 작업을 계속하고자 했지만, 웬일인지 복사해 온 파일의 원고가 어제 작업한 부분까지밖에 들어 있지 않아 더 이상의 입력을 포기할 수밖에 없었다.

12 (월) 맑음

원고의 입력 작업을 계속하였다. 을유문화사에 板權紙 1,000권분을 찍어 우송하였다.

13 (화) 흐림

「주말 나들이」의 집필을 계속하여 40여 매의 분량에 이르렀다. '京都 시절' 부분을 마치고서 마지막의 '귀국 이후' 부분에 들어갔다.

14 (수) 흐리고 저녁 무렵 부슬비

「주말 나들이」의 집필을 계속하여 45매 이상까지 입력하였다.

15 (목) 흐리고 아침 한때 부슬비

「주말 나들이」 전체 50매의 분량을 탈고하였다.

16 (금) 맑음

국립진주박물관을 가야유물 중심의 박물관으로부터 임진왜란 전문 박물관으로 그 성격을 바꾸어 새로 개관하는 것을 기념하여 개최된 '임진왜란과 진주성 전투'라는 주제의 국제학술 심포지엄에 참석하였다. 심포지엄은 오전 10시부터 오후 6시 무렵까지 개최되었는데, 진주박물관과 경상대학교 남명학연구소·일본 對外關係史硏究會의 공동주최 형식으로 열렸다. 그러나 사실상 본교 한문학과 교수들이 거의 전부 준비하다시피 한 모양이었다.

나는 집에서부터 걸어서 갔기 때문에 도착이 다소 늦어 진주문화원장의 축사가 끝날 무렵에 입장하였다. 오전 중에는 崔永禧 前國史編纂委員長의 기조연설 「임진왜란에 대한 몇 가지 의견」, 東京大學 교수 村井章介 씨의 발표 「임진왜란의 역사적 전제—日朝關係史를 중심으로」가 있었다. 會場은 계단식으로 된 박물관 강당이었는데, 黃壽永 前국립중앙박물관장, 재일교포 사학자 신기수 씨 등의 모습이 보였고, 지난번 남명학연구소의 발표회 때 낯이 익은 사람들 및 일본 대외관계사연구회의 회원인 듯한 일본인 젊은이들이 여러 명 눈에 띄었다.

회장에서 우연히 사재명 군을 만나 점심시간에는 그의 차를 타고서 근처 신안동의 남강 변으로 새로 이전 개관한 갑을가든으로 가 함께 점심을 들었고, 돌아와서는 새로 단장한 박물관의 구내를 둘러보았다.

오후에는 일본 共立女子大學 교수로서 임란사 연구의 권위자인 北島万次 씨의 「임진왜란과 진주성 전투」, 본교 역사교육과 金俊亨 교수의 「慶尙右道의 의병활동과 남명학파」, 소설가 鄭東柱 씨의 「진주성 전투와 논개」, 고려대학교 日文學科 崔官 교수의 「일본문학에 나타난 임진왜란의 영향」, 일본 大阪法科經濟大學 교수로서 현재 본교에 초빙교수로 와 있는 재일교포 吳滿 씨의 「壬辰倭亂以降의 韓日善隣外交에 대하여—雨森芳洲를 중심으로」라는 주제의 발표들이 있었다.

심포지엄이 끝난 후에는 중국음식점 桃園에서 있었던 리셉션에 참석하여, 김윤수·김준형, 신경남일보의 강동욱 기자, 부산대학교 사학과의 김강식 강사, 사재명 군 등과 한 테이블에 앉아 저녁을 들고 대화를 나누다가 돌아왔다.

19 (월) 맑으나 차가움

학교 컴퓨터의 부팅 속도가 때때로 늦어지는 문제가 아직 완전히 해결되어 있지 않을 뿐 아니라, 새로 장착한 한글 워드프로세서 최신판 소프트웨어인 한컴 오피스 97의 버그로 「南冥學關係既刊文獻目錄」에다 새 자료를 추가하는데 많은 애로점이 발생하였으므로, 다시 철학과 학생 중 컴퓨터에 밝은 사람을 불러 문제 해결을 시도해 보았지만, 근본적인 해결은 불가능하다는 것이었다.

「주말 나들이」의 퇴고를 계속하였다.

20 (화) 맑으나 차가움, 大寒

「주말 나들이」의 퇴고를 마쳤다.

21 (수) 맑음

오전 중 「주말 나들이」를 두 차례 더 퇴고하여 E-메일을 통해 한국철학사상연구회의 이현구 씨에게로 부쳤다.

교직원식당에서 점심을 든 후, 12시 45분발 우등고속버스로 부산으로 떠났다. 오후 3시부터 부산대학 정문 앞 송학식당에서 열리는 부산·경남·제주 지역에 거주하는 학자들을 중심으로 하는 새로운 철학회의 창립을 위한 제1차 준비위원회에 참석하기 위해서였다. 며칠 전 부산대 철학과에 근무하는 서울대 후배 최우원 교수로부터 연락을 받고서 참석을 약속했었기 때문이었다.

23 (금) 맑음

며칠 전 사재명 군이 연구실에 들러 남명학연구원으로부터 전해 준, 癸丑獄事가 있었던 다음해인 광해군 6년(1614, 甲寅) 10월 12일에 남해에 사는 學生 鄭穎達에게 내려진 『定運原從功臣錄券』을 검토하며 카드화하기 시작하였다. 아울러 그가 함께 복사하여 가져왔던 일본 東洋文庫 소장 『南冥集』이나, 전라도 보성에 사는 曺永哲 씨 소장 『남명집』 이정합집본도 정리하여 서가에 올려 두었다.

24 (토) 맑음

어제 보던 『定運原從功臣錄券』을 계속 검토하였다. 이 녹권에 대해 알아보기 위해 모처럼 도서관의 『국역 조선왕조실록』 CD를 통해 관련 사항들을 검색해 보고자 하였는데, CD와의 접속이 원만히 이루어지지 않아 도서관장인 행정학과 남궁근 교수 등의 도움을 받았으나, 어찌된 셈인지 나중에는 별 조작을 하지 않아도 하자는 있지만 그럭저럭 원하는 내용을 검색해 볼 수가 있었다. 정운공신이란 광해군 5년 3월 12일에 柳永慶의 獄事를 다스린 공으로 鄭仁弘 등에게 내린 勳號로서 인조반정 이후 勳籍에서 삭제된 것이다. 原從功臣이란 각 등급의 주장되는 공신 이외의 아들·사위·동생 그 밖의 수종자 등 작은 공이 있는 사람에게 주는 칭호이므로, 이 녹권을 받은 鄭穎達은 아마도 來庵의 일족이거나 문인이 아닌가 한다. 이 녹권에는 내암의 문인들을 비롯한 당시의 남명학파 인물들이 대거 수록되어 있다고 한다.

26 (월) 맑음

오전 중 철학과 재학생 중에서 컴퓨터에 밝은 학생을 불러 다시 한 번 내 컴퓨터의 도서관 CD롬 접속 불량 문제를 검토해 보게 하여 문제를 거의 해결하였다. 이 CD롬을 통해 『조선왕조실록』 광해군 5년 3월조의 내용을 다시 검토하였고, 예전에 내암 후손 집에서 수집해 둔 『十九功臣會盟文』은 바로 이 해 3월 12일에 있은 공신 책봉과 관련한 것이며, 당시 知製敎였던 淸陰 金尙憲이 그 글을 지었음을 알았다.

27 (화) 맑음

『十九功臣會盟文』과 『定運原從功臣錄券』을 통독해 보았다. 후자를 작성한 定運原從都監의 堂上은 그 성명 부분이 보이지 않지만, 전자에 보이는 칭호에 의해 李爾瞻과 朴楗임이 확인되며, 이 錄券에는 당시의 내암 문인, 혹은 남명학파의 인물들이 거의 망라되어 있음을 알았다.

28 (수) 맑음, 舊正

지난 1월 16일에 받아 온 『임진왜란 박물관 개관 기념 심포지움 자료집—임진왜란과 진주성 전투—』 중에서 東京大學 文學部 村井章介 교수의 논문 「임진왜란의 역사적 전제—日朝關係史를 중심으로—」를 새로 한번 다 읽고, 北島万次 교수의 논문 「임진왜란과 진주성 전투」도 훑어보았으며, 京都大學 文學部 國史研究室 編 『日本史辭典』(東京, 創元社, 1981 26版) 중에서 倭寇 등의 항목을 검토해 보았다.

『한국철학회소식』 통권 제14호(1998년 1월) 중에서 내가 일본 철학에 관한 주제의 논문을 발표하기로 되어 있는 98년 춘계정기학술발표회의 주제가 '철학사와 철학'이며, 5월 30일에 고려대학에서 개최될 예정이라는 것, 그리고 작년도 이 모임에서의 발표문은 금년 3월 중에 『철학』 별책 제4권으로서 발행될 예정임을 읽었다.

30 (금) 맑음

추석 연휴 전에 남명학연구원의 김경수 사무국장으로부터 하동군 읍내리에 살고 있는 이 연구원의 이사인 曺台和 씨가 소장하고 있는 『남명집』 이정합집본 8책의 감정을 의뢰받았었는데, 「주말 나들이」의 집필 등으로 바빠 검토하지 못하고 있다가 오늘 비로소 펼쳐 보았다. 검토해 본 결과, 이 판본은 문집 권5의 끝에 正祖의 賜祭文이 한 장 따로 인쇄되어 있으며, 문집 부분 권1의 앞에 붙은 목록 15板과 권3 '學記 上'의 제65·66판이 결락된 것 외에는 국립중앙도서관에 문집 부분만 소장되어 있는 것과 완전히 같은 판본이며, 別集 부분은 曺永哲本에서 따로 한 책으로 제본된 권1·2 부분이 결락되어 있고, 別集跋과 別集校正跋 5篇이 별집 제1책인 권3 끝에 위치해 있으며, 이 별집은 교정본이지만 권4·5·6이 한 책으로 제본되어 있고, 권9의 제19판 이하를 改板하지 않아 李玄逸 撰 墓喝銘略이 追入된 채로 있는 점이 특이했다.

밤에 서울대학생인 조중훈 씨로부터 집으로 전화가 걸려왔다. 김남두 교수로부터 위촉을 받아 전국대학의 철학과 및 철학 관련 연구소에 관해 조사를 하고 있다면서 남명학과 관련한 정보를 달라는 것이었다. 사단법인 남명학연구소의 사무국장과 경상대학교 남명학연구소의 소장에게로 공문을 보내 볼 것을 당부했다.

31 (토) 맑음

남명학연구원을 통해 근자에 입수한 새로운 『남명집』들에 관한 정보를 아직 발표되지 않은 「실증과 진실 (2)」에다 추가하기로 마음먹고, 이 논문을 다시 읽으며 수정하는 작업에 들어갔다.

2월

2 (월) 맑음

지난 토요일에 이어 「실증과 진실 (2)」의 검토를 마치고서, 결어 부분에 김윤수 씨와 그 부친 인산 김일훈의 신흥종교적 측면에 대한 주를 하나 삽입하였다.

오전 중 김경수 군과 사재명 군이 연구실로 방문하여 내가 부탁했던 『남명집』 曺永哲本 원본 및 국역 CD 롬 『조선왕조실록』에 실린 정인홍 관계 기사를 모아 두 권의 책으로 제본한 것의 복사물을 전해 주었다.

3 (화) 맑음

「실증과 진실 (2)」를 처음부터 다시 읽어 가며 두 번째로 수정·가필을 하고 있다.

4 (수) 맑음

논문 작업을 계속하여 제3절 끝까지 마쳤다. 이 논문에는 새로 발견된 『남명집』 이정합집본 계통 판본 3종에 대한 내용을 추가할 예정인데, 그 중 이 계통의 판본들 중 현존 최고본인 曺永哲本 가운데서 따로 한 책으로 제본되어 있는 별집 권1·2 부분은 부산에 산다는 남명학연구원의 이사 曺敬淳 씨가 복사를 한다면서 빌려간 지 두어 달이나 지났다.

이 며칠 사이에 김경수 국장을 통해 몇 차례나 전화 연락을 하여 조속한 시일 내에 반환해 줄 것을 요청하였지만, 이사를 하노라고 챙겨둔 짐 속에 들었는데, 그 이사가 장기간 지연되고 있어 어디에 들었는지 찾아내기 어렵다면서 지금까지도 돌려줄 생각을 하지 않고 있으므로, 나로서는 아직도 입수하여 검토해 보지 못하고 있으니 답답한 노릇이다.

5 (목) 맑음

종일 논문 작업을 계속하였다.

6 (금) 맑음

오늘부터 내일까지 광주 전남대학교 본부회의실 1층의 제1세미나실에서 열리는 금년도 한국동양철학회의 동계수련회 및 학술대회에 참가하였다. 제2학생회관 2층의 뷔페식당에서 서울에서 온 김충렬·이강수·안병주·조민환 교수와 우연히 만나 함께 점심을 들었다. 이번 학술대회의 주제는 '蘆沙學派의 唯理哲學과 그 倫理的 實踐性向'으로서, 오후 2시 무렵부터 전남대 정병련 교수의 사회로 제1부 발표가 시작되어, 고려대 김충렬 교수의 「溪南 崔琡民의 학문경향과 심성론」 발표와 전남대 명예교수 안진오 씨의 논평, 원광대 유명종 교수의 「大谷 金錫龜의 학문 연찬과 윤리적 성향」 및 성균관대 안병주 교수의 논평, 부산대 소남욱 교수의 「老栢軒 鄭載圭의 학파적 위상과 사상」 및 고려대 김형찬 씨의 논평이 있었고, 제2부는 강원대 조남국 교수의 사회로 동국대 배상현 교수의 「石田 李最善의 양면성: 이론과 倡義」 및 안동대 김용헌 씨의 논평, 정병련 교수의 「栗溪 鄭琦의 학통과 학술적 특성」 및 성균관대 조민환 씨의 논평이 있었고, 뒤늦게 도착한 경산대 박홍식 교수가 끝으로 「重軒 黃澈源의 涼議猥筆에 대한 辯護」를 발표하였다. 발표회가 모두 끝난 후 정기총회가 열려 연세대 이강수 씨를 이을 신임회장으로서 중앙대의 양승무 교수가 선출되었다.

이 모임에서 韓國孔子學會 회장인 동국대 송재운 교수 및 부회장인 한

양대 김병채 교수도 만났다. 내가 작년 초에 『孔子學』 제3집에다 기고하는 「실증과 진실 (2)」를 送稿한 이후 학회 측으로부터 아무런 연락도 받지 못했으니 어떻게 된 것이냐고 물어 보았더니, 금년 2월말이나 3월초에 간행할 예정이며 나의 논문도 반드시 실리게 된다는 것이었다. 나는 현재 이 논문을 『南冥學研究論叢』 제6집에 싣기로 하고 목하 수정 작업을 진행하고 있는 터인데, 양쪽 학회지에다 다 싣는 것도 무엇하고, 남명학연구원으로부터 받게 될 논문 집필료 200만 원의 문제도 있고 하여 내 입장이 좀 어렵게 되었다.

점심 식사를 한 장소에서 만찬이 있었다. 나는 원래 광주에서 하룻밤을 자고 내일 있을 鄭松江 및 奇蘆沙의 유적지 답사에도 참가할 예정이었지만, 마산에서 온 老栢軒 鄭載圭의 증손자이자 嗣孫인 鄭秉薰 씨가 밤중에 자신의 차를 운전하여 마산으로 돌아가는데, 나보고도 함께 돌아갈 생각이 있느냐고 물으므로, 정 씨 및 그 자형 되는 사람과 함께 셋이서 밤늦게 귀가하였다. 돌아오는 고속도로 위의 차안에서 몇 년 전 합천 쌍백의 老栢書舍에 있던 책과 고문서들을 도둑맞은 상태에 대해 물어 보았다. 내가 예전에 그 책들을 조사할 때 복사해 두었던 奇蘆沙 친필의 「納凉私議」 및 『澹軒手墨』 외에 간행된 문집 류들을 다수 도난당했고, 그 외의 필사본이나 고문서들은 대체로 남아 있는 듯하여, 차후에 기회를 보아 그것들을 다시 한 번 조사해 보기로 嗣孫 측과 합의하였다.

7 (토) 맑음

오후 5시 무렵까지 종일 논문 작업을 계속하였다. 이 작업에 꼭 필요하여 부산의 曺敬淳 씨에게 그가 연구원으로부터 빌려간 『남명집』 曺永哲本 別集 제1책의 반환을 요청하기 위해 내가 직접 전화해 보았다. 그러나 김경수 국장이 알려준 것은 그가 사장으로 있는 회사의 전화번호인 모양으로 본인은 아직 출근하지 않았고, 출근하는 대로 나에게 연락하게 해 주겠다더니 결국 아무 연락도 없었다. 김 국장을 통하여 세 차례, 내가 직접 한 차례 연락하였음에도 불구하고 아직도 모른 체하고 있으니

고약한 일이다.

을유문화사로부터 내가 번역한『中國哲學史』初版11刷 두 책이 부쳐져 왔다. 지난번에 내가 추가로 적어 보내 준 내용들이 '譯者後記' 및 '譯者略歷' 부분의 끝에 반영되었으나, 후자에는 여기저기에 잘못 인쇄된 것들이 눈에 띄었다.

9 (월) 맑음

종일 작업해서「실증과 진실 (2)」를 탈고하여, E-메일을 통해 남명학연구원의 천리안 주소로 부쳤다. 동국대 교무처장이기도 한 韓國孔子學會 회장 宋在雲 교수의 연구실로 전화하여, 전화를 받은 학생에게 이 논문은『남명학연구논총』제6집에 싣기로 확정되었으므로『孔子學』제3집에는 게재하지 말아 달라는 뜻을 전해 주도록 당부하였다.『남명집』曺永哲本의 별집 제1책을 복사한다면서 빌려가 여태 반환하지 않고 있는 부산의 曺敬淳 사장 사무실로 또 한 차례 전화하여 이번에도 부재중이며 지난 토요일에 내가 전화한 사실을 그가 알고 있음을 확인하고서, 다시 한 번 연락을 원한다는 말을 전해 달라고 말해 두었지만, 끝내 전화는 오지 않았다.

한국일본사상사학회의 회장인 경북대 宋彙七 교수로부터 어제 집으로 전화가 와서 내일 있을 이 학회의 모임에 참석할 것인지를 물었다고 하며, 오늘 다시 연구실로 전화해 왔으므로 참가할 뜻을 전했다.

10 (화) 흐림

충남 도고온천 한국콘도에서 열리는 韓國日本思想史學會 워크숍에 참가하기 위해 오전 아홉 시 시외버스 편으로 대전으로 향했다. 다시 버스를 갈아타고서 온양으로 갔다가, 거기서 시내버스로 갈아타고서 도고온천 한국콘도 앞에서 내렸다. 오후 네 시 가까운 시각이었는데, 회장인 경북대학교 국민윤리학과의 송휘칠 교수가 입구에서 대기하고 있다가 나를 맞아 713호실로 안내해 주었다.

우선 1층으로 다시 내려와 대중탕에서 온천욕을 한 다음, 거기에 모인 20여 명 정도의 회원들과 대화를 나누다가 이사회를 가졌고, 다음날 오전 2시 무렵까지 준비된 술과 고기 등을 들며 대화를 나누다가 714호실로 가서 취침하였다. 지난주에 전남대학교에서 만났던 안병주·정종 교수를 비롯하여, 고려대 한문학과의 심경호 교수, 서울대 종교학과 후배인 朴奎泰 박사, 단국대 일문과의 鄭瀅 교수, 경북대 일문과의 王泰雄 부교수, 전북대 사학과의 河宇鳳 교수, 영남대 철학과의 최재목 교수, 청주대 사학과의 민덕기 교수, 東京大 박사인 성균관대 강사 한예원 여사 등을 만났고, 일본 사람으로는 이미 진주에서 두 차례 만났던 惠泉女子學園大의 澤井啓一 씨, 荻生徂徠의 후손이라고 하는 山形縣立 米澤女子短期大學 荻生茂博 조교수, 한때 통일교 신자로서 합동결혼식에 의해 한국여성과 결혼한 부산 東義大學校 전임강사 關根英行 씨, 대구에서 온 원효를 연구하는 佐藤 교수, 하우봉 교수의 지도하에 근세의 한일관계사를 연구한다는 대학원생 한 명 등이 참가해 있었다.

12 (목) 맑음

학교에 나가 「실증과 진실 (2)」를 세 번째 퇴고하였다.

13 (금) 맑음

퇴근 무렵까지 「실증과 진실 (2)」의 세 번째 퇴고를 마쳤다.

16 (월) 맑음

오전 중 지난 2월 6일 전남대학교에서 있었던 한국동양철학회 동계수련회에서 받아 온 발표논문집 『蘆沙學派의 唯理哲學과 倫理的 實踐性向』을 다시 한 번 훑어보며 老栢軒 鄭載圭에 관한 내용을 카드화하였다.

오후에는 금년 5월 30일로 예정되어 있는 한국철학회 춘계발표회 '철학사와 철학: 한국철학의 패러다임 형성을 위하여'의 한 소주제로서 나에게 위촉된 「일본철학의 훈고적 전통과 사변적 전통」의 서론을 집필하기 시작했다. 이 논문은 3월 21일까지 완성해서 보내야 하며, 30분 발표 예정이라 200자 원고지 70~80매 정도의 분량이 적당할 것이라고 한다.

철학과 졸업생으로서 진주 시내에서 대명인쇄소를 경영하고 있는 박라권 군이 그의 일을 거들고 있는 후배 차영석 군을 데리고서 연구실로 방문해 왔다. 학과 사무실에 맡겨 두었던 『남명집』 曺永哲本을 가져가고, 인터넷의 전자우편을 통해 남명학연구원에 보냈던 내 논문 「실증과 진실 (2)」가 웬일인지 저쪽 컴퓨터에 제대로 뜨지를 않아 다시 디스켓으로 받아가기 위한 것이었다. 대명인쇄소에서 출판하고 있는 『남명학연구논총』의 제6집은 금년 3월경에 출판될 예정이라고 한다.

17 (화) 맑음

종일 작업하여 「일본철학의 훈고적 전통과 사변적 전통」 序言을 탈고하였다. 200자 원고지 약 13매의 분량까지 나아갔다.

18 (수) 맑음

'序言'을 마치고서 제2절 '일본중심주의와 사상적 習合性'의 집필에 들어갔으나, 그다지 많이 나아가지 못했다.

19 (목) 흐리고 한때 부슬비

「일본철학의 훈고적 전통과 사변적 전통」 제2절의 집필을 계속하여 약 23매 정도까지 나아갔으나, 역시 전공 분야가 아니라 자신이 없고 진도도 잘 나가지 않는다.

20 (금) 부슬비

연일 출근 직후부터 퇴근 시간까지 컴퓨터 앞에 달라붙어 「일본철학의 훈고적 전통과 사변적 전통」을 입력하고 있지만, 썼다 지웠다 하기를 계속할 뿐 별로 진도는 나가지 않는다. 30매 가까운 분량까지 나아갔는데, 원래 제2절은 '일본중심주의와 사상적 習合性'이라는 제목을 붙여 두었던 것이지만, 오늘 입력한 불교 부분까지로써 제2절 '일본주의'로 하고, 제3절은 神道思想을 중심으로 '사상적 습합성'이라 하여 이 양자를 두 절로 분리할까 하는 생각이 들었다. 종일 전자파를 쐬고 있으니, 오후부터는 머리가 어지럽고 가슴 부분도 편치 못했다.

21 (토) 흐림

오후 다섯 시 무렵까지 종일 작업하여 제3절 '사상적 習合性'을 입력하였는데, 이제 32매 남짓 되는 분량에 이르렀다.

23 (월) 흐림

종일 작업을 계속하여 37~38매 정도의 분량에 이르렀다. 이 부분의 내용과 관련되는『古事記』『日本書紀』등을 뒤적여 보았다.

며칠 전 영남철학회로부터 나를 이 학회의 이사로 위촉한다는 위촉장이 왔고, 오늘은 부산대학교 철학과로부터 내일 있을 국제철학회 준비위원회 3차 모임에 참석해 달라는 전화 연락이 있었으나, 참석이 불가하다는 의사를 전했다. 국제철학회의 창립준비위원장은 새 영남철학회 회장으로 선출된 부산 동의대학교 철학과의 강손근 교수이다. 지난주 18일 오후 4시에 예전에 1차 모임이 있었던 부산대학교 정문 옆 송학식당에서 준비위원회 2차 모임이 열렸는데, 나를 포함한 20여 명의 준비위원 중 여섯 명만이 참석하였고, 그 중 세 명은 부산대 교수였다고 한다. 나로서는 서울대 철학과 후배인 부산대 철학과장 최우원 교수의 전화 연락으로 1차 모임에 참석하겠다는 응답은 하였었지만, 그 후 회의가 이처럼 거듭될 줄도 몰랐고 자신의 생활을 접어두고서 부산까지 가서 참석할 만한 흥미도 느끼고 있지 못한 것이다. 내가 부회장을 역임한 바 있는 영남철학회에도 나는 아직 정식 회원으로 가입하거나 회비를 낸 적이 없으며, 부회장의 임기가 끝난 이후로도 계속 이사에 위촉되고는 있으나 한 번도 그 학회 모임에 참가한 적이 없다.

24 (화) 흐리고 때때로 부슬비

오후 내내 작업한 내용이 새로운 한글 오피스 97 워드프로세서의 오류로 말미암아 퇴근 무렵에 이르러 모두 삭제되어 버렸다.

25 (수) 흐림

종일 작업하여 제3절을 거의 마쳤으며, 원고지 약 45매 정도의 분량에 이르렀다.

26 (목) 맑고 포근함

종일 작업하여 제3절의 퇴고를 마쳤으며, 제4절은 '자유와 비판정신'이라고 이름 지었다.

27 (금) 흐림

어제에 이어 石田一良 編,『日本思想史槪論』근세 유학 부분을 읽었고, 제4절의 입력을 시작하였다.

28 (토) 흐림

오후 다섯 시까지 학교에 남아 논문 제4절의 입력과 수정 작업을 계속하였다.

3월

2 (월) 맑음

논문 작업을 계속하였다.

3 (화) 맑음

김경수 국장이 사재명 군을 통해 보내 준 남명학부산연구원이 작년

광복절에 거행한 『南冥曺先生追慕全國漢詩白日場詩集 卷一』을 훑어보았다.

경남도의원이자 연구원 이사인 曺贊容 씨가 금년에 개인출판 한 『1728년(영조4년) 무신사태 고찰』을 읽으며 그 내용을 카드화하고 있다. 조 씨는 1955년 합천 삼가에서 출생한 사람으로서 84년도에 동국대 국문학과를 졸업하였다. 무신란 당시 합천에서 기병한 曺聖佐의 후손이라 이 사건에 대해 꽤 정밀하게 기술하고 있어 참고할 가치가 있다.

4 (수) 맑음

3학년의 중국철학특강 첫 수업을 실시하였다. 이번 학기에는 지난 학기까지 교육대학원에서 두 차례 강의한 바 있는 『周易傳義大全』을 가지고서 下經 損卦부터 읽기로 하였다.

『1728년(영조4년) 무신사태 고찰』을 계속 읽으며 카드화하고 있는데, 이 책은 제법 준비가 철저하여 참고할 만한 것이다.

7 (토) 맑음

논문 작업을 계속하였다.

9 (월) 흐림

「일본 철학의 훈고적 전통과 사변적 전통」의 입력을 계속하여 제4절을 거의 마쳤다.

10 (화) 흐리고 다소 쌀쌀함

논문 작업을 계속하여 68매 정도의 분량에 이르렀다. 제5절은 제목을 '結語: 철학과 철학사'로 정했다.

점심 때 대학원 수업의 보조교재로 쓰기로 작정한 전남대 교수 文璇奎 씨 번역 『新完譯 春秋左氏傳』(서울, 明文堂, 1985 초판, 1993 4판) 上中下 冊의 내용을 검토하고서, 그 서문을 읽어보았다.

11 (수) 아침까지 부슬비 온 후 흐리고 쌀쌀함

논문 제5절 결론 부분의 집필을 시작하여 72매 정도의 분량에 이르렀다.

13 (금) 맑음

논문은 82매 정도 진척되었는데, 거의 탈고에 가까워졌다.

14 (토) 맑음

종일 『春秋』 隱公 元年 條를 읽었고, 오후 네 시부터 이 부분을 가지고서 대학원의 첫 수업을 실시하였다. 수업에서 다루는 교재는 『左氏傳』이지만, 나는 燕京學社의 十三經引得에 들어 있는 春秋三傳 經文을 가지고서 公羊 및 穀梁傳과 대조 검토하고 있다.

20 (금) 흐리고 추움

논문 작업은 거의 다 마쳐 간다.

21 (토) 맑음

오후 네 시 무렵까지 논문 「일본 철학의 훈고적 전통과 사변적 전통」의 입력을 계속하여, 마침내 탈고해서 이메일로 한국철학회에 전송하였다.

23 (월) 맑음

지난주 토요일에 탈고한 「일본 철학의 훈고적 전통과 사변적 전통」을 다시 한 번 퇴고하였다.

교내의 남명학연구소에서 오전 11시부터 인문대학 세미나실에서 중국 青島大學 교수의 강연회를 주최한 모양인데, 나에게는 아무런 연락이 없어 한문학과 및 이 연구소 조교에게 전화하여 알아보았다. 학외의 연구후원회 쪽으로는 일일이 안내장을 발송했으나, 학내에는 학장 및 인문대학 각 학과장에게로만 통보했다는 것이었다. 철학과 조교를 통해 학과장인 이성환 교수에게 알아보았더니, 그런 통보에 대해서는 아는 바 없다고 했다.

25 (수) 맑음

어제 복사해 둔 논문 두 부 중의 한 부는 한국일본사상사학회 회장인 경북대 송휘칠 교수에게로 부쳤고, 오늘부터 새로운 논문 「南冥과 陸王學」의 집필을 위한 카드 정리를 시작했다. 이 논문은 나의 은사인 서울대 철학과 李楠永 교수 회갑기념논문집에 싣기로 예약해 둔 것으로서, 금년 여름 방학이 끝나기 전까지 완성된 논문을 보내 주기로 되어 있다.

26 (목) 흐리다가 비

오후에는 새 논문을 위한 카드 정리와 아울러 「18세기의 강우학파」 제1절 戊申亂 부분에 관한 기술 내용을 근자에 읽었던 曺贊容 씨의 저서 『1728년(영조 4년) 무신사태 고찰』에 의거하여 일부 보충하는 작업에 착수하였다.

오후 3시에 인문대 세미나실에서 경남문화연구소 정기총회가 있었는데, 내가 감사보고를 하였다. 2년에 걸친 감사의 임기는 이로써 끝났다. 근자에 한국동양철학회로부터 이사 위촉장이 우송되어 왔었는데, 이로써 나는 이 학회 외에 영남철학회·공자학회·맹자학회 등 네 학회의 이사를 겸임하게 되었다.

27 (금) 흐림

「18세기의 강우학파」 무신란 부분 보완을 계속하였다.

28 (토) 흐림

戊申亂 부분에 대한 보충 작업을 마쳤다.

30 (월) 맑음

서울대 철학과의 김남두 교수로부터 다시 전화를 받았다. 내가 보낸 원고 「일본철학의 훈고적 전통과 사변적 전통」 중 결론 부분인 '철학과 철학사' 부분이 이번 봄 심포지엄의 주제와 관계가 깊으므로 이 부분을 좀 더 보완하여 상세하게 집필해 주었으면 좋겠다는 연락이었다.

31 (화) 맑음

한국일본사상사학회 회장인 경북대의 송휘칠 교수로부터 내 논문을 읽어보았다면서 그 내용을 칭찬하는 전화를 받았다. 송 교수는 경북대 퇴계연구소의 소장이기도 한데, 퇴계연구소와 본교의 남명학연구소가 매년 두 차례 정도씩 합동 학술발표회를 가지기로 일단 합의하고서 이 일을 추진 중이라고 한다.

4월

3 (금) 맑음

「일본 철학의 훈고적 전통과 사변적 전통」의 추가 및 보완 작업을 계속했다. 金南斗 교수의 요청에 따라 '結語 철학과 철학사' 부분을 보다 상세히 집필하고 있는데, 이 부분의 분량이 너무 많아졌으므로, 結語라는 전제는 떼어버리고서 독립된 한 節로 삼을까 한다.

4 (토) 맑음

논문의 입력 작업을 계속하였다.

6 (월) 흐림

「일본 철학의 훈고적 전통과 사변적 전통」 제5절 '철학과 철학사' 부분에 대한 보완 작업을 계속하였다.

7 (화) 흐림

정오부터 학과교수회의가 있었다. 오늘은 원래 사학과 교수들과 회합하여 지난번 철학과 교수회의 결정 내용에 입각하여 사학과와 철학과를 통합하여 학부제를 추진하기로 하고, 그 학부의 명칭을 정할 예정이었는데, 박선자 교수가 부산에서의 국제철학회 준비 모임에 참석하고 돌아와, 거기에 모인 철학교수들이 모두 학부제에 대해 부정적인 의견을 말하더라고 하며 이의를 제기하고 나와 새로 회의하게 된 것이다. 그러나 이미 결정한 내용이 있으므로, 그것을 뒤집기 위해서는 다시 전원일치의 합의가 필요하여, 박선자 교수의 보류 의견은 관철되지 못했다. 가칭 국제철학회 준비 모임에는 내가 한 번만 참석하고 이후로는 나가지 않았으므로, 본교와의 연락에 나 대신 박선자 교수를 택한 모양이었다.

8 (수) 오전 중 비 온 후 흐림

논문 제5절의 보완작업을 계속했다. 논문 분량은 이미 110매에 가까워져 오고 있다.

9 (목) 흐림

「일본 철학의 훈고적 전통과 사변적 전통」의 제5절 집필을 완료하고, 다시 한 번 전체를 통독하면서 퇴고한 다음, 퇴근 무렵 최종 원고를 이메일로 한국철학회에 송부하였다.

10 (금) 맑음

어제 퇴근 무렵에 이메일로 송부한 내 논문이 한국철학회에 도착되지 않고서 주소 불명으로 되돌아 왔으므로, 이를 서울대 및 데이컴 주소로 다시 보냈지만 둘 다 또 되돌아왔다. 그 중 데이컴 주소는 영문의 h자 하나가 빠져 있었으므로 이를 수정하여 따로 보냈고, 서울대로도 다시 보냈는데, 전화 연락해 본 결과 데이컴 것만 들어갔음을 확인하였다. 결국 서울대 주소도 아라비아 숫자의 1을 알파벳의 l로 착각한 때문임을 알았다.

11 (토) 맑고 무더움

어제 복사해 둔 수정된 논문의 원고를 한 부는 한국일본사상사학회 회장인 慶北大 宋彙七 교수에게 우송하고, 다른 한 부는 지난번에 자료를 빌려 준 본교 일어교육과의 權海珠 교수에게 전했다.

13 (월) 흐리다가 오후에 개임

경북대 송휘칠 교수로부터 전화가 걸려왔다. 내가 수정해 보낸 논문을 받았다면서 江戶 시대의 朱子學을 官學이라고 할 수 없다는 東京大學 尾藤正英 교수의 설을 소개하면서 이 부분에 대한 수정을 권하였다. 石田一良 編『日本思想史槪論』이나 京都大學 國史硏究室 編『日本史辭典』에는 모두 官學으로서 인정하는 記述이 있었지만, 귀가하여 石田一良 編『日本文化史槪論』을 들추어보니 거기에는 유학 부분을 尾藤正英 교수가 집필하였고, 송 교수의 말과 같은 설명이 있었다.

14 (화) 맑음

일본 儒學 중 林羅山과 관련된 부분들을 집중적으로 검토하며, 이미 완성해 둔 논문의 내용을 일부 수정하였다.

15 (수) 흐림

논문의 수정 작업 및 일본 유학과 관련한 尾藤正英 교수의 집필 내용에 대한 검토를 계속하였다.

16 (목) 흐림

오전 중『周易傳義大全譯解』升卦·困卦 부분을 읽었고, 오후에는 어제에 이어 石田一良 編『日本文化史槪論』(東京, 吉川弘文館, 1968) 第4編 중의 제22절 '封建社會と儒學'(尾藤正英)을 두 번째로 읽고, 이어서 23절 '日本硏究と西洋學術の受容'(伊藤多三郞), 24절 '學問の分化·普及と地域性'(今中寬司)을 읽었다.

17 (금) 흐리고 낮 한때 부슬비

한국일본사상사학회 회장인 경북대학교의 송휘칠 교수로부터 연구실로 세 차례 전화가 걸려왔다. 내일 있을 경북대 모임에 참석할 수 있는지를 묻고, 아울러 예문출판사로부터 간행할 예정인 『논쟁으로 본 일본사상사』의 유학 부분 번역을 나에게 의뢰하겠다는 말도 했다. 오늘 처음으로 이 학회의 회비를 텔레뱅킹으로 입금하였다.

20 (월) 맑음

송휘칠 교수에게서 다시 전화가 걸려왔는데, 서울의 예문서원으로부터 이마노이 쥰·오가와 토미오 공저인 『日本思想論爭史』(페리칸社)를 번역 출판할 예정이라면서, 나더러 14개 절로 되어 있는 그 책 중에서 유학 부분의 네 개 절 중 하나를 맡아 주었으면 한다는 것이었다. 일단 승낙은 하였지만, 이러한 출판사들에서는 한글 전용을 원칙으로 하고 있으나 나는 거기에 찬성하는 입장이 아니며, 학술용어나 고유명사를 모두 한글로 표기하는 것은 무리가 있다는 의견을 피력하였다. 송 회장은 필요한 곳에는 괄호 안에 한자를 넣으면 된다면서, 그 문제는 학회의 임원들과 더불어 다시 상의해 볼 것이라고 했다.

22 (수) 흐리고 때때로 부슬비

집에서 화장실에 갈 때는 조간신문이 아니면 『朝鮮王朝實錄』 國譯版 중의 鄭仁弘 관계 기사를 발췌 영인해 놓은 책을 들고 들어가 읽는데, 이제 「宣祖實錄」 부분은 거의 다 마쳤다.

25 (토) 흐리고 때때로 부슬비

岩波書店 刊 『日本思想大系』 28, 藤原惺窩·林羅山 편 가운데서 石田一良이 쓴 해설 「前期幕藩體制のイデオロギーと朱子學派の思想」의 일부 및 『朱子大全』 권78, 「名堂室記」를 읽고서 카드화하였다.

27 (월) 맑음

『日本思想大系』 제28책 가운데서 石田一良이 쓴 「前期幕藩體制のイデオロギーと朱子學派の思想」 및 藤原惺窩·林羅山의 사상에 관한 해설을 읽으며, 이미 집필해 둔 원고 내용의 일부를 수정하였다.

28 (화) 맑음

어제에 이어 石田一良이 쓴 「林羅山の思想」을 읽으며 논문 수정 작업을 계속하였다.

29 (수) 맑음

『日本思想大系』 제28책 가운데서 玉懸博之가 쓴 해설 「松永尺五の思想と小瀬甫庵の思想」 등을 읽으며 원고 내용 일부의 보완 작업을 계속하였다.

5월

1 (금) 비

그동안 수정 보완 작업을 계속해 온 「일본철학의 훈고적 전통과 사변적 전통」은 이미 발표일이 든 5월에 접어들었으므로, 주최 측의 준비를 위한 시간을 고려하여 오늘 오후에 이메일을 통해 한국철학회로 발송하였다.

4 (월) 맑음

한국일본사상사학회로부터 지난 4월 18일에 경북대 우당교육관 201호실에서 있었던 제2차 학술대회의 발표논문집인 『日本 近世思想의 再檢討』 및 공문들과 공동번역하기로 한 今井淳·小澤富夫 編 『日本思想論爭史』의 목차 부분 복사물이 부쳐져 왔다. 검토해 본 결과 나는 이 학회의 한글전용 집필 원칙에 동의할 수가 없다는 이유로 회장인 송휘칠 교수에게 전화하여 번역에 동참하지 않을 뜻을 밝혔다.

6 (수) 흐리고 낮 한때 부슬비

경북대학교 인문과학연구소에서 발행하는 『人文科學』 제11집(1997)에 실린 李樹健·李樹煥·薛錫珪·朴洪植 씨의 글들을 훑어보고서 이 논문들을 「南冥學關係旣刊文獻目錄」에다 추가하였고, 『日本 近世思想의 再檢討』 중 성균관대 李基東 교수의 논문 「근세 일본의 주자학 수용과 그 전개」도 읽어보았다.

지난 5월 1일에 한국철학회의 연구간사인 김영 군에게 수정된 「일본 철학의 훈고적 전통과 사변적 전통」을 이메일로 부치면서 회답을 요청한 바 있었으나 오늘까지도 아무런 응답이 없으므로, 다시 이메일로 회답을 독촉하였더니 이메일과 전화로 응답이 왔다. 그에 의하면, 나의 논문은 연세대학교 신규탁 교수가 논평을 맡을 예정이며, 내 논문이 포함된 대회보는 5월 18일자로 인쇄에 들어갈 예정이지만, 아직 수합되지 못한 원고들이 있으므로 20일까지는 더 수정을 가해도 될 터인데, 논평자에게는 지난 1일의 수정된 원고까지가 전달될 것이라 한다. 연세대 출신인 정병훈 교수에게 전화하여 알아보았더니, 신규탁 씨는 정 교수보다 3년 정도 후배로서 연대에서 석사까지를 마치고 東京大學에서 중국불교에 관한 논문으로 박사학위를 취득하였으며, 재작년쯤에 모교의 철학과에 부임하였다고 한다.

7 (목) 흐리고 때때로 부슬비 온 후 오후에 개임

『일본 근세사상의 재검토』 중 전북대 사학과 河宇鳳 교수의 논문 「朝鮮實學과 日本 古學의 比較研究 試論—교류사적 측면을 중심으로—」 및 서울대 종교학과 강사 박규태 씨의 「근세일본의 민중종교사상—石門心學과 마음(心)의 문제를 중심으로—」를 읽으며, 내 논문의 丁茶山 관계 부분에 보충 주석을 하나 추가하였다.

9 (土) 맑음

오전 11시부터 남명학연구원 상임연구위원회의가 있는지라 차를 몰고서 인사동의 부산교통주식회사 사장실로 갔다가, 장소를 시내의 음식점 한국시대로 옮겨 그 2층에서 열린 회의에 참가하였다. 오늘 회의에는 경북대학교에서 남명학에 관한 주제로 근자에 박사학위를 받은 鄭羽洛 씨가 처음으로 상임연구위원회의에 참가하였다. 나는 상임연구위원회의가 있는 줄로만 알고서 나갔었지만, 회의장에 도착해 보니 연구원의 이사나 德川書院·山川齋의 內·外任들까지 포함하여 서른 명 정도나 모여 있었다. 그것은 『신동아』 98년 5월호에 서울대 아동학과 교수(?)라고 하는 李順炯이라는 여자가 '한국의 종가 탐방' 시리즈 제5회로 「퇴계 이황 종가」라는 글을 쓰면서, 퇴계가 鄭逑와 더불어 입문하러 온 鄭仁弘을 받아들이기를 거절한 일화를 소개하면서, "퇴계에게 퇴짜를 맞은 정인홍은 후에 광해군 때 영의정까지 오르나 옥사의 장본인이 되고, 그를 문하생으로 받아들였던 남명 조식은 부관참시를 당하게 된다"는 어처구니없는 글을 발표하여 최근 논란이 되고 있음을 진주의 지방지를 통하여 알고 있었는데, 이에 대한 대책을 협의하기 위한 것이었다.

대체로 법적 대응을 하여 이 글을 쓴 사람을 서울대 교수직에서 해임되도록 만들어야 한다는 것이었다. 상임연구위원인 權仁浩 교수가 이미 金忠烈 원장의 위촉을 받아 『신동아』 6월호에 싣기 위한 반박문 초안을 작성해 왔으므로 그 내용에 대한 검토도 있었다. 나는 필자가 만약 국립대학의 전임교수라면 이 정도의 일로 직위가 해제되지는 않을 것이므로, 이 글의 근거가 된 퇴계 문중에서 발행한 鄭飛石의 『退溪小傳』 등 서적들의 발매금지 혹은 관련 조항 삭제 등 현실적으로 가능한 목표를 정해야 할 것이라는 점과 권인호 교수의 글 중에서 남명 및 來庵의 연보는 불필요할 뿐만 아니라 사실에 어긋나 말썽을 야기할 소지가 있는 부분들을 포함하고 있으므로, 삭제하는 것이 좋겠다는 의견을 제시하였다. 결국 권 교수의 글은 수정하여 김충렬 원장 및 나의 검토를 받아서 게재하기로 결론지어졌다.

이 회의가 끝난 후, 같은 장소에서 오후 세 시 반 무렵까지 상임연구위원회의가 개최되었다. 내 논문 「실증과 진실 (2)—「쟁점」 중 추가된 부분에 대하여—」가 실린 『南冥學研究論叢』 제6집이 이 자리에서 처음으로 입수되었다.

11 (월) 비

지난 토요일에 받아온 『南冥學研究論叢』 제6집(1998.5)에 실린 나의 논문 「실증과 진실 (2)—「쟁점」 중 추가된 부분에 대하여—」를 다시 한 번 통독해 보았다. 학문적인 글치고는 상대방의 자존심을 심하게 건드리는 말들이 적지 않지만, 논쟁으로서는 그런 대로 만족스럽게 씌어졌다는 감이 들었다. 김충렬 원장이 '發刊辭'에서 이 논총에 실린 글들에 대해 각각 간략한 언급을 하고 있는데, 나의 글에 대해서는 "역시 本院 常委인 吳二煥 박사가 「실증과 진실 (2)—쟁점 중 추가된 부분에 대하여—」 라는 글을 발표했는데, 이는 여전히 版本研究上의 문제 중 쟁점으로 남아있는 부분을 척결하려는 노력으로 學問의 論理的 正確性 못지않게 考證의 정확성이 얼마나 중요한가를 일깨워 주는 좋은 논쟁이라고 생각되어 本院의 學問的 태도를 대변해 주는 것 같아서 긍지를 느낍니다."라고 썼다. 또한 이번 호에는 내가 발굴하고 추천한 德溪 吳健의 친필로 된 『歷年日記』가 영인 자료로서 권말 부록에 실려 있다.

12 (화) 아침 한때 부슬비 내린 후 흐리다가 개임

어제에 이어 『南冥學研究論叢』 제6집에 실린 다른 사람들의 논문을 검토하였다.

14 (목) 맑음

『일본정치사상사연구』 앞부분의 '번역작업을 마치고서', '저자 후기', '영어판 저자서문'을 읽으면서, 내 원고의 丸山眞男 부분에 대한 주석을 추가하였다.

15 (금) 맑음

권인호 씨가 『新東亞』 지에 실린 서울대 교수의 글을 반박하는 글을 보내왔으므로, 지난번 남명학연구원 합동회의에서 결의된 바에 따라 그것을 검토하여 수정 의견을 붉은색 볼펜으로 적어 넣었다.

16 (토) 흐리고 때때로 부슬비

출근 즉시 구내 우체국에 들러 권인호 씨의 글 검토한 것을 등기속달로 필자에게 반송하였다.

19 (화) 맑음

대회보의 인쇄시기에 맞추어서 다시 수정을 가하여 완성한 「일본 철학의 훈고적 전통과 사변적 전통」을 최종적으로 한국철학회 연구간사인 서울대 철학과의 김영 군에게 이메일로 발송하였다.

22 (금) 맑으나 무더움

한국철학회 연구간사 김영 군으로부터 이메일로 보내져 온 내 논문의 교정된 원고를 검토하고서, 내 의견을 적은 회신을 역시 이메일로 발송하였다.

25 (월) 흐림

이번 주말에 있을 한국철학회 춘계학술발표회에서 발표할 나의 논문 「일본 철학의 훈고적 전통과 사변적 전통」 중에서 발표 시간 30분에 맞추어 읽을 부분들을 붉은색 사인펜으로 표시하는 작업을 했다.

29 (금) 맑음

내일이 한국철학회의 발표 날인데 오늘까지도 연세대 辛奎卓 교수의 논평문이 도착하지 않으므로 다시 전화 및 이메일로 연구간사인 김영 씨에게로 연락해 보았더니, 오후 2시 31분에 이메일로 논평문이 들어왔다.

30 (토) 맑음

아침 6시 10분발 첫 고속버스를 타고서 서울로 갔다. 11시 반 무렵에 강남고속터미널에 내려 전철과 마을버스, 택시 등으로 몇 차례 갈아타고서 발표장인 고려대학교 인촌기념관에 당도하였다.

오전의 기조발제 일정은 이미 끝나고서 오후 한 시부터 각 분과별 세미나가 있었는데, 나는 제2회의실에서 있었던 제2분과의 '동양철학 전통의 특징과 역사적 맥락'에 참석하였다. 고려대 이승환 교수의 사회로 한 주제 당 30분 발표, 20분 정도 토론의 예정으로 진행되었다. 먼저 동국대 인도철학과 이지수 교수의 인도철학에 관한 주제발표와 서울대 서정형 교수의 논평이 있었고, 그 다음 중국철학 분야에 관한 충북대 유초하 교수의 발표와 이화여대 이규성 교수의 논평, 세 번째로 일본 철학 분야에 관한 나의 발표와 연세대 신규탁 교수의 논평이 있은 다음, 건국대 성태용 교수가 한국의 다산 철학에 관한 주제를 발표하고 중앙대 유권종 교수가 토론하였다. 나의 발표는 대체로 호평이었던 것 같으나 토론자의 질문에 대해서는 시간의 제약 때문에 만족스런 답변이 되지 못한 듯한 느낌이었다.

6월

1 (월) 흐리다가 오후부터 비

지난 토요일 받아온 한국철학회 춘계발표대회보『철학사와 철학—한국철학의 패러다임 형성을 위하여—』가운데서 나의 논문「일본철학의 훈고적 전통과 사변적 전통」및 신규탁 씨의 논평문, 건국대 성태용의 「다산 정약용에 있어서 전통의 계승과 개혁」, 서강대 길희성의「철학과 철학사: 해석학적 동양철학의 길」, 성균관대 황희경의「馮友蘭의 철학사와 新理學」을 읽어 보았다.

2 (화) 비

『철학사와 철학』 중에서 황희경 논문에 대한 건국대 정상봉의 논평문 및 충북대 유초하의 논문 「明淸 실학의 개혁 지향과 현대중국의 전통」을 읽어보았다. 저녁 무렵에는 이번 한국철학회의 발표 논문 준비 관계로 책상 서랍에 오랫동안 방치해 둔 독서 카드를 새로 꺼내어 분류하기 시작했다.

이번에 서울에서 만난 이화여대 이규성 교수의 말에 의하면, 처음 건국대 정상봉 교수를 통해 연락 받았던 것과는 달리 서울대 철학과의 은사인 李楠永 교수 화갑기념논문집에 개재하기 위한 논문들은 이번 여름 방학이 끝날 무렵까지가 아니라 9월말까지 이 두 사람 중 한 사람 앞으로 보내면 된다고 한다. 나는 여기에 「南冥과 陸王學」이라는 논문을 기고하기로 약정되어 있으므로, 이제부터 그 논문 집필을 위한 준비를 해야 한다.

3 (수) 맑음

나의 기왕의 논문 「실증과 진실 (2)」 및 「남명의 儒道思想 비교연구」를 다시 일부 읽어보았다.

5 (금) 맑음

카드 정리를 대충 마치고서 오후부터 李楠永 교수 화갑기념논문집에 기고하기 위한 논문 「南冥과 陸王學」의 집필을 시작하였다.

8 (월) 맑음

오후에는 「남명과 육왕학」의 서론 부분 집필을 계속하여 원고용지 7~8매 정도의 분량에 이르렀다.

후배인 부산대 철학과의 최우원 교수로부터 연구실로 또 전화가 걸려왔다. 이번 주 토요일에 부산대학교에서 大同哲學會로 이름을 정한 前 국제철학회(가칭)의 창립총회 및 제1차 학술발표회가 있으므로 꼭 와 주었으면 좋겠다는 것이었지만, 그날 오후에 대학원의 마지막 수업이 있어 참석할 수 없다는 뜻을 전했다. 내가 첫 모임에 간 이후 그동안 여러 차례 있었던 준비 모임에 계속 참석하지 못했던 까닭에, 나 대신 최 교수와는 같은 프랑스 유학의 경험이 있는 박선자 교수가 우리 대학을 대표하여 회의에 참석하고 이번에 논문 발표도 하는 모양이다.

밤에는 대진대학교 철학과 교수이며 남명학연구원 상임연구위원인 권인호 씨로부터 전화를 받았다. 지난번『신동아』기사 사건은 문제의 글을 쓴 서울대 여교수가 같은 잡지 6월호에 사과성의 발언을 포함하여 남명 및 그 淵源 48家에 관한 글을 실었다고 하며, 내가 교정 의견을 적어 보낸 권 교수의 기사는 김충렬 원장 등의 주선으로 톤을 다소 누그러뜨린 형태로 다음 호에 실릴 예정이라고 한다.

9 (화) 비

새한철학회로 이름을 바꾼 과거의 영남철학회로부터 그 기관지인『철학논총』제14집 투고논문 심사 의뢰가 왔는데, 인도불교 사상에 관한 주제여서 전공이 다른 내가 어떻게 심사해야 할 것인지 당혹스러웠다. 나는 이 학회의 회원으로 가입한 적이 없고 회비를 낸 적도 없는데, 지난번 신귀현 회장 때는 나를 부회장으로 임명하더니 그 후 두 차례 회장이 바뀐 이후로도 계속 이사의 직책을 위촉해 오고 있다. 수락 여부에 대해 아무런 반응을 보이지 않았더니, 이와 같은 사람을 잘못 찾은 심사 의뢰가 계속 오고 있는 것이다. 일단 편집위원장인 경성대 철학과의 전영갑 교수에게 전화를 걸어 반송할 뜻을 전해 두었다.

나는 이미 국내의 한국철학회·철학연구회·대한철학회·한국공자학회의 평생회원이고, 한국동양철학회 이사, 남명학연구원의 상임연구위원이며, 일본의 京都大學中國哲學史硏究會·日本中國學會·東方學會의 회원이므로, 이즈음과 같은 IMF 시대에 해마다 해외로 보내야 하는 학회비만 하더라도 적지 않아 국외의 학회는 좀 줄일까 생각하고도 있는 터이다. 그런데 이미 영남지역에만 해도 세 개의 종합적 성격의 철학회가 생겨 있고, 계속해서 갖가지 명칭의 학회가 자꾸만 생겨나면서 본인의 의사도 묻지 않고서 가입 신청한 적이 없는 사람을 회원으로 끌어넣고 있다. 인간관계상 냉정하게 끊기도 무엇하여 그냥 있자니 마치 신문을 강제구독 당하는 것 같은 느낌이다.

10 (수) 맑음

엊그제 권인호 교수의 전화로 서울대 소비자아동학부의 李順烔 교수가 『新東亞』 6월호에다 같은 잡지 지난달 호에 연재한 '한국의 宗家 탐방' 시리즈 제5회 퇴계 편 가운데서 남명 및 남명학파에 관해 잘못된 기사를 썼던 점을 사과하고 그 제6회로서 남명 편을 집필하여 게재했다는 말을 들었으므로, 출근하는 길로 구내 서점에 들러 그 글을 읽어보았다. 「불의에 항거한 남명 조식 48家」라는 제목으로 되어 있었는데, 그 가운데도 사실을 잘못 인식한 내용들이 있었지만, 전체적으로 보면 자신의 오류를 반성하고 이를 시정한다는 태도가 나타나 있었다.

남명학연구원의 김경수 사무국장과 연락하여 권인호 씨가 『신동아』 7월호에 싣기 위해 수정해서 김 국장에게 보낸 5월호의 글에 대한 반박문을 팩스로 다시 전송해 받고, 『南冥院報』 제10호(1998.5.30)가 도착하였다.

이제 김 국장과의 통화 내용 가운데서 김윤수 씨가 또 다시 내 논문에 대한 반박문을 쓰겠다고 김 국장에게로 연락해 왔었다는 말이 있었으므로, 작년의 상임연구위원회에서 논의한 바대로 김 씨의 글은 이후 연구원에서는 접수하지 않는 것이 좋겠다는 의견을 말하였다. 김 씨의 발언이나 글은 학술적인 것이라기보다는 인신공격적인 것이며, 몇 해 전 서울에서 열린 남명학 국제학술회의 때 내 논문의 논평자로서 초청하여 반론할 기회를 주었음에도 불구하고, 당시 역시 욕설에 가까운 감정적인 발언들로 모임의 분위기를 해치고 타인의 인격을 모독했었기 때문이다.

11 (목) 흐림

권인호 교수가 남명학연구원으로 보내 온 『신동아』 7월호 기고문 「남명학파에 대한 400년간 지속된 진실의 왜곡날조에 대한 변무(辨誣)—남명 조식과 내암 정인홍에 대한 글을 중심으로—」를 검토해 보았다. 지난번 원고보다는 문장이 훨씬 잘 다듬어져 있고 내용도 비교적 온건하며, 내가 지적한 사실 면에 있어서의 오류도 모두 시정되어 있었다. 문법적으로 조금 부적절한 곳도 없지는 않았지만 이 정도면 게재해도 되겠다는 생각이 들었다. A4용지 16매나 되는 장문인데, 다만 그 중 13페이지 하단의 來庵 鄭仁弘 연보 중에 "69세 때에 스승인 남명의 수고를 수집하여 문집인 『남명집』(갑진본)을 그의 집과 가까운 해인사에서 간행하는 것을 주관하였다. 이 때 쓴 「발남명집설」에서 회재와 퇴계를 중종 말년과 명종 때의 출처문제 등으로 비판하였다"라는 구절이 있었다. 이것은 현재 김윤수 씨와 나 사이에 시비가 되어 있는 『남명집』 판본 문제 가운데서 초간본이 갑진본이며 내암의 序跋은 초간본 간행 당시부터 문집에 첨부되어 있었다는 김윤수 씨의 설 그대로여서 놀랐다.

김경수 사무국장에게 전화하여 권 교수와 즉각 연락해서 이것이 단순한 실수인지 혹은 권 교수의 견해인지를 물어보게 했다. 퇴근 직후 김 국장에게 다시 전화하여 그 결과를 물었는데, 권 교수는 『來庵集』을 참조하여 연보를 작성한 결과 그렇게 되었는데, 고의가 아니었으므로 곧바로 『신동아』 측에 연락하여 이 부분을 수정하겠다고 하더라는 대답이었다. 13일경에 인쇄에 들어갈 예정이라고 하니 시간이 촉박한데, 이번의 권 교수 글은 남명학연구원 측의 공식 입장을 대변하는 것인 만치 많은 사람들이 주목할 것이며, 만약 이것이 권 교수의 학문적 의견이라면 어쩔 수 없는 것이겠거니와 그렇지 않다면 나의 학설이 연구원 내에 있어서도 지지를 받지 못하고 있다는 것을 만천하에 공개하는 결과가 되어 나의 학문적 입지가 취약해지는 셈이 되므로, 반드시 그 오류를 시정해야 한다는 의견을 다시 한 번 전달하게 했다. 이번에 나온 『南冥院報』 제10호에도 김경수 국장이 이순형 교수의 글과 관련하여 그 오류를 지적하고 이를 해명하는 내용의 「공개질의서」가 실렸는데, 사리에 맞고 정당한 지적이었다.

12 (금) 맑으나 밤에 부슬비

중국학연구회 회원인 현직 중국학 교수 26인이 공동으로 지은 중국에 관한 수필집 『중국이 보인다』(서울, 일빛, 1998.6)를 읽었다. 어제 신문을 보고서 구내서점에 주문하여 산 것인데, 서문에 의하면 이 책은 "작년 1월 중국학 연구회 총회가 끝난 연회석상에서 조회환 회장을 비롯한 몇몇 교수들이 이 작업에 대한 이야기를 꺼냈고 모두들 적극적으로 이 작업에 찬성"하여 이루어진 것이라고 한다. 曺淮煥 교수는 남명학연구원 상임연구위원이기도 하므로 나와도 잘 아는 사이인데, 대체로 집필자들은 한국외국어대학교 중국어과의 현직 교수이거나 그 출신자들이 많은 듯했다. 그 중 내가 이름을 알고 있는 사람들의 글부터 읽기 시작했다.

16 (화) 맑음

지난 일요일에 받아 온 향토문화사랑회의 기관지 『鄕土文化』 제10집(1998)을 읽어보았다. 이 모임은 88년 2월 7일 합천군 쌍책면 성산리의 옥전고분 답사를 시작으로 지난 98년 4월 12일 전남 벌교·고흥반도에 이르기까지 10년간 79차의 답사를 거듭해 왔는데, 이번 10주년 기념호에는 나의 논문 「南冥의 儒道思想比較硏究」 및 사재명 군의 「南冥門人의 연구동향에 관한 고찰—『德川師友淵源錄』을 중심으로—」가 실려 있다. 사 군의 글 속에는 내가 아직 조사하지 못한 남명학 관계 연구 성과들도 소개되어 있었으므로, 그것들을 나의 「南冥學關係旣刊文獻目錄」에다 추가하였다.

17 (수) 맑음

모처럼 다시 「남명과 육왕학」 서론 부분의 입력을 계속하였다.

18 (목) 맑음

『南冥學硏究論叢』 제4집에 실린 울산대학교 손영식 교수의 논문 「남명 조식의 주체성 확립 이론과 사림의 정신 (1)」 중에서 양명학 관계 부분을 읽어보았다.

19 (금) 부슬비

손영식 교수의 논문을 처음부터 다시 한 번 정독해 보고 난 뒤, 「남명과 육왕학」 서론의 일부를 입력하였다.

22 (월) 맑음

논문 작업을 계속하여 '序言' 부분의 입력을 마쳤다.

오후에 국민윤리교육과의 손병욱 교수로부터 전화 연락이 있었는데, 손 교수의 고향인 산청군 南沙 마을에 시골집이 하나 났으므로 나더러 구입할 의사가 있는지를 묻는 것이었다. 손 교수를 비롯하여 본교 교수들 중에는 시골에 별장을 마련해 두고 있는 이들이 꽤 많으며, 손 교수는 전부터 나에게도 하나 마련하도록 권유하고 있었으므로, 적당한 곳이 눈에 띄면 알려 달라고 말해 둔 바가 있었다.

알고 보니 내 논문에 沙隱本으로 언급된 『남명집』의 소장자가 살고 있던 집으로서, 예전에 내가 자료 수집 차 한번 방문한 적이 있었다. 부산 가야로 이주해 살고 있던 그 아들 이일상 씨는 근자에 암으로 별세하고, 이일상 씨의 장남은 부친 생전에 사업에 실패하여 가산을 탕진하였으므로, 현재 이 집의 명의는 이 씨의 처남 앞으로 되어 있으나 실제로는 이 씨 부인이 소유권을 행사하고 있다 한다. 남사 마을에 거주하는 대리인 오판조 씨와 전화 연락하여 문의해 보았는데, 대지는 모두 480평이며 평당 25만 원에 팔려고 하나 교섭에 따라 값이 내려갈 수도 있을 것이라 한다. 철학과 교수 중에 시골에 땅을 가지고 있는 정병훈·권오민 교수댁에 전화하여 가격이나 그들의 생각은 어떤지 물어보았고, 내일 오전 중에 한번 남사를 방문하기로 오 씨와 합의하였다.

23 (화) 맑음

아침 출근 시간에 아내와 함께 우리 차를 몰고서 출발하여 남사 마을을 방문하였다. 먼저 조선의 태조가 그 부마이자 개국공신인 성주이씨 景武公에게 내린 教書 비석 부근에 있는 중개인 오판조 씨 댁으로 가서 집문서를 보고 대화를 나누었다. 沙隱 李龍洙의 고택인 이 집은 현재 그 嗣子인 李一相 씨의 처남 이태진 씨 명의로 되어 있는데, 垈地 488평이었다. 그 嗣孫인 병무 씨가 사업에 실패하여 부산시 부산진구 가야동 3의 16번지에 있던 가야목욕탕과 그에 딸린 집도 이미 처분하였고, 일상 씨의 둘째 아들인 병갑 씨도 근년에 교통사고인가로 죽었으며, 일상 씨는 집안의 몰락으로 말미암은 충격으로 하여 약 5개월 전에 암으로 사망하여 현재 이 부근 立石里에 있는 선산에 묻혀 있다고 한다.

가야목욕탕은 부산진구 범천4동 1090번지의 우리 옛집과도 비교적 가까운 위치에 있어 그의 소유가 되기 전에 우리 가족들이 종종 이용하던 곳이었으며, 『남명집』 沙隱本은 그의 사촌인 본교 교육학과 李壬相 교수의 소개로 내가 伽倻洞 댁을 방문하여 그 벽장에서 발견한 것이었다. 이러한 나와의 인연으로 말미암아 그는 이후 경상대학교 남명학연구소 후원회 및 남명학연구원에도 관여하고 있었고, 그런 까닭에 근년에도 모임에서 나와 만난 적이 있었다. 남사 마을 집터의 사실상 소유권자인 그 부인은 재취로서 진주 士谷里(사실)의 河 씨 문중 사람이라고 한다.

오판조 씨의 안내에 따라 沙隱古宅을 둘러보니 景武公 不祧廟 바로 뒤편으로서 이 마을 한가운데에 위치해 있는데, 돌과 흙을 섞어 만든 담장이 거의 완전하게 남아 있고, 맞배지붕의 대문도 우람하였으나, 그 내부는 이미 사람이 살지 않은지 오래되어 거주할 만한 건물은 남아 있지 않았다. 아내나 나나 별장을 마련하기에는 이상적인 곳이라는데 의견이 일치하였지만, 이것을 구입한다 할 경우 앞으로 엄청 많은 시간과 정력 및 돈을 투입해야 할 터인데 모든 면에서 우리에게 그 정도의 여유는 없겠다고 판단했다.

오후에는 논문 제2절 '退溪와 南冥'의 입력을 시작했다. 남명학연구원의 김경수 사무국장에게 전화하여 士谷 宅 및 이태진 씨의 부산 연락처 전화번호를 알려 주고서, 그들을 통해 『남명집』 사은본의 행방을 탐문해 보고 그 문헌이 아직 유실되지 않았다면 연구원이 그것을 구입해 두는 것이 좋겠다는 의견을 말했다.

24 (수) 비

울산대 손영식 교수의 논문 중 제2절 부분을 다시 정밀히 검토하며 내 논문의 서론 부분을 수정하였다.

25 (목) 비

어제의 작업을 계속하였다. 제2절의 제목을 '南冥과 退溪'로 고치고서 『光海君日記』의 晦退辨斥 부분을 입력하였다.

27 (토) 비

지난주에 이어 「남명과 육왕학」 제2절 중의 陳建 『學蔀通辯』과 관련된 부분, 『論語』 先進篇의 四科와 관련된 부분을 관계 문헌들을 참조해 가며 수정 입력하였다.

29 (월) 맑으나 무더위

『學蔀通辯』을 다시 한 번 검토해 보고 있다.

30 (화) 흐리고 때때로 부슬비

『學蔀通辯』의 검토를 마친 다음, 논문 제2절의 입력을 계속하였다.

7월

1 (수) 흐리고 부슬비

종일 논문 작업을 계속하여 『光海君日記』에 보이는 南冥과 來庵을 陸王學과 관련 지워 언급한 기사들에 대한 입력을 마쳤다. 집에서 매일 화장실에 갈 때 들고 가서 읽는 『朝鮮王朝實錄—來庵 鄭仁弘先生 關聯 史料 宣祖6년(1572)~顯宗13년(1671)—』의 上卷을 모두 읽었다.

2 (목) 흐리고 밤 한때 비

오후 세 시 무렵부터 덕천서원에서 초청강연회가 있었다. 제1주제는 퇴계학연구원장인 安炳周 前 성균관대 교수가 「퇴계학연구원의 과거·현재·미래」라는 것을, 제2주제는 강원도 원주에 사는 향토사가로서 남명 문인인 성암 김효원의 직손되는 金鎬吉 씨가 「四色黨爭의 초기 상황」이라는 내용으로 강연하고 이에 대한 토론이 있었다. 첫 번째 모임으로서는 제법 많은 사람들이 모여 서른 명 정도는 될 것 같았다. 김충렬 연구원장을 비롯한 상임연구위원 전원은 물론이고, 전국 각지로부터 사람들이 참가하였으며, 경북대 한문학과 교수로서 내가 처음 중국을 여행했을 때 동행한 바 있었던 金時晃 씨도 와 있었다. 서원 측에서는 이 모임을 위해 개와 돼지를 잡아 제법 성대한 음식을 준비해 두고 있었다. 중국 山東大 文學院 교수로서 山東大學 書畫院 부원장이기도 한 王培源(培元) 교수 및 『韓國古文書集成』 작업 관계로 나와는 구면인 한국정신문화연구원의 박병련 교수도 참석해 있어, 그들과 함께 洗心亭 등에서 밤늦게까지 대화를 나누다가 한 시 무렵에 취침하였다.

3 (금) 맑으나 무더워

덕천서원에서 오전 10시 무렵부터 남명학 발전을 위한 자유토론이 있었다. 점심 식사를 마친 후 덕산 일대의 남명선생 사적지 답사를 하였는데, 내가 안내 및 설명을 맡았다. 이 모임은 2박 3일 일정으로 진행되며,

오늘 및 내일부터 참가하는 사람도 있는데, 나는 내일 대학원 수업도 있고 하여 산천재 입구에서 일행과 작별하고서, 수곡면 소재지 쪽을 경유하여 학교로 돌아왔다.

4 (토) 맑으나 무더워

이번에 덕천서원에서 내암 후손 정기철 씨로부터 얻어 온 교육부 발행 고등학교 국사 교과서(上下 2권)의 복사물 중 하권 제1장 '근대사회의 태동' 중 제4절 '문화의 새 기운' 부분을 읽어보았다. 그 중 49쪽 '성리학의 발달' 부분에 붕당정치를 설명하면서 "영남학파가 주로 동인 계열을, 기호학파가 주로 서인 계열을 이끌었다. 당초에는 동인이 정국의 흐름을 주도하였다. 그리하여 영남학파가 정계에 많이 진출하였고, 그들의 학문 활동이 두드러졌다. 그러나 동인은 곧 남인과 북인으로 갈라졌다. 처음에는 유성룡 등 남인 계열이 중용되었으나, 광해군이 즉위하면서 북인 계열이 실권을 장악하였다. 그런데 북인 계열은 대체로 영남학파 중에서도 조식의 학통을 이었으며, 특히 절의를 중시하였다. 그리하여 정인홍, 곽재우와 같은 의병장이 많이 배출되었다. 한편, 남인 계열은 이황의 학통을 내세웠는데, 정계에서보다는 향촌 사회에서 그 영향력이 컸다"고 되어 있다. 그리고 53쪽 '실학의 대두' 항목에는, "성리학을 비판하면서 현실 생활과 거리가 먼 당시의 정치와 문화를 혁신하려는 움직임은 18세기를 전후하여 활발하였지만, 그 싹은 이미 16세기말에 움트고 있었다. 정인홍 등은 성리학 이외의 사상을 폭넓게 수용하여 정신문화와 물질문화를 균형 있게 발전시켜 부국강병과 민생 안정을 달성해 보고자 하였다. 그러나 새로운 문화 운동은 학문적 체계를 세우기도 전에 성리학만을 고집하는 보수적 학자들의 반발로 좌절되고 말았다"고도 보인다. 이것은 그동안 남명학연구원 등의 새로운 연구 성과가 이미 학계에서 어느 정도 인정되어 정설로서 굳어져 가는 것을 반영하는 것이다. 북인과 남명 학통, 남명의 사상적 유연성과 실학과의 관련 등을 맨 처음 언급한 것은 아마도 나일 것이다. (「南冥學資料叢刊 解題緒論」, 1988)

지난주 토요일에는 이상래 군이 자기가 교사로 근무하는 진해의 고등학교에서 숙직을 맡았으므로 수업을 하지 못했었는데, 오후 네 시부터 두 주 만에 대학원 수업을 실시하였다. 이 군이 두 차례나 나에게 저녁 식사를 대접하고 스승의 날에 넥타이를 우송해 보내기도 하였으므로, 그에 대한 답례의 뜻으로『南冥學硏究論叢』제6집과 내가 한글로 발표한 논문들의 別刷를 선사하였다.

6 (월) 맑음

지난주 토요일에 이어「실증과 진실 (2)」를 다시 한 번 읽어보았으며,「남명과 육왕학」의 일부 내용도 加筆하였다.

예문동양사상연구원을 운영하는 홍원식 계명대 철학과 교수로부터 전화가 걸려와, 이 연구원이 8월 중순까지 원고를 마감하여 10월 1일자로 간행할 예정인 잡지『오늘의 동양사상』(가칭) 창간호에 한국 주자학 파트의 신간 서적 가운데서 한 권에 대한 서평을 내가 맡아 달라는 부탁이 있었다. 내가 이 연구원의 이사인가 하는 직책을 맡은 이래로 지금까지 아무 것도 기여한 바가 없기 때문에 미안한 마음도 있어, 시간적 여유가 없기는 하지만 서평 대상인 책이 선정되면 보내달라고 말해 두었다. 200자 원고용지 24~30매 정도의 분량이라고 한다.

7 (화) 맑음

논문 작업을 계속하였다.

8 (수) 맑음

논문 작업을 계속하였다.

9 (목) 맑음

「남명과 육왕학」의 입력을 계속하여 제2절의『광해군일기』부분에 대한 설명을 마쳤다. 이 부분만으로써 제2절로 삼을까 하는 생각도 들었다.

10 (금) 맑음

논문 작업을 계속하였다. 논문은 이미 200자 원고지 45매 남짓의 분량에 이르렀는데, 완성된 제2절의 제목을 일단 '『光海君日記』의 記事'로 바꾸고, '남명과 퇴계'는 제3절의 제목으로 옮겼다.

11 (토) 맑음

다시 카드 정리를 한 후 제3절의 집필을 계속했다.

13 (월) 흐리고 다소 서늘함

논문 작업을 계속하여 제3절 부분을 입력하였다.

15 (수) 흐리고 부슬비

한문학과 李相弼 교수가 李東歡 교수의 지도로 지난 6월 고려대학교 국어국문학과에다 문학박사 학위논문으로 제출한 「南冥學派의 形成과 展開—思想과 學脈의 推移를 中心으로—」를 훑어보았다. 김경수 국장에게 전화하여, 지금까지 남명학에 관한 주제로 박사학위를 받은 사람들을 모두 그렇게 해 온 전례에 따라 이상필 교수를 남명학연구원의 상임연구위원으로 추가하는 문제를 상의해 볼 것을 권유했다.

16 (목) 흐리고 부슬비

이상필 교수의 박사학위논문을 다시 한 번 읽으며 필요한 부분을 카드화하고, 「南冥學關係旣刊文獻目錄」을 일부 보완하였다. 이 교수의 이번 논문은 별로 새로운 것은 없으나 남명학과 남명학파 전반을 개관한 성격의 것으로서 도움이 되는 것이었다. 남명의 사상을 논할 때는 주로 「神明舍圖」 및 그 銘을 가지고 설명하였는데, 이 자료에 대하여는 종전에 최석기·전병윤 씨가 논문을 쓴 바 있었으나 나의 생각과 다른 점이 많았고, 지난번 남명학연구소 발표회 때 이상필 씨가 발표한 것에 대해서도 내가 좀 지적한 바가 있었는데, 이번 학위논문에서는 그 때의 내 지적과 마찬가지로 성곽의 안팎을 敬·義로 나누어 설명하였다. 이 문제에 대해서는 내가 언젠가 따로 논문을 쓸 생각이었지만, 이 교수의 수정된 논문이 내 생각과 거의 같아졌으므로 그렇게 할 필요가 없어진 셈이다.

저녁 무렵에 4층 복도를 지나가는 이상필 교수를 내 연구실로 청하여 두 시간 정도 대화를 나누었다. 『學記類編』 번역본 및 『南冥學硏究』 금년도 분의 출간이 늦어지고 있는 이유 등에 대해 우선 물어보았는데, 후자의 경우는 한 사람이 논문 제출을 자꾸 연기하고 있어 그 논문이 완성되기를 기다린다고 대답하였다. 아마도 김윤수 씨가 내 「실증과 진실」에 대한 반박문을 쓰고 있기 때문에 그것의 탈고를 기다리고 있는 것이 아닌가 하는 생각이 들었다. 이 교수가 남명학연구원 상임연구위원으로 참여하며 연구원과 연구소의 관계를 개선하는 문제, 학위논문 내용 중 의문점에 대해서도 몇 가지 의견을 물어 보았고, 이 논문에서도 종전처럼 여기저기서 김윤수 씨의 판본명을 쓰고 있는 점에 대해서도 물어보았다. 판본명은 되도록 쓰고 싶지 않지만 부득이한 경우만 썼다고 하면서, 판본명 문제에 대해서는 두 사람의 의견이 다 확실한 근거를 가지고 있지 못한 듯하다는 대답이었으므로, 「실증과 진실 (2)」의 제2절 '초간본과 재간본의 간행 연대' 등을 다시 한 번 읽어 볼 것을 청했다.

한국철학회 연구위원회로부터 연락문이 왔다. 내가 지난번 고려대학교에서 발표한 일본 철학 관계 논문이 실린 『哲學』지의 별책 제6권이 철학과현실사로부터 금년 가을에 출간될 예정이므로, 수정 보완을 원한다면 약력과 함께 8월말까지 보내달라는 것이었다. E-메일로 수정할 생각이 없음을 알리고, 狩野直喜 『중국철학사』의 역자 약력란에 적힌 약력을 그대로 적어 보냈다.

20 (월) 맑음

『철학연구』지에 발표한 「南冥의 儒道思想 比較硏究」를 다시 한 번 읽었다. 오전 중 서울대 철학과 후배인 丁垣在 군으로부터 안부 전화를 받았는데, 나의 이 논문을 읽어보고서 감명을 받았다고 칭찬해 주었기 때문이다.

21 (화) 비

논문 제3절 퇴계 문인 惺齋 琴蘭秀의 남명 방문 부분 입력을 계속하여 퇴근 시간도 잊고서 작업하고 있다가, 아내로부터 왜 돌아오지 않느냐는 전화 연락을 받고서 평소보다 다소 늦은 시각에 연구실 문을 나섰다.

22 (수) 흐리고 때때로 비

惺齋의 남명 방문 부분에 대한 입력을 계속하였다. 손병욱 교수가 최재성 군을 통하여 내가 부탁했었던 『한국인물유학사』(한길사, 1996) 全4卷과 손 교수의 논문 「儒家 修行法으로서의 靜坐에 대하여」가 실린 중국철학연구회 편저 『동양의 인간이해』(형설출판사, 1992)를 보내 왔다. 그 가운데서 남명학과 유관한 글들을 찾아 「南冥學關係旣刊文獻目錄」에다 추가하였으며, 『한국인물유학사』 제2권에 실린 김충렬 교수의 글 「남명 조식」 부분을 훑어보았다.

23 (목) 맑으나 다소 선선함

김경수 국장이 내가 부탁했었던 『南冥學硏究院報』 제6호(남명학부산연구원, 1998)를 보내 왔으므로, 그 내용을 검토하며 거기에 실린 경성대학교 鄭景柱 교수의 논문 「南冥詩의 修養論的 의미—閑邪存誠의 文學的 形象을 중심으로—」를 읽으며 카드화하였다.

24 (금) 흐림

손병욱 교수로부터 빌린 『한국인물유학사』를 검토하여 그 중 제4권에 실린 「舫山 許薰」 부분 등을 읽어보고, 손 교수의 논문 「儒家 修行法으로서의 '靜坐'에 대하여」도 읽고서 카드화하였다.

한문학과의 이상필 교수가 『南冥學硏究』 제7집에 싣게 되어 있는 神明舍圖 및 그 銘에 대한 논문의 書誌事項에 관해 문의하기 위해 이 교수 연구실로 전화하였었는데, 지난번 내 연구실에서 대화할 때 거론된 丙午本이라는 명칭에 대한 자기의 의견을 말하였다. 이 교수는 지난 6월 고려대 국어국문학과에 제출한 남명에 관한 주제의 박사학위논문에서 거의 열군데 정도에 걸쳐 병오본이라는 김윤수 씨의 판본명을 쓰고 있다. 내가 이 점에 대해 다시 한 번 이의를 달았더니 나와 김윤수 두 사람의 주장이 다 충분치 못한 점이 있었으나 자기로서는 판본명을 쓰지 않을 수 없는 부득이한 경우가 있어 이런 명칭을 사용해 왔다는 것이었다. 당시 내 논문 「실증과 진실 (2)」의 제2절 '초간본과 재간본의 간행 연대' 부분을 잘 읽어 볼 것을 권했었는데, 오늘 이 교수의 말은 그것을 검토해 보아도 자신의 입장은 여전히 달라지지 않더라는 것이었다.

그의 의견은, 초간본이 내가 말하는 바와 같이 임인년에 간행되었다는 점은 기유본에 붙여진 文景虎의 발문에 비추어 볼 때 분명하지만, 재간본의 來庵 서문에 보이는 '甲辰八月日'이 실제 간행 연도가 아닌 이상, 재간본의 간역을 도왔다는 경상감사 柳永詢의 재임 기간과도 모순되지 않아야 할 것이 아니냐는 것이었다. 裵大維의 「新山書院重建記」에 보이는 경상감사 尹根壽에 관한 기록이 『道先生案』에 보이는 그의 재임 기간과 일치하지 않은 점은 배대유가 그 글을 쓴 시기가 신산서원의 창건 당시와는 다소 거리가 있어 傳聞의 착오일 수도 있다고 하므로, 그렇다면 여타의 남명 관계 기록들과 『도선생안』의 기록이 일치하지 않는 사례, 특히 滄洲 河憕의 「德川書院重建記」에 보이는 윤근수에 관한 기록과 그의 재임 기간의 불일치에 대해서는 어떻게 생각하느냐고 물었더니 대답하지 못했다.

25 (토) 비

京都大學 중국철학사 연구실에 1년간 연수원으로 가 있었던 고려대학교 철학과 출신의 吳相武 씨로부터 집으로 전화가 걸려왔다. 그는 최근에 연수 기간을 마치고서 귀국하였는데, 그 편에 京都大學 中哲 연구실 주임인 池田秀三 교수가 나에게 전해 주라면서 자신의 최근 저서를 보냈다고 한다. 오상무 씨는 北京大學 철학과에서 湯一介 교수의 지도로 박사학위를 취득했었는데, 일본으로부터 귀국한 후 금년 8월말에 중국 江西省 省

都인 南昌에 있는 南昌大學 철학과 교수로 우선 2년간 부임하게 된다고 한다. 서울대 철학과 후배로서 京都大學의 같은 연구실에 유학해 있던 李惠京 양도 금년 2월에 거기서 박사학위를 받았으며, 1년간 같은 대학 人文科學硏究所에 재적하게 되었다고 한다.

27 (월) 맑음

논문 제3장의 입력 작업을 다시 시작하였다.

28 (화) 맑음

논문의 입력 작업을 계속하였다.

29 (수) 흐림

논문 작업을 계속하여 退溪와 奇高峰 사이의 四端七情理氣論辨의 경과에 관한 부분을 수정하였다.

오전 중 한문학과의 이상필 교수 연구실을 방문했던 어떤 노인이 오후가 되도록 인문대학 4층 로비의 의자 부근에서 누군가를 계속 기다리고 있는 듯하였다. 화장실을 다녀오느라고 여러 차례 지나치기까지 상당한 시간 동안 계속 그러고 있으므로, 물어 보니 H 교수와 만나기로 약속이 되어 있는데 약속된 시간에 H 교수가 나타나지 않는다는 것이었다. 시골에서 선조와 관련된 무슨 자료를 가져 온 듯하므로 내 연구실로 오게 하여 얼마간 대화를 나누었다. 新山書院 창건 및 중건의 중심인물 중 한 사람인 竹溪 安憙의 후손으로서 二班城에서 왔다고 하는데, 『죽계집』 상·하권의 복사물을 들고 와서 자기 선조를 진주문화원 등이 발행하는 임진왜란 관계 文籍에다 올리고 싶다는 것이며, 한문도 꽤 읽을 수 있는 듯하였다. 내가 그에게 무슨 도움을 줄 수는 없었으나, 예전에 내가 휴일마다 시골로 다니며 남명학 관계 자료를 수집할 때에는 내 연구실로 이런 사람들이 자주 찾아왔었는데, 학내에 남명학연구소가 설립되고 그것이 H 교수를 필두로 하는 한문학과 교수들에 의해 주도되기 시작하자,

이런 사람들이 하나같이 H 교수나 이상필 교수에게로 찾아가게 된 것이다. 나로서는 번거로운 짐을 던 셈이라고도 할 수 있겠지만, H 교수가 이런 사람들을 어떤 식으로 상대하고 있는지 짐작할 수가 있었다.

30 (수) 맑음

교육대학원생 구자익 군이 남명학연구원으로부터 南冥學釜山硏究院이 간행하는 『南冥學硏究院報』 창간호부터 제5호까지의 백넘버와 새로 상임연구위원이 된 鄭羽洛 씨가 박사학위논문 및 그 이전에 쓴 논문들을 수정·보완하여 간행한 『남명조식문학연구』(진주, 남명학연구원, 1998)를 갖다 주었으므로, 이것들을 검토하여 눈에 띄는 새로운 자료들을 「南冥學關係旣刊文獻目錄」에다 추가하였다.

吳相武 씨가 서울에서 부친 池田秀三 교수의 저서 『自然宗教の力—儒教を中心に—』(東京, 岩波書店, 1998)이 도착하였다. 現代の 宗教 叢書 제16권으로서 간행된 것이었다.

8월

5 (수) 맑으나 무더움

京都大學의 池田秀三 교수가 보내 준 저서 『自然宗教의 힘—儒教를 중심으로—』를 읽으면서 카드화하는 작업을 마쳤으며, 엊그제 부쳐져 온 『씨올마당』 제22호(1998년 6월)도 읽어보았다. 池田 교수에게 감사의 뜻을 표하는 엽서를 써서 부쳤다.

6 (목) 맑으나 무더워

논문 작업을 계속하였다.

7 (금) 맑으나 무더워

논문 작업을 계속하였다.

8 (토) 맑으나 무더움

金康植 씨가 금년 8월에 부산대학교 사학과에 제출한 문학박사 학위논문 「壬辰倭亂期 慶尙右道의 義兵活動」을 검토하였고, 오후에는 김강식 씨의 논문에 보이는 참고문헌들을 「南冥學關係旣刊文獻目錄」에다 추가하였다.

김강식 씨의 학위 논문에는 내가 알고 있는 남명학 관계 사실과 어긋나는 점들이 꽤 많았다. 특히 임란 기의 의병활동을 계기로 남명학파가 크게 분열하여 퇴계학파로 경도해 가는 경우가 많았다는 점을 여기저기서 강조하고 있으며, 郭再祐 역시 그러한 사람들 중의 하나로서 거론하고 있다. 206쪽에는 '〈표32〉 南冥 門人과 鄭仁弘 門人 중 이탈자'라는 것이 실려 있으며, 거기서 남명 문인 중 퇴계 문인화(남인) 한 사람을 여섯 명을 들었는데, 그 중 文緯·趙垌[絅?]·吳長·許穆이 포함되어 있고, 정인홍 문인 중 중앙 정계 진출 후 이탈한 자는 다섯 명인데, 그 중 權濟·吳汝橒 등이 보이며, 晦退辨斥, 文廟從祀, 永昌大君 문제로 정인홍 문하에서 이탈한 사람으로는 李貴·梁弘澍·權潗·文弘道 등의 이름이 보인다. 주석에 "이 표는 선조 연간의 실록 기록과 『典故大方』과 문집에 나타난 門人錄을 토대로 하여 작성하였음"이라고 보이는데, 이 역시 엉터리 소리임이 분명하다. 사실을 다루며 실증을 무엇보다도 중시하는 사학 분야의 박사학위 논문이라는 것이 이처럼 고증이 터무니없다는 것도 놀라운 일이거니와, 심사위원이라는 사람들이 과연 논문을 제대로 읽기나 하는지도 의문이 아닐 수 없다.

10 (월) 흐림

학교에서 지난 토요일에 이어 김강식 씨의 박사학위논문을 다시 한 번 훑어보았다.

김강식 씨는 과거에 임란 시의 영남의병대장 松庵 金沔에 관한 논문을 몇 편 발표한 적이 있었다. 이 논문은 요컨대 임란 중에 송암과 내암 정인홍이 크게 대립하여 서로 절교하는 지경에 이르렀으며, 그 원인은 전적으로 내암의 독선적이고 이기적인 자세에서 기인하는 것으로 파악하고 있다. 이 일을 계기로 하여 퇴계·남명 양 문하에 출입했던 인물들은 임란 이후 거의 모두 남명문하(북인)로부터 이탈하여 퇴계문하(남인)로 전향하게 되며, 내암은 송암의 死後 의병활동의 공적을 독차지하여 전후에 정치적으로 중요한 비중을 차지하게 되지만, 종래의 독선적인 태도를 여전히 견지하여 정국의 당파적 대립 국면을 심화시켰을 뿐 아니라 그 문하생들마저 크게 분열하게 되며, 그 결과 인조반정을 맞아 몰락하게 된다는 것이다.

이러한 논지는 이수건 교수나 고석규 씨의 논문 등에서도 그 단서를 엿볼 수가 있다. 내암은 종래에 조선왕조 최대의 奸凶으로 지목되어 왔던 만큼 그에 관한 부정적인 내용의 기록은 얼마든지 찾아낼 수가 있겠지만, 문제는 요컨대 그런 문헌들 대부분이 인조반정 이후에 쓰인 것이어서 반정의 명분을 합리화하거나 반정 이후의 정국에 영합하기 위한 사실의 날조 및 왜곡이 심한 것이므로, 이러한 기록들에 대한 문헌 비판의 자세가 어떠하냐에 따라 논자의 시각에 있어서 심한 편차를 초래할 수 있다는 점이다.

12 (수) 대체로 맑으나 밤중에 천둥 번개와 비

남명학연구원으로부터 제22회 남명제 안내 팸플릿과 『南冥院報』 제11호(1998.8.10)가 부쳐져 왔으므로, 그것들의 내용을 검토해 보았다. 내가 김경수 국장을 통하여 경북대 출신인 鄭羽洛 상임연구위원에게 부탁해 둔 경희대학교 교육대학원에서 나온 석사논문 표지 복사물 및 金侖壽 씨의 「南冥의 旅遊詩 小考」(『韓國漢文學硏究』 18, 한국한문학회, 1995)와 그가 金侖秀라는 필명으로 발표한 「『葛庵集』의 庚午板變과 『南冥合集』의 墓銘 添削本」(『東方漢文學』 14, 慶北大學校 동방한문학회, 1998)의 복사물도 입수되었으므로 그 내용을 검토해 보았다. 김 씨의 「남명의 여유시 소고」는 그가 같은 해 11월에 본교 남명학연구소 연구발표회에서 발표한 「南冥詩 編年考」의 내용 중 일부에다 가필한 것인 듯한데, 역시 근거가 박약한 황당한 추리의 연속이었다. 후자는 분량이 꽤 많으나 논문에서 다룰 성격의 것이 아닌 일반적인 내용이 대부분이며, 제4절 '『南冥合集』의 葛銘 添削本' 부분이 나의 연구 주제와 유관한 것인데, 「『남명집』 판본 연구상의 쟁점」 첫머리에서 도표로 제시했던 『남명집』 板本史를 되풀이하고 있었다.

13 (목) 오전 중 소나기

오전 중 김윤수 씨의 「『葛庵集』의 庚午板變과 『南冥合集』의 葛銘 添削本」의 제4절 부분을 다시 한 번 읽으며, 거기에 언급된 『古文書集成 25—德川書院編—』 중의 '各院通文抄冊' 등을 검토하여 카드화하였다. 점심 때 중앙도서관 漢籍室에 들러 河範運의 『竹塢集』 4권 2책을 빌려와 역시 카드화하였다.

14 (금) 흐리고 때때로 비

『竹塢集』 및 『고문서집성 25』에 수록된 1826년(純祖 26년)의 山川齋 중건과 관련된 完文의 검토를 마치고서, 『죽오집』은 남명학연구원에 맡겨 두 부를 복사해서 나와 연구원이 각각 한 부씩 소장할 수 있도록 했다.

17 (월) 흐림

예문동양사상연구원이 나에게 서평을 위촉한 李源明 著, 『高麗時代 性理學受容硏究』(서울, 國學資料院, 1997)가 우송되어 와 저녁 무렵 조교를 통해 전달받았으므로, 즉시 그것을 읽기 시작했다. 나는 회장으로 있는 김충렬 교수의 추천에 의해 이 연구원의 연구위원인가로 되어 있는데, 몇 달 전 예문서원의 주인인 계명대 철학과의 洪元植 씨로부터 전화가 걸려와, 가칭 『오늘의 동양사상』이라는 이름의 잡지를 내고자 하니 그 창간호에 실을 서평을 써 달라는 것이었으므로, 평소 직책만 맡아 있고 기여하는 바가 없음을 민망하게 생각해 왔던 터이므로 수락했던 것이었다. 당시로서는 8월 중순까지 원고를 마감하여 10월 1일자로 창간호를 내겠다고 하더니, 고대에서 김충렬 교수 지도하에 박사학위를 했다는 박경원이라는 사람으로부터 며칠 전에 전화 연락이 있었고, 오늘 비로소 책을 받게 된 것이다. 이번의 말로는 이달 말까지 200자 원고지 25매 정도의 원고를 보내달라는 것이었다.

18 (화) 흐리고 때때로 비

어제에 이어 『고려시대 성리학 수용 연구』의 제1·2장 부분을 읽었다.

19 (수) 맑음

어제에 이어 『고려시대 성리학 수용연구』 제3장 「武臣政權期의 儒佛交涉」을 계속 읽었다.

20 (목) 맑음

『고려시대 성리학 수용연구』 제4장 「元 干涉期 歷史意識의 變化와 性理學 受容」을 계속 읽었다.

中國人民大學 철학과의 葛榮晋 교수로부터 우편물이 왔는데, 中華孔子學會·國際儒學聯合會·國際儒商聯合會(홍콩) 및 夏邑縣政府의 공동주최에 의해 10월 28일부터 31일까지 중국 河南省 商丘市 夏邑에서 개최되는 '儒商現象與現代市場經濟國際學術研討會'에의 참가를 권유하는 것이었다. 초청장에 의하면, 10월 28일에서 31일까지 나흘 동안 夏邑縣의 孔祖大酒店에서 개최되는 모양인데, 참가비는 會務費 美貨 80弗에다 住宿費 2인 1실 30불, 1일 식비 20불이라 한다. 이것을 20일 기준 달러의 현찰매도 환율 1,334.88원으로 환산하면, 나흘간의 비용으로서 총 373,766.4원을 주최측에 납부해야 하는 셈인데, 이는 중국인 교수의 여러 달 월급에 해당하는 액수이다. 게다가 왕복 여비를 스스로 부담할 뿐 아니라, 모임 후의

開封·洛陽·少林寺 관광에 참가할 경우에는 그 비용을 별도 부담하며, 중국어로 논문을 써서 150부를 인쇄해 제출하도록 요구하기까지 하고 있으니, 실로 뻔뻔스럽다고 할까, 장사 속이 빤히 들여다보이는 수작이라고 하지 않을 수 없다.

이즈음 중국에서 개최되는 학술회의 초청장의 내용은 대체로 이런 식인데, 中華思想까지 가미된 이런 모임에 자기 돈을 들여가며 참가하는 한국 사람들이 적지 않은 모양이니 얼빠진 짓이다. 나도 다른 사람들을 따라 중국 여행 삼아 두 차례 참가한 적이 있었는데, 그 때마다 우리들의 대표였고, 금년 여름에도 그 당시 동행했었던 한국 교수들을 이끌고서 중국 洛陽에서 열린 학술 모임에 참가하고 돌아온 덕성여대의 趙駿河 교수에게 전화로 물어보니, 작년에 우리가 陝西省 咸陽市에서 개최된 사회과학원 주최 학술회의에서 발표한 논문은 아직 책이 되어 나오지 않았을 뿐 아니라 주최 측이 출판 계획도 가지고 있지 않은 모양이라고 한다. 과연 그렇다면 많은 시간을 들여 중국어로 논문을 쓸 이유가 어디에 있는가? 본교 한문학과의 H 교수는 거의 해마다 한두 차례 중국의 학회에 참가하고 있으며, 지금도 동북 지방에서 열리는 무슨 학술 모임에 가 있는 모양이다.

21 (금) 맑음

어제 우송된 일본 東方學會의 기관지 『東方學』 第96集(1998년 7월)의 내용을 검토해 보았고, 李源明 著 『고려시대 성리학 수용 연구』 제4·5장 및 부록 1·2를 거의 다 읽었다. 광주에 있는 두레문화연구소의 소장이라고 하는 강정환이라는 사람이 연구실로 전화를 걸어와 내 학위논문을 한 부 얻었으면 한다는 것이었으나, 내 수중에 남아 있는 것이 몇 부 되지 않아 부쳐줄 수 없다는 뜻을 말했다.

점심 때 우체국에 들러 한국동양철학회의 종신 회비 20만 원과 동방학회의 1997·1998년도 해외 회비 13,000엔을 송금하였다. 이로서 나는 국내의 한국철학회·철학연구회·대한철학회·한국공자학회·한국동양철학회의 다섯 개 학회에 모두 종신회비를 납부한 회원이 되었으며, 남명학연구원의 상임연구위원인데 이는 회비를 납부하지 않고 오히려 월 10만 원씩의 판공비와 논문 한 편당 200만 원의 연구비를 지급 받는 사실상의 종신회원인 셈이다. 일본의 학회로서는 東方學會와 日本中國學會 및 京都大學 中國哲學史硏究會의 회원으로 있는데, 이 세 학회의 1년분 회비 및 우송료를 합하면 거의 20만 원 정도 되는 액수여서 한국 학회의 종신회비에 해당하는 정도인지라 부담스럽지 않은바 아니다. 박사학위를 받기 전까지는 그 나름의 이용가치가 있었지만, 지금에 와서는 일본어로 논문을 발표할 이유도 별로 없을 듯하고 바다를 건너가 학회에 참석할 필요도 느끼지 않으므로, 이 정도의 돈을 해마다 외국으로 보낼 필요가 있을까 하는 회의를 느껴 오는 참이다. 京都大學의 경우는 내가 유학해 있을 당시부터 가입하였으니 이미 20년 정도의 세월이 흘렀고, 나머지 두 학회는 귀국할 무렵, 즉 82년도에 가입하였으니 16년 남짓 회원이 되어 있는 셈이다. 박사학위를 받았다 하여 금방 회비를 보내지 않는 것도 모양새가 좋지 않은 듯하고, 또한 이 세 학회를 통하여 일본 및 세계의 중국철학 및 동양학 분야 연구 동향을 정확·신속하게 파악할 수 있는 이점도 있어 내년 이후에는 어떻게 할 것인지 좀 더 신중히 생각해 보아야 할 문제이다.

22 (토) 맑음

『고려시대의 성리학 수용 연구』를 다 읽었다. 예문동양사상연구원으로부터 나에게 전자우편 주소를 보내 주기로 되어 있었으나 아직 도착하지 않은 듯하며, 서평의 집필 요령 등에 대해서도 잘 모르는 점이 있었으므로, 이 연구원의 편집위원회로 전화하여 문의해 보았다. 이미 전자우편으로 보낸 지가 제법 되었다 하므로 내 컴퓨터의 인터넷 홈페이지로 들어가 보았더니, 그것 뿐 아니라 서울대 동양철학연구회의 7월분 세미나 발표논문도 도착해 있었다.

남명학연구원의 김경수 사무국장과 통화하여, 작년 여름 중국 咸陽市

에서 발표한 내가 처음 중국어로 직접 집필한 논문「南冥的儒道思想研究」는 조준하 교수의 말에 의하면 중국에서 출판될 전망이 없다고 하므로, 이것을 이미『철학연구』지에 발표한 한국어로 된 원문 전체와 함께『南冥學研究論叢』제7집에 싣기로 합의하였다. 葛榮晋 교수는 김경수 국장에게도 나에게 보낸 것과 동일한 중국학술모임 초대장을 보내왔다고 한다.

24 (월) 맑음

예문동양사상연구원으로부터 위촉받은『高麗時代 性理學受容研究』의 서평을 집필하기 시작했다.

25 (화) 맑고 제법 서늘함

국내 철학계에서 출판된 고려시대 유학에 관한 단행본이나 논문들의 내용을 훑어보고, 어제에 이어 서평의 집필을 계속했다. 서평은 200자 원고지 25매 정도의 분량을 위촉받았는데, 이미 그 절반 정도에 이르렀다.

26 (수) 맑고 서늘함

한국철학사상연구회에서『철학으로』(가칭)라는 대중지를 낸다고 하여 나에게 철학나들이 欄의 원고 집필을 의뢰해 왔으므로 나의 유학 시절을 다룬「주말 나들이」라는 글을 써서 보낸 지가 꽤 오래되었는데, 그 이후 원고료는 고사하고 아무런 연락조차 없었으므로, 이럭저럭 전화번호를 찾아 오늘 내 쪽에서 연락해 보았다. 원고 위촉의 연락을 맡았던 성균관대 강사 李賢九 씨는 여러 철학지의 회원 주소록에 주소만 있고 전화번호가 올라 있지 않았으나『철학연구』지 1997년 가을 호에서 간신히 찾아내어 연락해 보았더니, 번호는 맞으나 그런 사람은 모른다는 것이었다. 이 학회의 기관지『시대와 철학』을 내고 있는 동녘출판사 편집부로 연락해 보았더니,『시대와 철학』은 이제 중지 상태에 들어갔다는 것이었다. 기왕의 기관지도 중단하는 상태인데, 새 잡지를 낼 여유는 없을 것이라는 판단이 들어, 이 글을 데이콤의 전자 메일을 통해 철학문화연구소가 내고 있는 계간 『철학과 현실』지에다 투고하였다.

새한철학회로 이름을 바꾼 舊 영남철학회의 기관지 『철학논총』 제14집(1998 여름 호)이 우송되어 왔는데, 내가 심사를 맡았던 논문 「實在(有)와 空에 대하여—初期佛敎의 空思想에서 『般若經』의 我空法空으로」가 실려 있었다. 필자는 내가 짐작했던 부산대학의 김용환 교수가 아니라, 부산외대의 윤종갑 씨였다.

27 (목) 맑음

서평 작업을 계속하여, 거의 주문 받은 25매에 가까운 분량이 되었다.

28 (금) 맑음

200자 25매 정도 분량의 서평을 일단 탈고하였으나, 그 대상인 『高麗時代 性理學受容硏究』 중 지난번 읽을 때 체크해 둔 부분들을 다시 한 번 읽으며 수정 보완하는 작업을 계속하고 있다.

29 (토) 맑으나 저녁 무렵 비

어제에 이어 지난번 서평을 쓰기 위해 읽었던 문헌들 중 체크해 둔 부분과 武內義雄의 『中國思想史』 및 戶川芳郞 등의 『儒敎史』를 읽으며 수정 보완하는 작업을 계속하였다. 이럭저럭 30매 정도의 분량에 이르렀다. 30일까지 보내달라는 것이었으므로, 아직 그 작업을 다 마치지는 못했지만 퇴근 무렵에 전자우편으로 일단 送付하였다.

31 (월) 맑음

오전 중 지난 토요일에 부친 서평을 다시 한 번 퇴고하여 점심 식사를 마친 후 전자메일로 送付하였다. 저녁 무렵 예문동양사상연구원의 박경원 씨로부터 잘 받았다는 전화 연락을 받았다.

9월

2 (수) 맑으나 오후 한때 비

저녁 무렵 예문동양사상연구원으로 보낸 파일을 검토해 보다가 유니텔로 보낸 것은 주소를 잘못 입력하여 되돌아왔고, 지난번 파일의 제1절에 '麗末鮮初'로 적어야 할 부분이 실수로 '羅末麗初'라고 잘못 적힌 것을 우연히 발견하고서, 그것을 고치는 김에 다시 한 번 전체적으로 퇴고하여 두 번째 수정한 원고를 박경원 씨 앞으로 송부하였다.

3 (목) 맑음

엊그제 학술진흥재단으로부터 금년도 한국철학분야에 대한 공모과제 연구계획서 여덟 건에 관한 심사 의뢰가 왔다. 나는 이 재단의 심사위원이 되기를 수락한 적이 없었는데도 근년에 더러 심사 의뢰가 오는 경우가 있어 몇 차례 해 보내곤 하였었는데, 이번에는 여덟 건이나 왔으니 어찌된 셈인지 모르겠다.

1~2년 전에 나는 처음으로 「南冥의 儒道思想 比較硏究」라는 주제를 가지고서 이 과제에 응모해 보았다가 선정되지 않아 오히려 다행스럽게 생각한 적이 있었고, 그 전에도 그 이후에도 이런 류의 연구비 신청은 일체 하지 않고 있다. 그것은 이 계획서 양식이라는 것 자체가 대체로 이공계의 실정에 준한 것으로써 인문계의 현실과는 맞지 않기 때문이다. 그것은 연구비 전액을 연구 이외의 목적으로 사용해서는 안 되는 것으로 규정하고, 연구계획서도 그러한 사실을 입증할 수 있도록 짜야할 뿐만 아니라, 선정된 이후에도 그 계획서의 내용과 다름없이 연구비가 집행되고 있음을 검증하는 제도가 마련되어 있기 때문이다. 나의 전공분야인 동양철학뿐만이 아니라 대체로 인문과학 전체가 개개인이 서적을 가지고서 하는 단독 연구이며, 평소의 연구주제와 관련한 문헌들이라면 이미 오랜 시기에 걸쳐 수집하여 대부분 갖추어 두고 있을 터이므로 연구를 위해 별도로 돈이 들어갈 일은 전혀 없는 것이다. 그럼에도 불구하고

양심을 속여 가며 전혀 사실과 다른 내용을 꾸며 적어서 마치 연구비 전액을 해당 주제에 관한 연구 활동에만 사용하는 것처럼 거짓을 늘어놓지 않으면 안 되고, 게다가 채택되어 연구비가 지급되더라도 중앙관리방식이어서 학교당국이 일정 부분을 수수료 형식으로 떼는 데다 학회에서도 논문 게재료를 징수하고, 몇 차례에 걸쳐 돈을 수령할 때나 연구를 마쳤을 때는 매번 그 계획서에 준하여 이런저런 가짜 증명 서류를 만들어서 학교 행정 직원에게 그것을 제출하지 않으면 안 되는 터이다. 가족을 부양하기 위해 그런 짓이라도 하지 않을 수 없다면 모르겠거니와, 나로서는 사람이 고루해서 그런지 몰라도 그런 행위가 구차스러울 뿐만 아니라 일종의 공문서 위조에 해당한다고 생각되는 것이다.

1~2년 전에 내가 신청할 적에는 인문과학 부문은 800만원이 신청할 수 있는 최대한도였는데, 오늘 내가 검토해 본 것들은 2천만 원대가 다섯 건, 1천만 원대가 세 건으로서 무엇보다도 신청액수의 규모가 엄청난 데 놀랐다. 개중에는 서울대 철학과에 근무하고 있는 후배 許南進 교수의 것으로 판단되는 것도 포함되어 있었는데, 그는 현재 자신이 책임자가 되어 서울대 당국으로부터 5천만 원의 연구비를 받아 작업을 진행하고 있는 데다 이번에는 단독연구로서 학술진흥재단에다 1,200만 원을 신청하고 있는 것이다. 후자만 하더라도 내가 지금까지 남명학연구원으로부터 받아 온 연구비의 거의 전액에 해당할 정도이다. 액수가 이처럼 크고, 그것이 정부가 학술활동의 장려를 위해 국민의 세금을 거두어 집행하는 떳떳한 내용의 것이라면 신청을 하지 않는 편이 손해인 것은 말할 것도 없다. 신청한 액수에 대해서는 심사위원이 검토하여 조정액을 적도록 되어 있으므로, 본부의 연구지원담당관실에다 전화하여 현재 인문과학 분야의 신청할 수 있는 최고 한도가 얼마냐고 물었더니, 그런 한도는 없고 우리 대학으로서는 1,600만 원을 받은 것이 유사 이래 최고 액수였다고 한다. 아마도 몇 년 전 중문과의 鄭憲哲 교수가 韓中日 삼국의 한자 단어에 대한 공동연구를 주제로 하여 신청했었던 것을 말하는 모양이다.

4 (금) 맑음

오전 중 학술진흥재단의 자유공모과제·신진교수과제 연구비 신청서를 작성하여 점심 때 부쳤다. 오후에 인문대 교수휴게실에 비치되어 있는 『학술진흥재단소식』 제7권 제2호(1998년 6월 25일 발행)를 빌려와서 좀 검토해 보았다. 김대중 정권이 들어선 이후 금년 4월 20일자로 취임한 호남 출신 前 국회의원이자 茶山 연구가이기도 한 박석무 이사장의 취임사가 권두에 실려 있었는데, 그 가운데 인문·사회과학 분야, 그 중에서도 특히 한국학 분야를 활성화하겠다는 의지를 표명하고 있었다. 그리하여 세부적인 내용에 있어서는 종전에 4 대 6의 비율이었던 인문사회와 자연과학의 연구비 배분 원칙을 5 대 5로 바꾸고, 지원 상한액을 인문·사회분야는 현행 단독연구 800만 원에서 1,200만 원으로, 공동연구는 2,000만 원에서 2,400만 원으로 상향조정하였던 것이다. 내가 심사한 천만 원대의 계획서는 모두 단독연구이며, 2천만 원대는 모두 공동연구로서, 그들은 지원 상한액 혹은 거의 이에 가까운 수준으로 신청한 것이었다. 새 이사장은 실용 가능한 연구를 지원하겠다는 의지를 표명하고 있었는데, 나로서는 그러한 취지에 부응하도록 연구계획서를 짠다는 것 자체가 권력에 대한 아부라는 생각이 든다.

연구비의 전체 규모가 늘어나지 않는 이상 연구비의 단위를 이처럼 올린다는 것은 상대적으로 수혜자의 숫자가 줄어듦을 의미할 것이다. 적어도 인문과학에 한한 한 올린다고 해서 논문의 질적 수준이 그만큼 높아질 일은 별로 없을 것이니, 결국 현재 당면하고 있는 IMF 체제의 근본 원인인 우리 사회의 고비용 저효율 상태를 증대시키는 결과를 가져올 뿐이 아니겠는가? 또한 인문사회과학 분야의 연구 실정을 당국자들이 전혀 모르고 있지는 않을 것임에도 불구하고 그처럼 사실과 어긋나는 엉터리 연구계획서를 제출하도록 요구한다는 것은 정부가 거짓을 묵인할 뿐 아니라 오히려 부추기고 있는 셈이 아니라고 할 수 없겠다.

저녁 무렵부터 지난달 6일 이래 거의 한 달 동안 중단 상태에 있는 논문 「남명과 육왕학」의 입력을 다시 시작하였다. 이 논문은 현재 이미

200자 약 80쪽에 가까운 분량에 달해 있다.

5 (토) 맑음

여섯 시 무렵까지 연구실에 남아 논문 작업을 계속하였다.

7 (월) 맑음

오전 중 『春秋左氏傳』 莊公 元年 條부터 시작하여 중국철학강독의 본격적 수업을 시작하였고, 수업을 마친 후 莊公 5년 이하 부분의 春秋三傳을 대조해가며 읽었다. 오후에는 논문 작업을 계속하여 退溪와 奇高峰과의 四七理氣論辨의 전개 과정에 대한 고증 작업을 며칠째 계속하고 있다.

8 (화) 맑으나 다소 무더움

오후 내내 논문 작업을 계속하였다.

9 (수) 맑으나 무더워

논문 작업을 계속하였다. 논문은 87매의 분량에 이르렀다.

11 (금) 맑으나 무더워

철학과현실사로부터 전화 연락이 있었는데, 검토해 본 결과 내가 투고한 「주말 나들이」는 이를 수용할 만한 적당한 난이 없어 게재가 어렵겠다는 통보였다. 며칠 전 가을 호를 검토해 보며 나도 느꼈던 것이지만, 이 잡지는 논설도 수필도 아닌 이런 종류의 철학현장 탐방 기록을 실었던 적이 없었으므로, 갑자기 내 글을 싣기가 어색할 것이다.

14 (월) 맑음

지난 토요일 예문동양사상연구원의 사실상 중심인물인 계명대 철학과의 홍원식 교수에게로 전화하여 이 연구원에서 낼 예정인 『오늘의 동양사상』誌에 내 글 「주말 나들이」를 싣는 문제에 대해 상의하고자 했으나 회의 중이라 연결이 되지 못했었는데, 오늘 오전 홍 교수가 내 연구실로 전화해 왔다. 그의 말에 의하면 홍 교수 자신도 한국철학사상연구원(한철연)의 멤버로서 그 회의에 참가해 왔는데, 그가 아는 바로는 기관지 『시대와 철학』은 비매품으로서 출판사를 바꾸어 계속 간행될 것이며, 대중지 『철학으로』도 예정대로 간행될 것이라고 한다. 그러나 우선 나에게 그 원고를 위촉했던 이현구 씨와 연락해 보아 그 확실한 내용을 알아서, 이 씨를 통해서나 혹은 홍 교수 자신이 나에게 연락해 주도록 하겠다는 것이었다.

15 (화) 맑음

한국철학사상연구회의 멤버로서 나에게 '철학나들이'의 원고를 위촉한 바 있었던 李賢九 씨가 홍원식 교수의 연락을 받고서 오후에 연구실로 전화를 걸어왔다. 그의 말로는 이 학회에서는 기왕에 동녘출판사를 통해 간행해 오던 기관지 『시대와 철학』을 비매품으로 전환하고, 새로 대중지로서 『철학으로』를 창간하고자 했으나, IMF 사태로 말미암아 그 계획이 실현될 수 없게 되어 무기 연기된 상태이므로, 만약 내가 다른 잡지에다 내 원고를 싣고자 한다면 그렇게 동의하기로 회의를 통해 결정했다는 것이었다. 나는 이미 이 글(「주말 나들이」)을 『철학과 현실』에다 투고했던 사실을 언급하고, 이러한 글은 내용상의 특수성으로 말미암아 다른 간행물에 싣기가 어려운 것이니, 나에게 원고를 위촉한 그가 책임을 지고서 홍원식 교수와 더불어 그 게재 문제에 대해 상의하여 결과를 알려 달라고 당부했다.

18 (금) 맑고 서늘함

보름쯤 전에 이리 원광대학교 한의학과의 김세훈이라는 학생이 석사 논문을 준비한다던가 하면서 나에게 전화를 걸어왔었다. 그 대학 출신인 인하대학 철학과 김낙필 교수의 소개로 내가 중국의 郊祀 제도에 관해 연구한 것이 있는 줄을 알았다고 하며 그 논문을 좀 구할 수 없겠느냐는 것이었다. 이와 관련해서는 내가 京都大學『中國思想史研究』 제5호(1982)에 실은 「六天說の背景」, 1984년에 간행된 慶尙大論文集 인문계 편에 실은 「秦의 六畤에 대하여」, 같은 해 한국철학회의 『哲學』지에 실은 「漢代 郊祀의 沿革—鄭玄 注에 이르는 過程—」이 있으니, 우선 도서관에 가서 그 논문들을 찾아보라고 말한 바 있었다. 찾지 못하면 나에게로 오겠다고 하더니 오늘 본교 생화학과 조교인 김정아 양을 통하여 이 논문들의 복사를 요청하여 왔다. 내 논문은 전에 복사 제본해 둔 것들이 있어 그것들을 한 부씩 주고, 아울러 狩野直禎·西脇常記 譯註『漢書郊祀志』(東京: 平凡社, 東洋文庫 474, 1987)도 빌려주어 복사하게 했다.

한국철학사상연구회(한철연)의 멤버로서 나에게 '철학나들이'欄의 원고를 위촉했었던 李賢九 씨가 며칠 전 나와 통화했을 때, 나는 이 학회의 대중지 『철학으로』 창간호가 간행될 기약이 없으면 내 원고를 위촉한 측에서 책임을 지고 예문동양사상연구원의 홍원식 교수와 상의하여 그 쪽에서 금년 10월중에 창간할 예정인 종합지 『오늘의 동양사상』에 싣는 문제를 협의하여 그 결과를 나에게 알려 주도록 당부했었고 이 씨도 그렇게 하겠노라고 응답했었다. 며칠이 지나도 아무 연락이 없으므로 오늘 아침 내가 직접 홍원식 씨의 계명대 연구실로 전화해 보았더니, 이 씨로부터는 연락 받은 일이 없었다고 한다. 그러므로 내가 직접 홍 씨와 다시 협의하여 한철연으로부터 위촉받아 쓴 글 「주말 나들이」를 내년 10월경에 간행될 예정인 『오늘의 동양사상』 제2집에 싣기로 합의를 보았고, 홍 씨가 일단 직접 한철연 측과 상의하여 내 원고를 넘겨받기로 했다. 이현구 씨는 지난번 내가 한철연에다 전화하였을 때도 그 일로 통화를 원한다는 간사의 연락을 받고서도 끝내 나에게 아무런 연락도 하지 않았던 것이다.

19 (토) 맑음

논문 작업을 계속하여 「南冥과 陸王學」 제4절을 계속 입력하여 90여 매의 분량에 이르렀다. 오늘은 퇴계의 남명에 대한 답서 부분을 언급하였다.

21 (월) 오전에 비 온 후 흐림

오늘 자 「慶尙大新聞」을 보니, 7면에 부산교통의 조옥환 사장이 남명학관 건립 지원을 약조한 내용의 기사도 보였다. 12일 조 사장이 총장실을 방문하여 남명학관 건립완공 보조금 6억 원의 지원을 약속하였으며, 그 중 3억 원은 오는 12월 30일에, 나머지 3억 원은 내년 3월 31일에 지원할 계획이라고 한다. 남명학관은 원래 조 사장과 당시 남명학연구소 후원회장이었던 남성당한약방의 김장하 씨가 공동 출연하여 건립할 예정이었었는데, 그 후 몇 차례에 걸쳐 공사 예산 규모가 대폭적으로 늘어남에 따라 이 두 사람의 분담 액수에 대한 의견이 합의에 이르지 못하자, 김장하 씨가 조 사장 대신 한보건설 사장 김유정 씨를 끌어들여 그들만의 출연으로 건립키로 했다가, 그 건설회사가 IMF로 말미암아 부도를 맞게 되자 그동안 답보 상태에 빠져 있었던 것이다.

22 (화) 맑음

논문 작업을 계속했다. 어제 받은 우편물에 의하면, 이 논문이 실릴 『李楠永敎授華甲記念論文集』의 원고 마감이 원래 9월 말로 예정되어 있었지만, 이를 한 달 늦추어 10월말까지로 변경했다고 한다.

23 (수) 맑음

계속해서 논문 작업을 하고 있다.

예문동양사상연구원의 홍원식 씨와 다시 통화하여, 한철연에 보냈던 나의 글 「주말 나들이」를 홍 씨가 되돌려 받아 내년 10월경에 간행될 『오늘의 동양사상』 제2호에 싣기로 확정지었다.

24 (목) 흐리고 때때로 비

논문 작업을 계속하였다.

25 (금) 맑음

논문 작업은 원고지 100매 정도의 분량에 이르렀다.

26 (토) 흐리고 때때로 부슬비

오후 다섯 시 반 무렵까지 논문 작업을 계속하였다. 논문은 이미 100매를 넘는 분량에 이르러, 처음 예정했던 대로 「南冥과 陸王學」이라는 제목의 논문 한 편으로 말하고자 하는 내용을 다 커버하기가 어려울 듯하여, 이를 두세 편의 논문으로 나누는 것이 좋을 것 같다는 생각이 들었다.

28 (월) 흐리고 때때로 부슬비

교수식당에서 교육학과의 강사로 나오고 있는 사재명 군을 만나 점심을 든 후 함께 뒷산을 산책하였는데, 그로부터 본교 남명학연구소의 기관지 『南冥學硏究』 제7집(1997년도 분)이 지난주에 간행되었더라고 하는 말을 들었다. 산책을 마친 후 사 군이 연구소에 가서 나에게 발송하기 위해 주소를 봉투에다 적어 놓은 그 잡지를 한 권 가져다주었으므로, 오후 시간에는 그 내용을 검토해 보았다. 이 책은 무슨 까닭인지 발행이 꽤 늦어져 작년도 분이 이제야 간행되게 되었다. 전체를 대충 검토하고 거기에 수록된 金侖秀 씨의 논문 「正祖 親製 賜祭文碑와 『南冥合集』 正賜文本」 및 그가 쓴 「『송계실기』 해제」를 읽어보았다. 나의 「실증과 진실」 1·2 편이 출판된 이후 이에 대한 김 씨의 반박문이 나오지 않을까라고 예상하고 있었는데, 그 이후에 쓴 김 씨의 글에서는 나의 비판을 수용한 것인지 전혀 내 이름이 거론되지 않고 있다. 그는 지난 제6집에 실렸던 「南冥集 板本 硏究上의 爭點」에서 남명집의 판본 계통에 대한 종전의 견해를 수정하여 礎集·合集·全集이라는 세 계통으로 구분하였거니와, 이번 글에서는 이를 다시 수정하여 單集·合集·刪集으로 호칭하고 있었다.

30 (수) 소나기

오후에 한문학과 최석기 교수의 연구실에 들러 『남명학연구』 제7집에 실린 雷龍亭 유적비 안내 표지석의 비문을 누가 집필하였는지 묻고, 그 중 "산기슭에 鷄伏堂을 지었는데 지금은 터만 남았고" 운운의 구절이 타당성이 없고 잘못된 것임을 지적하였다. 아울러 지난번 한문학과의 이상필 교수와 이른바 丙午本의 명칭 문제에 대해 대화한 내용을 설명하고, 그가 『남명집』 壬寅本이 초간본이라는 나의 학설을 의심할 여지없이 타당한 것이라고 인정하면서도 문경호의 기유본 발문에 보이는 순찰사 유영순 관계 기록에 주목하여 再刊本에 대해서는 여전히 김윤수 씨가 붙인 명칭에 집착하고 있는 것은 발문 자체의 내용에 비추어 볼지라도 자기모순을 범하는 것임을 설명하였다.

10월

1 (목) 快晴

오전 중 雷龍亭 유적비 안내 표지석의 비문과 관련된 내용들을 관계 문헌을 통해 고증해 보았다. 南冥年譜 및 編年을 통하여 남명은 그 모친의 삼년상을 마친 이후 三嘉 兎洞에 있던 옛집에 당분간 거처하다가 47세 때 옛집 근처에다 鷄伏堂을 따로 지었다는 기록을 확인하였고, 『三嘉縣邑誌』를 통해 映波臺는 내를 사이에 두고 雷龍亭 건너편에 펼쳐진 절벽을 지칭하는 것임을 알았다. 그 외에도 이 비문은 엄밀히 말하면 근거가 없거나 잘못된 부분이 적지 않음을 확인할 수가 있었다.

이 문제로 말미암아 남명학연구원 사무국장인 김경수 군과 몇 차례 통화를 하였고, 오후에는 한문학과의 이상필 교수를 만나 이 비문이 이루어진 경위와 그 근거를 묻고, 아울러 문제점들을 지적하였다. 李 교수의 말의 의하면, 비문은 한문학과의 代父 格인 H 교수가 짓고 그 학과의 이상필·최석기·장원철 교수가 함께 검토하여 文面을 다듬었으며, 고증은 주로 이상필 교수 자신이 맡았다는데, 계부당이나 영파대의 위치 및 뇌룡정의 전체 건물 배치가 「神明舍圖」의 모양을 본뜬 것이라는 등 기록의 주된 근거는 雷龍亭의 堂任을 지냈으며 의령 자굴산 아래에 거주하는 김종수라는 노인의 말에 근거한 것이라고 한다. 이상필 교수도 내가 남명연보 등의 근거를 제시하자 계부당의 위치에 관한 설명이 잘못되었음을 인정하였으나, 나머지 부분들에 대해서는 변명에 급급하였다.

교육대학원 석사과정의 구자익 군이 연구실로 찾아와 석사학위 논문계획서를 제출하였다. 「學記圖와 神明舍圖에 나타난 南冥의 認識體系의 相關性 연구」라는 제목인데, 착상은 참신하나 그 주제를 과연 설득력 있게 입증해 낼 수 있을지에 대해서는 회의적인 생각이 들었다.

8 (목) 맑음

김경수 국장이 편찬하여 남명출판부의 이름으로 철학과 졸업생 박라권 군이 경영하는 대명인쇄소에서 1996년에 출판한 『남명선생의 자취를 따라—南冥曺植先生史蹟資料集—』 중 梨山 申斗善이 쓴 「雷龍亭重建記」와 后山 許愈가 쓴 「雷龍亭重建上樑文」을 읽고서 그 중 필요한 부분을 카드화하였다.

9 (금) 맑음

11월중에 간행될 『南冥院報』에 싣기 위한 글 「雷龍亭 遺蹟碑 有感」을 집필하기 시작하였다.

10 (토) 맑음

종일 작업하여 「雷龍亭 遺蹟碑 有感」을 탈고하였다. 200자 원고지 24매 정도의 분량이다.

12 (월) 비

「뇌룡정 유적비 유감」을 퇴고하여 데이컴 통신을 통해 남명학연구원으로 부쳤다. 원고지 25매 남짓한 분량이 되었다.

13 (화) 맑음

점심 때 중문과의 권호종 교수 및 李崇興 교수의 후임으로 새로 부임한 지 한 달이 채 못 된 華中理工大學 중문과의 董爲光 교수와 함께 泗川 船津으로 가서 생선회와 白蛤죽으로 점심을 들고서 돌아왔다. 董 교수는 李 교수보다 두 살 아래인 모양인데, 重慶에서 태어나 어릴 때 武漢으로 이사 와 계속 살았으며, 上海 復旦大學을 나왔고, 문화혁명 때는 약 10년간 陝西省 西安 위쪽의 銅川이라는 곳에서 근무했다고 한다.

14 (수) 흐리고 저녁 무렵부터 비

논문 작업에 다시 착수하였다. 「南冥과 陸王學」을 두 편으로 나누기로 작정하고서 현재의 논문에다가는 '知와 行의 문제를 중심으로' 라고 하는 副題를 붙였으며, 제3절 '南冥과 退溪'도 분량이 너무 많아 전체적으로 조화를 이루지 못하므로, 이를 제3절 '問題의 發端', 제4절 '南冥과 退溪의 往復書翰'으로 나누었다.

15 (목) 맑음

논문 작업을 계속하여 序言 가운데 趙平來 군의 석사논문 「南冥思想의 實學的 性格」 가운데 언급된 陸王學과 관련되는 부분을 추가하였다.

16 (금) 맑음

논문은 제5절 '南冥의 退溪觀'을 추가하여 그 집필에 들어갔다.

17 (토) 흐리고 오후 한때 빗방울

논문 제5절의 입력을 계속했다. 118매 남짓의 분량에 달했다.

19 (월) 맑음

오후 1시 30분부터 22동 101강의실에서 남명학연구소 및 한문학과 주최로 「한문 유산의 계승과 발전 방향」이라는 주제의 淵民 李家源 초청강연이 있었다. 인문사회관에서는 제일 큰 2층으로 된 강의실이지만, 학생들의 참석은 별로 없고 외부에서 儒林이 상당수 참석하였다. 이가원 씨는 한문학과 H 교수의 스승이므로 이런 자리가 마련된 듯한데, 이미 팔순을 넘긴 퇴계 14대손이라고 하는 그는 소문으로 들은 바와 같이 H 교수를 자신의 수제자 정도로 생각하고 있는 모양이어서 강연 중에 여러 번 그를 언급하며 추켜세우고 있었다. 이 강의실에서는 오후 세 시부터 다른 수업이 있는지라 인문대 세미나실로 일단 장소를 옮겨 얼마간 더 질의 답변하는 시간을 가졌다.

20 (화) 맑음

논문 작업을 계속하였다.

21 (수) 맑음

「南冥과 陸王學」 제5절 '南冥의 退溪觀' 입력 작업을 마쳤다. 원고지 136매의 분량에 달했다.

22 (목) 맑음

논문 제6절 '結語' 부분의 집필에 들어갔다.

23 (금) 맑음

논문 「南冥과 陸王學—知와 行의 문제를 중심으로—」를 탈고하였다. 200자 원고지 147매 남짓한 분량이 되었다. 집필을 마치고 난 후 처음부터 다시 읽으며 퇴고를 하고 있다.

서울의 예문서원으로부터 전화가 걸려와 다음 달 초에 간행될 『오늘의 동양철학』 창간호에 실릴 나의 서평에 곁들이기 위한 약력을 적어달라는 것이었으므로, 전자 우편으로 작성하여 보냈더니 잘 받았다는 전화 연락이 있었다. 아침에 서울대 철학과 후배로서 서울대 강사를 하고 있는 정원재 군으로부터 전화가 걸려왔었다. 慶尙大 남명학연구소에서 내는『南冥學硏究』최근호가 우송되어 왔으므로 내가 주선하여 보낸 것이 아닌가 하여 답례 차 전화한 것이었지만, 나는 그런 조치를 취한 적이 없었다. 더불어 최근의 연구 활동에 대한 대화를 나누었다.

24 (토) 맑음

논문의 퇴고를 마쳤다.

26 (월) 맑음

다시 한 번 논문을 퇴고한 후 건국대학교 철학과에 근무하는 서울대 철학과 및 臺灣大學 철학연구소 후배인 정상봉 교수에게 전자우편으로 부쳤다. 부친 후 정 교수의 연구실로 전화로 연락해 보았더니, 원고 마감 기일을 한 달 늦추었음에도 불구하고 10월말의 마감 날짜를 한 주도 채 못 남겨 두고 있는 오늘까지 원고가 들어온 것은 1년간 北京에 가 있는 인천대 윤찬원 교수 이후로 내가 두 번째라고 한다. 은사인 서울대 철학과의 李楠永 교수 화갑기념논문집에 기고하기로 약속한 사람은 20여 명인데, 12월이 李 교수의 생신이므로 금년 연말 경 간행할 예정이었으나 경우에 따라서는 더 늦어질 수도 있겠다는 것이었다. 화갑기념논문집의 명칭으로서가 아니라 경우에 따라서는 일반 독자를 대상으로 하여 단행본 한두 권 정도의 분량으로 간행될 가능성도 있다고 한다.

27 (화) 맑음

다음 논문 「南冥에 있어서 〈自得〉의 문제」의 준비를 위해 자료카드 정리를 하였다.

28 (수) 맑음

그저께 탈고한 논문 「남명과 육왕학」과 관련되는 것들이 더러 있어 이것들을 가려내어 이미 送付한 논문을 수정 보완하는 작업에 들어갔다.

韓國日本思想史學會長이기도 한 경북대 퇴계연구소장 宋彙七 교수에게로 전화하였다. 이 연구소의 창립을 기념하여 일본 페리칸출판사에서 간행하는 잡지『日本思想史』에 내년 중 한국 필자 특집호를 꾸미기로 예정되어 있는 바, 내가 한국철학회의 위촉을 받아 집필한 「일본철학의 훈고적 전통과 사변적 전통」을 이에 포함시킬 수 있는지를 물어 보았다. 이 특집호에는 7편 정도의 논문을 실을 예정인데 이 학회에서 이미 발표했거나 머지않아 발표하기로 예정되어 있는 논문이 모두 10편이며, 송 교수가 근자에 일본으로 가서 한국인 3인, 일본인 2인으로 구성되는 편집위원회를 구성하여 여기서 選考하기로 합의를 보았다고 한다. 나의 글은 이미 송 회장이 두 차례 읽은 적이 있었는데, 이 글도 여기에 싣기 위해 일본어로 번역하여 400자 50매 정도의 분량으로 만드는 작업을 시작해 보라고 하므로, 다음 논문에 착수하기 전에 먼저 이 작업을 시작하기로 작정했다.

퇴근 무렵에 함석헌선생기념사업회의 일에 깊이 관여하고 있는 박재순 한국신학대학 강사로부터 전화가 걸려왔다. 박 씨는 대전 출신으로서 서울대 철학과의 선배이나 나이는 나보다 적으므로 학창시절부터 서로 반말을 하고 지내는 친구 사이이다. 철학과를 졸업한 이후 한국신학대학에 학사편입 하여 박사학위까지 받았고, 해방신학의 안병무 교수 학통을 이어 받은 대표적 존재의 한 사람으로 인식되고 있으나, 꼽추로서 신체적 결함이 있는 데다 한국신학대학 내 교수 사회의 분열로 말미암아 아직도 전임 교수의 직위를 얻지 못하고 있는 모양이었다. 오늘 전화해 온 용건은 새로 기념사업회의 이사장에 취임하여 사단법인 등록 건을 성취시킨 이문영 前 한국신학대학 교수가 함 선생의 예전 제자로서 현재 각 대학에 포진하여 있는 사람들과 기념사업회의 활성화를 위해 최근에 이미 한 차례 모임을 가졌으며, 두 번째 모임을 이달 31일 토요일 오후 다섯 시에 세종문화회관 옆 동성각이라는 중국집에서 가지기로 했으니 나더러도 한 번 올라오라는 것이었다. 서울에서의 학창시절 서울대 철학과 혹은 함석헌 선생 모임을 통해 가깝게 지내던 친구들이 열 명 정도 모이는 모양이므로 모처럼 한 번 올라가서 만나보고 싶으나, 내가 평소 서울 출입을 잘 하지 않는 데다 이번 주 토요일과 일요일에는 다른 스케줄도 있어 어려울 것 같지만 생각해 보겠다는 대답을 해 두었다.

29 (목) 맑음

논문의 수정 보완 작업을 계속하였다. 오후 두 시부터 두 시간동안 교양과목 동아시아의 철학사상 수업이 있는데, 논문 작업에 몰두하다 보니 깜박 잊어버렸다가 퇴근해 집에 도착해서야 생각이 나서 낭패하였다. 다른 수업은 모두 오전 중에 있고 이 과목 하나만이 목요일 오후에 들었으므로, 지난번에도 한 번 그랬다가 수강생의 전화로 뒤늦게 수업에 들어간 적이 있었다.

30 (금) 흐림

「남명과 육왕학」의 수정 보완 작업을 마치고서 다시 건국대 철학과의 정상봉 후배에게 이메일로 전송하였다. 분량은 더욱 늘어 200자 원고지 157.4매에 이르렀다.

31 (토) 맑음

「일본 철학의 훈고적 전통과 사변적 전통」을 일본어로 번역하여 입력하는 작업을 시작하였다.

11월

2 (월) 맑으나 다소 강한 바람

「일본 철학의 훈고적 전통과 사변적 전통」을 일본어로 고치는 작업을 계속하였다.

3 (화) 맑음

논문의 일본어 입력 작업을 계속하였다.

6 (금) 흐림

논문의 日譯 작업을 계속하였다.

8 (일) 맑음

아내와 함께 육 선생 모임에 참가하여 경주 남산에 다녀왔다.

9 (월) 맑음

논문의 日譯 작업을 계속하였다.

점심 때 董爲光 교수와 함께 재너머 식당으로 가서 점심을 들고, 그 옆의 길이 희미해진 산 능선을 따라 산책하여 돌아왔다. 이번에도 西溪 朴泰茂의 부인 무덤 옆을 지나왔는데, 이 무덤은 오랫동안 돌보는 사람이 없어 이미 황폐해져 있었다. 이 산 전체에 무덤들이 많이 들어선 반면 산길은 군데군데 끊어져 있어, 여러 차례 길을 잃고서 헤매기도 하였다.

10 (화) 맑음

논문의 日譯 작업을 계속하였다.

11 (수) 맑음

논문 작업을 계속하였다.

12 (목) 맑음

논문의 일역 작업은 마지막 장인 제5장에 접어들었다.

14 (토) 맑음

남명학연구원 98년도 제2차 상임연구위원회가 있어 오전 11시 무렵 인사동의 부산교통 사장실에 도착하였다. 전원이 모이기를 기다려 장소를 갑을가든 2층 별실로 옮겨 회의를 진행하였다. 준비된 회의 자료에 따라 『남명학연구논총』 제7집 수록 예정 논문 및 연구계획서 심의, 99년도 봄에 진주에서 개최키로 한 학술회의 및 2001년 남명 탄신 500주년 기념사업회 구성안 등에 대해 심의하였고, 논총 제7집의 별책으로 간행할 영인 자료로서는 내가 선정하는 『남명집』의 몇 가지 판본에다 나의 해제를 붙이기로 결정되었다.

회의가 끝난 후 김경수·권인호·정우락 세 상임연구위원은 산청 白雲洞의 남명 유적지를 보러 간다고 하였다. 그곳은 내가 예전에 몇 차례 답사한 적이 있어 비교적 잘 알고 있는 데다 모처럼 다시 한 번 가보고 싶은 마음도 일어, 내 차는 갑을가든 주차장에 그대로 세워두었다가 휴대폰으로 아내에게 연락하여 집으로 운전해 가도록 하고, 우리는 김 국장의 차에 동승하여 함께 백운동으로 향했다. 이곳은 십여 년 전에 몇 차례 답사 온 적이 있었고, 지금의 아내와 결혼식을 올리기 전날에도 데이트 삼아 온 적이 있었으며, 그 후 부산에 사는 아내의 연세대 간호학과 선배 부부가 차를 몰고서 진주로 우리를 방문해 왔었을 때 그 분들을 안내하여 와 본 것이 마지막이니, 그것도 이미 십 년 정도 지난 옛 일이 된 셈이다.

차량 통행이 불편했었던 진입로의 군데군데에 포장한 부분들이 생기고, 白雲洞天이 시작되는 지점의 풀장처럼 큰 沼가 있었던 곳은 메워져 집이 들어섰으며, 예전에 광산이 있었던 지점은 기도원으로 변해 있는 데다, 흰빛이 도는 바위들로 이루어진 계곡과 시내가 끝없이 펼쳐진 곳에는 여기저기 시멘트를 발라 설치한 물레방아 등의 건조물들도 눈에 띄었다. 산 중턱의 기도원 입구에다 차를 세우고서 그 부근 아래쪽 계곡 일대를 둘러보았지만, 예전에 보았던 '南冥先生杖屨之所'의 刻石은 눈에 띄지 않았다. 좀 더 위쪽인가 하여 기도원에서부터 홍수에 흙이 씻겨 내려가 형편없이 파인 산길 도로를 따라 계곡을 건너지르는 지점에까지 올라가 보았지만, 여전히 刻石은 눈에 띄지 않았다. 뒤이어 사재명 군도 자기 승용차를 몰고서 달려왔으므로, 길이 계곡 오른쪽으로 가로지른 지점 근처에서 합류하여 얼마간 쉬다가 이번에는 길을 버리고서 계곡의 바위를 따라 洞天 입구 부근까지 내려왔으나 역시 각석은 찾아낼 수가 없었다.

덕산을 지나 大源寺 쪽으로 가는 도중 內院寺 입구의 三壯里에 있는 덕천서원 前 內任이자 郡議員이기도 한 詩人 曺鍾明 씨 부인이 경영하는 음식점에 들러 메기찜과 삼장 막걸리로 저녁을 들고, 뒤늦게 도착한 조종명 씨도 어울려 한참 담소를 나누며 놀다가, 조 씨 내외가 진주 시내로 나간다고 하는 무렵에 함께 그 집을 나섰다. 저녁 식사는 오늘 회의비 조로 받은 십만 원으로 연장자인 내가 사는 것으로 했다. 七汀에서 김 국장과 헤어지고, 나머지 네 명은 사재명 군이 운전하는 차로 단성 인터체인지에서 근자에 새로 개통한 대전 행 고속도로에 올라 진주로 돌아왔다.

18 (수) 맑음

예문서원의 주인인 계명대 철학과 홍원식 교수로부터 전화가 있었다. 나의 서평이 실린 『오늘의 동양철학』 창간호가 간행되어 이번 주 금요일 오후 일곱 시에 서울 용두동의 로터리 부근에 있는 예문동양철학사상연구회의 사무실에서 출판기념회를 가지게 되니 한 번 올라와 주었으면 좋겠다는 것이었다. 나도 이 연구회의 감투를 쓰고 있는 사람 중 하나인데, 아직 한 번도 모임에 참가해 본 적이 없으니 얼굴이나마 한 번 보이는 것도 좋겠지만, 서울까지 가는 것은 엄두가 나지 않는다는 뜻을 말했다.

20 (금) 맑으나 찬 공기

남명학연구원이 계간으로 발행하는 뉴스레터 『南冥院報』 제12호(1998.11.15)가 집으로 배달되어 왔으므로, 퇴근 후 거기에 실린 나의 글 「雷龍亭 遺蹟碑 有感」을 읽어보았는데, 누군가 교정을 보느라고 가필한 것이 오히려 착오를 초래한 부분들이 눈에 띄었다.

내가 재단법인 경상대학교발전기금재단이 제공하는 학술연구비의 금년도 수혜자 중 한 사람으로 결정되었다는 공문을 받았다. 금액은 300만 원인데, 연구결과 보고는 연구기간 종료 후 6개월 이내로 되어 있지만, 연구기간인 내년 1월 1일에서 12월 31일 사이에 발표되는 것도 가하다고 한다. 이남영 교수 화갑기념논문집에 기고한 「南冥과 陸王學—知와 行의 문제를 중심으로—」가 아마도 내년 중에 가서나 간행될 듯하여 이 논문을 연구실적물로서 제출하기로 작정하고, 편집을 담당하고 있는 건국대 철학과의 정상봉 교수에게 연구비 수령에 관한 기록을 추가해 달라는 내용의 전자우편을 보냈다.

21 (토) 흐리고 추움

어제 보던 『南冥院報』의 내용을 계속해서 읽었다. 김경수 국장의 설명에 의하면, 내 글 중의 한자가 석 자 탈락된 것은 내가 작성한 원고는 흔글로 되어 있는 데 반해 인쇄할 때는 훈민정음 소프트웨어를 사용했기 때문이라고 한다.

오전 10시부터 본관 5층 대회의실에서 '東亞細亞의 歷史와 儒學思想'이라는 大主題하에 본교 남명학연구소가 주최하는 개교 50주년 기념 남명학 국제학술대회가 있었으므로, 종일 거기에 참가하였다. 경북대 퇴계연구소 소장인 宋彙七 교수에 의한 발제 강연 「東亞細亞의 儒學思想」에 이어 중국 北京師大 朱瑞平 교수의 「中國思想史에서 元代儒學의 位相」, 중국 夏門大學 侯眞平 교수의 「16세기의 中國思想史에 있어서 朱子學」, 일본 東京大學 黑住眞 교수의 「日本思想史와 儒學」으로써 오전 발표가 끝나고, 구내 교직원식당으로 가서 점심을 들었다. 점심 식사를 마치고 난 다음 회의장으로 돌아와 남명학부산연구원의 원장 및 이사장 등을 만나 부산에 사는 曺敬淳 이사가 빌려간 이후 1년이 넘도록 아직 반환하지 않고 있는 『南冥集』 釐正合集本 가운데 현존 최고 판본의 반환 및 소장자인 부산의 李一相 씨가 작고한 후 행방이 묘연해 진 『南冥集』 沙隱本이 지금 어디로 가 있는지 수소문하는데 대한 협조를 당부하였다.

오후에는 일본 惠泉女學園大學 澤井啓一 씨의 「德川日本의 反朱子學에 있어서의 '近代'性」, 韓國精神文化研究院 韓亨祚 씨의 「근대, 그리고 조선유학

의 딜레마」, 일본 米澤女子大學 荻生茂博 씨의 「日本의 近代와 陽明學」, 北京師大 漢子硏究所 秦永龍 씨의 「東亞細亞 文化와 漢子—書法的 側面을 中心으로—」, 慶尙大 李相弼 교수의 「韓國儒學史上 南冥學派의 位相」 등의 주제에 관한 발표가 있었다. 발표가 끝난 후 난방도 안 된 회의실에서 추위에 떨며 종합토론이 진행되었다. 서울대 철학과의 후배인 명지대학 문석윤 씨, 東京大學에 유학한 바 있는 김석근·한예원 씨 등이 이에 참가하였다.

오후 6시 40분쯤에 모든 일정을 마치고서, 장소를 시내의 갑을가든 3층 연회장으로 옮겨 만찬 모임을 가졌다. 나는 중국 및 일본 학자들의 자리에 앉아 함께 대화를 나누다가 밤 아홉 시경에 史載明 군의 차로 귀가하였다.

23 (월) 맑으나 쌀쌀함

지난주 금요일 泗川文化院과 日本對外關係史硏究會·경상대학교 남명학연구소의 공동주최에 의해 사천프라자호텔 대연회실에서 개최된 국제학술심포지엄 '泗川의 歷史와 壬辰倭亂'에서 발표된 논문들 및 당시 배부된 단행본 『壬亂과 泗川』(사천문화원, 1998)의 내용을 대충 훑어보았다. 이번 사천에서의 심포지엄에는 작년의 진주시 임란박물관 개관기념 심포지엄에 참석했었던 東京大學의 村井章介, 共立女子大學의 北島万次 교수를 비롯하여 名古屋外國語大學의 貫井正之, 北京大學 歷史學系의 王天有 교수 등이 참가하였다.

논문을 일본어로 고치는 작업을 계속하여 거의 작업을 다 마쳐간다. 이남영 교수 회갑기념논문집에 기고한 나의 논문 「南冥과 陸王學」에다 연구비 수혜 사항을 기록하는 문제를 협의하기 위해 이 회갑기념논문집의 편집을 맡고 있는 건국대학교 철학과 정상봉 교수에게 여러 차례 이메일과 전화로 연락해 보았으나, 새로 보낸 논문 파일이 읽히지 않으므로 한 번 더 보내 달라는 간단한 답장밖에 받지 못했다. 끝내는 퇴근 후 자택으로 전화하고 다시 학교의 연구실로 전화하여 마침내 직접 통화할 수가 있었다.

24 (화) 맑음

오전 중 재단법인 경상대학교발전기금재단 학술연구조성비의 지원신청서를 작성하였고, 오후에는 논문의 일역 작업을 계속하여 일단 번역을 마치고서 처음부터 한 차례 퇴고하기 시작했다. 이 연구비의 관리지침에 의하면, "연구비는 연구수행을 위한 연구목적 이외에는 일체 사용할 수 없음"이라던가 "연구책임자는 연구기간동안 사용한 연구비 지출내역을 항목별로 연구비 사용내역서를 첨부하여 소속 기관장을 경유 연구비관리담당 부서에 제출하여야 한다"고 되어 있어, 학술진흥재단 등 다른 연구비의 지급 기준과 다를 바 없다. 내 차례가 되어 저절로 배정되어 온 것이라고는 하지만, 이런 연구비를 과연 받아야 할 것인지도 역시 의문이라 하겠다.

25 (수) 맑음

日譯한 논문의 퇴고를 한 차례 마쳤다.

26 (목) 맑음

점심 때 국어교육과의 조규태 교수로부터 점심을 같이하자는 전화 연락을 받았다. 조규태 교수가 과거에 나더러 이런 제의를 해 온 적이 한 번도 없었으므로 다소 어리둥절하였는데, 약속한 정오경에 나와 함께 점심 초대를 받은 중문과 정헌철 교수의 1층 연구실로 내려가 보니 정 교수의 말은 총장선거운동과 관련된 것이 뻔하므로 자신은 사절하였다는 것이었다. 결국 나와 함께 셋이서 도동 남강변의 어느 국밥집으로 가서 쇠고기 간 및 천엽을 안주로 소주를 한 병 마시고 국밥으로 점심을 대접받았다. 시종 선거에 관한 말은 한 마디도 나오지 않았고, 돌아오는 길에 내가 구내 은행에 들르기 위해 차를 세워달라고 하고서는 감사의 뜻을 표하니, 작별 인사조로 "잘 부탁합니다." 라는 말을 던지고 가는 것이었다. 조 교수가 사범대학 영어교육과의 이동호 후보 선거 운동을 한다는 말을 어제 인문대 부학장을 통해 얼핏 들은 바는 있었다.

점심 식사 중에 연구비 문제가 화제에 올랐다. 나로서는 이번에 배정된 교내 연구비의 지출에 대해 차후에 가짜 증빙서류를 제출할 일이 참으로 엄두가 나지 않는데, 영수증 한두 개를 첨부하면 되겠거니 하고 생각하였던 것이 오늘 들은 말에 의하면 연구비 집행 계획서에 따라 전액에 대한 영수증을 모두 첨부해야 한다고 한다. 정헌철 교수는 이 대학에 부임한 이래 모두 합해서 약 6천만 원 정도의 연구비를 이미 수령하였다고 하며 임자 없는 나라 돈을 적당히 서류를 작성해 내어 타 쓰는 것이 무엇이 나쁘냐고 말하고 있었다. 그것은 생각하기에 따라서는 그렇겠지만, 사실이 아닌 연구비 집행 계획서를 제출하고서 그 내용을 입증하기 위해 또 엉터리 증빙서류를 만들어 제출하는 것이 공문서 위조가 아니고 무엇이며, 또한 자신의 양심을 속이는 짓이 아니라고 하겠는가? 우리나라는 정부가 뻔히 알면서도 이렇게 요령껏 국비를 타 먹을 것을 사실상 요구하고 있으며, 또한 그렇게 해서 연구비를 많이 받아쓰는 것이 업적 평가에도 유리하게 작용하는 터이니, 이 사회가 구석구석 얼마나 부패해 있으며, 누가 누구를 부정한 사람이라고 나무랄 것인가?

28 (토) 맑음

어제에 이어 「일본 철학의 훈고적 전통과 사변적 전통」을 일역한 것을 두 번째로 퇴고하고 있다.

30 (월) 흐리고 때때로 부슬비

「일본 철학의 훈고적 전통과 사변적 전통」을 日譯한 것을 두 번째로 퇴고하는 작업을 마치고서, 퇴근 무렵에야 한국일본사상사학회 회장이자 경북대학교 퇴계연구소 소장인 宋彙七 교수의 천리안 주소로 송부하였다.

예문동양사상연구원에서 1년에 한 번씩 발행하는 잡지 『오늘의 동양사상』 창간호 두 권이 우송되어 왔다. 그 서평 부분에 내가 쓴 이원명의 『고려시대 성리학 수용 연구』에 대한 평이 실려져 있다. 이 연구원의 원장은 김충렬 교수로 되어 있고, 나는 그 연구위원이자 편집위원의 한 사람으로서 권말에 소개되어 있다.

12월

1 (화) 맑음

금년 10월에 나온 大同哲學會의 기관지 『大同哲學』 창간호 및 『오늘의 동양사상』 창간호를 읽었다. 대동철학회는 부산대학교 철학과가 중심이 된 이전의 가칭 국제철학회인데, 나는 여러 번 연락이 있었음에도 불구하고 첫 모임 이후 전혀 참석하지 않았으므로, 나의 이름은 회원 명부에서조차 빠지고 그 대신 본교를 대표하여 박선자 교수가 발기인 및 이사 명단에 올라 있다. 『오늘의 동양사상』에 실린 나의 서평에는 약간의 가필과 한자의 생략이 있는 듯하였다.

2 (화) 흐림

며칠 전 다섯 페이지에 걸친 '재단법인 경상대학교 발전기금재단 학술연구조성비 지원신청서'를 적어 내었음에도 불구하고, 오늘 다시 조교가 연구계획서를 가~아 항목에 걸쳐 A4용지 15장 정도로 워드프로세서로 작성하여 제출해 달라고 한다는 것이었다. 이는 사실상 학술진흥재단에서 요구하는 연구비 지원신청서류와 동일한 양식을 요구하는 것이었다. 이러한 허위 문서를 작성하기가 싫어 연구비 신청을 하지 않아 온 것인데, 겨우 삼백만 원을, 그것도 순서가 되어 나에게 배정되어 온 것을 받지 않는다는 것도 우스운 일인 듯하여 양심에 어긋나기는 하지만 요식행위에 불과한 형식적인 신청서를 적어 내었던 일이다. 그러나 일이 이 정도 되면 더 이상 그들의 요구에 따라갈 수가 없겠다고 판단하여, 나는 연구비를 받지 않겠다는 의사를 조교를 통해 전달하게 하였다.

점심 때 교직원식당에서 인문대 부학장인 불문과의 김석근 교수를 만나 그 이야기를 했더니, 오후에 김 교수가 내 연구실로 찾아와 A4용지 한두 장 정도로 적당히 적어 내면 된다고 하므로, 부득이 컴퓨터 앞에 앉아 그 연구계획서라는 것을 작성하기 시작하였으나, 역시 이런 서류를 작성하는 것은 도무지 내 적성에 맞지 않는 일이라 과연 적어내야 하나 말아야 하나 주저하고 있는 중이다.

3 (목) 흐림

연구계획서를 작성하여 제출하였다. A4용지 두 매 남짓 되는 분량인데, 이미 작성되어 있는 논문의 서언 부분에 적힌 국내 연구 동향을 그대로 복사해 넣었고, 다른 항목은 아주 간략하거나 아예 생략되어 있다. 어쨌든 거짓말은 하지 않은 셈이다.

5 (토) 맑음

인터넷으로 학술진흥재단의 홈페이지에 들어가 「'98 인문·사회과학분야 중점영역연구 신규과제 지원신청 공모」를 다운 받아 검토해 보았다.

10 (목) 맑음

다음 학기 대학원 도가철학연습의 실러버스를 작성하였다. 『列子』를 다루기로 하고, 우리 대학 도서관 및 그 관련 사이트로 국립중앙도서관·국회도서관·서울대도서관 등으로 들어가 참고도서목록을 열람해 보았다. 서울대 중문과 교수인 金學主 씨, 고려대 철학과 교수였던 故 金敬琢 씨의 번역본이 있는 것을 확인하고서, 그 중 어느 하나를 부교재로 정하기로 마음먹었다.

14 (월) 맑음

예문동양사상연구원으로부터 이번 주에 있을 편집위원회의에 참석할 수 있는지를 묻는 전화가 걸려왔다. 내년도에 간행될 『오늘의 동양철학』 제2집의 편집 방침을 상의하기 위한 것이라고 한다. 이 연구원으로부터는 종종 이런 전화가 걸려오고 있으나 이번에도 참가할 수 없으며 서울에 근거지가 없으므로 앞으로도 계속 상경하기 어려울 것이라는 대답을 하고서, 전화상으로 얼마 전에 간행된 창간호에 대한 나의 소감을 간단히 피력하였다. 뜻한바 아닌 직책을 맡고서 전혀 소임을 다하지 못하고 있으니 피차 민망한 일이다.

15 (화) 맑음

지난 11월 20일 사천문화원·일본대외관계사연구회·경상대학교 남명학연구소의 공동주최 형식으로 사천프라자 호텔에서 개최된 국제학술회의 발표논문집『泗川의 歷史와 壬辰倭亂』중에서 北京大學 歷史學系 王天有 씨의「試論明朝在壬辰·丁酉倭亂中的政策」, 東京大學 村井章介 씨의「島津史料로 본 泗川戰鬪」, 共立女子大學 北島万次 씨의「壬辰倭亂과 李舜臣」, 名古屋外國語大學 貫井正之 씨의「民衆의 입장에서 바라본 壬辰倭亂」을 읽어보았다.

점심 때 교직원식당으로 향하던 도중 본교에 통합된 통영수산대학으로부터 인문대 영문과로 전입되어 온 안상국 교수 및 한문학과의 윤호진 교수와 우연히 동행하게 되었다. 식당에서 그들과 대화하던 중에 알게 된 사실은 한문학과의 H 교수가 지난 11월 21일 본교 개교 50주년 기념 남명학연구소 국제학술 심포지엄이 있은 이후로, 당시 H 교수가 중국으로부터 초빙해 온 北京師大의 朱瑞平·秦永龍 교수 및 廈門大學 侯眞平 교수를 최근까지 3주 동안이나 자기 집에 기숙케 하면서 학기 중임에도 불구하고 자기 차에 그들을 태우고서 함께 남한 각지를 유람하였다는 것과 한문학과 전체가 조만 간에 완공될 남명관으로 옮겨 입주하게 될 예정이라는 것이었다. 중국인들이 자기네 나라를 방문하는 외국인, 특히 한국인을 鳳으로 생각하여 사사건건 터무니없는 바가지요금을 덮어 씌워 돈을 우려내려는 데 비하면 가히 칙사 대접이라 하겠으며, 입주의 명분이 남명관의 방들을 다른 데 뺏길 것을 예방하는 데 있는 것이라고 하나 남명학연구소에 대한 한문학과의 독점적 지위를 공공연히 시위하려는 것이라고 하겠다.

18 (금) 맑음

사재명 군이 연구실로 찾아와서 지난 12월 12일에 있었던 남명학연구원 98년도 정기 이사회 회의자료 및 그 때 배부된 기념품을 전해 주었다. 나도 지난 일요일에 향토문화사랑회의 답사 모임에 참석하여 사 군과 나의 논문이 실린 회지 제10호를 몇 부 얻어 왔으므로 그것을 전해 주었다. 점심 때 가까운 무렵이었으므로, 김경수 국장 및 연구원의 출판물을 인쇄하고 있는 대명인쇄소의 박라권 군에게 전화 연락하여, 그들과 함께 진성면 상촌리에 있는 낙모정식당이라는 곳으로 가서 삼계탕 및 옻닭으로 내가 점심을 샀다.

22 (화) 冬至, 맑음

점심 무렵에 몇 년 전 河南省에서의 국제학술회의 때 내 발표문을 번역해 준 바 있었던 中國社會科學院의 周月琴 여사가 진주의 내 연구실로 방문해 왔으므로, 남명학연구원의 김경수 국장과 함께 나동의 朝鮮閣 식당에 가서 불고기로 점심을 들고서 내 연구실로 돌아와 한동안 대화를 나누었다. 周 씨는 약 2년 전부터 대구의 계명대학교 철학과 박사과정에 입학해 있으며, 현재 학위논문이 심사 중에 있어 내년 신학기 이전까지 학위를 받게 될 전망인 모양이다. 비자는 내년 말까지 유효하므로 그 때까지 한국에 남아 연구를 계속하고 싶다면서 남명학연구원에 그와 관련한 재정적 지원을 요청하기 위해 찾아온 것이었다. 김 국장과는 지난번 안동대학교에서 있었던 국제퇴계학학술대회에서 만났던 모양이었다. 周 여사는 1965년 중국 河南省 濟源市에서 태어나 鄭州大學 철학과를 졸업하고, 北京의 中國人民大學 철학과에서 張立文 교수의 지도로 李退溪에 관한 논문을 제출하여 석사학위를 받았으며, 93년 4월에서 10월까지 퇴계학연구원의 지원으로 연세대학교에서 한국어를 연수하였고, 93년 10월부터 현재까지 北京의 사회과학원 철학연구소 동방철학연구실의 副研究員 자격으로 있으면서 계명대학교에 유학하고 있는 것이다.

周 씨는 남명 및 남명학파에 관한 장기간에 걸친 연구를 지원해 주도

록 희망하였으나, 김 국장은 우선 그 중의 한 주제에 관한 연구비 지원 정도를 고려해 보겠노라고 응답했다.

23 (수) 맑음

周月琴 씨가 어제 주고 간 그녀의 저서『退溪哲學思想硏究』(杭州出版社, 杭州大學 韓國硏究所 編 韓國硏究叢書 14, 1997)를 검토해 보았다. 저녁 무렵 사재명 군이 와서 남명학연구원이 최근에 山川齋에 보관되어 있는 목판으로 찍은『南冥集』한 질을 전해 주었다.

26 (토) 맑음

오늘 배달되어 온 日本 東方學會의『東方學會報』No.75의 會員通信 欄에 나의 글이 실려 있었다.

28 (월) 맑음

남명학연구원 출판부가 山川齋 藏板閣에 소장된 목판으로써 지난 12월 15일자로 印出하여 線裝本의 형태로 판매하기 시작한『남명집』을 가지고서 성균관대 大東文化硏究所 및 景仁文化社에서 각각 영인 출판한 중간본 및 내가 白雲精舍 소장 문서 중에서 수집하여 복사 제본해 둔 중간본과 비교하여 대조표를 만드는 작업에 종사했다. 산천재 소장『남명집』목판은 김윤수 씨 등이 한 차례 조사하여 결락된 것 없이 온전히 갖추어져 있음을 확인한 바 있었는데, 그것을 가지고서 선장본을 인출할 생각은 김경수 사무국장이 낸 것이고, 그것이 남명학연구원의 상임연구위원회의에 안건으로서 올라 일단 부결되었던 것을 내가 연구상의 목적에서 김 국장의 의견을 강력히 지지하여 결국 실현되기에 이른 것이다.

29 (화) 맑음

학교에서는『남명집』중간본 네 종을 대조 검토하여 그 차이점에 대한 표를 만드는 작업을 마쳤다. 김경수 국장에게 연락하여 내가 복사 제본한 남명학 관계 문헌들 중 내 연구실에는 없고 본교의 남명학연구소에 가 있다가 근년에 연구원으로 반환된 부분 중 김윤수 씨가 언급하고 있는 자료를 검토해 보기 위해 어제에 이어 다시 한 번 김 국장에게 연락하였더니, 사재명 군이 그 자료를 가져다주었다. 그것은 내가 산청군 삼장면의 小川書堂에서 수집한 것으로서, 弦齋 曺庸相이 붓으로 교정한 종이들을 여기저기에 붙여 놓은 것이었다.

30 (수) 맑음

小川書堂에서 수집된 『남명집』 중간본의 散帙 두 책에 대한 검토를 마쳤다. 그 결과 이 책은 산천재에 남아 있는 두 장의 중간본 목판과 오늘날 일반적으로 보급되어 있는 중간본에 이르는 과도적 단계의 판본으로서, 말미에 후기 판본의 것과 동일한 목판으로 된 龍山 李晩寅의 발문이 붙어 있으므로, 學記圖가 여섯 개 붙어 있는 『學記類編刊補』라는 책 두 권도 원래는 이 판본과 함께 간행되었던 것임을 짐작할 수가 있었다. 애초에 수집될 때는 3책이었던 듯하나 현재 복사하여 보관되고 있는 것은 두 책뿐이므로, 김경수 국장에게 전화 연락하여 그와 함께 내가 미국으로 가기 전에 다시 한 번 산청군 삼장면 대포리에 있는 소천서당을 방문하여 거기에 소장된 문헌들을 조사해 보기로 합의하였다. 아울러 중국사회과학원의 副研究員인 周月琴 여사에게도 그녀가 신청한 바와 같은 연구비를 승인하여, 그 연구의 결과로서 중국어로 된 남명학 관계 단행본을 간행해 보는 것이 바람직하겠다는 의견도 전했다.

31 (금) 맑음

어제에 이어 최영성 씨의 『韓國儒學思想史』 제3책까지를 검토하였다. 최 씨는 전라북도 순창 출신으로서 성균관대 한국철학과를 졸업하고 同대학원 박사과정을 수료하여 서울의 몇몇 대학 강사를 역임하고 있는 사람인데, 제1책을 출판하던 당시 나이 불과 30대 중반의 젊은이였다. 일찍이 『남명학연구논총』에 「曺南冥의 學問精神과 出處觀研究」라는 논문을 한 편 실은 적이 있었고, 금년 여름 덕천서원에서의 연구원 총회에서 처음 만난 적이 있었다. 책 내용을 검토해 보니 기성 대가들이 낸 이런 종류의 책들 수준에 못지않을 정도의 학식이 있음을 알 수 있었다.

1999년

1월

4 (월) 맑음

재단법인 경상대학교 발전기금재단에서 지원하는 '98년도 교수 학술 연구비가 학장 명의로 입금되었다는 공문이 있었으므로, 나에게 배정된 300만 원을 인출하기 위해 실행예산서·연구비청구서 및 청구내역서·가지급금청구서 및 청구내역서를 작성 제출하였다. 전에도 이미 두 차례 연구비 신청과 관련한 서류를 작성 제출한데다 앞으로 연구 기간이 만료될 즈음에 작성해야 할 서류도 만만찮은 듯하다. 이 모든 것이 결국 연구비를 연구 이외의 개인적인 용도로 사용하지 않는다는 것을 검증하기 위한 절차이겠으나, 인문과학의 경우 이 모든 서류는 결국 눈감고 아웅 하는 짓거리로서 모두가 알면서 하는 일종의 공문서 위조에 해당하는 셈이다. 나로서는 실로 원했던 것은 아니나 순서에 따라 배정된 것을 반환하는 것도 지나치게 고지식한 듯하므로, 이 돈을 주로 출국 기간 중의 집수리에 사용하고자 한다.

5 (화) 맑음

김윤수 씨의 『남명집』 판본 문제에 관한 논문 중 중간본 부분을 다시 한 번 읽어보았다. 지난번 산천재 장판각에 소장된 목판으로써 새로 인쇄한 것 등을 가지고서 대조 검토할 적에는 성균관대 대동문화연구원이 영인한 중간본이 이 종류 가운데서 가장 오래된 것으로 판단하였던 것이지만, 이번에 김 씨의 논문을 통해 그 중 권5의 第1板 銘 및 「神明舍圖」 부분이 새로 교체된 것으로서, 장판각에 소장된 것과 일치함을 확인하였다.

6 (수) 맑음

출근한지 얼마 후 사재명 군이 연구실로 찾아와 자기 차에 나를 태우고서 부산교통 사무소로 가 김경수 국장을 태운 후, 셋이서 함께 산청군 삼장면 대포리에 있는 小川書堂으로 향했다. 덕산에서 조 씨 문중의 敬義靑年會 회장이라는 사람으로부터 인도를 받았고, 서당에 도착하니 그 모임의 부회장이라는 젊은이도 나타났으며, 얼마 후 덕천서원 內任이자 산청군의회 의원이기도 한 조종명 씨도 왔다. 復庵 曺垣淳·弦齋 曺庸相 父子가 강학하던 장소인 이 서당에는 그들 당시의 서적과 고문서들이 다소 남아 있는데, 弦齋의 長孫인 현 관리인의 협조를 얻어 그 중 우리 연구원 측이 금년 봄에 『南冥學硏究論叢』의 별책 부록 형태로 간행할 예정인 『南冥集四種』의 하나로서 들어갈 초기 중간본이 여기에 소장되어 있으므로 그것을 찾아내어 빌려올 목적으로 이곳을 다시 방문한 것이다.

이곳에는 내가 예전에 와서 한 차례 자료 조사를 한 이후 나의 인도로 수 년 전 한국정신문화연구원 『古文書集成』 팀이 와서 조사한 적이 있었고, 근자에는 본교 남명학연구소 측이 또 와서 책을 빌려갔다가 반환한 적이 있었다. 문제의 『남명집』은 남명학연구소 측이 반환해 온 문헌 가운데 들어 있었는데, 역시 문집 3책 가운데서 권3·4에 해당하는 제2책이 결락되어 있었다.

그것과 기타 자료를 몇 권 빌리고서, 그 이웃에 사는 조 씨 문중의 최고 장로 격인 耘山 曺義生 옹을 찾아뵙고, 예전에 그로부터 한 번 빌려서 본 적이 있는 『雜說辨』을 대출하기 위한 교섭을 시도해 보았다. 운산 옹은 올해로 여든여덟 즉 米壽의 고령이며, 조 씨 문중에서는 유일하게 한문을 읽고 쓰며 지을 수 있으므로 문중을 대표하는 위치에 있는 분이다. 『잡설변』이란 弦齋가 남명 본손의 관점에서 일제 당시 덕천서원 측이 지역 유림 측과 德山碑 사건 등을 둘러싸고서 분쟁한 내용을 친필로 정리해 둔 책으로서, 對外秘로 삼고 있는 것이다. 사전에 조종명 씨를 중간에 넣어 교섭해 두었었지만, 내가 직접 찾아가 다시 말해 보아도 역시 그의 대답은 자기도 당시 『須知』라는 책을 쓰기 위해 문중에서 빌려 두었다가 반환했던 것으로서 현재 그 책이 어디에 있는지 모르겠다는 것이었다.

조종명 씨네 식당에 들러 메기찜과 탕으로 점심을 들고, 다시 진주의 남명학연구원 사무실로 돌아와 커피를 들고서 김 국장과는 헤어졌다. 일본 名古屋外國語大學 교수로서 임란 당시의 조선의병에 대해 연구하고 있는 貫井正之 씨로부터 내 앞으로 연구원 측이 복사하여 내암 후손인 조기철 씨를 통해 보내 준 내 학위논문에 대한 감사의 말이 적힌 연하장이 그곳 주소로 도착해 있었다.

7 (목) 맑음

어제 小川書堂에서 빌려온 『南冥集』 重刊本 散帙 두 책 및 김경수 군이 자기 처가에 있던 것이라며 나에게 감정을 의뢰한 중간본 한 질을 산천재 장판각에 소장되어 있는 목판으로 새로 인쇄한 것과 대조해 보았는데, 별로 이렇다 할 물건은 아니었다. 김윤수 씨의 논문 중 중간본과 관련된 부분을 다시 한 번 검토해 보고 있다.

김경수 군에게 전화를 걸어, 현재 부산교통사무소 안에 있는 남명학연구원을 본교 내에 새로 짓고 있어 금년 중에 완공 예정인 남명학관으로 옮겨오며, 다년간 음성적으로 추진되어 오고 있는 한문학과의 남명학관 내 이주는 가능한 한 저지하는 것이 좋겠다는 의견을 표명했다. 내 생각은 남명학 연구에 직접 관계되는 사단법인 남명학연구원 및 본교 남명학연구소가 이 건물 내에 자리 잡고, 기타 남명학과 관련 없는 다른 연구소나 특정 학과가 여기로 들어오는 것은 반대한다는 것이며, 이러한 목표를 위해 음으로 양으로 준비 작업을 추진해 나가자는 것이었다.

2월

1 (월) 맑음

한 달 정도 만에 모처럼 학교에 나가 보았다.

오후에 예문동양사상연구원의 중심인물인 홍원식 계명대 교수로부터 전화 연락이 있었다. 이번 주 토요일에 있을 서울에서의 편집위원 모임에 참석해 달라는 요청이었으며, 아울러 나의 글 「주말 나들이」는 한국철학사상연구회 측과의 협의를 거쳐 애초에 싣기로 예정했었다가 창간이 무기한 지연되고 있는 한철연의 대중지 『철학으로』 대신 그 학회의 기관지인 『시대와 철학』의 금년 봄 호에 게재하기로 합의되었다고 한다.

2 (화) 맑음

어제에 이어 江右茶會에서 보내 온 『和白茶論』 제7호(진주, 형평출판사, 1998.12)를 두 번째 훑어보며, 거기에 실린 손병욱 교수의 논문 「風流와 茶—忠談師를 통한 風流茶人像의 탐구—」, 尹秀子 씨의 글 「일본 교토에 있는 우라센께 茶道전문학교를 수료하면서」 등을 읽어보았다. 江右茶會의 현 회원은 11명인데, 그 중 5명이 현직 교수고, 2명은 고교 교사이며, 나머지 4명은 의사이다. 그들 중 6명은 시골이나 지리산에다 개인 茶室을 마련해 두고 있는 모양이다. '강우차회와 인연이 있는 분들' 명단에도 11명이 수록되어 있고, 그 중 나와 본교 철학과 박선자 교수의 이름도 들어 있다. 이는 처음 『和白茶談』이란 제명으로 1992년에 창간호를 내고, 그 제2호(1993)에 나의 글 「『南冥集』 壬戌本의 毁板」이 실려 있듯이, 내가 과거에 그 모임의 초청을 받아 시내의 禪茶院이란 전통 찻집에서 회원들을 상대로 한 차례 남명학에 관한 강연을 한 적이 있었기 때문이다. 나는 당시 회원들로부터 밤늦게까지 차와 술을 대접받았고 그 때 선물로 받은 茶器는 아직도 연구실에 두고서 날마다 사용하고 있다.

거실 등에 쌓인 책들을 분류하여 서가에 꽂고, 집에 보관할 필요가 없는 것들은 버리거나 도서관에 기증하기로 마음먹고 있는데, 오늘 출근

길에 내 차 뒤의 짐칸에다 가득 책을 싣고 가서 본교 중앙도서관 수서과에 전해 주었다. 새벽 세 시에 일어나 8시 출근 시간까지 도서 정리 작업을 하였고, 5시 반 무렵 귀가한 이후로도 밤 9시에 취침할 때까지 그 작업을 계속하였다. 아내 방에 있던 서가 두 개에 꽂혀 있었던 책들도 모두 합하여 서재·거실·주방·침실의 벽면에 배치된 11개의 서가에다 나누어 꽂고, 그러고도 남는 책들은 모두 버리거나 기증할 생각인 것이다.

3 (수) 흐리고 추움

충남 공주대학교에서 개최되는 한국동양철학회의 제32차 정기학술회의 및 동계수련회에 참석하기 위해 아침 출근 시간에 산업대학교 앞 시외버스 정류장으로 나갔다.

학술회의는 공주대학교 본부 건물 3층 대회의실에서 정오부터 등록이 시작되어 오후 1 시에 개회되었는데, 내가 도착했을 때는 개회식과 기조발표 및 첫 번째 발표순서가 끝나고서 전남대 정병련 교수가 논평을 하고 있는 중이었다.

나는 오래 전부터 이 학회의 이사로 되어 있는데, 회장인 중앙대 양승무 교수의 말에 의하면, 지난번 서울 모임에서 내가 韓國孔子學會의 부회장으로 내정되었다고 한다. 나는 서울대 이남영 교수가 공자학회 회장으로 있을 때부터 현재까지 그 학회에도 이사의 식함을 가지고 있으며, 부회장은 모두 다섯 사람으로 확대되었는데 나는 영남지방에 안배된 부회장이 되는 셈이라고 한다.

5 (금) 맑음

정오 무렵 사재명 군이 남명학연구원 측이 부산의 曺敬淳 씨로부터 받아와 나에게 전하는 合集本『南冥別集』권1·2 부분과 서울대 규장각에 근무하는 신병주 씨의 박사학위논문 등을 가지고 왔다.

6 (토) 맑음

도서관에 기증하기 위해 거실 바닥에 따로 쌓아 둔 책들 가운데서 또 한 차례 분류를 가해 재고를 요하는 것들은 따로 가려내고서, 나머지 책들은 아내와 함께 엘리베이터를 통해 1층으로 운반하여 스포티지그랜드 승용차의 짐칸과 운전석 뒷좌석에 쌓아서 출근시간에 도서관 수서과로 가져가 기증하였다.

尙虛安炳周敎授停年紀念論文集 I 에 실린 H 교수의 글 「南冥曺植의 詩에 內含된 선비정신」, 金彦鍾 교수의 「茶山 丁若鏞과 伊藤仁齋의 共通認識을 통해 본 實學思想」, 仝 II 에 실린 權仁浩 교수의 「南冥 曺植의 時代精神과 實踐論」 등을 읽었고, 이어서 어제 사재명 군이 전해 준 申炳周 씨의 서울대학교 대학원 국사학과 문학박사 학위논문 「朝鮮中期 處士型 士林의 學風 硏究—南冥學派와 花潭學派를 중심으로—」를 읽고 있다.

9 (화) 맑음

오늘부터 1박 2일간 속리산 일대에서 서울대학교 동철연 동계 수련회가 있는지라 회장으로 있는 경남대 최유진 교수로부터 두 차례 전화 연락이 있어 함께 참석하기로 응낙하였던 터이다. 아내가 도서관에 기증할 책을 며칠 동안 집안에 쌓아두기보다는 떠나기 전에 운반해 갖다 주는 것이 어떻겠느냐고 하기에 그 책들을 기증하러 일부러 차를 몰고 학교에 나갔다. 세 번째로 기증하는 오늘에도 차의 짐칸 뒤가 거의 찰 정도로 많은 양이었는데, 도서관 수서과의 남자 직원들이 학교 행사 관계로 거의 동원된 터이라 다소 시간을 끈 탓도 있겠지만, 집으로 돌아왔을 때는 지난주에 이용했었던 9시 10분 발 시외버스를 타러 구 農專 앞 버스정거장까지 걸어가기에는 이미 부족한 시간이었다. 할 수 없이 아파트 입구 근처에서 기다리고 있다가 역전 사거리를 돌아오는 대전 행 버스에 손을 들어보았지만, 정거해 주지 않고 지나가 버렸다. 다시 한 시간쯤 후에 있을 버스를 타기에는 너무 시간이 늦을 듯하여 속리산 행을 포기하고서 도로 학교에 나갔다.

연구실에서는 며칠 전 사재명 군이 전해 준 사진으로 산청군 삼장면 소재 小川書堂의 記文을 읽으며 카드화하였고, 이와 아울러 복사해 연구실에다 비치하고 있는 『小川書堂儒契案』 두 책과 그 회계 장부인 『小川書堂儒契文券』 한 책의 내용을 검토하며 그 내용을 역시 카드화하였다.

점심 때 김경수 국장 및 박라권·사재명 군과 더불어 신안동에 소재한 붕어요리를 내는 식당으로 가서 점심을 들고, 며칠 전 史 군과 함께 들렀던 다방에서 차도 마시고서 돌아왔다. 김 국장의 말로는 근자에 본교 한문학과의 H·이상필 교수 및 중문과의 정헌철 교수가 조옥환 사장을 찾아가 남명관 내에 설치할 전시실 마련을 위한 비용 1억 원 정도를 추가 지원해 주도록 요청했다고 한다. 남명관은 이미 25억 이상의 예산을 들여 본교 인문사회관 부근의 언덕에 3층 규모로 지어지게 되는 것인데, 사단법인 남명학연구원이 거기에 들어가지 않고서 현재처럼 부산교통 구내의 영화여객 2층 사무실에 책상만 하나 둔 채 남아 있게 된다면, 교내의 남명학연구소와 비교해 그 위상이 역전될 뿐만 아니라 앞으로 진주 지역에서 남명학 관계 행사를 할 때도 이 시설을 이용하기 어려운 점이 있으므로, 나는 김 국장을 통해 금년 10월 무렵에 완공될 예정인 이 건물 안으로 이전하는 것이 좋겠다는 의견을 간접적으로 피력한 바가 있었다. 그러나 연구원의 이사장인 권순찬 씨는 국립대학 내에 외부 기관이 들어간다는 것은 전례가 없다는 말을 하며 그 의견을 거들떠보지 않는 반응이었다고 한다.

10 (수) 맑음

저녁 무렵 한문학과의 이상필 교수가 내 연구실을 방문하여 금년 가을에 경북대학교와 합동으로 개최될 예정인 퇴계·남명학파를 주제로 한 학술대회에서 발표될 자신의 논문에 대한 논평을 요청하므로 이를 수락하였다. 이어서 차를 마시며 대화를 나누던 중에 한문학과 교수들의 연구실을 금년 중에 개관될 남명학관으로 옮길 계획을 추진 중이라는 말이 나왔다. 그 일을 부당성을 지적하는 과정에 말이 점점 어긋나서 결국 남명집 판본 문제에 대한 이견을 비롯하여 나의 인격적 결함 문제에 대한 비판 혹은 충고에까지 이르러 밤 여덟 시 가까운 시각까지 이야기가 계속되었으므로, 내가 저녁 식사를 함께 할 것을 청하기에 이르렀다.

때마침 내 연구실 맞은편에 있는 한문학과 최석기 교수의 연구실에도 불이 켜져 있었으므로 그도 함께 참여하여 그들의 아파트가 있는 도동의 남강 변 횟집으로 가서 저녁 식사와 소주를 곁들여 대화를 나누었다. 최 교수가 다시 자리를 옮겨 맥주를 마시자고 하므로 근처의 지하 술집으로 가서 2차를 하게 되었다.

밤 세 시 남짓까지 맥주를 마시며 대화를 나누다가 헤어져 택시를 타고서 돌아왔다. 술자리에서 최 교수로부터 내가 남명학 연구의 제일인자라는 말이 있었고, 김경수 국장 등에 대한 비판이 있었으며, 끝으로 금년 5월경에 경북대학교에서 그 대학 퇴계연구소와 본교 남명학연구소가 공동으로 개최할 퇴계·남명 사상에 대한 학술발표회나 10월에 본교에서 개최될 퇴계·남명학파에 대한 공동 학술발표회에서 내가 예정된 주제(남명의 사상이나 남명학파 개관)에 관한 논문을 발표해 줄 것을 요청받았지만, 그러한 주제로 논문을 쓸 생각이 없으며 시기가 촉박하고 내가 쓰고자 하는 다른 주제가 있어 수락할 수 없다는 입장을 표시했다.

11 (목) 맑음

여러 날 걸려 마침내 오늘 오전에 이번 미국과 일본 여행 중의 일기를 입력하여 보충해 넣는 작업을 마쳤다. 87년 정월 초하루부터 하루도 빠지 않고 쓴 일기가 지난 한 달 것의 분량만으로 원고지 214매 정도가 되는 터이니, 내 일생의 업적 중 가장 큰 것은 이 일기가 될지도 모른다는 생각이 들었다.

오전 중 김경수 국장에게 전화하여 어제 남명학연구소 측 사람들과 대화한 내용을 전하고, 아울러 남으로부터 이러한 험담의 말을 듣지 않도록 행동을 주의하여 겸손하게 처신할 것을 권했다.

12 (금) 맑음

오늘 오전 중에 남명학부산연구원의 이사장과 원장으로부터 연구실로 전화가 걸려와 5월중에 있을 강연회에 초청연사로 와 줄 것을 청하므로, 이미 탈고되어 있는 「南冥과 陸王學」의 원고를 가지고서 약 20분 정도 강연하기로 합의하였다. 한국철학회 간사인 서울대학교 철학과 조교 김영 씨에게도 이메일을 보내어 작년 이 학회의 춘계학술발표회에서 발표했던 일본 철학에 관한 내 논문이 실릴 『철학』지 별책의 간행이 지연되고 있는 이유에 대해 묻고, 만약 그 별책이 간행될 전망이 없다면 『철학』지 다음호에 투고한 것으로 처리해 줄 수 있을지를 문의했다. 아울러 서울대 동철연에도 1월 콜로키엄의 발표 논문에 대한 나의 소감을 첨부한 이메일을 발송했다.

귀가한 후, 남명학연구원에 부탁하여 오늘 다시 입수한 남명학부산연구원의 기관지 『南冥學研究院報』 제4호(1996.5)에 실린 H 교수의 학술강연논문 「南冥의 詩에 나타난 선비정신」을 尙虛安炳周敎授停年紀念論文集 I 『東洋哲學의 체계와 인식』(1998.11)에 실린 H 교수의 논문 「南冥 曺植의 詩에 內含된 선비정신」과 비교해 본 결과, 그 제목이 그러한 것처럼 본문도 거의 완전히 같은 것임을 확인하였다. 이것들은 모두 『南冥學研究論叢』 창간호(1988)에 실린 그의 논문 「南冥詩에 나타난 救世精神」을 부분적으로 수정한 것이다.

13 (토) 맑음

점심 때 김경수·박라권 군과 함께 예하리의 전원식당으로 가서 염소불고기를 들며 두어 시간 대화를 나누다가 돌아왔다. 주로 며칠 전 이상필·최석기 교수와 밤늦도록 술 마시며 있었던 말들과 사단법인 남명학연구원과 교내 남명학연구소 간의 불편한 관계에 관한 이야기였다. 우리나라 사람들의 당파적 성향에 대해 한심한 마음을 금할 수가 없었고, 나 자신 자기도 몰래 이 양자의 대립 관계에 있어 한쪽 편의 중심적 존재가 된 점에 더더욱 그러한 생각이 들었다. 이것은 실로 내가 원한 바가 아니며 모든 원인이 한문학과 H 교수와의 불편한 관계에서 비롯된 것이다. 그의 주위에 모인 사람들, 특히 그와 이해를 같이 하는 한문학과 교수들에 의해 일대 세력을 형성하게 되었으며, 나는 평소 학교 안에서 연구실에 틀어박혀 교수와 연구라는 본분에 종사하는 것 외에 인간관계의 형성에는 전혀 신경을 쓰지 않는 스타일인 것이다. 이리하여 그들이 본교 남명학연구소를 독점하여 사실상 학과의 부설기관으로서 운영하고, 2억 원 이상에 달하는 연구소 기금을 장악하고 있으며, 머지않아 25억 전후의 기금을 들여 짓는 남명관에 한문학과 교수들의 연구실이 옮겨지게 된다면, 이 두 세력 사이의 우열 관계는 완전히 뒤바뀌게 될 것이다. 나는 이러한 추이를 어찌할 방도가 없다면, 모양새가 더 이상 추해지기 전에 연구원은 스스로 해체하는 편이 낫겠다는 의견을 말하였다.

16 (화) 맑음, 설날

집에 있으면서 며칠 전 김경수 국장으로부터 복사 제본되어 보내져 온 曺義生 編譯『備忘 戊午一九七八年』을 읽으며 그 내용을 카드화하였다. 이 책은 조 씨가 1978년에 친필로 일제시대에 弦齋 曺庸相이 編하여 眉叟 許穆의 德山碑를 깨트려 넘긴 1926년의 사건과 관련된 내용을 정리해 둔『雜說辨』의 내용 중 일부를 발췌하여 번역문과 함께 수록한 것으로서, 그가 曺 씨 문중 사람들을 위해 이후에 편찬한『須知』라는 책자와 같은 성격의 것이다.

이어서 奎章閣에 근무하는 申炳周 씨의 서울대 대학원 국사학과 문학박사 학위논문「朝鮮中期 處士型 士林의 學風 研究—南冥學派와 花潭學派를 중심으로—」(1999.2), 본교 한문학과 李相弼 교수의 고려대 대학원 국어국문학과 문학박사 학위논문「南冥學派의 形成과 展開—思想과 學脈의 推移를 중심으로—」(1998.6)를 읽으며 카드화하였다.

17 (수) 맑음

지난번 小川書堂에서 빌려온 자료들을 김경수 국장이 복사 제본하여 보내준 것들 중 『德川誌』『神明舍圖銘集解』『神明舍圖銘考證』을 검토하며 카드화하였다. 『集解』와 『考證』의 끝에는 둘 다 1893년에 老栢軒 鄭載圭가 쓴 「書神明舍圖銘考證後」라는 발문이 붙어 있다. 이를 통해 이것들이 復菴 曺垣淳의 저술임을 알 수가 있으며, 전자는 후자보다 다소 앞서 이루어진 것임을 확인하였다.

20 (토) 흐리고 아침 한때 눈발

오전 중 기증 직후 부산의 曺敬淳 씨 손에 들어가 1년 남짓 있다가 근자에 남명학연구원으로 반환된 『남명집』 曺永哲本의 別集 제1·2권에 해당하는 제1책을 박영돈본 및 경인문화사 영인본과 대조해 카드화하였다. 오후에는 「『南冥集四種』 解題」를 집필하기 시작하여 서두 부분 원고지 약 열 매 정도 분량의 작성을 마쳤다.

22 (월) 맑음

「『南冥集四種』 解題」의 집필을 계속하여 제2절 壬戌本 부분에 들어갔다.

24 (수) 흐리고 오전까지 부슬비

해제의 입력 작업을 계속하였다.

26 (금) 비

복도 건너편에 연구실이 있는 한문학과의 崔錫起 교수가 서울대 琴章泰 교수의 近著 『朝鮮前期의 儒學思想』을 들고 와 그 중 남명 관계 논문의 첫머리에 언급된 弦齋 曺庸相의 『學記十圖本文分類輯解』(?) 등의 문헌에 대해 혹시 알고 있는지를 문의하였다. 그 문헌들은 과거에 내가 琴 교수께 논문을 위촉하면서 보내드린 것이라는 점을 설명하고, 내 연구실에 복사 제본되어 있는 원본과 아울러 얼마 전에 그 및 李相弼 교수와 더불어 밤 세 시 무렵까지 술 마실 때 언급한 바 있었던 弦齋의 부친 復菴 曺垣淳이 편집한 『神明舍圖銘集解』 및 『神明舍圖銘考證』을 보여 주고, 또한 이 문헌들 중 그가 필요로 하는 것들을 복사할 수 있도록 빌려주었다. 아울러 그가 본교에 처음 취직할 무렵 그 인사문제와 관련하여 나와 H 교수 사이에 트러블이 있었던 점에 관해 그가 잘못 이해하고 있는 점이 있다는 것도 당시에 알았으므로, 그가 찾아 온 김에 그 점에 대해서도 해명해 주었다.

최 교수가 나를 점심 식사에 초대하므로, 그의 차에 동승하여 예하리로 향하는 도중의 국도 변 식당에 가서 함께 쇠고기 전골을 들며 대화를 나누었고, 또한 한문학과의 代父 격인 H 교수와 나와의 관계가 불편해지게 된 사정의 전말에 대해서도 대충 설명해 주었다. 그나 이상필 교수가 당시 남명학연구원 김경수 사무국장의 거만한 태도에 대해 비난하던 말들에 관해 내가 김 국장에게 주의를 주었음을 말하고, 아울러 그들의 김 국장에 대한 발언들도 타당성을 缺하고 있다는 점을 지적하였다. 그는 내가 김 국장의 귀에 술자리에서 나온 그런 말들을 흘린 점에 대해 꽤 충격을 받은 모양이었다.

27 (토) 맑음

오전 11시에 남명학연구원의 상임연구위원회의가 있으므로, 그 반시간 정도 앞서 김경수 국장으로부터 참석 확인을 위한 전화가 있었다. 어제 최석기 교수와 점심을 들면서 나눈 대화의 내용을 들려주고, 이후 겸손하게 처신하되 그들에게 지나치게 머리를 굽힐 필요는 없다는 나의 뜻을 일러두었다. 회의 시간이 되어 1차 모임 장소인 부산교통 사장실로 나갔다가, 얼마 후 장소를 옮겨 음식점 한국시대에서 정식 회의를 가졌다. 상임연구위원 중 權仁浩씨가 개인적 사정으로 빠졌고, 鄭羽洛 위원 및 曺玉煥 副이사장은 조금 늦게 출석하였다.

오늘의 주 의제는 4월중에 진주에서 열릴 예정인 99년도 학술회의 일정 및 『남명학연구논총』 제7집의 편집 안, 박사 및 석사 학위 취득자에 대한 학술상 심의, 99년도 연구계획서 심의 등이었다. 나의 의견에 의해 경상대학교의 南冥館 건립에 따른 본교 남명학연구소와 사단법인 남명학연구원과의 관계 정립, 즉 남명학연구원 사무실을 이 건물 안으로 옮겨 실질적으로 이 건물이 남명학 연구의 전국적인 중심이 되도록 하는 문제에 관한 의제도 상정되었으나, 金忠烈 원장이나 權淳纘 이사장이 모두 국립대학의 건물 안에 사설단체가 들어가는 것은 불가능하다는 의견을 말하여 결국 제대로 다루어지지는 못하였다.

이사장이나 원장은 연구원의 이사회 등에서 연구원과 연구소간의 대립 관계를 비판하는 여론의 압력을 받고 있는 모양이었다. 결국 오늘 회의에서 김충렬 원장이 오늘 저녁이나 내일 아침에 H 연구소장과 만나 식사를 같이 하면서 이 두 기구의 화합을 도모하고, 아울러 나를 통해 연구소의 최석기·이상필 두 교수를 4월중에 경남문화예술회관 소공연장에서 개최될 예정인 연구원의 제3차 학술회의에 토론자로서 초청함과 아울러 연구소를 이 행사의 협찬 기구 중 하나로서 참여케 하며, 내가 수집하고 복사·제본하여 조옥환 사장 댁에 보관 중 연구소가 불법적인 수단으로 가져가 그 장서로 삼았던 남명학 관계 문헌들이 근년에 수집 도서의 약 10% 정도가 분실된 채 연구원으로 반환된 바 있으므로, 내 연구실에 또 한 부씩 보관되어 있는 것들을 토대로 이것을 다시 두 부씩 더 복사하여 이 두 연구 기구에 각각 분산 비치하는 문제에 관해서도 협의하였다.

3월

1 (월) 맑음

지난 토요일의 남명학연구원 상임연구위원회의에서 받아온『南冥院報』제13호(1999.2.20)와 竹山 曺奉岩의 1954년도 저술인『우리의 當面課業—對共産黨鬪爭에 勝利를 爲하여—』가 실린『민중은 물이요 정부는 그 속에 사는 고기라』(서울: 도서출판 一源, 1995) 및 1959년에 진보당사건으로 말미암아 61세의 나이로 사형을 당한 정치가 竹山의 명예회복을 위한 유인물들을 훑어보았다. 엇그제 회의에서 曺淮煥 교수가 이 자료들을 주면서 명예회복운동에 서명을 요청하므로 다른 참석자들과 더불어 거기에 응한 바 있었다.

2 (화) 맑음

금년도 1학기의 첫 수업이 시작되었다. 어제 부로 인문대학 인문학부 근무를 명한다는 인사발령통지서를 받았으므로, 어제 오후 칠암동 세무서 입구에 있는 경남인쇄로 가서 주문해 둔 새 명함 중 前面의 '人文大學 哲學科' 부분을 '人文大學 人文學部'로, 後面의 'DEPT. OF PHILOSOPHY'를 'DIVISION OF HUMANITIES'로 고치도록 하는 내용의 팩스를 보냈다.

엇그제의 남명학연구원 상임연구위원회의에서 결정한 바에 따라, 아침에 한문학과 최석기 교수 연구실을 방문하여 금년 4월 중순이나 하순경 경남문화예술회관에서 개최될 예정인 연구원의 99년도 학술회의에 金東岡에 관한 논문의 논평을 맡아 줄 것을 요청하였고, 교내 남명학연구소의 간사인 한문학과 이상필 교수에게는 전화로 연락하여 鄭寒岡에 관한 논문의 논평을 맡아 줄 것과 남명학연구소가 연구원의 이번 행사에 협찬 형태로 참여해 줄 것을 요청하였다. 모두 승낙 및 긍정적인 대답을 얻었으므로, 그러한 사실을 김경수 연구원 사무국장에게로 통지하였다. 김 국장의 말에 의하면, 엇그제인 2월 28일 아침 김충렬 연구원장이 권순찬 이사장과 더불어 H 연구소장을 만나 조찬을 함께 들며 향후 이 두 남명학 연구단체가 협조적인 체제를 유지하며, 그러한 의미에서 H 소장이 4월의 학술회의에 나와 축사를 해 주기로 합의하였다고 한다.

오후에 구내서점을 통해 구입한 서울대 종교학과 琴章泰 교수의 新著『朝鮮 前期의 儒學思想』(서울대출판부, 1997)을 검토해 보았다. 제2부 제8장에서는 退溪·南冥·栗谷을 나란한 비중을 가지는 존재로 다루고 있었고, 제10장 '南冥 曺植의『學記圖』와 道學體系'에서는 여러 군데에 나의 이름을 거론하며, "이 과제를 해결하는 데는 吳二煥 교수의 정밀한 고증적 연구가 있어서 큰 도움을 받을 수 있었다" "『學記圖』(『學記類編』)의 여러 板本은 그동안 吳二煥 교수에 의해 발굴되어 왔고, 文獻學的 검토가 정밀하게 이루어져 왔다. 本稿는 吳교수가 연구한 板本硏究 성과와 그가 친절하게 제공해 준 각 板本의 複寫本 자료에 의존하고 있다"고 말하고 있다.

고려대 철학과 출신으로서 北京大學 哲學系에서 中國道家哲學 방면으로 湯一介 교수의 지도에 의해 박사학위를 받고, 1년간의 京都大學 연구원 기간을 거쳐, 현재 중국 江西省의 중심 도시인 南昌市 소재 南昌大學에서 교편을 잡고 있는 吳相武 씨가 서울 주소지에서 편지와 함께 그의 박사학위 논문과 근자에 한국과 중국에서 발표한 논문들의 별쇄본을 보내왔다. 그와는 지난달 公州에서 있었던 한국동양철학회 모임에서 잠시 만난 적이 있었는데, 오늘 편지에서는 중국 주소와 전화번호를 적어주며 올 기회가 있거든 연락해 달라고 한다.

3 (수) 흐림

금장태 교수의 논문을 마저 읽었다. 중국철학특강 및 한국철학사의 첫 수업을 실시하였다. 모두 다음 주부터 본격적인 수업을 시작하되, 특강은 지난 학기에 이어 『春秋左氏傳』을 가지고서 宣公 10년 조부터 읽어 나가기로 하였다.

5 (금) 흐림

저녁 무렵 한문학과의 H 교수가 내 연구실로 쳐들어와 내가 한문학과 교수에게 자기의 험담을 말했다고 항의하며 마구 욕설을 퍼부어 대므로 내가 그의 멱살을 잡는 사태에까지 이르렀다. 저번에 최석기 교수와 점심을 같이 하면서 H 교수의 본질에 대해 설명한 것이 본인 귀에 들어간 모양이었는데, 그가 나에게 욕설을 한 것이 이번으로 세 번째가 된다. 오늘 그가 한 말 중에 내가 端磎 金麟燮에 관한 공동연구에서 글 한 자 쓰지 않고서 연구비를 받았다고 한 대목이 있었는데, 이는 그 연구비와 관련하여 당시 사회과학연구소장으로서 연구비신청서에 책임연구자로 이름이 올라 있었던 김현조 교수가 나에 대해 취한 부당한 처사가 모두 H 교수의 중상모략에 의한 것이라는 나의 심증을 그 자신의 입으로 확인해 준 것이라고 하겠다.

6 (토) 흐림

오후 두 시부터 네 시까지 철학과 일반대학원의 도가철학연습(3학점)과 교육대학원 철학교육전공의 동양철학사특론(2학점) 합반 수업을 실시하였다. 오늘은 그 첫 수업이 되는 셈인데, 이 클래스에서는 중국 北京의 中華書局에서 標點本으로 간행한 楊伯峻 撰『列子集釋』을 텍스트로 삼고, 서울대 중문과의 金學主 교수가 明文出版社를 통해 간행한 번역본을 부교재로 삼기로 했다.

또한 일반대학원의 한국철학연구는 예전에 학부 수업에서 읽다만 惠岡 崔漢綺의『氣學』영인본을 텍스트로 하고, 같은 驪江出版社에서 간행된 손병욱 교수의 번역본을 부교재로 삼아, 예전에 읽었던 다음 부분부터 읽어나가기로 하였다.

오전 중 4층 화장실에서 한문학과의 최석기 교수를 만나 어제 있었던 H 교수의 행동은 어찌된 일이냐고 물어 보았다. 그러나 그는 우리 두 사람이 점심을 함께 들 때 내가 H 교수의 인품에 대해 말했던 내용을 발설한 적이 없으며, 어제 밤에 한문학과 교수들의 모임이 있었는데, 그 때 H 교수가 한 말로는 내가 교수식당에서 다른 교수와 더불어 식사를 하면서 자신을 비방했다고 언급했다는 것이었다. 그렇다면 한두 달 전에 교수식당에서 우연히 본교 교수회장인 사대 국어교육과의 김용석 씨 및 교수회 총무인 사회학과의 지승종 교수와 합석하게 되었을 때 내가 한문학과 교수들의 연구실을 신축될 남명관으로 옮길 계획인 모양이라는 말을 하고 그들이 그에 대해 부정적인 견해를 표명했었던 것을 가리키는 듯한데, 그렇다면 당시 나는 H 교수에 대해 별로 거론한 기억이 없다.

7 (일) 흐리다 개임

아내와 함께 진주동부산악회의 창립 7주년 기념 산행에 참가하여 합천군 황매산 천황재에 다녀왔다.

오후 한 시 반쯤에 총회가 있었던 초등학교에 도착하니 건물 안에서는 푸짐한 잔치판이 벌어져, 따뜻한 점심과 술 및 돼지고기가 얼마든지 준비되어 있었고, 운동장에서는 벌써부터 일부 사람들이 춤판을 벌이고 있었다. 그들은 여기서 오후 여섯 시 무렵까지 오락을 즐긴다고 하므로, 그런데 취미가 없는 우리 내외는 점심 식사를 포식한 후 왔던 길을 따라 터벅터벅 걸어 내려오다가, 오도리에서 지나가는 택시를 공짜로 얻어 타고서 진주 가는 시외버스 정류소가 있는 가회면 덕촌 마을로 내려왔다. 오후 세 시 반의 버스가 도착할 때까지는 아직 반시간 남짓 여유가 있었으므로, 차를 타고 내려왔던 도로를 도로 걸어 올라가 舊韓末 이 마을의 名儒인 后山 許愈가 거처하던 后山齋 옆 淵洞 마을로 접어드는 길의 입구에다 근년에 새로 세운 晩醒 朴致復 遺墟碑를 둘러보았다. 비문은 李憲柱가 짓고 진주에 사는 鄭直敎 翁이 쓴 것으로서 함안 출신의 朴晩醒이 만년을 淵洞에서 보내다 죽은 것을 기념하기 위한 것이다. 后山과 晩醒은 모두 동시대의 선비로서 내 논문에서도 언급되는 사람들이다.

10 (수) 흐림

「『南冥集』 四種 解題」의 집필을 계속하였다.

12 (금) 흐림

「『南冥集』 四種 解題」의 입력을 계속하여 임술본 부분을 마쳤다. 오늘 입력한 부분은 본교 한문학과 李相弼 교수가 작년 고려대학교 대학원 국어국문학과에 제출한 자신의 학위논문에서 현존 最古의 『남명집』인 甲辰本에 대해 한문학과 시간강사 金侖壽 씨의 丙午本이란 용어를 답습해 사용하면서, 나에게 구두로 그 정당성을 변호한 내용에 대한 비판이었다.

韓國孔子學會(회장 宋在雲)로부터 공문이 도착하였다. 지난 2월 1일에 있었던 이사회에서 회칙이 개정되어 부회장 정원을 3인에서 5인으로, 이사 정원을 20인 내외에서 30인 내외로 확대한 결과, 나는 영남 지방에 안배한 부회장으로 결정되고, 아울러 편집위원의 명단에도 올라 있었다.

13 (토) 흐림

「『南冥集』 四種 解題」의 沙隱本 부분에 관한 입력을 시작하였다.

15 (월) 비오고 오후 늦게 흐림

본교 국어국문학과 강사로서 예전에 나의 강의를 수강한 바 있는 조구호 군이 연구실로 방문해 와 금년 2월자로 그가 본교에서 수득한 박사학위 청구논문 「일제강점기 이향소설 연구」를 기증하였으므로, 그 내용을 훑어보았다. 얼마동안 차를 마시며 대화를 나누었다. 그가 연구원의 연구비 지원을 얻어 남명과 관련한 금석문, 특히 남명 신도비 문제에 관한 논문을 쓸 예정이라고 하므로, 그와 관련하여 내가 몇 년 전 '神道碑의 再建과 黨論의 動向'이라는 제목으로 약 10장 정도에 걸치는 내용의 주제 한 節을 삽입하여 발표한 바 있는 논문 「『南冥集』 釐正本의 成立」 別刷本을 그에게 주어 참고하도록 했다.

16 (화) 맑음

아침에 사학과의 김준형 교수로부터 연구실로 전화가 걸려왔다. 나의 논문 「『南冥集』 釐正本의 成立」 중에서 崔栢年 사건과 관련하여 鄕校의 校案과 留鄕所의 鄕案을 혼동하고 있는 듯한데, 이 양자는 서로 그 성격이 크게 다르다는 것이었다. 김 교수로부터 전에도 그런 이야기를 들은 적이 있는 듯하므로, 관련 자료를 뒤지면서 검토해 보았다. 과연 최백년의 校案 入籍과 관련한 문제를 鄕案 문제와 혼동해서 기술하고 있었다. 이 부분은 지엽적인 착오라기보다는 논문의 전체 맥락과 관련하여 상당히 중요한 의미를 지닌 것이라고 하겠다.

김경수 국장으로부터 전화가 걸려와, 오전 11시 반 무렵 『남명학연구논총』의 부록으로서 간행할 예정인 '『南冥集』 四種'의 影印 작업 문제를 협의하기 위해 연구실로 찾아오겠다는 것이었으므로, 각 판본의 영인에 있어서 주의해야 할 점들을 체크하여 메모를 만들었다. 인쇄소를 경영하는 박라권 군이 같이 왔으므로, 내 연구실에서 그 메모를 전하면서 미리 준비해 둔 내용을 구두로도 설명하였고, 연구실에 있는 甲辰本 및 壬戌本의 복사물들을 빌려주어 그것을 가지고서 작업하게 했다.

사무적인 협의가 끝나고 난 후, 셋이서 함께 사천의 대성식당으로 가서 생선회와 정식에다 소주를 들면서 점심 식사를 했다. 그 자리에서 근자에 남명학연구원 상임연구위원회의가 있었을 때를 전후하여 김 국장이 조옥환 사장으로부터 공금 사용 문제와 관련하여 부당한 책망을 듣고서 사무국장 직의 사표를 제출한 적이 있었고, 그 상임위원회의 말미에 내가 건의한 바가 어느 정도 반영되어 김국장의 봉급이 10만 원, 수당이 15만 원, 도합 月 25만 원이 인상되었다는 사실도 알았다.

남명출판부에서 내기로 되어 있는 나의 저서에 대하여는, 근자에 남명의 思想 관계 논문 두 편 정도를 더 추가하여 간행하겠다는 의사를 표명한 적도 있지만, 그렇게 하자면 이미 여러 해 지체되고 있는 이 책의 출판이 너무 지연될 우려가 있으므로, 이번 해제 작업을 마치고 나면 곧바로 출판을 위한 정리 작업에 착수하여, 금년 8월에 남명제가 있기 전까지 가급적 책을 내는 방향으로 노력해 보기로 했다. 꽤 분량이 많아 세 책 정도로 나누어 간행하기로 했었던 것도 두꺼운 책 한 권으로 만들었으면 한다는 의사를 고쳐 표명했다.

18 (목) 흐리고 오후에 豪雨

아침에 사범대 역사교육과의 김준형 교수가 연구실로 찾아와서, 내 논문 「南冥集板本考 (1)—來庵刊本을 중심으로 —」가 실린 한국사상사학회의 기관지 『韓國思想史學』 창간호(1987)를 빌려가 내 글을 복사하고서 반환하였다.

20 (토) 흐림

오전 중 『남명학연구』 제8집(경상대학교 남명학연구소, 1998)을 읽어 보았다.

22 (월) 맑으나 다소 쌀쌀함

마산의 민족문화사 대표 윤한석 씨가 연구실에 들러 景仁文化社의 1998년 1월분 『古典圖書目錄』을 전해 주었다. 그 속에서 全3000冊 예정으로 이 출판사가 간행하고 있는 韓國歷代文集叢書 중 새로 실린 제21차분(2001~2100)에서 25차 분(2401~2500)까지에 보이는 남명학 관계문헌들을 골라내어 「南冥學關係旣刊文獻目錄」에다 추가하였다.

윤 씨의 청에 따라 신임도서관장인 국문과의 강희근 교수에게로 전화하여 『大正新修大藏經』 영인본의 제51책부터 100책까지 및 그 내용색인 40여 책과 한국유학관계논문자료집의 구입을 건의하여 도서관장의 동의를 얻었다. 근년에는 사학과의 이원근, 행정학과의 남궁근 교수 등 나와 비교적 친분이 있는 인문사회과학 분야의 교수가 잇달아 도서관장을 맡고 있으므로, 나는 이들에게 연락하여 四庫全書 및 그 續編, 민족문화추진회에서 간행한 韓國文集叢刊 및 경인문화사의 한국역대문집총서 등 대규모 총서들의 구입을 건의하여 모두 성사시킨 바 있다. 예전에 다른 과 교수들과 連書하여 『古今圖書集成』의 구입을 건의하여 실현시킨 이후, 그 중 내가 추천한 부분에 해당하는 만큼의 금액을 매년 철학과에 할당되는 도서구입 추천비용 가운데서 제하는 사례를 경험한 이후, 나는 매년 본교 부속도서관으로부터 각 교수들에게 할당되는 도서구입추천비용을 전혀 사용하지 않아 왔다. 그럼에도 불구하고 이러한 형태로 상당한 액수에 달하는 동양학 관계 기본 문헌들의 구입을 실현시켜 온 셈이다.

23 (화) 맑으나 다소 쌀쌀함

장인이 얻어다 주신 『晋州의 文化遺産』(晋州文化院, 1998)을 읽었다. 여기에는 河魏寶의 아들로서 滄洲 河憕의 동생이요 河達漢의 부친에 해당하는 丹池 河悏(1583~1625)의 집안에 400여 년에 걸쳐 전해 오는 고문서들 중 몇 점이 사진판과 함께 수록되어 있었는데, 그 중에는 『南冥集』 壬戌本 毁板 사건과 관계되는 것들이 있어 그 내용을 카드화하였다.

오전 11시에 인문대 세미나실에서 남명학연구소 정기총회가 있었다. 지난해의 결산보고 및 기타 사항에 관한 현황 보고가 있었고, 2년 만에 임원 개선이 있었다. 한문학과의 H 교수가 소장으로 재선되고, 나는 이번에도 평의원으로 선출되었다. 내 기억에 의하면 지난 2년 동안에 평의원회는 한 차례도 소집된 적이 없었으므로, 나는 평의원의 역할이 무엇인지를 물어 보았다.

24 (수) 부슬비

99학년도 인문대학 인문학부·사학과의 춘계 고적답사에 인솔교수로서 참가하여, 2박 3일간 전라도 지역을 다녀오게 되었다.

29 (월) 흐림

진주문화원이 발행하는 『晋州文化』 통권 제24호/1998, 성균관대 대학원 건축학과 건축계획전공 李相圭 씨의 공학석사 학위논문 「德川書院의 造營과 變遷에 關한 硏究」(1998.10), 韓國教員大 대학원 철학교육전공 高成子 씨의 교육학석사 학위논문 「南冥 曺植의 誠·敬思想 硏究—「學記圖」를 中心으로—」(1999.2)를 검토해 보았다.

30 (화) 흐림

『晋州의 文化遺産』 275페이지에 실려 있는 慶尙監司 啓文의 사진판을 통하여 『南冥集』 沙隱本이 顯宗 12년(1671, 辛亥)까지는 출판되어 있었음을 확인하였다. 이 고문서는 晋州市 大谷面 丹牧里에 소재하는 晋陽河氏 丹池公派 宗宅에 보존되어 있는 400여 년에 걸친 고문서 3,500여 점 가운데 들어 있는 것이다. 오후에 그 문서들을 조사한 남명학연구소의 총무부장 이상필 교수에게 연락하여, 그 문서들을 사진으로 촬영해 둔 앨범 14개를 철학과 조교를 시켜 빌려오게 해서 검토하기 시작했다.

31 (수) 맑고 포근함

어제 남명학연구소로부터 빌려온 앨범들 중 12책의 내용을 검토하였다. 이 고문서들은 작년 7월 10일부터 14일 사이에 촬영된 것인데, 1943년에 이 집안의 후손 河貞根이 그 직계 및 傍親들의 文蹟을 분류하여 代次에 따라 네 권의 책으로 정리하여 묶은『先蹟類編』속에 들어 있는 것이었다. 그 중 커버가 없는 앨범 속에『남명집』훼판 사건 및 崔栢年 사건과 관련한 문서의 사진들이 수록되어 있었다. 이 사건이 끝난 이후로도 肅宗 44년(1718)에 최백년 사건 당시 성균관으로 보낸 통문의 狀頭가 되었던 張墉의 아들 張錫漢이 晋州鄕校의 首任에 추천되었다가 鄕外人士라 하여 다른 사람으로 改薦된 사태로 말미암아 당시의 鄕長으로서 龍岡 河達漢의 아들인 河涸을 또다시 大北의 餘孼이라 하여 고발한 사건이 있었음을 알았다.

그리고『남명집』훼판 사건은 謙齋 河弘度의 직접적인 지시에 의해 이루어진 것이며, 최백년은 全家徙邊의 刑을 피해 湖南으로 피난 가 있다가 귀양객의 도움을 받아 사헌부에 入啓하게 된 것임도 새로이 알게 되었다.

4월

1 (목) 흐리고 때때로 비

南冥學硏究所로부터 빌려온 앨범 및 복사·제본한『남명집』들의 검토를 대충 마치고서 내가 필요로 하는 문서의 사진들이 든 앨범 한 책을 남기고는 모두 반환하였다. 丹池宗宅에서 나온『남명집』4책은 각각 己酉本 卷首·권1, 壬戌本 권1, 沙隱本 권3·4, 葛庵撰 日新堂墓碣銘이 삭제되기 이전의 別集 校正本 권7 이하의 散帙임을 확인하였다.『先蹟類編』제2책에 수록된 남명집 훼판사건 관계 문서들 중 이 사건의 전말을 연대순으로 정리한 '小錄'을 검토하여 카드화하였다. 여기에 수록된 문서들은 모두 숙종 44년(1718)의 張錫漢 사건과 관련하여 河溍 집안이 辨誣의 목적으로 정리해 둔 것임을 확인하였다.

2 (금) 흐리고 때때로 부슬비

어제에 이어 앨범의 사진을 통해 『先蹟類編』 제2책에 실린 문서들의 내용을 면밀히 검토하였다. 草書로 적히거나 吏讀가 섞인 글들이 있어 해독이 어려웠지만, 경상감사의 啓文을 통해 내가 沙隱本이라고 불러온 『남명집』은 顯宗 12년(1671, 辛亥年) 초에 간행된 것임이 확인되었으므로, 이제부터는 이 책을 辛亥本으로 호칭하기로 작정하였다.

3 (토) 맑음

남명학연구소에서 빌려온 고문서 앨범을 들추며 카드화하는 작업을 계속하였다. 효종 2년에 있었던 『남명집』 훼판 사건은 謙齋 河弘度의 직접적인 지시에 의한 것임을 확인하였다. 그러나 이 고문서들에는 草書로 적히거나 吏讀로 된 용어가 많아 나로서는 解讀할 수 없는 부분이 적지 않은 점이 유감이었다.

6 (화) 맑음

오늘 경북대학교 퇴계연구소장 송휘칠 교수로부터 부쳐져 온 그 연구소의 기관지 『韓國의 哲學』 제26집(1998.12.31)에 실린 송휘칠 교수의 논문 「退溪學의 성격과 退溪學派」 및 이 대학 국민윤리교육과 박사과정의 李元烈 씨가 쓴 논문 「退溪의 經濟意識에 대한 一考察」을 읽어보았다.

영남대 李樹健 교수는 종래에 이런저런 글들 속에서 퇴계의 경제생활에 대해 언급한 바 있었고, 1990년에는 그것을 종합하여 「退溪 李滉家門의 재산유래와 그 소유형태」라는 논문을 발표하기도 하였다(『嶺南學派의 形成과 展開』, 서울, 一潮閣, 1997). 거기에서는 퇴계의 家書와 退溪孫子

女分財記 등의 자료를 근거로 하여 退溪家의 재산 유래와 그 규모를 소상하게 밝혔던 것인데, 퇴계가 초기에는 다소 곤궁하게 살았지만 중년 이후부터는 前後妻家의 재산을 分衿받고 또 자신의 규모 있는 治産理財로 말미암아 150구 내외의 노비와 수천 두락(마지기)의 전답을 확보할 수 있었고, 그러한 경제적 기반 위에서 도산서원을 퇴계학파의 本山으로서 유지하게 되었다고 주장한 바 있었다.

이원규 씨의 上記 논문은 퇴계의 家書에 대한 세밀한 분석을 통하여 이수건 교수의 주장이 사실과 일치하지 않음을 증명한 것이다. 이수건 교수는 사회경제사적 방법으로 견실한 학문적 성과를 내고 있는 저명한 학자이나 남명의 경제생활과 관련한 그의 주장이 사실과 크게 다름을 나도 학위논문 등에서 밝힌 바 있었지만, 내가 흥미 깊게 읽어 본 바 있었던 퇴계의 理財에 대한 그의 논문도 이처럼 그릇된 것이었다는 점은 오늘 비로소 알았다.

7 (수) 화창한 봄 날씨

예문동양사상연구회의 설문지에 답하고, 아울러 그쪽의 요구에 따라 98년 3월부터 99년 2월까지에 걸친 나의 연구실적 4건의 목록과 그 파일을 이메일로 발송하였다.

8 (목) 맑음

『先蹟類編』의 앨범 사진들을 검토하며 카드화하는 작업을 계속하였다.

9 (금) 비

어제 이래로 작년 미국에 갈 때 중단해 둔 『朝鮮王朝實錄』 鄭仁弘 關係記事 下卷 仁祖 31년 조부터를 다시 읽어 오늘은 同王 36년 조까지에 이르렀고, 春秋三傳 成公 2년 8월 庚寅 조까지를 읽었으며, 『先蹟類編』의 카드화 작업을 계속하였다. 『韓國漢字語辭典』을 통하여, 고문서에 나오는 吏讀를 익혔다.

10 (토) 흐리고 때때로 부슬비

『先蹟類編』의 카드화 작업을 계속하였다.

14 (수) 맑음

『先蹟類編』의 카드화를 다시 계속하였다.

15 (목) 맑고 포근함

종일 『先蹟類編』의 내용을 검토하여 두 번째 카드화를 마치고서 세 번째로 다시 한 번 읽고 있으며, 『池上世濟錄』 『丹池集』 등을 통하여 이 책의 편집자인 河貞根과 그 집안의 가계에 대해 알아보았다.

16 (금) 맑음

『先蹟類編』의 검토를 대충 마쳤다. 진주목사의 帖文 등은 모두 草書로 씌어져 있어 그 판독에 대부분의 시간을 소비하였는데, 『草書辭典』 등을 가지고 조사해 보았지만 별로 도움이 되지 않았다.

20 (화) 맑음

퇴근 무렵에 「『南冥集』 四種 解題」 파일을 띄워 새로 입력 작업을 시작하였다. 원래 영인본의 해제로서 집필하게 된 것이지만, 崔栢年 사건과 관련된 새로운 자료들이 나타나 그것들을 검토하는데 상당한 시간을 소비하였으므로, 차제에 종전의 논문을 보완하는 새로운 논문의 형태로 만들어 보기로 마음먹고서 제목에서 '解題'라는 말을 빼 버렸다.

23 (금) 맑음

어제에 이어 오늘도 남명학부산연구원으로부터 전화 연락을 받았다. 원래 5월 초순경으로 예정되어 있었던 나의 부산 강연 일정은 내가 이번 학기에 평일은 목요일을 제외하고서는 모두 수업이 있기 때문에 일부러 내 수업이 없는 목요일을 택하여 6월 10일 부산일보사 강당으로 정했으며, 그때까지 회보를 출판할 터이니 원고를 가능한 한 빨리 보내달라는 것이었다. 그러나 강연 주제인 「南冥과 陸王學」 원고는 서울대 철학과의 이남영 교수 회갑기념논문집에 싣기로 되어 있는 것인데, 작년에 간행할 예정이었던 이 논문집의 출판이 자꾸만 늦어져 아직도 나와 있지 않은지라 그보다 먼저 부산의 회보에 실리게 되면 곤란할 것 같아 논문집의 편집 담당인 건국대 철학과 鄭相峰 교수에게 휴대폰으로 연락하여 상의해 보았다. 이남영 교수 자신 및 안식년을 받아 미국에 가 있는 성태용 교수의 논문이 아직도 들어오지 않아 현재로서는 언제 출판될지 알 수 없다는 것이었으며, 이 논문을 줄여 요지의 형태로 발표하면 문제가 없을 것이라는 대답이었다.

그 외에도 『시대와 철학』에 싣기로 되어 있는 나의 글 「주말 나들이」도 아직 나오고 있지 않아 어제 계명대 홍원식 교수에게 전화하여 물어본 바 있으며, 작년 5월 한국철학회에서 발표한 논문 「일본 철학의 훈고적 전통과 사변적 전통」도 예정된 기일이 훨씬 지났건만 아직 단행본의 형태로 간행되지 않고 있다. 우리나라 사람들이 하는 일은 하나같이 이 모양이니 나로서도 혐오감이 들지 않을 수 없다.

26 (월) 맑음

6월 중 남명학부산연구원에서 강연할 원고로서, 서울대 철학과 李楠永 교수 회갑기념논문집에 기고되어 있는 나의 논문 「南冥과 陸王學」을 절반 이하로 줄여 원고용지 74.5장, A4용지 8쪽의 분량으로 정리하였다.

27 (화) 맑음

「남명과 육왕학」의 원고를 다시 두 차례 검토하면서 그 분량을 A4용지 7쪽, 원고지 66.8장으로 더 줄인 다음 출력하였다. 이 작업을 마치고 난 후, 「『南冥集』 四種」의 기왕에 입력된 부분들을 다시 한 차례 퇴고하며 수정하였고, 그 중 내가 沙隱本으로 불러 왔던 판본 명칭은 『先蹟類編』에 수록된 고문서 내용에 근거하여 辛亥本으로 고쳤다.

28 (수) 흐리고 저녁 무렵 비

「『南冥集』 四種」의 입력을 계속하여 『先賢類編』에 수록된 고문서 등을 근거로 辛亥本 부분에 대한 입력을 계속하였다.

29 (목) 맑음

「『南冥集』 四種」의 입력을 계속하였다. 한국공자학회로부터 부회장 및 편집위원 위촉장이 도착하였다.

5월

1 (토) 맑음

오전 10시부터 칠암동에 있는 경남문화예술회관 소강당에서 사단법인 남명학연구원 주최 제3회 南冥學定期學術會議가 개최되는 날인지라 오늘 오후의 대학원 수업은 휴강하고서 아침부터 회장에 나가 있었다. 김경수 사무국장이 내 제자이므로, 오늘 회장에서 아르바이트로 행사를 거들고 있는 학생들은 모두 철학과 재학생들이었다. 오늘의 발표자나 토론자 선정에는 내 의견이 많이 반영되어 있지만, 나 자신은 행사일정에 전혀 참여한 것이 없고 다만 한 사람의 방청객으로서 참석하였을 따름이다. 정신이상자인 철학과 졸업생 이안호 군이 행사장에 나타나 미친 행동과 폭언을 하고 나에게 차비를 요구하는 등의 사태가 있었는데, 나와 있는 철학과 남학생에게 귀띔하여 오후의 행사 일정에 나타나지 못하도록 조처하게 하였다.

오늘 학술회의에는 본교 남명학연구소장인 H 교수가 개회식에 나와 축사를 하고, 한문학과의 崔錫起·李相弼 교수가 토론자로서 참가하는 등이 두 남명학 연구기구의 화합 무드를 조성하려는 시도가 처음으로 可視化되었다. 행사를 마친 후 갑을가든으로 장소를 옮겨 저녁 식사를 하였고, 사회 및 발표와 토론에 참가한 일부 젊은 학자들은 뒷모임도 가지는 모양이었지만, 나는 차를 운전해야 하는 탓도 있어 식사만 마치고서 일찍 돌아왔다.

6 (목) 맑음

지난주 토요일 제3회 남명학 정기학술회의에서 받아 온 『發表資料集』과 鄭琪哲 著 『來庵 鄭仁弘先生 硏究』(來庵鄭仁弘先生紀念事業會, 1999), 『南冥學硏究院報』 제6호(南冥學釜山硏究院, 1998)를 읽으며, 그 속에 보이는 새로운 자료들을 「南冥學關係旣刊文獻目錄」에다 추가 입력하였다.

7 (금) 맑음

어제에 이어 제3회 남명학정기학술회의 『발표자료집』을 읽으면서 「남명학관계기간문헌목록」을 수정 보완하였으며, 아울러 거기에 실린 史載明 군의 논문 「來庵 門人에 관한 고찰」 및 이에 대한 우현구 씨의 논평문을 토대로 아세아문화사에서 影印 간행한 『來庵集』 부록에 실린 門人錄 부분을 보완하였다.

이상래 군으로부터 이메일이 왔는데, 그 제목은 '길을 묻습니다'라고 되어 있고, 그 내용은 다산과 남명의 경우를 예로 들어, 이들의 사상에 대한 이론적 탐구는 "학자들의 현학적 담론"에 지나지 않고, "자신의 목숨을 걸고 옳음을 추구하신 그 정신을 오늘 되살리고 본받자는 데… 연구의 의의가 있다고 생각"한다는 것이었다. 그리고 그 끝 부분에 가서는 "선생님께 길을 묻습니다. 상래는 지금 고등학교에서 아이들을 가르치고 있습니다. 남명 선생님이 허노재의 글을 읽고 무릎을 치며 당신의 앞날의 이정표를 얻었다고 읽었습니다. 선생님 저는 지금 출입니까, 처입니까?"라고 물었다. 이에 대하여 나는 다음과 같은 회답을 보냈다.

> 자네의 문제의식은 알 수 있으나, 내가 그것에 대한 해답을 가지고 있는 것은 아니며, 그 해답이란 다른 누가 마련해 줄 수 있는 것도 아니라고 생각하네. 대학 교수로서 내가 가르치고 있는 것은 사상이라기보다는 사상사인

데, 그것은 과거의 사상이나 사상사를 연구 분석의 대상으로 삼아 그 실체를 가능한 한 객관적으로 규명하는 일이며, 그러한 사상으로부터 무엇을 배우고 그것을 오늘의 현실에서 어떻게 살릴 것인가 하는 문제의식으로부터 출발하는 것은 아니라네.

대학에서 가르치는 학문이란 것은 무릇 그러한 것이니, 괴테의 『파우스트』 첫 부분인 '발푸르기스의 밤'에서 학문이란 영원히 갈증을 가라앉히는 생명의 샘이 아니라 한 것도 그러한 의미일 것이네. (자네에게 그 부분을 읽어보기를 권하겠네) 길을 물음은 곧 도를 구함인데, 그것은 대학에서 추구하는 학문과는 다른 것이며, 구도로서의 진리는 사람마다의 가치관에 따라 같지 않은 것이어서 보편타당한 것이 아닌 만큼, 오히려 종교에서 그것을 구하는 것이 바람직하거나, 혹은 자네 자신에게 달려 있는 것일 터이네.

오후 6시 반부터 奈洞의 금강산식당에서 99년도 남명학연구소 평의원회가 개최되었다. 이번 회의에서는 금년도 사업계획 수립 및 예산 심의가 주된 안건이었다. 나는 이 자리에서 지난 2년의 임기 동안 평의원회가 한 번도 소집된 사실이 없는 점과 부장 임명에 대한 동의 등 연구소 규정에 명시된 평의원회와 관련된 항목들이 준수되고 있지 않은 점을 지적하였다. 임원들은 부장 임명 동의에 관한 항목은 부장 자신이 평의원회의 구성원이므로 비현실적이며, 기타 규성도 불명확한 짐이 있으므로 차후 수정안을 마련하겠다고 하였다.

평의원회에 관한 규정인 제10조의 제2항에 의하면 "평의원회는 소장, 평의원, 부장 및 간사로 구성된다"고 되어 있고, 제6조 임원 항목에는 "연구소에는 소장 1명, 평의원 10명 이내, 감사 2명, 부장 4명, 간사 1명을 둔다"고 하였다. 소장 및 그가 임명하는 부장과 간사(현재는 총무부장이라고 호칭하고 있다)가 모두 6명임에 비하여 연구원 총회에서 선출되는 평의원은 보통 3명 내외에 불과하므로, 사실상 이 평의원회란 집행부를 견제할 수 있는 아무런 결정권도 없는 유명무실한 장식품에 불과한 것이다. 게다가 평의원회에서 심의하게 되어 있는 예산·결산안도 임원의 선출 및 "평의원회의 심의 내용 가운데에 필요하다고 인정되는 사항 기타"를 다루게 되어 있는 총회에서 지난번에 이미 다루었으므로, 이번에는 예산안만을 재차 심의하는 형식이 된 것이다.

8 (토) 맑음

제3회 남명학정기학술회의 『발표자료집』의 검토를 마쳤다.

한국철학회 연구간사인 서울대 조교 김영 씨, 경북대학교 퇴계연구원 장이자 한국일본사상사학회 회장인 송휘칠 교수, 경기도 고양시에 있는 중국도서문화중심으로 각각 이메일을 보내, 내가 작년에 보낸 논문들의 출판 일정을 문의하고, 작년 11월 6일에 주문했던 중국철학사학회 발행 계간잡지 『中國哲學史』의 우송을 독촉했다. 『南冥學硏究論叢』 第7輯(남명학연구원 출판부, 1999) 다섯 부와 거기에 실린 나의 논문 「南冥的儒·道思想比較硏究」 및 그 한국어 원문의 別刷 20부가 집으로 우송되어 왔다. 이 논문은 『철학연구』지에 이미 발표된 것인데, 중국어로 요약하여 97년 8월에 중국 咸陽에서 발표한 원고가 아직 출판되지 아니하였으므로, 이 둘을 합쳐 간행하게 된 것이다.

오늘 배달되어 온 「傳統文化新聞」 제302호 (〈株〉韓國族譜文化, 1999.5.4) 및 『泰東古典硏究』 제15집(한림대학교 태동고전연구소, 1998)도 검토해 보았다. 前者의 제5면 전체에는 지난 1일 경남문화예술회관에서 있었던 남명학정기학술회의 개회식에서 행해진 김충렬 원장의 기조발표 「21世紀의 儒敎와 南冥學」 중 제3장 2절 '脫敎育的 性向'으로부터 제4장 '21세기와 南冥學硏究院의 갈 길'이 수록되어 있다. 결론인 제4장에서 김 원장은 남명의 학문이 實踐儒學이니 만치 첫째, 연구원은 행동유학의 메카로 자임할 것, 둘째, 연구 방향도 이론 중심이 아닌 道學實踐의 목적에 맞추어 구성할 것, 셋째, 歐美 쪽에 分院(또는 書院)을 세우고 한국 유교의 세계화에 선도적 역할을 할 것, 넷째, 국내에 南冥大學을 세울 것, 다섯째, 연구위원들을 이론 탐구에만 전념시킬 것이 아니라 지방강연에 나가게 하거나 적어도 한 달에 한 번씩 순회강연을 열게 할 것, 여섯째, 남명학연구원을 폐지하여 경상대학교 남명학연구소에 통합할 것, 을 제의하고 있다. 하나같이 황당무계하기 짝이 없는 공상이라 하겠다.

10 (월) 맑음

『南冥學硏究論叢』 제7집에 실린 中國 山東大 王培源 교수와 경상대 강사 金德煥 씨의 공동 연구 「南冥先生詩說略」 및 울산대 孫英植 교수가 쓴 「남명 조식의 주체성 확립 이론과 사림의 정신(II)」, 그리고 국민윤리과 손병욱 교수가 남명학연구원 학술상 후보로 추천하여 온 한국정신문화연구원 한국학대학원 교육·윤리 전공 문학석사 학위논문인 池枉香 양의 「17世紀初 南冥學派의 處士的 性向과 教育活動—无悶堂 朴絪을 中心으로—」를 읽어보았다.

11 (화) 맑음

오전 중 『남명학연구논총』 제7집 가운데서 새로운 연구 성과들을 찾아내어 「南冥學關係既刊文獻目錄」에다 추가 입력하는 작업을 하였고, 오후에는 어제에 이어 이 논총 속에 수록된 논문들을 훑어보는 일을 마쳤다.

한국철학회의 연구위원회 간사인 김영 씨 및 현재는 부경대로 개편된 부산공업대학에 근무하는 서울대 철학과 후배 김영환 교수로부터 이메일을 받았다. 김영 씨의 경우는 내 논문이 실린 『철학』지 별책이 이달 중에 간행되어 나올 것이라는 통지였다. 김영환 교수로부터는 동양철학에 관한 질문을 받았는데, "마음이 아직 나타나지 않은 때를 인정할 수 있을까요? 마음에도 체와 용, 동과 정을 나누는 것은 옳지 않다고 봅니다…미발 기상 체인과 천리 체인과[은] 동일시해야 한다고 봅니다.(화담학파처럼)…기상(모양 상)의 정확한 뜻은?"이라는 내용이었다. 이에 대해 程朱學과 陸王學의 관점을 비교하여 비교적 상세히 설명해 주었다.

14 (금) 맑음

며칠 전에 보내져 온 이남영 교수 회갑기념 논총에 실릴 나의 논문 「남명과 육왕학: 지와 행의 문제를 중심으로」의 교정쇄를 검토하며 수정하는 작업을 시작하였다.

15 (토) 맑음

史載明 군이 가져다 준 지난 14일 경북대학교에서 개최된 경북대 퇴계연구소와 경상대 남명학연구소의 합동 학술대회 발표논문집 『退溪와 南冥의 思想的 特性』의 내용을 검토하였다. 거기에 수록된 논문들을 「南冥學關係旣刊文獻目錄」에다 추가하고서, 그 중 영남대 이수건 교수의 기조강연 「退溪와 南冥의 역사적 위상」, 강릉대 박양자 교수의 「退溪의 書院교육의 특성」, 동명정보대 정진영 교수의 「南冥의 現實認識과 對應」을 훑어보았다.

17 (월) 맑음

경북대학교 퇴계연구소 제16차 학술대회 발표논문집 『退溪와 南冥의 思想的 特性』 가운데서 경상대 최석기 교수의 「南冥思想의 本質과 特色」 등을 읽어 보았다.

18 (화) 비

지난주에 건국대 정상봉 교수가 우송해 온 서울대 철학과 李楠永 교수 華甲기념논문집에 기고된 내 논문 「「南冥과 陸王學: 知와 行의 문제를 중심으로」의 교정쇄를 두 차례 읽으며 직접 교정을 가하였다. 이 논문집은 철학과 동문인 이종국 씨가 경영하는 서울의 天池出版社에서 간행될 예정인데, 아마도 철학과 후배들이 교정을 본 모양인지 한글 전용을 위주로 하여 제목을 비롯한 본문의 한자들은 대부분 괄호 속에 넣거나 빼 버렸고, 그 외에도 내 글의 여기저기에다 수정을 가한 흔적이 눈에 띄었다. 동양철학의 전공 논문에서까지 이렇게 하는 상황이니, 우리나라의 젊은이들이 한자 문맹이 될 수밖에 없는 것은 不問可知라 하겠다. 바뀐 내용의 대부분은 내가 보기에 수정이 필요치 않은 것이라 不快한 기분이 들지 않는 것은 아니지만, 論叢의 전체적인 체제를 고려하여 구태여 내 뜻을 고집하지는 않았다.

19 (수) 맑음

저녁 무렵에는 연구실 소파에 드러누워 「남명과 육왕학」의 교정 작업을 계속하였다. 서울 혜화동의 華文書籍에다 주문하여 오늘 도착한 중국 北京師範大學 彭林 교수의 저서 『儀禮全譯』(貴州人民出版社, 1997, 中國歷代名著全譯叢書 52)의 내용을 검토해 보았다.

오전에 서울대 철학과 강사 정원재 씨로부터 전화가 걸려왔는데, 연구원에서 『남명학연구논총』 제7집을 보내 준 데 대한 감사의 인사였다. 천지출판사에서 출판되는 이남영 교수 화갑기념논문집을 교정하는 작업에 철학과 후배들은 아무도 관여하고 있지 않은 것으로 안다고 했다.

20 (목) 맑음

오전 중 「남명과 육왕학」을 세 번째로 퇴고하여, 점심 때 천지출판사장 이종국 씨에게 등기우편으로 부쳤다. 이 교정쇄는 건국대 철학과의 정상봉 교수가 부쳐준 것이니, 어쩌면 내 원고를 교정본 사람도 정 교수인지 모르겠다.

점심 때 몇 잔 마신 술기운 때문에 오후에는 소파에 드러누워 『南冥學研究論叢』 제7집 등을 훑어보고 잠시 눈을 붙이기도 하였다가, 저녁 무렵부터 모처럼 다시 「南冥集 四種」 辛亥本 부분의 입력을 시작하였다.

21 (금) 맑음

「南冥集 四種」 辛亥本 부분 가운데서 새로 발견된 『先蹟類編』에 수록된 고문서와 관련된 부분까지의 입력을 마쳤다.

24 (월) 오전 중 비온 후 개임

「南冥集 四種」 辛亥本 부분의 입력을 계속하였다.

25 (화) 맑음

「南冥集 四種」의 신해본 부분 입력 작업을 마쳤다. 남명학연구소로부터 오랫동안 빌려 있었던 丹池宗宅所藏 古文書를 촬영한 사진들의 앨범도 오늘 반환하였다.

26 (수) 흐리고 저녁 무렵부터 비

「南冥集 四種」의 釐正合集本 부분 입력 작업을 시작하였다.

27 (목) 흐림

「南冥集 四種」 이정합집본 부분의 입력을 마쳤다. 200자 원고지 약 70매의 분량에 이르렀다.

28 (금) 맑음

「南冥集 四種」의 끝 단락인 小川書堂 所藏 重刊本 부분의 입력을 시작하였다.

29 (토) 맑음

점심시간에 교직원식당에서 사범대 역사교육과의 金俊亨 교수와 같은 자리에 앉았다가, 김 교수로부터 퇴계 문인 惺齋 琴蘭秀가 淸香堂 李源 등과 함께 남명을 방문한 일에 관한 기록이 『李炳憲全集』에도 있더라는 말을 들었다. 산책을 마친 후 연구실로 돌아와 조사해 보았더니, 全集 上卷에 수록된 「培山書堂經紀事實錄」 속에 惺齋日記가 초록되어 있는 것을 찾아내었다. 그 기록을 검토하여 「南冥과 陸王學」의 해당 부분 주석에다 그 문헌을 추가하였다.

31 (월) 맑음

김준형 교수의 자택으로 전화하여 『李炳憲全集』의 내용을 검토해 본 결과를 전했다. 惺齋 琴蘭秀·淸香堂 李源 등과 함께 남명을 방문했던 사람 중의 하나인 생원 金用貞에 관한 기록이 丹城縣誌인 『雲牕誌』 元堂里 條에 보인다는 것과 그가 開城金氏라는 새로운 정보를 알려 주었으므로, 『雲牕集』의 해당 부분을 조사하여 그 내용을 「남명과 육왕학」에다 추가하였다.

6월

1 (화) 맑음

「南冥集 四種」의 입력 작업을 계속하였는데, 『昌寧曺氏派譜(南冥譜)』 등에서 曺杓에 관한 사항을 찾아보았다. 그가 어느 파에 속하는 인물이며, 족보에 적힌 그의 卒年이 정확한 것인지를 확인하기 위해 그 증손자인 덕천서원의 前 內任 曺鍾明 씨와 몇 차례 통화하였다.

사단법인 한국철학사상연구회에다 전화하여 내가 이 학회의 청탁을 받아 쓴 글 「주말 나들이」가 언제쯤 이 학회의 기관지인 『시대와 철학』에 실릴 것인지를 물어 보았다. 금년 2월에 나온 제17호에는 실리지 않았으며, 앞으로 한 달 이내에 간행될 예정인 제18호에도 실릴 예정이 없다는 대답을 듣고서, 『오늘의 동양사상』 편집인인 계명대 철학과의 洪元植 교수와 이 문제를 협의하였다. 원래 이 글은 한철연의 간부인 李賢九 씨의 원고 위촉을 받아 집필한 것으로서 이 학회가 낼 계획이었던 『철학으로』라는 잡지의 창간호에 실릴 예정이었는데, 이 잡지의 간행 계획이 취소되면서 『오늘의 동양사상』에 싣기로 합의해 놓았던 것을 다시 이현구 씨가 『시대와 철학』에 싣겠다고 하여 오늘에 이른 것이다.

어제 한국일본사상사학회의 회장인 경북대 송휘칠 교수로부터 전화를 받았다. 내가 일본 페리칸社에서 발행하는 일본사상 관계 잡지의 한국 특집에 싣기 위해 일본어로 고쳐 그에게로 보낸 「일본 철학의 훈고적 전통과 사변적 전통」은 이 특집의 발행 예정 시점이 지난 오늘까지도 일본어 원고가 모두 네 편밖에 들어오지 않아 간행이 무기한 연기되고 있는 상황이라는 것이었다. 그 밖에 『철학』 특집에 싣기로 되어 있는 이 글의 한국어 원문과 이남영 교수 회갑기념논문집에 기고되어 있는 내 논문 「南冥과 陸王學」도 아직 예정된 원고가 다 들어와 있지 않는 등의 사정으로 발행 예정 기일을 훨씬 넘긴 오늘까지 간행이 지연되고 있는 상황이다. 우리나라 사람들이 하는 일이란 이런 식이 아닌 것이 있는가!

2 (수) 비

『남명집 4종』의 입력을 계속하였다.

점심 때 평소처럼 걸어서 교직원식당으로 향하다가 사범대 옆에서 국민윤리교육과의 김용대·이석호 교수를 우연히 만나 그들을 따라 개양의 식당으로 나가 보리밥 비빔밥을 들었다. 이 자리에서 그들에게 대학원의 연구 과목을 어떻게 운용하고 있는지를 물어 보았다. 이석호 교수는 그가 유학한 바 있는 독일의 경우를 예로 들어 설명해 주어, 이런 제도가 우리 대학에만 있는 것이 아니고 서양에서도 시행하고 있음을 비로소 알았다. 대학원의 연구 과목은 두 학기에 걸쳐 2학점씩 모두 4학점을 이수하게 되어 있었으나 최근에 와서는 한 학기 2학점만 이수하도록 변경된 모양이다. 학위논문의 지도를 위한 과목으로서 논문 지도교수가 학생 한 명을 상대로 개설하며, 학점은 따로 없고 합격·불합격으로만 성적을 내도록 되어 있다고 한다.

나로서는 학생 시절에 이런 과목을 이수해 본 적이 없을 뿐 아니라, 논문이란 학위를 취득하고자 하는 학생 본인이 쓰는 것인데 매주 만나서 무슨 지도를 하며, 교수가 그처럼 학생에게 자신의 의견을 세세하게 제시하는 것이 과연 바람직한 것이며, 또한 그것이 학생 본인의 독창적 문제의식이 반영된 논문을 작성하는데 과연 도움이 될 것인지 방해가 될 것인지에 대해서도 의문이었던 것이다. 나는 학위논문의 지도라고는 이미 오래 전에 교육대학원 철학교육전공 석사과정을 졸업한 조평래·김경수 군의 경우밖에 없었고, 금년에 모처럼 일반대학원의 이상래 군을, 그리고 내년에는 정병표 목사의 지도를 하게 된다. 이상래 군의 경우는 작년 2학기에 나에게서 연구 2학점을 이수한 적이 있었다고 하나, 그 때는 다른 학생들과 더불어 일반 원전강독 수업을 수강하였을 따름인데, 다음 학기 중에는 석사 논문을 써내야 할 터이고 나는 지도교수로서의 책임 문제도 있을 터이므로 전혀 지도를 아니 할 수도 없는 상황이라 하겠다.

매주 화요일 밤 우리 집에서 실시하는 수업시간에 정 목사와 함께 있는 자리에서 몇 차례 그 문제에 대해 상의한 결과, 매주 수업을 실시하는 방식으로 이 과목을 운용하기보다는 이 군이 스스로 논문을 준비하는 과정에서 문제가 생길 때마다 직접적인 방문이나 전화·이메일 등의 방법으로 나에게 문의하여 지도를 받기로 합의한 바 있었다. 그가 忘憂堂 郭再祐에 관한 주제로 석사 논문을 쓰겠다고 하므로, 오늘 오전 중 또 이메일로 최근까지 보완해 둔 원고지 350매가 넘는 분량의 「南冥學關係旣刊文獻目錄」을 보내어 참고하게 하고, 아울러 그가 7월말까지 제출하겠다고 한 논문계획서를 이메일 등의 방식도 좋으니 가능한 한 빠른 시일 내에 제출하도록 지시하였다.

3 (목) 맑음

「남명집 4종」은 거의 탈고에 가까워졌다.

4 (금) 무더위

「남명집 4종」을 마침내 탈고하고서 한 차례 퇴고를 가하고 있다. 200자 원고지 약 84매 정도의 분량이었다. 김경수 국장에게 전화하여, 山川齋의 藏板閣에서 발견된 『南冥集』 廢板들로써 인쇄한 부분들도 이번의 영인 출판에 포함시키도록 했다.

7 (월) 흐림

「남명집 4종」을 두 번째로 퇴고하기 시작하여 퇴근 무렵에 다 마친 다음, 이메일로 김경수 국장에게 送付하였다.

8 (화) 맑음

오늘부터 다시 나의 박사학위논문을 저서로서 출판하기 위한 작업에 들어갔다. 제목은 『南冥學派研究』로 하고, 그동안의 연구 성과를 망라하여 3部로 나누었다. 제1부는 「南冥의 生涯와 思想」, 제2부는 「17·18世紀 『南冥集』 諸板本의 成立」, 제3부는 「附錄」으로 하였다. 제1부가 4章, 제2부가 6章, 제3부가 補論 6章 및 附表 2개, 「南冥學關係旣刊文獻目錄」 등으로 이루어진 꽤 방대한 분량이어서, 이것을 두꺼운 책 한 권으로 출판할 것인지, 그렇지 않으면 몇 권으로 나눌 것인지 아직 결정하지 못했다. 오늘은 우선 그 제목과 전체적인 골격에 해당하는 목차 부분을 정리했다.

9 (수) 맑음

김경수 국장으로부터 연락을 받고서 사재명 군이 내 연구실로 찾아와, 1·2년 전에 史 군이 입력해 주었던 내 박사학위논문 출판 관계 파일들 가운데서 어느 것이 그가 최종적으로 작업했었던 것인지를 식별해 주었다. 오후에는 『南冥學派研究』의 목차 부분을 다시 손질하여 緖論을 제1부로부터 독립시켜 맨 앞으로 따로 빼고, 제3부의 補論에다가는 「남명의 가족」을 하나 더 추가하였으며, 제4부로서 外國文篇을 설정하여 내가 중국어로 요약한 논문 「南冥的儒·道思想比較研究」과 일본어로 쓴 박사학위논문 및 그 심사신청서를 수록하기로 하였다. 그리하여 이 책은 전체가 4부로 구성된 제법 당당한 저술이 될 듯하다. 목차 부분의 작업을 끝낸 다음, 史군이 내가 일본어로 쓴 학위논문을 한국어로 발표했었던 원문과 대조해 가며 새로 입력하고, 색인으로 뽑을 내용을 붉은 글자로 표시하며, 출판에 적합하도록 편집도 해 둔 것을 가지고서, 내가 다시 교정하는 작업에 착수하여 '緖論' 부분에 들어갔다.

내일 오후 2시부터 5시까지 부산일보사 10층 강당에서 남명학부산연구원 주관으로 부산연구원 제9차 총회 기념 학술발표대회가 개최되어 나도 그 초청강사의 한 사람으로서 참가하게 되어 있다. 내일의 강연행사에 사회를 맡아보기로 되어 있다고 하는 金柱白 이사와 曺信鎬 사무국장으로부터 전화 연락이 있었다.

10 (목) 맑음

11시 반 무렵에 사재명 군이 자기 차에 김경수 국장을 태우고서 학교로 나를 방문하여 왔으므로, 그 차에 동승하여 신안동의 흥한아파트 입구로 가 권순찬 남명학연구원 이사장을 태운 다음, 네 명이 함께 남해고속도로와 부산의 東西高架道路를 경유하여 오후 한 시 반 무렵에 부산진에 있는 부산일보사 10층 강당에 도착하였다.

우선 강당 옆에 있는 뷔페식당에서 오늘 모임의 주최 측인 南冥學釜山硏究院으로부터 모듬초밥으로 점심을 대접받고서, 오후 두 시부터 강당에서 열리는 이 연구원의 제9차 총회기념 학술발표대회에 참석하였다. 총회라고는 하지만 달리 회의가 있는 것은 아니고, 국민의례와 朴永濟 부산연구원장의 개회사 및 권순찬 사단법인 남명학연구원 이사장의 축사가 있은 다음 바로 강연회 순서로 들어갔다. 첫 번째 강사는 부산대학교 사범대학 교수로서 한국교육사를 전공하는 李元浩 씨로서, 「南冥曺植의 敎育觀과 그 實踐」이라는 주제의 강연을 행했다. 李 교수는 일찍이 부산대 철학과에서 남명의 교육사상에 관한 주제로 석사학위논문을 쓴 적이 있으며, 현재 부산연구원의 이사로 있다고 한다. 두 번째로 내가 단상에 올라가 「南冥과 陸王學」이라는 주제로 강연하였는데, 이미 준비된 원고를 낭독할 따름이니 아무 힘들 것이 없었다. 끝 순서로는 漢詩 唱이 있었고, 田艮齋 門人인 月淵 李普林의 아들로서 아직도 金海市 長有面 德亭里에 살고 있다는 한학자 華齋 李雨燮 翁이 전통적 儒服 차림으로 단상에 올라 同姓同本의 결혼을 허용하는 가족법 개정과 최근에 문제가 되고 있는 상명대 김경일 교수의 저서 『공자가 죽어야 나라가 산다』를 성토하는 내용의 격문 「金經一의 誣筆을 성토한다」를 낭독하고, 아울러 자신이 지은 七言律詩 「誅金賊經一」을 역시 漢詩 唱으로 피로하였다.

남명학부산연구원의 기관지인 『南冥學硏究院報』 제7호가 오늘 회장에서 처음으로 배포되었는데, 우리들의 강연 원고도 거기에 인쇄되어 있었다.

강연회가 끝난 후, 도청에 들렀다가 조금 늦게 도착한 부산교통의 조옥환 사장 및 조규석 관리부장과 함께 근처의 커피숍으로 자리를 옮겨 차를 마시면서 얼마간 대화를 나누었다. 권순찬 이사장은 조 사장의 차로 떠나고, 나는 사재명·김경수 군과 더불어 진주로 돌아왔다. 판문동에 있는 밀면을 잘 한다는 식당으로 대명인쇄소 사장 박라권 군 및 진주전문대학 교수인 송준식 씨를 불러서 함께 어울려 맥주를 곁들인 저녁 식사를 하였다. 식사 후 김경수 국장은 먼저 돌아가고서 나머지 네 명이 그 부근의 실비집으로 자리를 옮겨 2차로 소주와 다른 고급 國産酒들로써 자정 무렵까지 마셨다.

저녁 식사를 하던 중에 들은 말인데, 내가 기고한 「雷龍亭 遺蹟碑 有感」이 실린 향토문화사랑회의 기관지 『鄕土文化』 제11집이 한 달 전 총회 때 배부되었던 바, 거기에 실린 내 글의 요지가 당시의 ≪진주신문≫에 기사로서 소개되었다고 한다. 그러나 나는 아직 그 기사를 읽지 못했을 뿐 아니라, 총회에 참석하지 않았으므로 그 잡지조차 받아보지 못하고 있다.

11 (금) 맑음

어제 부산에서 받아온 『南冥學硏究院報』 제7호 및 김경수 국장이 京都에서 발행되는 일본의 불교계 종교전문지 ≪中外日報≫ 1997년 12월 27일(제25709)호에 기고하여 그 제1·2면에 걸쳐 실린 글 「李朝朝鮮の大儒學者南冥先生の佛敎觀」을 읽어보았다.

오후에는 남명학연구원의 홈페이지로 들어가, 거기에 입력되어 있는 『南冥學硏究論叢』 제1집에 실린 나의 논문 「南冥學資料叢刊 解題 緖論」을 복사해 왔고, 그것을 제3부의 補論8로서 첨가하기로 했다. 나의 저서 『南

冥學派硏究』의 緖論 부분 제3절 '旣存 硏究와 本稿의 構想'까지의 입력된 파일을 검토 수정하고 있다.

12 (토) 맑음

화장실에서 용변을 보면서 틈틈이 읽어 왔던 정기철 씨가 편집 출판한 『朝鮮王朝實錄 來庵 鄭仁弘先生 關聯 史料 宣祖6年(1572)~顯宗13年(1671)』의 下卷을 마저 읽었다. 미국에 다녀온 이후로는 다소 뜸하게 읽었으나, 오늘로써 마침내 두꺼운 부피의 상·하권을 모두 독파한 셈이다.

엊그제 부산 모임에서 학술강연의 사회를 맡아보았던 金柱白 씨로부터 선사 받은 慕齋 金安國의 문집 국역본인 『慕齋全集』(서울, 慕齋先生記念事業會, 1990) 上卷 권2의 詩 부분까지를 훑어보았다.

오후에는 『南冥學派硏究』의 제1부 제1장 제1절 '남명의 생애' 부분까지를 검토하였다. 緖論의 제3절 '本書의 構想' 부분에서는 학위논문의 그것이 제2부의 主論文에 대한 설명에서 그친 데 비해 4부 전체에 대한 포괄적인 설명을 첨가하였다.

14 (월) 맑으나 무더움

『慕齋全集』 하권까지를 훑어보았고, 이어서 지난 10일에 김주백 부산연구원 이사로부터 함께 얻어 온 퇴계의 외조부 金漢哲과 그 후손 三世의 實記인 『國譯 松湖實蹟』(大田, 學民文化社, 1998)을 검토해 보았다. 『慕齋全集』 하권 말미의 부록에는 慕齋의 동생인 思齋 金正國에 관한 자료도 수록되어 있었다.

오후에는 『南冥學派硏究』 제1장 제1절 '남명의 생애' 부분에 대한 퇴고 작업을 계속하였다. 규암 송인수가 준 『大學』의 冊衣에다 쓴 독후감 중 남명 자신이 과거 시험에 응시한 경력에 대해 언급한 부분은 두 종류 국역본의 해석이 「南冥年譜」 및 「編年」의 그것과는 크게 다르므로, 그 부분에 대해서는 한문학과 최석기 교수의 의견을 물어보기도 하였다.

15 (화) 맑음

지난 일요일에 간호학과 교수들이 향토문화사랑회의 월례 답사에 참가하여 받아온 『향토문화』 제11집(1999년) 가운데서 내가 기고한 「雷龍亭 遺蹟碑 有感」 및 아내가 쓴 「선비양생의 영원한 사랑」 등을 훑어보았다.

오후에는 『남명학파연구』 제1부 제1장 제1절 '남명의 생애', 제2절 '實踐儒學的 전통의 집대성' 부분을 마치고서, 제3절 '실학의 이념' 부분에 대한 검토에 들어갔다.

16 (수) 흐리고 때때로 부슬비 내린 후 밤에는 소나기

『남명학파연구』의 퇴고 작업을 계속하여 제1부 제1장 '南冥思想의 意義' 부분을 모두 마쳤다. 이 부분까지는 과거에 이미 본문 속에 인용된 원문에다 번역문을 첨부하는 작업을 마쳐 두었으므로, 비교적 빨리 진척된 셈이다. 제1부의 제2장과 제3장은 근자에 쓴 논문들이라 처음부터 번역문이 함께 들어 있으므로, 전체적으로 볼 때 제1부는 별 문제가 없이 단시일 내에 처리될 수 있을 것이다.

서울대 철학과 후배인 조남호 박사로부터 이메일이 와서 경상대 남명학연구소의 영문 이름과 나의 저서 출판 작업에 대해 물으므로, 『南冥學派研究』의 출판에 이어 남명학 관계 이외의 글들을 모아 『東洋哲學散稿』 같은 제목으로 단행본 한 권을 출판할 생각이 있고, 아울러 1987년 1월 1일부터 오늘까지 하루도 빼지 않고 쓴 꽤 방대한 일기가 있으므로 그것도 출판할 것을 고려하고 있는데, 서울에 적당한 출판사가 있으면 소개해 달라고 말해 두었다. 내 나이 벌써 우리 식으로는 51세이고, 컴퓨터로 입력해 둔 것은 소프트웨어가 자꾸 바뀌므로 호환성이 문제되는 데다 각종 컴퓨터 바이러스의 위험도 있어 먼 후일에는 無用해 질지도 모르므로, 지금쯤 일단 그동안의 인생 역정을 정리해 두는 것이 좋겠다는 판단이지만, 어떻게 될지 모르겠다.

지난 10일에 남명학부산연구원에서 나와 함께 강연했었던 부산대 교육학과의 李元浩 교수로부터 당시 내가 부탁했었던 그의 석사학위 논문

에 관한 팩스가 도착하였으므로, 그의 연구실로 전화하여 감사의 뜻을 전했다. 이 교수는 1965년 9월 17일자로 부산대 철학과에 「南冥 曺植의 敎育思想硏究」라는 주제의 석사학위 논문을 제출했다고 한다. 이는 내가 그동안 조사해 본 범위 내에서 최초의 석사학위논문인 1983년 12월에 나온 경북대 한문교육과 金麗石 씨의 「南冥 漢詩文學 硏究」보다 무려 18년이나 빠른 셈이며, 1990년 6월 중앙대에 제출된 최초의 박사학위논문인 韓相奎 교수의 「南冥의 敎育思想硏究」보다는 무려 35년이 빠른 셈이다.

17 (목) 비

어제 배달된 『南冥院報』 제14호를 훑어보았다. 오후에 『남명학파연구』의 출판을 위한 작업을 계속하여, 제1부 제2장 「南冥의 儒·道思想比較硏究」를 마치고, 제3장 「南冥과 陸王學—知와 行의 問題를 中心으로—」의 제2절까지 검토를 끝냈다.

오늘도 조남호 박사로부터 이메일이 와서 그 회답을 보냈으며, 밤에 집으로도 전화가 걸려왔다. 그는 진주교대 윤리교육과의 동양철학 분야 교수 공채에 응모해 볼 의사를 표시하였다. 어제에 이어서 그와 더불어 내 논문집 및 일기의 출판에 관한 상의를 좀 더 해 보았는데, 그의 의견으로는 『東洋哲學散稿』 같은 잡다한 형태로 보다는 秦漢思想에 관한 것만 따로 묶어 출판하는 것이 좋을 것이며, 일본어로 쓴 글들은 번역해야 할 것이라고 했다. 그 말을 듣고서, 『남명학파연구』도 그 분량을 대폭 줄여 제4부의 外國文 편은 생략하고, 제3부의 부록에서도 『남명집』 판본 문제와 직접적인 관련이 없는 글들은 모두 補論에서 빼 버릴까 하는 생각이 들었다.

18 (금) 흐림

저서 출판 작업을 계속하여, 제1부를 모두 마치고 제2부 '17·18세기 『남명집』 諸板本의 성립'의 제1장 「來庵刊本」 제2절 甲辰本 부분까지 나아갔다. 이 부분도 과거에 이미 작업하여 본문 중 인용된 한문 문장에 대해서는 번역문을 첨부해 두고 있어 비교적 수월했다.

내 일기가 과연 출판할 가치가 있는 것인지를 검토해 보기 위해, 노트에다 적은 1987년 1월 1일부터 같은 해 10월 10일까지 부분인 제1권의 내용을 오늘 상오 2시 반까지에 걸쳐 한 번 통독해 보았다. 89년 4월 3일까지의 부분은 두터운 노트북 네 권에다 적었고, 그 이후의 부분은 컴퓨터로 처리하였는데, 제1권에는 남명학 관계 연구 및 자료 수집의 진척 상황을 비롯하여, 그 당시의 긴박했던 국내 정치 상황과 학내 동향들이 생동감 있게 기록되어 있어 단순한 개인의 身邊雜記 차원을 넘어서는 것이므로, 충분한 가치가 있는 것이라고 판단되었다.

오전 중 세란부부치과로 가서 왼쪽 위 어금니가 근자에 들어 매우 시린 문제를 체크해 보았다. 남명학연구원의 권순찬 이사장도 그 병원에서 만났는데, 권 이사장은 위쪽 이빨을 모두 뽑아내고서 틀니를 해 넣기로 하고 오늘 그 남아 있는 이빨 몇 개를 빼내는 작업을 마쳤다고 한다.

19 (토) 맑음

『남명학파 연구』의 출판 작업을 계속하여, 제2부 제1장 「來庵刊本」을 마치고서 제2장 「滄洲刊本」의 제2절 『學記類編』의 간행 경과 부분까지 진척하였다. 알고 보니 제2장까지는 원래 발표된 논문의 인용문에 원문이 아닌 번역문을 싣고 있었던 것이니, 그러고 보면 내가 본문 중에 인용된 원문을 국어로 번역해야 할 곳은 제2부의 제3·4·5·6장뿐인 것이다. 그 정도의 분량이라면 여름방학 중에 출판을 위한 작업을 충분히 마칠 수 있을 것이라는 생각이 들었다.

21 (월) 맑음

『남명학파 연구』 제2부 제2장 「滄洲刊本」의 작업을 마쳤다. 도표 등이 자꾸 깨어지는 것과 주석의 번호가 앞의 파일에 잇따르도록 고쳐져 있는 것을 다시 章 별로 새로 부여하도록 고치는 문제 등이 다소 번거로웠다.

22 (화) 맑으나 밤에 부슬비, 夏至

『남명학파 연구』의 출판을 위한 작업을 계속하여, 제2부 제3장 「『山海師友淵源錄』의 編纂」에 대한 검토를 시작했다. 여기서부터는 인용된 한문을 일일이 국어로 번역하고, 어려운 한자어에 대해서도 괄호 속에 풀이를 넣기 때문에 진척되는 속도가 훨씬 늦어졌으므로, 제1절 '序言'을 마치고서 제2절 '由來'까지 나아갔을 따름이다.

23 (수) 비

『남명학파 연구』 제2부 제3장 제3절 '參與人物'의 朴无悶堂 부분까지의 입력을 마쳤다. 이 제3장 부분도 원래 한글로 발표한 논문이 컴퓨터로 입력된 것이 아니고 200자 원고지에다 쓴 것이었기 때문에 史載明 군이 내가 일본어로 번역한 학위논문의 해당 부분을 토대로 인쇄된 한글 논문과 대조해 가며 다시 한글로 바꾸어 입력해 준 것인데, 그렇게 하는 과정에서 그가 조금씩 변경한 부분도 있다. 일본어로 입력했던 당시의 全角 문장 부호는 대부분 그대로 놓아두었기 때문에 내가 ᄒᆞᆫ글의 '찾아 바꾸기' 기능을 이용하여 일괄적으로 전각 부호를 반각 부호로 고쳤던 바, 서명의 『 』 기호를 「 」로 잘못 바꾸어 버려, 그런 곳은 일일이 手作業으로 고쳐 주어야 하게 되었다.

24 (목) 맑음

『南冥學派硏究』의 교정 작업을 계속하여, 제2부 제3장 제3절의 '參與人物' 부분을 모두 마쳤다.

25 (금) 흐림

『남명학파 연구』는 제2부 제3장 「『山海師友淵源錄』의 編纂」 제4절 '江右學派의 南人化' 부분을 번역·교정하고 있다.

26 (토) 흐림

『남명학파 연구』 제2부 제3장을 모두 마치고서 제4장 「『山海師友淵源錄』의 出版」에 들어갔다.

『朝鮮王朝實錄 來庵 鄭仁弘先生 關聯 史料 宣祖6年~顯宗13年(1671)』의 上·下卷을 한 차례 모두 읽었었는데, 며칠 전부터 집에서 화장실에 갈 때 들고 가서 다시 상권부터 읽으며, 앞으로 집필할 내 논문을 위해 필요한 만한 부분들은 붉은 색깔의 펜으로 표시해 두기 시작했다.

28 (월) 흐리고 밤에 비

점심 무렵에 김경수 사무국장이 『南冥集四種』의 출판을 위해 그동안 작업해 놓은 것들을 몇 보따리의 짐으로 싸서 내 연구실로 가지고 와 나의 자문을 받았다. 분량이 많아 일일이 검토할 수 없었으므로, 내가 이미 메모로 전해 주었고 또한 해제에서도 유의해야 할 점들을 붉은색 글씨로 표시하여 준 점들을 각별히 검토하게 하고, 김 국장이 의견을 묻는 점들에 대해서만 언급해 두는 정도로써 마쳤다. 검토가 끝난 후, 김 국장을 따라 신안동의 장어구이를 잘 한다는 식당으로 가서 점심을 들며 둘이서 매실주를 세 병 마셨으므로, 학교로 돌아올 때는 택시를 탔다.

오후 세 시 경에 연구실에 도착하여, 컴퓨터 앞에 앉아 보아도 술기운 때문에 『남명학파 연구』 제2부 제4장의 수정 작업이 뜻대로 진척되지 않았으므로, 소파에 드러누워 한 잠을 자고 난 후, 퇴근 무렵에 약 한 시간 정도 작업하였다.

29 (화) 흐리고 비 온 후 오후에 개임

『남명학파 연구』는 제2부 제4장 제2절 '姜漢沙와 河謙齋'까지 나아갔다.

30 (수) 맑음

『남명학파 연구』 제2부 제4장 제3절 '『南冥別集』 初刊本을 둘러싼 對立'

까지 나아갔다.

구내서점을 통해 주문해 두었던 林宗鎭·張閏洙 譯『대진의 맹자 읽기(原題: 孟子字義疏證)』(부산, 도서출판 小康, 1996)이 연구실로 배달되어 왔으므로 그 내용을 검토하였고, 아울러 胡適 著, 『戴東原的哲學』(上海, 商務印書館, 1927) 및 『戴震全書』(合肥, 黃山書舍, 1995) 제6책에 실린 『孟子字義疏證』과도 대조해 보았다. 이미 여러 해 전에 『戴東原的哲學』 부록에 실린 戴震의 『孟子字義疏證』을 가지고서 학부의 강독 수업을 한 적이 있었는데, 수강생 미달로 말미암아 수업이 한 달 정도나 진행된 후에 담당 교수인 나도 모르게 강의가 폐강 처리되어 있음을 알고서 중단한 적이 있었다. 다음 학기에 다시 이 책을 가지고서 일반대학원의 성리학연습 과목 교재로 삼을 것을 고려하고 있는 중이다.

7월

1 (목) 흐리다가 정오 무렵부터 비

점심 때 비가 와서 산책을 포기하고 구내서점에 들렀다가, 서울대 崔明 교수 등이 번역한 蕭公權 著, 『中國政治思想史』를 훑어보았으나, 값이 4만 원이나 하는데다가 연구실에 그 중국어 원본이 있으므로 구입하지 않았다. 대신 琴章泰 교수 著, 『退溪學派의 思想 I』(서울, 集文堂, 1996)을 사서 돌아와 좀 훑어보았다. 남명 및 남명학파에 대해서도 다소 언급하고 있는데, 제1부 제1장의 註12에서 "南冥과 南冥學派에 대해서는 金忠烈·吳以煥[sic.] 교수의 연구 성과를 참고할 필요가 있다"고 나에 대해 언급하고 있다.

『남명학파 연구』 제2부 제4장 제3절을 계속 수정하고 있다. 파일이 200자 원고지 약 200매 정도의 분량으로 늘어났기 때문인지 컴퓨터의 처리 속도가 현저하게 떨어져 작업에 상당한 지장을 주고 있다.

2 (금) 비

『남명학파 연구』는 제2부 제4장 제4절 '別集校正本의 成立과 그 視角'에 들어갔다. 오늘도 입력 속도가 무척 느리므로, 조교에게 연락하여 인문대학 PC 副室長을 불러와서 물어보게 했더니, 하드디스크의 용량이 부족한 것이 주원인일 것이라고 하였다. 작년쯤에 1.5 기가바이트로 늘린 적이 있었지만, 다시 더 늘려 보기로 작정하고서 구내 컴퓨터 점으로 연락하게 했다. 그러나 長文으로 된 한문 인용문의 번역 부분을 빠져 나오니 처리 속도 상에 다시 별 문제가 없어졌고, 조만간 인문대 학과장회의에서 새 컴퓨터 지급 문제를 협의한다 하므로, 구내 컴퓨터 점의 직원을 부르는 문제는 일단 보류하기로 했다.

3 (토) 맑음

『남명학파 연구』는 어제 작업하던 제4절 부분을 계속하였다. 오후에 이상래 군이 연구실로 방문하여 나에게서 빌려간 『忘憂堂全書』를 반환하였다.

5 (월) 맑음

『남명학파 연구』 제4절 부분의 작업을 계속하였다.

6 (화) 맑음

『남명학파 연구』 제4절을 마치고서, 제2부 제4장의 마지막 부분인 제5절 '碧寒亭所藏筆寫本'을 검토하기 시작했다.

학교 홈페이지의 '새소식'난에 학술진흥재단의 금년도 연구비 신청 안내에 관한 공고가 떠 있었으므로, 거기에 들어가 내용을 검토해 보고서 신청서 양식 등을 다운로드 받아 두었다. 작년의 경우 내가 신청하지 않았더니, 열 건이 넘는 심사 의뢰가 보내져 왔으므로, 어차피 이 일에 관여하지 않을 수 없을 바에야 나 자신이 신청해 볼까 하는 생각도 들었기 때문이다.

8 (목) 흐리고 한때 빗방울

어제 하던 작업을 계속하여 학술진흥재단의 학술연구자 인적사항 사이트의 나에 관한 부분 입력을 마쳤다. 이에 의하면 나는 국내 다섯, 외국 셋을 합해 모두 아홉 개 학회의 회원이며, 국내외를 합쳐 모두 22편의 논문을 발표하였고, 2권의 저서와 1권의 역서가 있으며, 열 번의 연구비 수혜 실적이 있고, 한 번의 수상 경력이 있는 것으로 되어 있다.

『남명학파 연구』 제2부 제4장의 입력을 마쳤다.

9 (금) 비

오전 중 학술진흥재단의 선도연구자 연구비 신청서를 작성하기 시작하였고, 오후에는 『남명학파 연구』 제2부 제5장의 작업에 들어갔다. 이 章도 알고 보니 원래 논문을 발표했을 때부터 한문을 번역해서 인용하고 있었는데, 사재명 군이 학위논문에서 그 원문도 찾아 함께 배열해 두고 있었으므로, 비교적 수월하게 되었다.

10 (토) 흐림

『남명학파 연구』 제2부 제5장 「壬戌本의 毁板」 제3절 '毁板의 裏面'까지 나아갔다.

이화여대 철학과의 남경희 교수로부터 전화 연락이 있어 8월 17일부터 19일까지 고려대 이학관에서 개최될 예정인 제3회 한민족 철학자 대회에서 미국 켄트 주립대 이광세 교수의 논문 「아시아의 근본 사유 범주」에 대한 논평을 맡아 달라는 요청을 해 왔으므로 깊이 생각하지 않고서 수락하였다. 그러나 우리의 중국 여행 일정을 고려하면 논평문을 송부해야 하는 시한인 8월 5일까지와 대부분 중복되는 터이므로, 이 논문을 이메일로 빨리 송부해 달라는 연락을 해 두었다.

아울러 한국철학회의 연구위원회 간사인 서울대 조교 김영 씨와 서울대 철학과 이남영 교수의 회갑기념 논문집 간행 실무를 맡아 있는 건국대 철학과 정상봉 교수에게로 연락하여 1년 이상 출판이 지연되고 있는 내 논문들의 출간 시기에 대해 다시 한 번 물어보았다. 예문서원 주인인 영남대 철학과 홍원식 교수에게도 연락해 보았으나 가족과 함께 휴가 여행을 떠난 모양이라 통화할 수가 없었다.

12 (월) 맑음

오전 중 선도연구자 연구비 신청서의 작성을 계속하였다.

김경수·박라권·사재명 군이 나를 찾아왔다가 만나지 못하고서 인문대 입구의 차안에서 기다리고 있었다. 사재명 군이 박사학위논문 수정 작업을 마치고서 나에게 자문을 받으려고 가져 온 것이었다. 그들과 함께 개양에 있는 김 국장의 妻兄 아들이 경영한다는 竹林이라는 술집으로 가서 黑酒라는 이름의 본교 농대 교수가 개발했다는 술을 마시며 저녁까지 잡담을 나누다가 돌아왔다. 김경수 국장의 의견에 따라 『南冥學派研究』는 우선 緖論 및 제1부까지의 부분을 가지고서 이번 여름 南冥祭가 있기 전까지 간행하기로 합의를 보았다.

아침에 출근한지 얼마 되지 아니하여 계명대 철학과의 홍원식 교수로부터 전화가 걸려왔다. 내가 『시대와 철학』誌를 내는 한국철학사상연구회에서 간행할 예정이었던 잡지 『철학으로』의 창간호에 싣기 위해 위촉을 받아 작성했던 글 「주말 나들이」는 결국 그 잡지의 간행 계획이 취소된 데다 나에게 글을 위촉해 왔었던 편집위원 李賢九 씨가 번번이 약속을 어기는 바람에 지금까지 세상의 빛을 보지 못하고 있는데, 홍 교수가 이현구 씨와 다시 한 번 협의하여 『시대와 철학』 다음 호에 싣지 못하게 되면 예문서원에서 내는 『오늘의 동양사상』 제2집에 싣기로 합의를 보았다.

13 (화) 흐림

한국학술진흥재단의 1999년도 선도연구자 지원 사업 신청서 작성을 마치고서 오후 7시 무렵에 온라인으로 전송한 후 접수번호 V02270을 받았다. 이 신청서에 의하면, 나의 연구과제명은 「18世紀의 江右學派一宗

川書院 院變 문제를 중심으로—(Gang-u School in 18th Century: Centering on the Problem of Jongcheon-Seowon Conflict)」이고, 신청연구비는 1차년도 인건비 800만 원, 연구활동비 400만 원, 직접성경비 800만 원을 합하여 2000만 원이며, 같은 내용을 2년 연속으로 하여 모두 4000만 원을 신청하였고, 연구보조원으로는 철학과 석사과정의 정병표 목사와 현재 철학과 조교를 맡아 있는 교육학과 철학전공 석사과정의 崔在城 군으로 하였다.

물론 이 연구비 산정은 단독연구의 최고한도액 및 학술진흥재단이 정한 연구비 산정·집행 기준에다 적당히 맞추어 보았을 따름으로서 터무니없는 것이지만, 작년의 경험으로 보면 내가 심사한 10여 건의 신청서도 거의 모두가 신청 최고한도액을 적어내고 있었고, 어차피 이 액수는 많거나 적거나 간에 연구의 실제 내용과는 아무 관련이 없는 것이니 엉터리이기는 마찬가지인 것이다. 일종의 국가기관인 학술진흥재단은 금년부터 연구비 신청에 있어서 책임연구자의 인건비에 해당하는 금액은 일체 산정하지 못하도록 규정하였고, 연구활동경비는 연구비 총액의 20% 이내, 해외여비 포함 시는 30%까지 인정하도록 명시하고 있으며, 연구보조원은 후진을 양성한다는 명분으로 반드시 포함시키되 석사·박사과정 재학생으로 하도록 제한하고 있다. 본교의 경우는 박사과정이 없고, 이 연구비는 내년도에 집행될 것이므로 그 때 재학하고 있을 1학년 학생 가운데서 선정한 것이다.

나는 연구비라는 것이 얼마나 엉터리인지를 평소에 깊이 느껴 왔으므로, 의롭지 못한 재물은 돌아보지 않는다는 생각에서 지금까지 거의 신청하지 않아 왔다. 그러나 국가가 학술연구 진흥 차원에서 매년 산정하고 있는 예산이니 내가 챙기지 않더라도 누군가가 가져갈 것은 틀림없는 사실이고, 더구나 이러한 연구비는 많이 받을수록 유능한 학자요 받지 못한 사람은 무능의 소지로 간수되어 이후의 연구실적 평가 등에 반영한다는 터이니, 그것은 결국 국가가 공문서 위조를 강요하고 있는 것이나 다름없다고 하겠다.

오전 중 어제 사재명 군이 철학과 사무실에다 맡겨두고 간 남명의 교육사상을 주제로 한 그의 본교 교육학과 박사학위논문을 검토하였다. 15일에 최종 인쇄에 들어가므로 그 전에 수정할 부분을 지적해 달라는 것이었다. 몇 군데 읽어보니 오류가 적지 않아 전화로 불러서 오후 두 시 무렵에 내가 붉은색 펜으로 적은 내용들을 설명하고서 논문을 전해 주었다.

14 (수) 흐리고 밤에 비

오전 중 어제 입력하여 전송했던 선도연구자 지원 신청서를 다소 수정하였고, 『南冥學派硏究』 제1부 3절의 끝 부분을 다소 수정하여, 지난번에 김경수 사무국장 등과 합의한 바와 같이 그 제1책이 금년 8월 중순의 南冥祭 전까지 간행될 수 있도록 하기 위해 김 국장 앞으로 전송하였다. 그러고 나서 이화여대 남경희 교수를 통해 위촉받은 바 있는 미국 켄트주립대 이광세 교수의 논문에 대한 논평문을 중국에 가기 전까지 작성하기 위해 그것을 읽는 작업에 들어갔다.

15 (목) 맑으나 오후 한때 비

학교에서는 인문사회대 주변에 남명학관 공사와 인문사회 2호관 건립공사가 동시에 진행 중인지라, 온종일 콘크리트로 포장된 도로의 바닥을 뚫는 요란한 드릴 소리에 신경이 거슬렸다.

16 (금) 맑음

아침에 김경수 국장에게 전화 연락하여, 『남명학파 연구』 제1책을 따로 간행하는 것은 역시 바람직하지 않겠다는 뜻을 전했다. 내가 출판을 위해 내용을 수정하는 작업이 이번 여름방학 중으로는 모두 끝날 수 있을 듯하니, 그 때까지 기다렸다가 全卷을 한꺼번에 출판하도록 하며, 예산이 부족하면 조옥환 사장에게 말하여 특별 예산을 배정 받도록 하는 것이 좋겠다고 말했다. 어제에 이어 이광세 교수의 논문을 두 번째로 읽고 있으며, 저서 출판을 위한 작업을 다시 시작하여 제2부 5장의 수정 작업을 계속했다.

17 (토) 맑음

이광세 교수의 논문을 세 번째까지 읽고 난 후, 「이광세 교수 〈아시아의 근본 사유 범주〉에 대한 논평」을 집필하기 시작했다.

18 (일) 흐림

아내와 함께 일출산악회의 월례 산행에 참가하여 지난주에 갔었던 전북 진안군 주천면의 운일암반일암 계곡 북쪽에 있는 명덕봉(846m)에 다녀왔다. 산악회 회장의 설명에 의하면, 명덕봉은 운장산에 속해 있는데, 조선시대의 유학자 宋翼弼의 號가 九峰, 字가 雲長인 것은 모두 이 부근의 山名에서 유래하는 것이라고 한다.

19 (월) 맑으나 무더위

『남명학파 연구』 제2부 제5장까지의 수정 작업을 마치고서, 며칠 전에 부친 目次·緖論 및 제1부에 이어 그동안 작업해 둔 제2부의 파일들을 김경수 군과 대명인쇄의 박라권 군에게 이메일과 더불어 부쳤다. 아직 남아 있는 제6장은 중국에 다녀온 후 계속하겠노라고 했다. 그러고 난 후에는 이광세 교수의 논문에 대한 논평문 작성을 계속하였다.

北京의 中國人民大學 철학과에 유학하고 있는 宋晟鎭 군이 전화로 葛榮晋 교수의 말을 전해 왔다. 陝西省 사회과학원 주최로 '張子의 關學과 實學'을 주제로 한 國際學術硏討會가 9월 초순에 陝西省에 있는 張載의 고향 橫渠鎭에서 열리는데, 내가 참가할 의사가 있으면 차후에 정식 초청장을 보내겠다는 것이었다. 이 계획은 이러한 모임을 종종 주선해 온 덕성여대의 趙駿河 교수나 송 군의 스승이라고 하는 동국대 경주 분교의 金弼洙 교수 등을 통해 몇 차례 들은 바 있었으므로, 언젠가는 나에게도 연락이 올 것으로 짐작하고 있었다. 橫渠鎭에 한번 가보고 싶은 마음은 있으나,

예년처럼 방학이 아니고 2학기가 시작되었을 시기인데다 참가비가 방값 200$, 재료비 100$를 합하여 무려 300$나 되는 바가지요금이고, 국제학술회의라고 이름은 걸었지만 보나마나 한국인의 사대주의와 허세근성을 이용하여 중국 측이 돈벌이하자는 수작일 것이므로, 참가가 어렵겠다는 정도로 말해 두었다.

20 (화) 흐리고 때때로 소나기

논평문 작성을 계속하였다.

21 (수) 흐림

퇴근 시간 무렵까지 작업하여 「이광세 교수 〈아세아의 근본 사유 범주〉에 대한 논평」을 탈고하여, 이 글을 위촉해 온 이화여대 철학과의 남경희 교수에게 이메일로 부쳤다.

8월

9 (월) 맑음

부재중에 국민윤리교육과의 박진환 교수로부터 전화 연락이 있었다고 하므로 자택으로 연락하여 보았다. 오는 8월 17일부터 19일까지 서울의 고려대학에서 한민족철학자대회가 있고 난 다음, 이 대회에 참가하는 중국 연변대학의 교수 1인과 역시 중국의 진위대학 교수 1인, 모스크바대학의 유가이 교수, 그리고 어쩌면 뉴욕주립대학의 조성택 교수까지 포함한 3명 내지는 4명의 재외 교포 철학자들이 본교를 방문하여 20일에 '재외 동포의 문화와 교육'이라는 주제로 국제학술회의를 가지게 되는데, 나더러 제1부의 중국 교수 발표에 대한 논평자로서 참가해 달라는 것이었고, 아울러 19일 밤에 진주로 와서 22일에 상경할 예정으로 있는 이들 중 한 사람의 홈스테이를 맡아달라는 내용이었다. 나도 18일의 미국의 켄트 주립대 이광세 교수의 주제 발표에 대한 토론자로서 상경할 예정인데, 박진환 교수는 철학교육연구회 관계로 고려대 교수이자 현재 한국철학회장으로 있는 이초식 씨와 관계가 밀접하여, 서울 모임에서 발표를 맡을 뿐 아니라 16일부터 상경하여 계속 이들과 접촉하며 19일 밤에 자기 차로 함께 진주에 내려올 예정이라고 한다.

10 (화) 맑음

오전 11시경까지 부산교통 사무실로 가서 남명학연구원의 99년도 제2차 상임연구위원회의에 참석했다. 위원들이 다 모이기를 기다려 장소를 신안동 강변의 갑을가든 2층으로 옮겨서 회의를 진행하였다. 한두 시간 회의 한 이후에는 김충렬 원장 등의 서울 행 비행기 시간에 맞추어 오후 늦게까지 거기서 잡담을 하다가 저녁 식사까지 들고서 헤어졌다. 오늘 회의에는 여덟 가지 안건이 상정되었는데, 그 중 세 번째는 내 저서 『南冥學派硏究』의 발간 건으로서, 분량의 증가로 말미암은 추가 비용 문제는 김 원장이 조옥환 사장과 협의해 보겠다고 했다. 권순찬 이사장은 미국에 체재 중이고, 조옥환 사장도 불참하여 상임연구위원 전원만의 모임이 되었다.

11 (수) 맑음

오늘·내일 이틀 동안 충남 아산시의 그랜드호텔에서 열리는 한국동양철학회 제33차 정기학술회의에 참가하기 위해 오전 아홉 시 무렵 집을 나섰다. 그랜드호텔 입구를 걸어 나오고 있는 서울대 철학과 후배 신정근 군을 만나 그의 서울대 철학박사 학위논문 「고대 중국 '仁' 사상의 형성과 발전에 관한 연구」(1999년 2월, 지도교수 宋榮培) 한 부를 받았다.

2층의 회의장에서는 정오 무렵부터 학술회의가 시작되어 내가 도착했을 때는 역시 서울대 후배인 명지대 윤석윤 교수의 네 번째 논문발표 순서가 진행되고 있었다. 이번 회의의 대주제는 '巍巖 性理學의 哲學的 特徵과 儒學史的 位置'로서, 발표논문들은 지난번의 南塘 韓元震에 대한 조명에 이어, 湖洛論爭에 있어서 그와 이론적으로 대립한 洛論의 巍巖 哲學에 대한 세부 주제로 구성되어져 있다.

고려대 출신으로서 北京大學에서 湯一介 교수의 지도로 철학박사 학위를 받고 京都大學에서도 1년간 연수를 한 후, 현재 중국 江西省의 南昌大學에서 객원교수로 근무하고 있는 吳相武 군이 오늘 모임에도 참석해 있었다. 나에게 자신의 진로 및 연구 주제 문제에 대해 상의해 보기를 원하므로, 그의 방인 316호실로 가서 한동안 대화를 나누었다.

12 (목) 맑음

오전 여덟 시부터 호텔 2층의 석류 식당에서 조식이 있었는데, 다음 주에 서울에서 있을 한민족철학자대회에서 내가 논평을 맡기로 예정된 논문의 작자인 미국 켄트 주립대학 이광세 교수 및 서울대 송영배, 연세대 이강수 교수 등과 같은 자리에 어울렸다.

오전 아홉 시에 대절 버스 한 대로 호텔을 출발하여 거기서 얼마 떨어지지 않은 곳에 위치한 巍巖里의 외암 묘소를 참배하였고, 그곳 외암민속마을에서는 외암의 종택과 사당 및 외암 고택과 정원 등을, 그리고 거기서 조금 떨어진 곳에 위치한 講堂寺 遺址도 답사하였다.

13 (금) 맑음

학보사에서 여기자가 찾아와 금년 말에 두 차례에 걸쳐 게재할 예정인 남명 특집과 관련하여 내게 자문을 구하였다.

14 (토) 맑음

며칠 전 남명학연구원 상임연구위원회의에서 받아 온 김경수·사재명 공편, 『南冥先生 門人資料集』(남명학연구원출판부)의 내용을 검토해 보았다. 그 해제는 김경수 군이 집필한 것으로서, 대체로 내 논문 「『山海師友淵源錄』의 編纂」 내용을 요약 정리한 것이었다. 그럼에도 여기저기에 오류가 눈에 띄었고, 그 밖에도 이 책에는 잘못된 부분이 적지 않아 휴대폰으로 사재명·김경수 군에게 연락하여 수정의 필요성을 알렸다.

이어서 『南冥學派硏究』의 출판을 위한 작업에 다시 착수하였다. 이미 작업을 마쳐 두었던 제2부 제5장의 내용 일부를 보완하고, 제6장 「釐正本의 成立」 부분에 대한 수정 작업에 착수하였다.

15 (일) 맑음

원래는 어제 하던 출판 작업을 계속할 예정이었으나, 컴퓨터 앞에 앉고 보니 복사해 가져 온 것으로 믿었던 「釐正本의 성립」 파일이 보이지를 않는지라, 아침에 승용차를 몰고서 학교까지 가지러 갔다. 이번에는 반바지로 갈아입고 나온 통에 어제 입었던 바지에 든 연구실 열쇠를 빠트리고 온 지라, 별 수 없이 도로 집으로 와서 『남명선생 문인자료집』에 대한 검토를 계속했다. 마산에 가 있는 사재명 군에게 연락하여 내일 내 연구실로 올 때 김경수 군을 대동하라고 했다. 이 교정본을 읽어보니 어제 생각했던 것보다도 오류가 훨씬 더 많으므로, 과연 이런 책을 간행할 필요가 있을지 회의적인 생각이 들었다.

16 (월) 맑음

내일 서울에 올라가 17일부터 19일까지 사흘에 걸쳐 고려대학교 아산이학관에서 열리는 '제3회 한민족 철학자대회 1999' 겸 '제12회 한국철학자 연합대회'에서 읽게 되어 있는 나의 글 「이광세 교수 〈아시아의 근본 사유 범주〉에 대한 논평」을 다시 한 번 읽어 보았다. 이어서 『남명선생 문인자료집』을 계속 읽으며 문제점들을 붉은색 사인펜으로 메모하는 일을 계속했다. 정오가 지나서 김경수·사재명 군이 내 연구실로 왔으므로 그들에게 이처럼 부실한 책의 출판이 과연 필요한 것인지 회의적인 생각이 든다고 말하고서, 몇 가지 사례를 설명한 후 체크해 둔 교정쇄를 전했다. 그들과 함께 남강변의 수원오리식당으로 가서 오리고기탕으로 점심을 들고서 연구실로 돌아왔다. 오후 시간에는 『남명학파 연구』 제2부 제6장 「이정본의 성립」 첫 부분 중 校案을 鄕案으로 착각한 점에 대해 교정 의견을 적어 넣었다.

17 (화) 맑음

한민족철학자대회에 참가하기 위해 6시 10분 발 우등고속 첫차로 서울로 향했다. 대회는 내가 처음으로 가 보는 자연계 캠퍼스 내의 아산이학관에서 개최되었다. 6층 강당에 도착했을 때는 미국 뉴욕주립대-버팔로 석좌교수인 前서울대 철학과 교수 조가경 씨의 기조논문이 발표되고 있는 도중이었다. 점심시간이 지난 후 오후 두 시부터 분과별 발표가 1층에서 속행되었다. 나는 제1분과에서의 두 번째 발표인 미국 켄트대 이광세 교수의 논문 「아시아의 근본사유범주」에 대한 논평을 맡았는데, 다소 신랄하게 비판하였다.

18 (수) 흐리고 한때 빗방울

남명제가 있는 날이라, 모처럼 거기에 참석하기 위해 덕산으로 향했다. 사재명 군이 운전하는 차에 진주전문대학의 송준식 교수, 김충렬 교수와 함께 네 명이 탔다. 덕천서원 입구에서 행상이 儒服과 儒巾을 팔고 있으므로, 재미삼아 어제 서울에서 논평에 참여한 대가로 받은 10만 원을 들여 검은색과 옥색 유복 각 한 벌과 程子冠을 비롯한 유건 세 종류를 사 보았다.

나로서는 약 10년 만에 다시 와 보는 남명제이지만, 이 행사는 해마다 성황을 더해 가 이번에는 2,500명 정도의 사람이 모였을 것이라고 한다. 초헌관에는 진주 부근 출신인 金杞載 行政自治部(前 내무부)장관이 왔으며, 이 행사를 한 번 치르는데 드는 비용은 2천만 원 이상에 달한다고 한다. 그 대부분은 조옥환 사장이 부담하고 있는 모양이다. 그를 가까이서 모시고 있는 김경수 국장의 말에 의하면 조 사장이 자기 선조인 남명을 위해 쓰고 있는 돈이 1년에 6억 원 정도는 될 것이라고 하니 나로서는 실로 놀라울 따름이다. 만약 조 사장의 사업이 여의치 않거나 이미 적지 않은 나이에 이른 그가 작고한 이후에는 남명학연구원을 비롯한 남명

관계의 사업들이 어떻게 되어 갈 것인지 알 수 없다.

이 모임에서 來庵 후손인 정기철 씨로부터 모처럼 내 제자인 趙平來 군의 소식을 들었다. 그는 기독교방송국을 사임한 이후로 근년에 이르기까지 경제적으로 안정되지 못한 까닭인지 나에게는 소식이 없으나, 서울에서 자기 나이 또래인 권인호 교수 등과 관계를 계속하고 있으며, 정기철 씨와도 연락이 밀접하다고 한다. 정 씨의 말에 의하면, 조 군은 來庵 鄭仁弘에 관한 대하소설을 집필하고 있는 중이라고 하며, 어떤 모임에서 조 군이 觀松 李爾瞻의 재평가와 관련한 강연을 행한 원고를 정 씨가 나에게 한 부 주었는데, 한 번 읽어 보기도 전에 잃어버리고 말았다.

남명제가 끝나고 난 후, 사재명 박사·송준식 교수·박라권 군 등과 함께 洗心亭 앞의 덕천강 물에 발을 담그고 있는 중에 김경수 국장의 핸드폰을 통해 서울대 철학과 후배인 趙南浩 군이 나에게 연락을 해 왔다. 그가 진주로부터 택시를 타고서 덕산에 도착하기를 기다려 다 함께 부근 소리당 마을에 있는 덕천강 가의 찻집 겸 술집으로 가서 솔잎으로 빚은 술을 마시다가, 다시 하동 옥종 부근의 김 국장이 아는 어느 음식점 2층으로 가서 닭찜 등으로 저녁 식사를 겸한 술자리를 가졌다. 조 박사는 진주교육대학 윤리과의 동양철학 분야 교수 공채에 응모하여 22명의 응모자 가운데서 서류 심사로는 2위에 올랐는데, 오늘 면접을 포함한 일반 시험에 응시하기 위해 다시 진주로 내려와 시험을 끝내고서 나를 찾은 것이었다. 밤늦게 사재명 군의 차로 우리 집까지 돌아와서, 조남호 군은 오늘도 내 침대에서 자게 되었다.

19 (목) 맑음

京都大學 夫馬進 교수로부터 내가 天津에서 보낸 엽서에 대한 답례의 그림엽서가 도착하였고, 내 논문 「일본철학의 훈고적 전통과 사변적 전통」이 실린 한국철학회 편 『철학』 별책 4권 『철학사와 철학—한국철학의 패러다임 형성을 위하여—』(서울, 철학과현실사, 1999) 한 책이 마침내 도착하였다. 이 글의 본문 속에서는 내가 한자로 적어 둔 일본의 고유

명사들이 대부분 일본 발음에 따라 한글로 고쳐 적히고 한자는 괄호 속에 附記되어 있었으며, 중국 인명의 경우에는 그 현지 발음을 알지 못한 때문인지 한글 부분이 그냥 한국음으로 되어 있었다. 그 외에도 한자로 적은 부분들을 한글로 고친 부분이 많으며, 일본어 고유명사의 경우에도 그냥 한국 음으로 적은 것이 있는가 하면, 유아사 유키히코(湯淺幸孫) 교수의 이름을 유아사 사치마고라고 잘못 적는 등 오류도 눈에 띄었다.

어제 오늘 조남호 군에게서 들은 바에 의하면, 조 군이 자기와 친한 한국철학사상연구회의 李賢九 씨를 통해 알아보니, 내가 이 씨의 요청에 따라 이 학회가 발행할 예정이었던 종합잡지 『철학으로』의 창간호에 싣기 위해 집필했던 「주말 나들이」가 결국 그 잡지의 창간 계획이 취소됨에 따라 아직도 출판되지 못하고 있는 것은, 예문서원의 소유주인 홍원식 교수가 나와의 합의에 따라 그 글을 『오늘의 동양사상』 제2호에 실으려고 하는 것을 자기가 책임지고서 그 학회의 기관지인 『시대와 철학』 다음 호에 싣겠노라고 약속했다가 번번이 식언하고 있는 것이 아니라, 나도 편집위원 및 연구위원의 한 사람으로 되어 있는 예문동양사상연구원 측에서 『오늘의 동양사상』 편집 방침과 맞지 않다 하여 내 글을 채택하지 않은 것이라고 한다. 만약 이현구 씨의 설명대로라면, 예문 측이 내 글을 싣지 않기로 한 이유로 두 가지 정도 짐작되는 바가 있는데, 그 중 하나는 내 글이 수필적 성격을 띤 것이어서 학술적이 아니라는 것이 그것이요, 다른 하나는 역시 이번의 경우와 마찬가지로 일본이나 중국의 고유명사들을 한자로만 적은 것이 그것이다. 한자 표기에 대한 나의 이러한 입장은 결국 외부의 물리적 힘에 의해 거부되고 있는 셈이다.

20 (금) 맑음

오전 아홉 시 반 무렵부터 본교 본관 5층 대회의실에서 본교 사범대학 윤리교육과가 주관하고, 한국국민윤리학회 경남지회 및 본교 통일문제연구소가 주최하는 형태로 '재외 동포의 문화와 교육'이라는 대주제 아래 개최된 국제학술회의에 참가하였다. 이 모임은 오전의 환영사 및 인사말과 제1부 중국 조선족 문제에 관한 주제발표 및 토론, 그리고 점심식사 후에 계속되는 제2부 중앙아시아 및 러시아 고려인 문제에 관한 주제발표 및 토론의 순서로 진행되었으며, 오후 네 시 반 무렵에 폐회하였다. 나는 윤리과 김용대 교수와 함께 제1부의 토론자로서 참가하였다. 초청되어 온 네 명의 재외교포 교수들 외에 제1부에서는 본교 윤리과의 박진환 교수가, 그리고 제2부에서는 전남대 정치학과의 임채완 교수가 각각 발제의 성격을 띤 발표를 하였다.

21 (토) 흐리고 때때로 부슬비

내가 잊어버린 줄로 알고 있었던 조평래 군의 글 「누가 李爾瞻을 악인으로 만들었나」(1999.6.5., 〈우리 역사를 찾는 사람〉 발표문)는 알고 보니 남명제가 있었던 날 밤에 내가 집으로 돌아와 아내에게 읽어보라고 전해두었던 모양이다. 아내가 오늘 그 글을 돌려주었으므로 학교에 가서 한 번 읽어보았다. 조평래 군은 내암에 관한 대하소설을 쓰기 위해 실록자료 등을 뒤지며 계속 공부를 하고 있는 모양이다. 이 글 가운데는 이이첨을 옹호하는 나머지 감정에 치우쳐 그 반대파를 비난 공격하는 흑백논리의 면이 있고 또한 사실 관계에 대한 정확하지 못한 인식도 눈에 띄었으나, 전체적인 시각은 크게 틀리지 않을 것이라는 생각이 들었다. 내암 및 광해조의 문제를 객관적으로 인식하기 위해서는 이이첨에 대한 연구를 피해 지나갈 수 없는 것이다. 금년의 남명제에는 이이첨의 후손이 이미 와서 참석해 있었다고 하므로, 김 국장에게 전화해 조평래 군과 연락하여 이 글을 수정해서 『南冥院報』에 싣든지 혹은 이를 논문 형식으로 수정 보완하여 『南冥學硏究論叢』 다음 호에다 실어 보도록 말했다.

22 (일) 비

지난 금요일 본교에서 있었던 국제학술회의에서 내가 논평을 맡았던 연변대학 金仁權 교수의 발표 논문 「중국철학 교육에 대하여」 및 타시켄트 국립대의 한 발레리 세르게이비치 교수의 논문 「재외 한인 동포들의 다양성 및 일치성에 관한 문제」를 다시 한 번 읽어보았고, 전남대학교 정치외교학과 임채완 교수의 논문 「중앙아시아 고려인의 언어적 정체성과 민족의식」도 훑어보았다.

23 (월) 흐리고 때때로 부슬비

오전 중 이상래 군이 연구실로 방문해 와 그의 석사학위논문 주제에 관해 상의하였다. 그는 여전히 忘憂堂 郭再祐에 관한 주제로 논문을 쓰고자 하고 있는데, 나는 곽재우의 도가 사상 쪽으로 포인트를 맞추어 보는 것이 어떻겠느냐는 의견을 피력했다.

25 (수) 흐리고 때때로 부슬비

이상래 군이 이메일을 통해 「곽재우의 사상에 관한 연구—도교 사상을 중심으로—」라는 주제의 석사논문 계획서를 보내왔으므로, 그 내용을 검토하여 회답을 보냈다. 제목을 「곽재우의 도교 사상」으로 줄이는 것이 좋겠다는 의견도 전했다.

99학년도 2학기 강의계획서 입력을 끝냈다. 새 학기에 나는 일반교양과목인 '동아시아의 철학사상(2학점)', 철학과 3학년의 '중국철학강독(3)', 일반대학원의 '성리학연습(3)', 이상래 군의 석사논문지도를 위한 '연습(2)'의 네 과목 도합 열 시간의 수업을 맡게 된다. 중철강독에서는 지난 학기에 이어 『春秋左氏傳』의 襄公 21년 정월부터 읽기 시작할 예정이며, 성리학연습에서는 오래 전 학부 수업에서 한 번 다루다가 도중에 수강인원 미달로 인한 폐강으로 말미암아 중단된 바 있었던 戴震의 『孟子字義疏證』을 다시 텍스트로 삼아, 당시에 읽다 만 다음 부분인 '理' 제6조부터 읽기 시작할 예정이다.

오후부터는 『남명학파연구』 제2부 제6장 제1절의 입력을 다시 시작했다.

26 (목) 흐리고 때때로 부슬비

『남명학파 연구』 제2부 제6장 「釐正本의 成立」 입력 작업을 계속하여, 제2절 '최백년과 그 주변' 부분을 거의 마쳐가고 있다. 새 학기의 시작을 눈앞에 두고 있으므로, 가능한 한 빨리 저서의 출판 작업을 마무리 지어 두고 싶어서 당분간은 오전 중에도 특별한 일이 없으면 이 작업을 계속할까 한다.

27 (금) 흐리고 때때로 부슬비

종일 『남명학파 연구』의 출판 작업을 계속하여, 제2부 제6장 제4절 '신도비의 재건과 당론의 동향' 부분까지 나아갔다.

며칠 전 남명학연구소로부터 99년 제2차 업무회의 개최에 대한 안내문이 와, 오늘 오후 일곱 시에 하대동의 삼보숯불갈비에서 모임이 있다고 하므로, 오후에 한문학과의 이상필 교수에게 그 장소의 위치에 대해 물어보았더니, 얼마 후 연구소 조교로부터 이 모임은 평의원회가 아니고 임원회의이므로 나는 참석하지 않아도 된다는 연락이 있었다. 오늘의 회의 안건으로는 한국한시학회와 공동 주최하는 학술대회, 99년도 남명학당 하계연수 결산보고, 『남명학연구』 논문투고 규정 및 투고논문 심사 규정, 연구소 부장 임명에 대한 평의원회의 동의 요건을 삭제하는 것을 골자로 하는 규정 개정 등의 내용이 있었다. 이러한 항목들 가운데에는 하나같이 이 연구소를 사실상 한문학과의 부설기구로 삼아온 기왕의 관행을 한층 더 강화하고 공식화하는 내용이 담겨져 있었다. 나로서는 이에 대해 압도적 다수를 차지하는 한문학과 교수들을 상대로 다투어야 하나 말아야 하나 라는 문제를 두고서 고민하고 있던 터였다.

28 (토) 모처럼 맑음

제2부 제6장의 작업을 마치고서 이메일과 함께 김경수·박라권 군에게 전송했으며, 이어서 학위논문의 총 결론 부분을 검토 교정하고 있다.

30 (월) 비

『남명학파 연구』 제2부 끝의 총 '결론' 부분 수정작업을 완성하여 김경수·박라권 군에게 이메일로 전송하였다.

9월

2 (목) 맑음

『남명학파 연구』 제3부 보론1 「異說에의 검토」를 끝내고, 보론2 「실증과 진실」의 수정 작업에 들어갔다.

3 (금) 맑음

보론2의 수정 작업을 계속하였는데, 간밤에 불면증으로 말미암아 충분한 수면을 취하지 못하여 피곤하므로, 소파에 드러누워 낮잠을 좀 자기도 했다.

4 (토) 흐림

내가 회원가입신청서를 제출하거나 회비를 낸 바도 없는데, 몇 년 전 부회장으로 위촉되었다가 현재는 이사로 되어 있는 새한철학회로부터 그 학회의 기관지인 『철학논총』 제17집에 투고된 논문 「張載의 心統性情說」에 대한 심사 의뢰가 왔으므로, 그것을 한 번 읽어본 후 심사결과 평가서를 썼다. 아마도 1993년에 경북대학교에서 「장재 기철학의 이론적 구조」라는 제목의 논문으로 박사학위를 받은 바 있으며 현재 대구교대에 근무하고 있는 장윤수 씨의 글이 아닐까라고 짐작되었다.

『남명학파 연구』 제3부 보론2 「실증과 진실」의 수정 작업을 마쳤다.

5 (일) 비

아내와 함께 봉우리산악회의 월례산행에 동참하여 경북 구미시에 있는 금오산(976.6m)에 다녀왔다. 혼자서 野隱 吉再의 유적이라고 되어 있는 採薇亭에 모처럼 다시 들렀다가, 그보다 조금 위쪽에 있는 저명한 儒學者 舫山 許薰의 동생으로서 구한말 을사보호조약 이후에 의병을 조직하여 서울 동대문 밖까지 진격하였다가 후에 日警에게 체포되어 생애를 마친 旺山 許蔿의 기념비도 둘러보았다.

6 (월) 흐리고 더우며 때때로 소나기

아침에 사재명 군을 연구실로 불러 『남명학파 연구』의 교정 작업을 당부하였고, 오후에는 제3부 부록의 보론3 「실증과 진실 (2)」의 수정 작업을 계속하였다. 이 책의 출판 작업을 맡아 있는 대명인쇄소의 주인인 제자 박라권 군에게 전화하여 작업의 진척 상황을 물어보았더니 내가 이메일로 보낸 파일들의 편집 작업은 거의 완료되어 있는 상태라고 하므로, 사재명 군과 협력하여 작업을 추진하도록 당부하였다. 『南冥集四種』의 출판을 위해서는 아직 좀 더 시일을 요한다고 한다. 사재명 군은 최근에 본교 교육대학원에서 남명의 교육사상에 관한 주제로 박사학위를 취득한 이후, 지금은 시간적 여유가 있는 모양이다.

7 (화) 비 온 후 흐림

몇 해 만에 제자인 조평래 군으로부터 전화를 받았다. 지난번 남명제 때 내암 후손인 정기철 씨로부터 조 군이 쓴 「누가 이이첨을 악인으로 만들었나」라는 글을 얻어서 읽어 본 후, 김경수 국장에게 전화하여 조 군의 이 글에서 지나치게 과격한 문구나 증거가 충분치 못한 부분들을 수정하여 『南冥院報』에다 실어 보거나 혹은 조 군에게 이런 주제에 관한 논문을 집필해 보도록 하는 것이 어떻겠느냐는 뜻을 전한 바 있었는데, 그 후 두 사람 사이에 이 일과 관련한 연락이 있었던 모양이었다. 정인홍이나 광해군의 정국에 관해서 논하자면 이이첨의 문제는 건너뛸 수 없는 것이므로, 차제에 이 문제에 관한 토론을 시작해 보는 것도 의미가 있을 듯해서이다. 조평래 군은 이미 사십대의 나이에 접어든 것이 아닐까 생각되는데도 아직 결혼을 하지 않았으며, 서울의 동대문구 신당동에 살면서 금초롱 프로젝터라는 이름의 상호를 가지고서 소규모로 미용 비누 같은 것을 제조하여 백화점 등에 납품하는 일을 하고 있다 한다.

교수식당에서 점심 식사를 하고 있는데, 지나가던 다른 교수가 나더러 축하한다고 하므로 어리둥절하였다. 알고 보니 오늘 학술진흥재단의 선도연구자지원 신청의 1차 심사 결과에 대한 발표가 나서, 나와 지리교육과의 이전 교수가 우리대학에서는 인문·사회과학분야에 각각 한 명씩 선정되었다는 것이었다. 연구실로 돌아와 인터넷을 통해 학술진흥재단의 홈페이지로 접속해 보니 과연 그러하였다. 매해 2천만 원씩 2년에 걸쳐 도합 4천만 원의 액수이므로, 본교 인문대학 교수가 얻은 연구비의 역사상 가장 큰 것이 아닐까 짐작된다. 아마 전국적으로 보더라도 인문학 분야의 단독연구비로서 이만한 액수는 일찍이 없었을 듯하나, 만약 최종적으로 선정된다면 신청서에다 적은 이 액수를 앞으로 어떻게 집행해야 할지 오히려 골치 아픈 일이 된 느낌이 없지 않다. 오늘 통과한 1차는 자격 기준 및 기존 연구업적에 대한 심사이며, 이 달 중에 다시 구체적인 논문 계획서와 최근 5년 사이의 대표적인 연구업적 두 편을 골라 보내서 2차 심사를 받아야 한다.

퇴근 후 오후 일곱 시에 하대2동의 럭키강변아파트 옆 장수숯불갈비에서 99년도의 남명학연구소 제2차 평의원회가 있어 참석하였다. 주된 안건은 남명학연구소 규정 개정과 『남명학연구』 논문투고규정 및 심사규정 확정 건이었다. 규정 상 연구원 총회에서 선출되는 일종의 대의원인 평의원은 10명 이하로 되어 있지만, 연구소의 창립 이래 지금까지 3~4명을 넘어선 적이 없었고, 소장 및 소장이 임명하는 부장 다섯 명으로 구성되는 집행부는 평의원을 겸하게 되어 있어서 그 숫자가 이미 전체 구성원의 3분의 2를 차지하며, 평의원회에 부의되는 안건은 사전에 이미 그들 임원회의의 의결을 거친 것이므로, 이런 회의는 하나마나 한 것이다. 게다가 늘 그렇듯이 오늘 회의에 참석한 일곱 명 가운데서 한문학과 교수가 과반수인 네 명이었다. 회의가 끝난 후 H 소장이 2차를 산다고 하므로, 다시 부근의 실비집으로 따라가서 제법 늦게까지 앉아 있다가 돌아왔다. H 교수와는 평소 말은 물론 서로 지나쳐도 目禮조차 하지 않는 사이지만, 같이 옆자리에 앉았으니 술잔을 주고받지 않을 수 없게 되었다.

8 (수) 맑으나 무더움

『남명학파 연구』 제3부 보론3 「실증과 진실 (2)」의 수정 작업을 마치고서, 보론4 「『南冥集』 四種」의 수정에 들어갔다. 어제 보론3의 작업을 하면서 본교 한문학과 교수들이 남명학연구소를 자기네 학과의 부설 연구소처럼 운영하고 있는 상황에 대해 주석에다 구체적으로 보충 설명하는 내용을 추가하였다. 간밤에 그들과 함께 회의를 하다가는 이 부분 전체를 빼 버릴까 하는 생각도 들었으나, 오늘 다시 마음을 고쳐먹고 약간 수정만 가하고서 그냥 두기로 작정하였다.

어제 한문학과로부터 『남명학연구』 제9집에 실릴 원고로서 금년 연말까지 李楨의 『龜岩集』 해제를 집필해 달라는 청탁서를 받았으나, 나 자신 이런 종류의 글을 쓰고 싶은 마음도 없거니와 지금 진행하고 있는 작업만 해도 시간이 부족할 정도이므로 사절하기로 마음먹었다.

9 (목) 맑으나 무더움

『남명학파 연구』의 출판 작업을 계속하여 보론4 「『南冥集』 四種」의 수정을 마쳤다.

10 (금) 흐리고 무더움

『남명학파 연구』 제3부 부록의 補論5 「雷龍亭 遺蹟碑 有感」, 보론6 「남명의 가족」, 보론7 「『愚山文庫目錄』 解題」의 수정 작업을 마친 후, 연구원의 홈페이지로부터 받아온 「南冥學資料叢刊 解題 緖論」의 파일을 보론8로 삼아 그것을 가지고서 수정하는 작업을 시작했다.

11 (토) 맑으나 무더움

종일 작업하여 제3부 부록의 보론8 「南冥學資料叢刊 解題 緖論」 부분 수정 작업을 마쳤으며, 퇴근 무렵 제3부의 보론1에서 8까지를 김경수·박라권·사재명 군에게 이메일로 부쳤다. 박라권·사재명 군도 각각 연구원의 홈페이지를 이용하여 인터넷을 사용할 수 있게 되었으므로, 앞으로 출판 작업 과정에서 문제가 생길 때마다 이메일 등을 통해 서로 연락할 것을 당부하는 내용의 편지도 함께 적어 보냈다. 다음 주부터는 학술진흥재단 선도연구자 지원 2차 심사를 위한 연구계획서 작성에 들어갈 예정이므로, 당분간 『남명학파 연구』의 출판을 위한 작업은 중단해 둘 것이다. 그러나 제4부 外國文 편은 원형을 보존해 두기 위해 전혀 수정을 가하지 않을 생각이므로, 사실상 이 작업은 거의 끝나 가는 셈이라고 할 수 있다.

17 (금) 비

본관 5층 대회의실에서 한국한시학회와 경상대학교 남명학연구소가 공동 주최하는 『韓國漢詩와 智異山』이라는 주제의 한국한시학회 제9회 연구발표대회가 있었으므로, 11시 무렵에 가서 본교 한문학과 崔錫起 교수가 발표한 「浮査 成汝信의 智異山遊覽과 遊仙詩」 및 서울대 규장각에 근무하는 金南基 씨의 「지리산 일대의 문화유적과 그 문학」을 들었다. 교수식당에서 점심 식사를 마치고서 김경수·사재명 군과 더불어 학생회관의 스낵 식당에서 음료수와 아이스크림을 들며 얼마간 대화를 나누다가 연구실로 돌아와 발표논문집을 좀 뒤적여 보았다.

20 (월) 비

다시 『남명학파 연구』의 출판 작업을 시작하여 제3부 補論9·10의 검토를 마치고서 附表1, 「本書所載重要人物」 중 학위논문 이후에 쓰인 부분의 인물들을 추가하는 작업에 착수했다.

21 (화) 흐리고 때때로 부슬비

『남명학파 연구』는 제3부 附表2까지의 작업을 마쳤다.

점심 때 김경수·박라권·사재명 군과 함께 신안동 아파트 단지 옆의 어느 오리고기 전문 식당에서 함께 점심을 들었다. 지난번 남명제 때 김경수 군으로부터 대접을 받았으므로 그 답례로 내가 점심을 사고, 아울러 출판 문제 등에 대한 구체적인 상의를 해 보고자 한 것이었다. 대명인쇄소 주인인 박라권 군의 말에 의하면 내 책 『남명학파 연구』는 내가 파일을 보내 준 부분까지는 이미 편집을 마쳐둔 상태인데, 앞으로 제4부 등의 분량이 얼마나 될지 알 수 없으나, 최종적으로는 400페이지 정도 분량의 책 두 권 정도가 될 것 같다는 것이었다. 나는 돈이 좀 들더라도 항구적인 보존을 위해서는 풀로 붙이는 방식이 아닌 실 제본을 하는 것이 좋겠다는 의견을 피력하였다. 李楠永 교수 회갑기념논문집에 보내 둔 내 논문이 이미 기고한 지 1년이 지났는데도 아직 출판되지 않고 있으므로, 『남명학연구논총』 제8집의 편집에 들어갈 때까지 그것이 간행되지 않으면 우선 이 논총에다 싣기로 합의하였다.

22 (수) 비

『남명학파 연구』는 제3부의 작업을 마치고서 補論10, 附表1·2, 「南冥學關係研究文獻目錄」의 파일들을 김경수·박라권·사재명 군에게 이메일로 부쳤으며, 박라권 군으로부터 잘 받았다는 답신이 왔다. 마지막인 제4부 「外國文」 편의 작업에 들어가, 「南冥的儒·道思想比較研究」, 「學位申請書」 및 학위논문의 제2장까지 나아갔다.

일본의 講談社 學術局으로부터 內山俊彦 교수의 新著 『荀子』(講談社學術文庫1394, 1999.9.10. 初版)가 저자의 기증본으로서 부쳐져 왔다.

27 (월) 맑음

『남명학파 연구』 제4부의 수정 작업을 마치고서 그 파일들을 김경수·박라권·사재명 군에게로 송부하였다. 이제 끄트머리의 「著者後記」 및 「

揭載書誌一覽」만이 남아 있다.

28 (화) 맑음

점심 때 중문과에 새로 온 蔚遲治平 교수와 교직원식당에서 우연히 만나 함께 식사를 하고, 아울러 뒷산을 산책하여 돌아왔다. 식사 자리에는 본교 사범대학 수학과에 1년간 와 있는 중국 四川大學의 黃南京 교수도 동석하였다. 蔚遲 교수는 聲韻學者로서 中國聲韻學硏究會 常務理事이자 秘書長이며, 華中理工大學의 현직 人文學院院長이기도 하였다. 전공이 같은 中國人民大學의 劉廣和 교수와도 잘 아는 사이라고 한다. 나에게 華中理工大學과 본교가 자매결연 관계에 있으니, 兩校의 철학과끼리도 연합학술회의를 가져보도록 하는 것이 어떠냐고 권유하므로, 權五民 철학과장과 이 문제에 대해 잠시 전화로 상의해 보기도 하였다.

10월

1 (금) 맑음

저녁 무렵 경남대학교 철학과 교수 전원이 학생들을 인솔하여 德山의 山天齋 및 德川書院으로 들어와서 내 연구실로 전화를 걸었다. 김경수 국장이 그들에게 두 시간 정도 남명의 유적지를 안내하고 설명도 해 준 모양이었다. 경남대에서도 철학과·사학과·국문과 세 학과가 합쳐져서 인문학부인가를 구성하여 2학년생부터 전공에 진입하게 되는 모양인데, 철학 전공을 지망하는 학생들이 별로 없을 전망이므로, 신입생들에게 철학에 대한 관심을 제고하기 위하여 이처럼 학과 교수 전원이 동참하여 유교 문화의 유적지인 德山과 신라 九山禪門의 하나인 남원 實相寺를 방문하게 된 것이라고 한다. 李薰 교수가 그런 뜻으로 추석 전에 내게 연락해 왔으므로 김 국장의 휴대폰 번호를 알려 주었고, 김 국장에게도 잘 안내하도록 일러두었던 것이었다.

5 (화) 흐림

金敬洙 군으로부터 전화가 걸려왔는데, 내가 보낸『南冥學派硏究』의 파일들을 편집해 보니, 한글로 된 제1부에서 3부까지의 부분이 보통 책 크기로 590페이지 정도, 外國文 편인 제4부가 300페이지 정도(260~270페이지)로서 도합 900페이지 정도가 될 것 같다고 한다. 자기네들끼리 서로 상의해 본 결과 제3부까지로서 한 책을 만들고, 외국문으로 된 제4부는 별책으로 하여 두 책으로 간행하는 것이 좋겠다는 합의에 이르렀는데, 내 의견은 어떠냐는 것이었다. 나도 그것에 대해 異見은 없으나, 제본을 견실하게 하여 오래 보존될 수 있도록 유의하라는 정도로 대답해 두었다. 그렇게 될 경우, 『荀子』를 읽느라고 아직 집필에 착수하지 못한 「著者後記」와 「揭載書誌一覽」 및 史載明 군이 그 책임을 맡아 있는 索引은 처음 계획했던 바로는 제4부의 다음에 위치할 예정이었으나, 제4부라는 이름이 사실상 없어지게 되므로 제3부의 끝으로 옮겨져 오게 될 것이라고 한다.

6 (수) 흐리고 때때로 빗방울

저녁 무렵부터 『南冥學派硏究』의 「後記」를 입력하기 시작하였다.

8 (금) 맑음

內山俊彦 교수의 저서 『中國古代思想史における自然認識』의 부록에 실린 『氣の思想』(小野澤精一·福永光司·山井湧 編, 東京大學出版會, 1978)에 대한 서평을 읽어보았다. 내가 京都大學에 재학 중 당시 中國哲學史硏究室의 주임이었던 湯淺幸孫 교수가 讀書新聞에다 이 책에 대한 서평을 썼었는데, 아주 혹평이었던 것으로 알고 있다. 그러나 內山 교수는 東京大學 출신이어서 그런지 온건한 어조였다. 이 두 책의 索引은 人名·書名·事項의 세 부분으로 나뉘어져 있었으므로, 내 책의 색인 작업을 맡은 사재명 군에게 전화 연락하여 그런 말을 했더니, 조만간 내 연구실에 들러 그 색인 부분을 복사해 가겠다고 하므로, 내가 학과사무실에 연락하여 미리

복사해 두었다.

內山 교수에게 그림엽서를 띄워 『荀子』를 읽은 소감과 『南冥學派硏究』 출판 작업의 진척 상황을 전했다.

12 (화) 흐리고 때때로 부슬비

어제 서울의 예문동양사상연구원 박경원 씨로부터 전화가 왔는데, 10월 말 경에 간행될 예정이라는 『오늘의 동양사상』 제2집에 실릴 내 글 「주말 나들이」 중 일본어 고유명사들의 한자에 일본식 발음을 추가해 달라는 부탁을 받았다.

퇴근 무렵까지 작업을 완료하여 E-메일로 전송하려 했었는데, 새 컴퓨터에는 넷스케이프 대신 익스플로러가 설치되어 있고 내가 그것을 처음 사용하는 관계로 여러 차례 시도해 보았으나 모두 실패로 끝나고 말았다. 그래서 오늘 아침에 본문에다 다시 약간의 수정을 가한 후 새로 전송을 시도해 보았으나 역시 실패였다. 조교를 통해 설치한 기사에게 연락하여 체크하였는데, 알고 보니 나의 잘못이 아니고 설치 상의 미스였다.

일본의 東方學會에 보내는 返信 엽서의 회원동정 난에 조만 간 『南冥學派硏究』와 『南冥集四種』이 출판될 예정임을 적어 보냈다.

13 (수) 흐리고 때때로 부슬비

사재명 군과 함께 문산의 어탕 집에 들렀고, 잇달아 김경수 군이 남명에 관한 소설을 집필했다는 사람을 데리고서 거기에 이르렀으므로, 오후 세 시 무렵까지 점심을 들며 대화를 나누었다. 그 작가는 이름이 鄭政大, 나이가 58세로서, 충무 출신이지만 현재는 진주에 살고 있고, 사업을 하다가 적성에 맞지 않아 실패하고서 몇 년 전에 文益漸에 관한 소설을 써서 마산에서 출판한 적이 있다. 그 후 약 3년에 걸쳐 남명의 생애에 관한 장편소설 『울지 않는 종』을 써서 조만 간에 남명학연구원 출판부로부터 359쪽의 분량으로 간행할 예정이라고 한다. 그런데 정 씨의 부인은 아동문학가인 한수연 씨로서 초등학교 교사인데, 장기려 박사의 전기 『할아버지 손은 약손』을 출판하였고, 부산 복음병원에 있었던 장 박사 댁을 방문하여 '미스 오' 즉 내 동생 두리도 만난 적이 있으며, 근자에 조옥환 사장이 기금을 대고 있는 아동문학상을 수상한 적도 있다고 했다. 연구실로 돌아와 사재명 군으로부터 빌린 『울지 않는 종』의 교정쇄를 읽어보기 시작했다.

14 (목) 흐리고 때때로 부슬비

어제 두 차례에 걸쳐 陜川에 사는 來庵 鄭仁弘의 후손인 鄭琪哲 씨가 나에게로 전화를 걸어, 「神明舍圖」가 붙어 있는 『南冥集』 己酉本의 散帙을 합천의 고서점에서 구입했다고 통보해 왔었다. 오늘 점심 무렵에 학교로 그것을 가져와 검토해 보기로 합의했었는데, 막상 가져온 책을 살펴보니 정 씨가 기유본과 다르다고 표시해 온 부분들은 임술본과 똑같아 후자임을 짐작할 수가 있었다. 김 국장과 더불어 셋이서 문산의 귀빈식당으로 가서 아귀 수육 등으로 함께 점심을 들고서 연구실로 돌아왔다. 내가 여러 해 전에 거창의 오환숙 씨로부터 선물로 받아 연구실 캐비닛에 보관하고 있는 萬曆 30년(1602, 宣祖 25년 壬寅)에 정인홍을 承政院 同副承旨 兼 經筵參贊官으로 임명하는 敎旨를 鄭 씨에게 건네주었다. 이 교지는 예전에 합천 가야의 鄭 씨네 집안에 보관되어 있었던 것을 누군가가 빌려서 훔쳐두었다가 내 손에까지 들어오게 된 모양인데, 원래의 주인이었던 후손에게 돌려주어 다른 교지들과 함께 보관되도록 하는 것이 사리에 합당할 것이라고 생각되었기 때문이다.

15 (금) 흐리고 때때로 부슬비

어제 정기철 씨가 가져온 『南冥集』 散帙을 복사해 둔 규장각 소장의 임술본과 비교해 봤더니, 卷首의 墓碑文과 行狀의 위치가 바뀐 것 외에는 모두 같아서 임술본임을 확정할 수가 있었다. 아울러 어제 김경수 국장이 갖다 준 朴承宗 編, 『忠烈錄』의 내용도 검토해 보았다. 이 책도 정기철 씨가 대구의 고서점에서 보고서 李爾瞻을 위시한 光海期의 大北 명사들이 대부분 보인다고 나에게 전화로 연락해 왔으므로, 내가 다시 김 국장에게 전화 연락하여 가능하면 그 책을 구입하도록 일러 둔 바 있었다. 서울에 있는 연구원의 이사가 서울대 도서관에 소장되어 있는 그 책을 복사하여 연구원으로 보내 준 것을 어제 내가 전해 받았던 것이었다.

검토해 보니, 이 책은 1621년(광해군 13년)에 간행된 활자본으로서, 1619년(광해군 10) 明의 요청으로 建州 後金을 치는데 원병을 이끌고 출전했다가 전사한 宣川郡守 金應河의 공훈을 기리려고 당시 영의정이었던 박승종이 대표가 되어 편찬한 것이었다. 이 책은 一般古圖書 중 귀중본으로 분류되어 있었다. 『奎章閣韓國本圖書解題』의 史部3에 의하면, 비슷한 내용의 책으로서 朴希賢이 撰한 『충렬록』 零本도 있고, 이 책을 증보하여 金魯奎가 8권 2책으로 편찬한 목활자본도 있는데, 후자는 1798년(正祖 22)에 간행된 四刊本이었다.

어제 김국장이 갖다 준 蔡輝鈞 씨의 박사학위논문 「南冥學派의 教育思想 研究」(영남대학교 교육학과, 1999년 6월) 및 『울지 않는 종』의 내용도 좀 검토하여, 「南冥學關係既刊文獻目錄」의 내용을 일부 보완한 후 그 파일을 연구원으로 전송하였다.

16 (토) 맑으나 쌀쌀함

엊그제 정기철 씨와 김경수 국장이 갖다 준 자료들의 검토를 마치고서 『울지 않는 종』과 함께 사재명 군을 통하여 김 국장에게 반환하게 하였다. 『남명집』 임술본 산질은 만약 그것을 『南冥集四種』의 영인에 반영하고자 한다면 그렇게 하고, 그럴 필요가 없다면 김 국장이 바로 정 사장에게 반송하도록 조처하였다.

어제 전송한 「남명학관계기간문헌목록」은 남명학연구원의 이름 아래 김경수·박라권·사재명 세 사람을 함께 묶어 발송했었는데, 그것이 제대로 전달되지 않은 듯하여 오늘 아침에 다시 약간 수정한 파일을 새로 부치고자 했으나, 세 사람을 주소록에다 등록하여 하나로 묶어 보낸 경험이 없어 여러 차례 시행착오를 거듭하였다.

18 (월) 맑음
오랜만에 『南冥學派硏究』의 「著者後記」 집필을 계속하였다.

19 (화) 맑음
『南冥學派硏究』 「著者後記」의 집필을 계속하여 마침내 탈고하였다.

21 (목) 맑음
「著者後記」의 내용을 퇴고하였다.

22 (금) 맑음
오후에는 『南冥學派硏究』의 제3부 끝에 위치하게 될 마지막 파일 「著者後記」를 다시 한 번 퇴고하여, 또 한 차례 수정 보완한 「南冥學關係旣刊文獻目錄」과 함께 오후 5시 12분에 김경수·박라권·사재명 군에게로 전송하였다. 「저자후기」는 「후기」로 제목을 바꾸었고, 원래 이것 다음에는 「揭載書誌一覽」이 위치할 예정이었지만, 이 책을 이루고 있는 각 논문이나 논설들이 원래 발표되었던 간행물은 상기 목록에 모두 열거되어 있으므로, 「후기」 안에 그러한 사실을 追記하는 데서 그치기로 하였다. 그러므로 나로서는 일단 오늘로서 이 책의 간행에 필요한 기본적인 작업은 모두 마친 셈이며, 앞으로는 校正紙가 인쇄되어 나오면 그것을 검토하는 정도가 남았다.

23 (토) 맑음
다음에 집필할 논문에 대해 구상해 보기 위해 이미 정리해 둔 남명 사상과 관련한 가드들을 정리하는 작업에 착수하였다.

25 (월) 맑음

오전 중 사재명 군이 와서 내가 김경수 국장에게 복사를 부탁해 두었던 光海 16년에 영의정 朴承宗의 편찬으로 간행된 金應河의『忠烈錄』한 부를 갖다 주었으므로 그 내용을 다시 한 번 검토해 보았다. 책머리의 大提學 李爾瞻이 쓴 서문에 의하면, 그가 광해군 10년 後金과의 전투에 출전했다가 전사한 김응하 장군을 위해 挽詩와 哀歌를 지었을 뿐 아니라, 王命에 의해 碑文을 짓고, 박승종의 위촉으로 이 책 序文을 지었음을 알 수 있으며, 그는 이뿐만 아니라 전사한 明나라 장수 두 명을 위한 賜祭文도 짓고 있다.

박라권 군이 나의 부탁에 따라 편집 중인『남명학파 연구』의 총목록 부분 파일을 전송해 주었는데, 그것에 의하면 이 책은「後記」및 색인을 포함하지 않고서 947쪽의 분량에 달하고 있다.

26 (화) 맑음

『忠烈錄』을 처음부터 읽어가며 카드화하는 작업에 착수하였다. 그 결과 朝明연합군과 後金軍 사이에 深河의 激戰이 있었던 것은 한명기 씨의 해제에 보이는 광해군 10년이 아니라 그 11년(1619)이었으며,『中國歷史地名大辭典』및『中國歷史地圖集』清 時期 편 등을 통하여 深河란 河北省 撫寧縣의 동쪽 40里 지점에 위치한 堡로서, 현재로서는 撫寧과 秦皇島의 중간 지점에 위치한 榆關 부근일 것이라고 짐작되는데, 당시에는 山海關의 안팎을 연결하는 큰길이었음을 확인하였다. 이 책에는 당시의 실권자였던 李爾瞻이 쓴 글들이 가장 많이 수록되어 있다. 오늘은 그 중 序文과 광해군을 대신하여 쓴 明나라 劉綎 摠兵, 喬 遊擊에 대한 祭文을 읽었고, 아울러 工曹判書 李廷龜의「忠烈錄序」, 朴承宗의「進忠烈錄箋」등을 읽어보았다. 나로서는 李爾瞻의 글을 처음으로 접해 보는 셈이며, 이 전투의 전후 과정은 仁祖反正의 주된 명분이 되기도 하였으므로, 그것을 이해하는 데에도 참고가 되리라고 생각한다.

27 (수) 맑음

『忠烈錄』 上卷의 金應河 傳을 읽으며, 深河 전투의 구체적 내용을 알아보아 카드화하였다.

28 (목) 맑음

오전 중 대학원 수업을 하고 있는 중에 서울의 예문동양사상연구원 실무를 맡아 있는 박경원 씨로부터 전화를 받았다. 『오늘의 동양사상』 제2집에 실릴 나의 원고 「주말 나들이」 중 일본어 고유명사에 음을 달아 보내달라고 이 달 초순에 부탁했었는데 그것을 빨리 보내주고, 또한 나의 명함판 사진도 보내주면 좋겠다는 것이었다. 그 원고는 부탁 받은 다음 날 곧바로 보냈으며, 내 컴퓨터의 익스플로러 프로그램에도 보낸 편지 목록에 들어 있음을 확인할 수 있는데, 이것이 어찌된 일인가 싶어 다시 보내보았으나 얼마 후 역시 받지 못했다는 회답이 왔다. 조교를 통해 지금 휴학 중인 철학과의 조용길 군을 불러 문제가 어디에 있는지를 체크해 보게 했다. 결국 상대방의 이메일 주소에 원인이 있었다는 것이었고, 상대방의 천리안 주소로 전송한 결과 무사히 도착하였음을 확인할 수가 있었다.

보내고 난 이후 다시 한 번 원고를 읽어보다가 실수로 입력이 잘못된 부분이 두 군데 있음을 확인하고서 새로 발송하였다. 그 과정에도 주소록에 등록된 주소를 복사해 붙여 넣기를 하는 과정에서 적지 않은 애로가 있어, 또 조교인 최재성 군과 조용길 군이 내 연구실로 와서 한참동안 도와주었다. 문제는 주소록의 주소를 사용하는 방법을 내가 잘 알지 못했기 때문이며, 근자에 남명학연구원으로 보낸 내 파일들이 김경수·박라권 군에게는 도착하고 사재명 군에게 가지 않은 원인도 그 사용법의 잘못에 있음을 알았다. 오늘 이 세 사람에게도 「주말 나들이」의 원고를 보내어, 『남명학파 연구』 제3부 부록의 보론11로서 추가하는 것이 어떻겠느냐는 의견을 전했다.

29 (금) 맑음

이 달 25일에 발표될 예정이었던 학술진흥재단 선도연구자 지원의 선정 결과가 며칠 연기된 이후 오늘 비로소 발표되었는데, 내가 신청한 「18世紀의 江右學派—宗川書院 院變 문제를 중심으로—」는 선정이 결정되었다. 나는 이 주제를 가지고서 2년 연속 과제로 신청하였었는데, 그것은 승인된 듯하나 연구 기간은 우선 1년이며, 최고액수인 1년 2천만 원씩을 신청했던 것이 1,200만 원으로 삭감하여 승인되었다. 나는 금년 중으로 남명 사상에 관한 논문 한두 편을 더 써내고서, 다음 순서로 이 주제의 작업에 착수할 예정이었지만, 연구비 지급이 이미 결정된 이상 그 과제를 차질 없이 수행하기 위해서도, 진행하고 있던 카드 정리 작업을 일단 변경하여야 할 듯하다.

사재명 군이 교정 작업을 마친 『南冥學派研究』 緖論 및 제1부 부분의 출력된 교정쇄와 그 디스켓을 학과 사무실로 전달해 놓았으므로, 그 내용을 검토해 보기 시작했다. 이 책은 약 천 페이지 정도의 다소 방대한 분량이 될 듯하다.

점심 때 교직원식당에서 중국 武漢에 있는 華中理工大學의 중문과 교수이자 人文學院院長인 蔚遲治平 교수를 우연히 만나 그와 식사를 들고서 함께 학교 뒷산을 산책하였다. 오늘은 자연대 뒤편 테니스코트 옆을 지나 산의 목을 가로질러 부속고등학교 신축 현장 및 본교 학생 기숙사를 거쳐 인문대로 돌아왔다. 그 대학에 재학하고 있었던 蔚遲 교수의 아들은 약 2년 전에 교환교수로서 본교 공대 전자제어학과의 석사과정으로 유학 와 현재 이 기숙사에 거주하고 있다고 한다. 蔚遲 교수는 이미 자매결연 관계에 있는 우리 두 대학의 친선을 강화하는 의미에서 중문과 이외의 철학과와도 학술교류를 희망한다는 의사를 오늘도 거듭 피력하였다. 내년쯤 본교 철학과에서 저쪽 철학과의 정교수들을 초빙하여 학술모임을 가지도록 주선해 준다면 내후년쯤에는 자기네 측에서 우리를 초청하겠고, 자기네 비용 문제는 전적으로 스스로 부담할 것이며, 언어장벽 문제는 영어로써 해결하기 어려우면 통역을 세우겠다고 하는 등 꽤 구체적인 제안을 해 왔다. 산책에서 돌아오는 길에 철학과장인 권오민 교수 연구실에 들러 이 문제를 다시 한 번 상의해 보았다.

31 (일) 흐리고 저녁 무렵부터 비

근자에 두 번째로 읽기 시작하여 宣祖 35년 조까지 나아가 있는 『朝鮮王朝實錄 來庵 鄭仁弘先生 關聯 史料』(鄭琪哲 編) 중에서 선조 35년 무렵 大司憲인 내암의 上箚와 선조의 備忘記 등에 나타난 成渾·李貴 등에 관련된 기록을 한글본과 漢文本의 실록 원문을 대조해 가며 카드화하였다.

11월

2 (화) 맑음

『宣祖實錄』 來庵 관계 기록의 현재까지 읽은 부분에 대한 카드화 작업을 마치고서, 『南冥學派硏究』 교정쇄를 검토하는 작업을 시작하여, 緖論 부분까지 마쳤다. 내가 이 원고 파일을 일단 넘겨 준 다음 다시 수정하여 보낸 파일들은 반영되어 있지 않음을 알았다.

마산 영남문화사의 윤한석 씨가 연구실로 방문해 와 景仁文化社의 韓國歷代文集叢書 제26차(1501~2600책)부터 30차(2901~3000책)까지의 목록을 전해 주었다. 이로써 이 총서는 完刊된 셈이라고 한다. 기왕에 간행된 2500책까지의 부분은 본교 도서관에 이미 구입되어 있고, 나머지 500책에 대해서도 구입을 추천해 주었다. 이로써 이 총서의 목록도 모두 입수된 셈인데, 오늘 새로 입수된 부분에 근거하여 「南冥學關係旣刊文獻目錄」을 수정 보완하여, 그 새 파일을 다시 남명학연구원의 김경수·박라권·사재명 군에게로 전송하였다.

5 (금) 맑음

사범대 일어교육과의 안병곤 교수로부터 전화 연락을 받았는데, 그가 중심이 되어 몇 해 전부터 교육부에 신청해 온 본교 일본학과의 대학원이 마침내 설립인가가 났다고 한다. 나도 안 교수의 부탁에 의해 이 학과의 강의를 담당할 학내 교수 중 한 사람으로 이름이 올라 있는 것이다.

6 (토) 맑음

『南冥學派硏究』의 교정 작업을 다시 시작하여 제1부까지의 교정쇄에 대한 검토를 마쳤다.

8 (월) 맑음

오랫동안 중단해 두었다가 이번에 학술진흥재단의 선도연구자지원 대상으로 선정된 주제의 논문 「18세기의 江右學派—宗川書院 院變 문제를 중심으로—」의 작성을 다시 계속하기 위해 카드 정리를 시작하였다.

사단법인 남명학연구원이 발행하는 『南冥院報』 제16호(1999.11.5)가 우송되어 왔다. 그 뒤표지인 28면에 '본 연구원 학술서적 간행 예정'이라는 제목으로 나의 『남명학파 연구』 2책, 『남명집 4종』, 김경수·사재명 편 『남명선생문인자료집』이 금년 연말까지 간행될 것임을 공표하고 있다.

9 (화) 맑음

『南冥院報』 제16호에 실린 자료를 중심으로 「남명학관계기간문헌목록」의 내용 일부를 보완하여 또다시 연구원의 김경수·박라권·사재명 군에게로 전송하였다. 오후에는 「18세기의 강우학파」 집필을 위한 카드 정리를 일단 마치고서, 예전에 본교 도서관 漢籍室로부터 빌려와 복사해 두고서 아직 읽지 못하고 있는 『宗川禍變錄』 下卷을 읽으며 카드화하는 작업을 시작하였다.

10 (수) 맑음

정오 가까운 무렵에 사재명 군이 연구실로 찾아와서 『南冥學派硏究』

제2·3부의 교정쇄를 갖다 주었으므로, 지난번에 받은 緖論 및 제1부의 교정쇄와 사 군이 예전에 출판 작업을 위해 편집해서 준 이 책의 파일이 든 디스켓 등은 돌려주었다.

사 군의 차를 타고서 신안동 들말의 부산교통 조규석 영업부장의 아들이 경영한다는 해물탕집으로 가서 김경수·박라권 군과 회동하여 넷이서 점심을 들었다. 남명학연구원출판부에서 간행되는 책들을 보급하는 방법이며, 적자를 보지 않으면서도 책의 단가를 낮추는 것이 필요하다는 데 대한 나의 의견을 말하였다. 내가 학술진흥재단의 선도연구자 지원 대상으로 확정된 사실에 대해서도 말하고, 아직 연구비를 수령한 적은 없지만 그런 뜻에서 오늘 이후로는 내가 주로 회의비 형식의 회식비용을 부담할 뜻을 밝혔다.

밤에 이화여대 이규성 교수의 자택으로 전화하여, 서울대 철학과 李楠永 교수의 회갑기념논문집 출판 계획이 어떻게 진행되고 있는지를 물었다. 건국대에 근무하는 후배 정상봉 교수의 연락을 받고서 내가 「남명과 육왕학」의 원고를 보낸 지 벌써 1년 반 정도는 되지 않았을까 싶은데, 지금까지 20편 정도의 원고는 들어와 있으나 장본인인 이남영 교수 자신이 아직도 원고를 넘겨주지 않고 있으며, 근년에 해외에 나가 있다가 돌아온 건국대의 성태용, 경희대의 허우성 군 원고도 들어오지 않아, 그 때문에 출판이 지연되고 있다고 한다. 그러나 이번 겨울방학 중으로는 무슨 일이 있더라도 책을 출판할 예정이며, 李 교수의 회갑과는 상관없이 서울대 철학과 출신의 동양철학 교수 논문집으로서 간행할 예정이라고 한다.

11 (목) 흐리고 저녁 무렵 비

조교인 최재성 군을 불러 내가 학술진흥재단에다 2차 심사 서류로서 제출했던 연구계획서를 두 부 복사해서 수업을 마친 후 가져오게 하고서, 수업이 끝난 후 정 목사와 그를 연구실 의자에 앉게 하여 그 계획서 복사물을 한 부씩 나누어 준 후 간밤에 정해진 내 생각을 말하였다. 즉

연구보조원으로 보고되어 있는 두 사람이 실제로 나의 연구를 도와 줄 일은 별로 없으나 장학금 조로 각각 월40만 원씩 1년에 10개월간 지급하며, 나머지 400만 원은 최재성 군이 관리하여 신청연구비 산출 내역에 적힌 바대로 사용하되, 나의 연구활동비는 그 속에 산정 되어 있지 않으므로 책임연구자인 나는 동전 한 푼도 가지지 않겠다는 생각이었다.

「학술진흥기반사업 Q&A-공통사항」 중 기본계획 제7항목에 의하면, "예년의 인문사회분야 연구비의 연구활동비는 인건비성으로 인정되어 과세문제가 발생하는 등으로 인하여 금년도부터는 학문 후속세대양성을 위한 인건비 확보를 강화하고 연구자의 인건비는 연구비에 계상하지 않도록 지원기준을 변경하였"다고 되어 있다. 그러나 계획서의 작성·신청에서부터 이 연구의 실질적인 작업 일체를 전담하고 있는 책임연구자가 단 한 푼의 보수도 받지 못하고, 학술진흥재단 측의 요구에 의해 그저 이름만 올려 있을 뿐 내 연구를 도와줄 능력도 필요성도 없는 대학원생에게 인건비를 지급한다는 것은 모순이라고 하지 않을 수 없다. 내가 아는 한 인문사회과학 분야에 있어서 연구비란 거의 전액이 책임연구자인 교수의 수중으로 들어가는 것이 상식이며, 이번에 나와 같이 선도연구자로 선정되었고 10년 이상 이 재단의 연구비를 연속하여 수령하고 있는 지리교육과 이전 교수의 말에 의하면, 과거에 학술진흥재단의 담당자가 본교에 와서 설명회를 가졌을 때 그 사람의 설명도 인문사회과학 분야의 경우는 사실상 소득세가 부과되지 않도록 하기 위해 연구계획서를 그렇게 쓰게 하고 있을 따름이라고 말하더라는 것이었다. 그러나 나로서는 계획서에 적힌 내용과 다르게 사용한다는 것은 자신의 양심을 속이는 짓이며, 더구나 국민의 세금에서 나온 기금을 착복하고서 엉터리 영수증 등을 첨부하여 산출내역대로 집행한 것처럼 입증해 보인다는 것은 일종의 공문서 위조 행위에 해당하는 것이므로, 그런 짓까지 해 가며 사복을 채우고 싶지는 않은 것이다.

오후에는 『남명학파 연구』 제2부의 교정 작업에 들어갔는데, 내가 이메일로 보내 준 파일대로 되어 있지 않고 상당히 많은 수정을 가한 것으로 판명되었으므로, 학내의 부속도서관에 있는 사재명 군을 휴대폰을 통해 내 연구실로 부르고, 대명인쇄소의 주인인 박라권 군과도 통화하여 그 문제를 따졌다. 그 두 사람의 말인 즉은 그들이 받은 파일은 내가 작성해 보낸 것과 다르고, 아마도 사재명 군이 처음 정리하여 내게로 보내 준, 내가 직접 수정하기 이전의 파일인 듯하다는 것이었다.

서울의 예문동양사상연구원 측으로부터 오늘 또 전화 연락이 와서, 지난번에 요구를 받고서 추가로 보낸 나의 증명사진 외에 『오늘의 동양사상』 제2호에 실릴 나의 글 「주말 나들이」에 곁들일 스냅사진들을 좀 보내달라고 하므로, 귀가 후 앨범을 뒤져서 그런 것들을 좀 골라 보았다.

12 (금) 맑음

오전 중 박라권 군이 내 연구실로 와서 나와 함께 내 컴퓨터의 북 디렉토리에 들어 있는 파일들을 교정쇄의 것과 비교 대조해 본 다음, 내 컴퓨터의 파일들을 그가 가지고 온 디스켓에다 복사하고 교정쇄는 도로 가져갔다. 나는 이 파일들을 세 사람에게로 보내어 왔으나, 그들이 사용하는 연구원의 인터넷은 초고속 광케이블을 이용한 것이 아니므로 다운로드하는데 시간이 많이 걸리고 그동안에는 전화도 사용할 수가 없으므로, 박 군의 인쇄소에서는 연구원의 김 국장이 받아 놓은 것을 복사해 가지고 와서 인쇄 작업을 했다고 한다. 그 복사 과정에서 실수로 내가 근자에 수정해서 보낸 것이 아니고 엉뚱하게도 그 이전의 사재명 군이 작업해 놓은 것을 가지고 간 모양이었다. 한글로 된 것은 아마도 내 컴퓨터에 들어 있는 것이 최근 것인 듯한데, 일본어 파일의 경우에는 지난번 컴퓨터의 업그레이드 과정에서 여러 개가 없어져 버리고, 디스켓으로부터 복사해 놓은 것도 전부가 아닐 뿐 아니라 개중에는 일부 미심쩍은 것도 있으므로, 내가 이메일로 전송한 파일들을 다시 복사해 오도록 박라권 군에게 연락해 두었다.

13 (토) 맑음

박라권 군이 어제 이미 내게로 일본어 파일들을 도로 전송해 놓은 것을 하드디스크로 다운 받아, 그 내용 중 학위신청서·緖論 및 제1장 부분까지를 검토 수정하였다. 알고 보니 이 파일들에 붉은 색깔의 일본어로 교정 사항을 표시해 놓은 것은, 내가 학위논문을 준비하고 있던 당시 일본어 원고가 한 章씩 완성될 때마다 출력하여 일본으로 우송하면 池田秀三 교수가 여기에다 붉은 글씨로 첨삭지도 하여 반송해 준 것을 가지고서 사재명 군이 그것을 완성된 내 학위논문의 파일과 대조하여 차이 있는 부분들을 표시해 준 것이었다. 웬일인지 池田 교수의 지적 내용이 타당한 것임에도 불구하고 완성하여 제출된 학위논문에는 반영되지 않은 것이 많았고, 또한 그것이 내가 이번에 전송한 파일 안에서도 교정되지 않은 채 남아 있었다.

오전 11시에 남명학연구원 상임연구위원회의가 있어 부산교통에 모이게 되어 있었다. 그러나 나는 일본어 파일들을 검토하느라고 20분전쯤에야 연구실을 출발하여 내 차를 운전해 가고 있는 도중에 김경수 국장으로부터 휴대폰으로 연락을 받고 보니 삼천포의 대방 바닷가에 있는 들물횟집에서 모임을 가진다는 것이었다. 학교의 남문 주차장에다 차를 세워두고서 기다렸다가 그리로 지나가는 김 국장의 차에 다른 젊은 축의 상임연구위원들과 함께 타고서 갔다. 김충렬 원장을 위시한 상임연구위원 7명 전원과 권순찬 이사장 및 조옥환 부이사장이 참석하여 모처럼 한 명도 결석한 사람이 없는 모임이 되었다. 회의의 안건은 학술상 심의, 연구신청자 심의, 연구원 학술회의의 연례화 방안, 학술진흥재단 지원신청서 요건, 남명학 관련 고문서 구입 건, 논총 8집 수록 예정자 및 논문검토, 남명 탄신 500주년 기념사업 중 학술부문 계획안, 정정대 씨의 소설 『울지 않는 종』의 출판 건 등이었다.

15 (월) 맑음

『남명학파 연구』 일본어 학위논문 부분의 수정 작업을 계속하였다.

池田 교수가 붉은 글씨로 첨삭 지도해 준 내용은 어찌된 샘인지 완성하여 제출된 학위논문에는 거의 반영되어 있지 않았다. 池田 교수가 반송해 준 부분도 전체 논문의 일부에 불과한데, 어쨌든 그러한 성의에도 불구하고 타당한 지적들을 무시하고 만 듯하여 미안하고 부끄러운 생각이 들었다.

점심시간에 구내서점에 들러 국내에서 출판된 도서들을 전국적으로 유통시키는 일을 대행해 주고 있는 한국출판협동조합과 한국출판유통주식회사의 전화번호를 알아 김경수 국장에게 알려주며, 앞으로 남명학연구원의 간행물들을 전국적으로 유통시킬 수 있는 방법에 대해 그쪽과 상의해 보도록 했다.

16 (화) 맑음

일본어로 된 내 박사학위논문의 교정 작업을 마치고서 퇴근 무렵에 그 파일들을 박라권·사재명·김경수 군에게로 부쳤다.

17 (수) 맑음

「龍遊潭 刻石 有感」을 위한 카드 정리를 하고, 입력을 시작하였다.

남명학부산연구원에서 발행하는 『남명학연구원보』 제7호와 사단법인 남명학연구원이 발행하는 『남명원보』 제15호에 각각 부산연구원의 소장 등이 집필한 남명 유적지 답사 기행문이 실려 있다. 그 글들에서 남명의 「遊頭流錄」 끄트머리에 실린 龍遊洞을 함양 휴천계곡의 엄천강에 있는 龍遊潭으로 오해하고, 獐項洞도 그 부근에 있는 동일 지명의 것으로 설명했을 뿐 아니라, 龍遊潭에는 '南冥先生杖屨之所'라는 글자가 바위에 새겨져 있기도 하다는 것이었다. 그 글을 본 당시에는 오류인 줄 알면서도 그냥 지나칠까 했으나, 지난주 토요일 상임연구위원회의 차 삼천포로 가는 도중의 차안에서 그 이야기가 나와, 내가 농담 삼아 「雷龍亭 遺蹟碑 有感」에 이어 이런 글을 한 번 써 볼까 라고 말한 적도 있는 터라, 본격적인 새 논문을 집필하기에 앞서 비교적 간단한 글 한 편을 적어 다음 호의

『남명원보』에 싣고, 『남명학파 연구』의 제3부 부록에도 뇌룡정의 그것과 나란히 수록할 생각인 것이다. 그냥 둔다면 마침내 이곳들이 남명의 유적지로 굳어져버려, 앞으로 어떤 일이 있을지 알 수 없기 때문이다.

18 (목) 맑음

「龍遊潭 刻石 有感」의 집필을 계속하였다. 내가 조교인 최재성 군을 통해 본교 중앙도서관 漢籍室에서 빌려와 며칠 전 研究院의 김경수 국장에게 복사·제본을 부탁했었던 『宗川禍變錄』을 오늘 사재명 군이 맡겨두었던 복사점으로부터 찾아왔으므로, 원본은 도서관에 반납하도록 부탁했다. 이미 간행자인 河有楫 씨로부터 얻거나 나 자신이 복사해 둔 것도 있지만, 복사 상태가 선명치 못하거나 제본이 되지 않아 불편한 부분도 있으므로, 차제에 세 책을 하나로 묶어 사용하기에 편리하도록 새로 만든 것이다. 이 문헌은 내가 학술진흥재단으로부터 2년간에 걸친 선도연구자 지원의 과제로 승인 받은 연구의 주된 자료가 될 것이다.

오늘 오전에 대학원 수업이 있어 정병표 목사가 연구실로 왔으므로, 수업을 마친 후 지난 1주일간 연구비 사용 문제에 관해 내가 계속 생각해 본 결과를 말하고, 아울러 오후에는 최재성 군에게도 같은 취지의 의사를 설명하였다. 지난주 목요일에 내가 그들에게 말한 것이 반드시 경솔한 결정이었다고 할 수는 없겠으나, 이 연구의 계획서 작성에서부터 논문의 완성과 발표에 이르기까지 모든 책임을 지고 있는 내가 연구비로부터 한 푼의 돈도 취하지 않고, 오히려 그 3분의 2에 해당하는 액수를 연구보조원으로 계획서에 올라 있을 뿐 실질적으로는 이 연구에 전혀 참여하지 않을 그들에게 인건비로서 지급한다는 것은 아무리 생각해 봐도 합리성이 없는 듯하였기 때문이다. 애초에 예산 계획 자체가 학술진흥재단 측이 정해 놓은 기준에 따라 남들의 것을 참조하여 적당히 맞추어 본 것에 불과한데, 그 기준이란 것은 대체로 미국의 것을 그대로 베껴온 것이며, 게다가 이공계의 실정에 준한 것이기 때문에 우리 인문학 분야의 연구 현실과는 도무지 맞지 않는 것이다. 지금의 내 생각으로서는 내가 이 한두 편의 논문을 위해 연구비를 다 쓸 수는 없는 것이지만, 그동안 남명학의 연구를 위하여 오랜 시일에 걸쳐 수많은 문헌을 수집하고 또한 적지 않은 비용을 써 온 것은 사실이므로, 그 대가를 이제 와서 받는다고 하여 양심에 가책을 느낄 일은 아닐 듯하다.

19 (금) 맑음

「龍遊潭 刻石 有感」 중 남명의 고향 마을인 板峴에 대한 고증을 계속하였다. 나는 이 고향 마을이 下板里의 하판마을인 줄로 알고 있었으나, 고증을 해 나가면서 문헌을 들추는 과정에 先塋이 있는 枝洞일 가능성이 크다고 생각하게 되었다.

20 (토) 맑음

「龍遊潭 刻石 有感」의 퇴고를 하였다.

22 (월) 맑음

남명의 고향 마을 위치를 확인하기 위해 오전 11시 남짓에 김경수 군이 운전하는 차로 합천군 삼가를 향해 출발하였다. 도중에 대의면 소재지에서 쇠고기 두루치기로 점심을 들었다. 삼가읍에 도착하여서는 조선시대 三嘉縣 관아의 정문인 岐陽樓에서부터 자동차의 거리측정기를 0으로 놓고서 下板里 골짜기로 향하여, 하판·상판·지동 마을까지의 거리를 각각 측정하여 보았는데, 내가 남명의 고향이라고 듣고 있는 하판마을까지는 약 2km, 先塋이 있는 지동까지는 약 5.3km였다. 지동의 남명 선영 아래 재실인 屛山齋에서는 오늘 時祀가 있었던 모양으로서 우리가 들렀더니 막걸리와 돼지고기 등으로 한 상을 차려 주었으나, 오후의 수업이 있어 일찍 자리를 떴다.

23 (화) 맑음

『宣祖實錄』 36년 8월 壬辰 조에 있는 함양 유생 姜繗 등이 梁弘澍가 정인홍을 고발한 상소문을 반박하는 내용의 상소문을 카드화하였다. 어제 내가 부재중에 교내 남명학연구소의 조교가 12월 3일에 본교에서 개최될 慶北大 퇴계연구소와 본교 남명학연구소의 합동 학술발표회에서 발표될 한문학과 李相弼 교수의 논문 「南冥學派의 南冥思想 繼承樣相」을 철학과 사무실로 전달해 놓았던 모양이다. 아침에 조교에게 연락하여 그것을 가져오게 해서 A4용지 29매의 분량에 달하는 그 글을 읽고서 토론문을 작성했다. 연구소 조교의 메모에 의하면, 내일까지 A4용지 1매 정도의 논평문을 작성해 놓으면 자기가 받으러 오겠다는 것이었으므로, 그 정도 분량의 글을 일단 완성하였다.

24 (수) 맑음

어제 작성한 논평문을 퇴고하여 남명학연구소로 電送하였다.

인문대학 행정실에서 연구비 관계 업무를 담당하는 직원을 연구실로 불러 학술진흥재단 선도연구자지원 연구비 관계를 설명했다. 나로서는 연구비 예산서를 재단 측이 마련해 놓은 지침에 따라 작성했지만 그것이 사실상 실질적인 의미를 지니지 못한 것이며, 나 자신 이러한 외부 연구비를 수령해 본 경험도 없으므로, 그 직원이 철학과 조교이자 나의 연구보조원으로 계획서에 올라 있기도 한 최재성 군과 연락하여 무난하게 집행될 수 있도록 협조해 줄 것을 당부했다. 퇴근 무렵 최재성 군을 불러 역시 그러한 뜻을 설명했더니, 그는 이미 담당 직원으로부터 연락을 받아 알고 있노라고 했다.

25 (목) 맑으나 다소 쌀쌀함

「龍遊潭 刻石 有感」의 집필을 계속하였다. 남명의 고향 마을 부분에 대해 이미 입력된 내용을 수정 보완하였는데, 며칠 전 현장을 답사하여 屛山齋에서 후손들로부터 下板里의 馬藏洞과 남명 從孫인 松齋 曺繼明에 관련된 전설을 듣고 온 것이 계기가 되어 송재의 墓表 및 遺蹟碑銘에서 그런 내용을 확인하고서, 이 문제에 대한 결정적인 증거를 얻었다.

26 (금) 맑으나 쌀쌀함

「용유담 각석 유감」의 집필을 계속하였다.

사재명 군으로부터 내가 지난번에 전송했던 파일 중 「南冥의 儒道思想 比較硏究」의 내용이 웬일인지 일부밖에 남아 있지 않아 책의 출판을 맡은 박라권 군이 새로 보내 달라고 한다 하므로, 그것을 電送하면서 현재 작업 중인 글들도 책 속에 포함시킬 뜻을 전했다.

학과 회의에서는 蔚遲治平 교수가 제의한 중국 武漢에 소재한 본교의 자매결연교인 華中理工大學 철학과와 본교 철학과와의 교류 계획에 관한 협의가 있었다. 우리 학과에서는 이 제의를 긍정적으로 받아들이기로 하고서 나와 蔚遲 교수를 통해 그 대학 철학과에 대한 자료를 요청하기로 결정하였다.

27 (토) 맑으나 쌀쌀함

「용유담 각석 유감」의 입력을 계속하였다. 下板里 부분에 대한 고증을 마치고서 三嘉에 入鄕한 남명 증조부의 처가인 文家容[庸] 집안에 대한 자료를 뒤적이고 있다.

30 (화) 맑음

「龍遊潭 刻石 有感」의 제목을 「南冥遺跡三洞辨證」으로 바꾸고, 제1절 '남명의 고향마을'도 '板峴洞 梓里'로 바꾸어 입력을 계속했다. 원래는 간단한 글로 예정하여 『南冥院報』에다 실을 생각이었으나, 이미 분량이 200자 원고지 30매 정도에 육박했고 내용상으로도 가볍지 않은 의미가 있는 듯하여, 이를 하나의 논문으로 만들어서 원래 예정했었던 「南冥과 陸王學」을 대신하여 『南冥學硏究論叢』 제8호에다 실을까 한다.

오후에 연구원의 김경수 국장과 조옥환 사장으로부터 교내의 남명학연구소가 연구의 중점을 남명학에서 국학으로 옮기게 된 시기 및 그 사정에 관해 묻는 전화가 있었다. 작년 8월에 있었던 임원회의 및 그 후 평의원회에서의 투고규정 변경 내용을 설명하고, 아울러 내가 「실증과 진실 (2)」의 주석 41번에서 이 연구소가 사실상 한문학과의 부설연구소로 운영되어 온 점을 적어둔 것도 참조해 보라고 했다.

12월

1 (수) 흐림

간밤 두 시 무렵에 일어나 『昌寧曺氏派譜(南冥譜)』 권1에 실린 松齋 曺繼明의 行狀을 읽으며 그 내용을 메모를 해 둔 데 이어, 학교에서는 며칠 동안 찾아도 없었던 『松齋遺稿』 및 『三嘉邑誌』 등을 마침내 찾아내어, 그것들에 실린 松齋 및 板峴洞에 관한 기록들을 읽고서 카드화해 두었다.

2 (목) 맑음

어제 읽은 내용을 토대로 하여 기왕에 입력해 두었던 板峴洞 부분의 수정 작업을 계속하였다.

예문서원의 주인인 계명대 철학과 홍원식 교수가 전화를 걸어 왔는데, 내 글 「주말 나들이」가 실린 『오늘의 동양사상』 제2집이 며칠 전에 출간되었다 한다. 내년 9월 무렵에 제3집을 낸 후, 2001년부터는 半年刊으로 하여 한 해에 두 번씩 간행할 예정이라고 한다. 11일 토요일에 예문동양사상연구원의 임원진과 집필자들이 점심 식사를 함께 하기로 했다는 것이었지만, 나는 그 날 큰누나 내외가 진주에 오기로 되어 있어 참석할 수 없다는 뜻을 전했다.

3 (금) 맑음

오전 10시부터 본부 5층 대회의실에서 남명학연구소 第18차 학술회의가 개최되어 종일 거기에 참석해 있었다. 지난 5월에 경북대에서 '退溪와 南冥의 思想的 特性'이란 주제로 경북대학교 퇴계연구소와 본교 남명학연구소의 공동 주최로 학술회의를 가진데 이어, 이번에는 그 제2차로서 「남명학파와 퇴계학파의 사상적 특성」이라는 주제로 본교에서 개최하게 된 것이다.

예정되었던 오전 10시보다 좀 늦은 시각에 한문학과 최석기 교수의 사회로 개회식이 시작되어, 국민의례에 이어서 H 남명학연구소장의 인사말과 경북대 송휘칠 퇴계연구소장의 인사말이 있었고, 박충생 본교 총장의 환영사가 있었다. 고려대 한문학과 이동환 교수의 기조강연 「남명학파와 퇴계학파의 사상적 位相」이 있은 다음, 오전의 주제발표가 시작되어 경상대 한문학과 이상필 교수의 「남명학파의 남명사상 계승양상」, 서울대 종교학과 금장태 교수의 「조선후기 퇴계학파 철학사상의 전개」, 일본 東京大學에서 연수중인 본교 한문학과 장원철 교수의 「남명학파의 문학에 대해—그 전체적 이해를 위한 하나의 管見」이 발표된 후, 오후 1시가 넘은 시각에 중식 시간으로 들어갔다.

나는 송휘칠 교수의 인사말이 있은 다음 그의 자리로 찾아가서 모처럼 만나 인사를 나눈 후, 그가 회장으로 있는 한국일본사상연구회에서 일본 페리칸社가 발행하는 잡지 『日本思想』인가에 한국 학자들의 연구특집을 내기로 되어 있어, 내가 거기에 기고해 둔 논문 「일본철학의 훈고적 전통과 사변적 전통」의 일본어판이 언제쯤 출간될 것인지를 다시 한 번 물어보았다. 송 회장의 대답으로는 현재까지 일본어로 된 논문 네 편이 들어와 있는데, 빠르면 내년 3월쯤까지 간행될 수 있을 것이라고 한다. 금장태 교수와도 만나 회의장 밖 로비의 소파에서 얼마간 대화를 나누었다. 금 교수의 건강 상태가 좋지 못하다는 말은 예전부터 듣고 있는 바였지만, 그가 근자에 미국에 가 1년 정도 연수하고 있는 동안에 뇌종양이 있음을 발견하고서 거기서 임시로 수술은 해 두었지만, 아직 근본적인 치료는 못하고 있다는 것이었다. 中國社會科學院 철학연구소의 부교수으로서 현재 계명대학교에서 한국철학에 관한 주제로 박사학위 논문을 준비하고 있는 중국인 周月琴 씨도 참석하였으므로, 주로 그녀와 나란히 앉아 있으면서 근황에 대해서도 좀 들었다.

교직원식당에서 점심 식사를 마친 후, 周月琴·사재명·송준식·정우락 씨와 함께 내가 늘 다니는 코스로 학교 뒷산을 산책하였고, 내 연구실로 돌아와 周月琴 씨에게 남명학 관계 약간의 자료와 한국학술진흥재단의 홈페이지 주소 등을 전해 주고서, 다시 오후의 일정에 참가하였다.

오후의 주제발표는 2시 20분경에 시작되어, 성균관대 한문학과 李敏弘 교수가 「南人文學의 성립과 그 전개」, 한국정신문화연구원의 丁淳佑 교수가 「남명 工夫論에 나타나는 초월과 관여의 두 흐름」, 국민대 국사학과 鄭萬祚 교수가 「퇴계학파의 書院論」을 발표하였다.

마지막으로 이동환 교수가 좌장이 되어 종합토론을 가졌는데, 나는 제1주제인 이상필 교수의 논문에 대한 토론을 맡았다. 오후 6시 반쯤부터 본교 교직원식당에서 총장 참석하에 리셉션을 가짐으로써 오늘의 모든 행사를 마쳤다. 낮에 周月琴 씨의 근황에 대해 들어보았더니, 그녀는 계명대학교로부터 기숙사의 방과 하루 두 끼의 식사를 제공받는 외에 월 15만 원의 생활비를 받고 있는데, 그나마 지난 학기에는 휴학을 했었기 때문에 현재 식사는 자기 돈으로 사서 들고 있다 한다. 박사학위 취득까지는 아직 1년 정도가 남았는데, 그동안 한국에서의 생활이 무척 힘들 듯하여, 曺玉煥 사장 및 김경수 국장과 상의하여 남명학연구원에서 가능한 방법으로 그녀를 재정적으로 지원하기로 합의를 보았다.

4 (토) 흐림

어제 周月琴 씨가 주고 간 그녀의 논문 「論南冥哲學與性理學的思想關系」, 오늘 아침 우송되어 온 『오늘의 동양사상』 제2호(예문동양사상연구원, 1999), 어제 받아온 남명학연구소 제18차 학술대회 발표논문집 『南冥學派와 退溪學派의 思想的 特性』에 실린 정신문화연구원 한국학대학원 교수 丁淳佑 씨의 논문 「南冥 工夫論에 나타나는 超越과 關與의 두 흐름」 등을 읽으며 카드화하였고, 이 발표논문집에 실린 새로운 논문들을 「南冥學關係旣刊文獻目錄」에다 추가하는 작업을 시작하였다.

『오늘의 동양사상』에는 나의 글 「주말 나들이」가 실려 있었고, 나의 증명사진과 더불어 臺灣 유학시절 여행 중 孔子廟 앞에서 찍은 사진과

京都大學 중국철학사 연구실 일동과 兵庫縣 篠山市 여행 중 찍은 스냅 사진도 실려 있었다. 한국철학사상연구회에서 『철학으로』라고 하는 종합잡지를 만든다고 하여 李賢九 씨를 통해 나에게 집필을 요청해 온 이래 이럭저럭 우여곡절이 많아 속을 썩여 왔던 이 글도 마침내 세상의 빛을 보게 되었다. 그런데 편집자 측에서 나의 원문에 대해 다소 수정을 가한 결과 도리어 의미가 이상하게 된 곳도 한 군데 눈에 띄었다.

정순우 씨는 그가 정신문화연구원의 『古文書集成』 작업 중 향교·서원 관계 책임자로 있을 때 나와 처음 인연을 맺었었는데, 원장이 바뀐 이후 지금은 그 작업에서 손을 떼고 있다 한다.

6 (월) 맑음

지난 주말에 있었던 남명학연구소의 제18차 학술대회 발표논문집에 수록된 논문들 및 거기에 소개된 다른 새로운 논문들을 정리하여 「南冥學關係旣刊文獻目錄」에다 추가하고서, 이번에 내가 이상필 교수의 논문에 대해 토론한 글 및 기타 수정 보완된 목차와 附表 부분을 포함하여 모두 네 개의 파일을 남명학연구원의 김경수·박라권·사재명 군에게로 電送하였다. 더 이상의 수정이나 보충 작업은 하지 않기로 하고서, 이것들로써 출판 작업을 진행하여 가능한 한 올해 안으로 『南冥學派硏究』를 간행하게 하였다.

원래는 지금 작성 중인 논문 「南冥遺跡三洞辨證」도 포함시킬 예정이었으나, 어제 사온 책들을 읽어보고 싶은 욕구가 강하여 이 글은 다음에 천천히 탈고하여 연구소의 기관지 『남명학 연구』 같은 잡지에다 싣기로 하고서, 『남명학연구논총』의 다음 호에는 지난번 김 국장에게 말해 두었던 바와 같이 「南冥과 陸王學」을 싣도록 했다.

8 (수) 맑음

경북대학교 송휘칠 교수로부터 전화 연락이 있었는데, 내 논문 「일본철학의 훈고적 전통과 사변적 전통」의 일본어 번역문이 실릴 일본 펠리

社의 계간지 『日本思想史』 봄 호는 내년 3월말 경에 간행될 예정이라고 한다.

13 (월) 맑음

어제의 답사에서 회장 성종복 씨로부터 얻어온 자료인 『泗川文化』 제2호(사천문화원, 1998.12.30), 박보하 사진집 『山寺의 美를 찾아서』(서울, 다른세상, 1999) 및 답사안내자료를 검토해 보며, 후자로부터는 斷俗寺에 관한 내용을 카드화하였다.

이 「산청, 진주지역 답사안내자료」에 의하면 性徹스님의 "俗貫은 陜川李氏로서 林泉處士 竹閣 光友[사월리 배양 마을에 거주한 남명 문인]의 11世孫으로 1912년"에 태어났으며, "일찍이 丹城普通學校를 거쳐 晋州公立中學校를 졸업하고 20세 때 全州李氏(後에 佛名 一休)와 혼인하"였다고 한다. 어제 들었던 바로는 어느 신문사에서 여론 조사를 한 결과 '伽倻山 호랑이'라고 불리던 그는 鏡虛·萬海·曉峰과 더불어 한국의 현대 불교를 대표하는 4대 高僧으로 꼽혔다고 한다.

20 (월) 맑으나 쌀쌀함

이상래 군과 중국 鄭州市에 사는 程伊川 후손 程德祥 씨로부터 이메일이 왔으므로 각각 회신을 보냈다. 이상래 군은 나의 소개로 남명학연구원 총회에서 석사학위논문 장학금을 지급 받았다고 한다. 「주말 나들이」에 곁들이기 위해 서울의 예문서원으로 보냈던 내 유학 시절의 스냅사진 여섯 장이 반송되어 왔다.

27 (월) 맑음

'會員通信' 난에 『南冥學派研究』와 『南冥集四種』의 출판 예정 소식을 전하는 나의 근황이 실린 일본 東方學會의 소식지 『東方學會報』 No.77 (1999.12.22)이 도착하였다.

28 (화) 맑음

지난번 본교 南冥學硏究所와 경북대 退溪硏究所가 공동 주최한 학술회의장에서 만나 잠시 인사를 나눈 바 있었던 陜川郡 嘉會面에 사는 后山 許愈의 曾孫 許汪道 씨가 금년 11월에 발행하여 이제 반질하는 『后山集』 영인본 3책 한 질을 보내 왔으므로 그 내용을 검토해 보았다. 이 책에는 后山文集의 原·續集과 「聖學十圖附錄」이 합집되어 있고, 퇴계 후손인 李家源 翁이 서문을 쓰고, 그 首弟子로 행세하는 H 씨가 해제를 썼으며, 역시 이가원 옹의 문인으로서 H 교수의 후견인 역할을 하며 현재 德川書院의 外任을 맡고 있는 河有楫 씨가 刊行推進委員長으로 명단에 올라 있다.

H 교수가 이 책에다 장편의 해제를 썼다는 소문은 김경수 국장으로부터 들은 바 있었다. 오늘 실제로 보니 다소 큰 활자로 널찍하게 인쇄되었다고는 하나 그 분량이 무려 177쪽에 달하여 예상했던 정도를 훨씬 초월하며, 끄트머리에는 '後學 文學博士 慶尙大學校 漢文學科 敎授 兼 中國華中師範大學 兼職敎授 族後孫 捲洙 謹撰'이라고 적혀 있었다. 武漢에 있는 華中師範大學의 兼職敎授라는 것은 그가 중국 교수를 사귀어서 얻은 虛名일 뿐이며, 族後孫이라 함도 같은 金海許氏라는 뜻일 뿐이니, 젠체하기를 좋아하는 이 사람의 됨됨이가 드러나 있는 대목이다. 글의 첫머리에 "先生은 朝鮮末期 嶺南 主理學派를 대표할 만한 大學者였다"라고 추켜세웠으니, 이 역시 사실을 과장하여 후손에게 아첨하고 보잘것없는 자기 집안을 과시한 것에 가깝다고 하겠다.

2000년

1월

6 (목) 새벽까지 비 온 후 흐림

『홍루몽』 제1권 중 여주인공의 한 사람인 薛寶釵가 오빠를 따라 金陵에서 長安(北京?)으로 올라가는 대목까지를 읽었는데, 도중에 사재명 군이 『南冥學派硏究』의 교정쇄를 가져왔으므로, 소설 읽기를 중단하고서 교정쇄를 검토하기 시작하여 제2부 제2장 「滄洲刊本」까지에 이르렀다. 이 교정쇄에 의하면, 내 책은 서두 4쪽, 목차 8쪽, 緖論에서부터 제3부에 이르기까지 말미의 색인을 제외한 한글 본문이 654쪽, 外國文으로 된 제4부 별책의 본문이 372쪽으로 되어 있다. 그러므로 본문만으로도 1,026쪽에 달하는 꽤 방대한 분량인데, 가격은 단지 2만 원으로 책정되어 있으니, 싼 편이라 하겠다. 그것은 가격이 너무 높으면 보급에 지장이 있을 것을 염려하는 말을 내가 여러 번 했기 때문에, 손해를 보지 않는 선에서 원가 정도의 금액을 책정한 것이 아닌가 한다. 版權紙에 의하면, 이 책은 금년 1월 15일에 초판 인쇄하여 2월 1일에 진주를 소재지로 하고 있는 대명인쇄에서 박아 남명학연구원출판부가 발행하는 것으로 되어 있으며, 기획은 김경수, 편집책임은 대명인쇄 직원인 신인숙, 교정책임은 사재명, 인쇄책임은 박라권으로 되어 있다.

7 (금) 맑으나 쌀쌀함

교정 작업을 계속하여, 제3부 부록의 補論3에까지 이르렀다. 부호의 사용이나 띄어쓰기 등에 몇 가지 일관성이 없는 점들이 눈에 띄지만 새삼 그 사례를 일일이 찾아내어 모두 고치기가 어려우며, 눈에 띄는 대로 군데군데 부분적으로 고치는 것은 오히려 더욱 무질서하게 만들 우려가 없지 않다. 무엇보다도 나의 시간을 많이 축나게 하는 것은 원래 논문으로 발표할 때 각주 등에서 인용했던 나의 기왕의 연구 논문들을 이 책에서는 수록된 순서에 따라 그 제목을 제몇부 제몇장 등으로 바꾸어 독자들이 찾아보기 쉽게 하려 했는데, 사재명 군이 원문을 대조하여 교정쇄에서 수정해 둔 인용 쪽수가 내가 원래 의도했었던 것과는 틀린 데가 많아, 다시금 일일이 발표된 원문 및 그 파일과 대조해 가며 내가 직접 수정하지 않을 수 없는 점이다. 이 일은 꽤 시간이 많이 걸리는 데다 기계적이어서 따분한 작업이지만, 꼼꼼히 점검하지 않을 수 없는 것이다. 오늘 오전 중으로 교정 작업을 모두 마치고자 예정했었던 것이 퇴근 시간이 되어도 다 끝내지를 못했다.

8 (토) 맑음

『南冥學派硏究』의 교정 작업을 한 차례 끝냈다.

10 (월) 맑음

오전 중 다시 한 번 『南冥學派硏究』의 교정 작업을 하였다. 별책으로서 따로 분리하기로 한 外國文 편에는 別冊이란 이름 대신 원래 계획했었던 대로 제4부라는 제목을 다시 사용하기로 하고, 제4부의 학위신청서에 나의 이력서가 들어 있으므로 처음에는 생략할까 생각했던 저자약력도 첨부하기로 작정하였다.

정오 무렵에 사재명 군이 차를 몰고서 데리러 왔으므로, 그 차에 동승하여 진양군 명석면 우수리 68-1번지에 있는 송학식당으로 가서 김경수·박라권 군과 합류하였다. 그들과 함께 토끼고기와 소주 및 점심을 들면서 이 책의 출판과 관련한 마지막 편집 회의를 가졌다. 내 책의 출판을 위해 다들 수고해 주고 있으므로, 오늘까지는 내가 점심을 사는 것으로 했다. 김 국장의 말에 의하면, 2만 원이라는 책값은 박라권 군이 임시로 붙여놓은 것이고, 실제 가격은 그것보다 꽤 높게 책정될 것이라고 한다. 김 국장이 그새 서울에 가서 앞으로 연구원출판부가 간행하는 서적에 대해 바코드를 부여받기 위한 수속을 마치고 돌아왔다는데, 나의 이 책이 연구원의 출판물로서는 1번에서 3번까지의 번호를 부여받게 되었다고 한다. 또한 2월부터 봉곡로터리에 있는 경남은행 건물 안에 약 40평정도 되는 규모의 사단법인 남명학연구원 사무실 공간도 마련하게 되었다고 한다.

17 (월) 맑음

모처럼 학교에 나가 보았더니, 조교가 그동안에 도착한 우편물들을 전해 주었다. 그 중에 前경북대학교 사학과의 서양사 교수로서 吳德溪의 傍系 族孫인 吳主煥 씨가 자신의 저서인 『山淸鄉土史』(大邱, 泰一文化社, 1999)와 그가 편찬위원장이 되어 발행한 『咸陽吳氏族譜』(大邱, 咸陽吳氏大同譜編纂委員會, 1999) 제1권을 보내 온 것이 들어 있었다. 전자의 내용을 검토하면서 그 가운데서 丹城縣 都山里의 연혁 및 都山里 第2坊에 살았던 文益漸의 조카이자 三嘉縣에 入鄕한 남명 증조부 장인의 형제인 文可學에 관한 내용을 카드화하였고, 아울러 『太宗實錄』과 『世宗實錄』 중 문가학에 관한 기사들을 다시 사세히 검토해 보며 카드화하였다. 都山里가 오늘날의 산청군 新安面 남부 일대에 해당하며, 단계 아래쪽 동네인 文台里에 지금도 도산초등학교 및 도산교 등의 이름이 있음을 10만 분의 1 도로교통지도 등을 통해 확인하였다. 그러나 그 제2방이 구체적으로 지금의 어디에 해당하는지 알 수 없고, 또한 오주환 교수는 최초의 丹城縣誌인 『雲窓誌』에 실린 문가학의 역모 사건과 관련된 설화나 南平文氏族譜에 실린 이 관계 기록들을 신빙하지 않고 있다. 저녁 무렵 대구에 있는 오 교수 자택으로 전화하여 이 문제에 관해 의견을 나누어 보았고, 아울러 斷俗寺에 관해서도 오 교수가 이 책에서 언급한 기록들 외에 『高麗寺』 등에 그 절에 관한 기록들이 제법 많이 남아 있음을 알렸다.

배석원 교수로부터 지난주 토요일에 한문학과의 H 교수가 우리 아파트의 같은 동 같은 레인인 7동 1203호로 이사해 왔다는 소식을 들었다. H 교수는 직장에서 나와 가장 사이가 나쁜 사람으로서, 연구실이 같은 인문대학 4층에 있는 데다 류왕표 교수 연구실을 사이에 두고서 바로 인접해 있음에도 불구하고 서로 마주쳐도 목례조차 하지 않고서 지나치는 터이다. 어찌하여 집에서조차 매일 같은 엘리베이터를 타고서 오르내리게 되었는지 영문을 알 수 없다.

18 (화) 맑음

밀양에 사는 구자익 군의 교육대학원 철학교육전공 석사학위논문으로서 「惠岡 崔漢綺의 『鑑枰』 硏究—氣數에 의한 鑑別의 體系를 中心으로—」를 써 왔다. 구자익 군은 그동안 고향에서 부모의 농사일을 돕기도 하고, 학원에서 강사 생활도 하면서 석사 논문을 준비하였다는데, 내가 일본에 가 있는 동안에 그것을 탈고하여 가져왔으나 만나지 못하고서 돌아갔다가 오늘 새로 가져왔다고 한다.

19 (수) 맑으나 낮과 밤 한때 눈

점심시간에 교직원식당에서 지난주 토요일 H 교수가 우리 아파트로 이사할 때 그리로 왔었다는 사범대학 사회교육과 지리전공의 金德鉉 교수를 만났다. 그의 말에 의하면, H 교수는 도동의 50여 평짜리 아파트에 전세로 있다가 들말에 있는 아파트를 새로 구입했으나, 그 집을 팔고서 우리 아파트 7동 1203호를 사서 들어왔으며, 그 외에도 같은 아파트의 근처에 있는 棟 20여 평짜리 집을 전세로 얻어 자신의 서재로서 쓰기로 했다고 한다.

22 (토) 흐리고 저녁 한때 가는 빗방울

본교 사범대학 사회교육과 역사전공의 金俊亨 교수가 서울대학교 대학원 국사학과에 제출하여 작년 12월에 통과한 문학박사 학위논문 「조선 후기 丹城지역의 사회변화와 士族層의 대응」을 보내왔으므로, 그 내용을 검토하면서 필요한 부분들을 카드화하였다. 지난번 吳圭煥 교수로부터 받은 『山淸鄕土史』와 마찬가지로 이 논문에도 나의 남명학 관계 논문들이 여러 곳에 인용되어 있었다. 이 논문을 통해 철종 연간의 『南冥集』 중간본 편찬 시도에 깊이 관여한 道淵 李邦儉(1798~1865)의 문집인 『道淵述言』이 합편된 『靑峴李氏四世合稿』와 釐正本 간행의 중심인물인 慕學齋 崔絅(1608~1880) 및 그 일족의 遺文이 수록된 『峴上世稿』가 이미 간행되어 있음을 비로소 알았다.

24 (월) 맑음

점심때쯤 김경수 국장에게 전화하여 지난 토요일에 전화하겠다고 말해 놓고서 연락하지 않은 이유를 물었더니, 가족 모임이라 그랬다고 하면서 점심을 대접하겠다는 것이었다. 내 책의 제본 문제에 대해서는, 실무 작업을 총괄하고 있는 김 국장이 종전에 하드커버에다 실 제본을 하고 두 책을 하나로 담는 커버까지 따로 만든다면 비용이 너무 많이 들 듯하여 일부는 그렇게 하고 나머지 대부분은 실 제본을 하지 않고서 平裝本의 보급판으로 출판할 뜻을 말하고 있었으므로, 나로서는 커버는 구태여 필요치 않다고 보나 견고하게 만들기 위해서는 실 제본이라야 할 것이라는 의견을 몇 차례 피력한 바 있었다. 오늘 김 국장이 전화상으로 하는 말로는 그동안 알아보았더니 내 책을 실 제본에다 커버까지 하여 간행하더라도 2천만 원 정도의 비용이면 될 것이라고 하므로, 내 의견대로 할 수 있겠다는 것이었다. 나로서는 커버가 꼭 필요하겠느냐는 의견을 다시 한 번 말해 두었고, 제본이 견고한 동시에 가격도 너무 비싸지 않아야 한다는 조건을 달고 있으나, 두 마리 토끼를 어떻게 잡을 수 있을지는 나로서도 알 수 없다.

25 (화) 맑음

金俊亨 교수의 자택으로 전화하여 그의 박사학위논문에 언급된 道淵

李邦儉(1798~1865)·慕學齋 崔絅(1608~1679) 및 竹塢 河範運(1792~1858)의 문집을 어떻게 구했는지를 물었고, 아울러 丹城縣誌인 『雲牕誌』에 실린 文可學의 거처 都山面 第三坊이 현재의 지명으로 어디인지도 물어보았다. 道淵의 문집은 김 교수가 후손을 통해 입수하여 교내의 남명학연구소에 복사 비치해 두었으며, 나머지 자료는 본교 중앙도서관의 한적실에서 구한 듯하다고 하므로, 2월말까지 휴관 중인 도서관 자료는 일단 접어두고서 조교를 통해 남명학연구소의 자료를 대출해 오도록 했다.

문가학의 거처에 대해서는 김 교수에게 한 번 조사해 보아줄 것을 당부해 두고서 나 스스로 『운창지』를 다시 뒤적여 보았다. 그 속에 所耳谷이라는 지명이 보이는 것을 근거로 하여 10만 분의 1 전국도로지도나 25,000분의 지형도를 통해 소이리라는 지명이 조선시대 丹城縣 都山面의 구역인 現 산청군 신안면의 동북쪽 끄트머리에 오늘날도 존재하며, 남명의 고향 마을로 추정되는 합천군 삼가면 하판리 하판마을로부터는 직선거리로 불과 10km 정도의 거리에 위치하고, 「大東輿地圖」에 삼가로부터 산청으로 가는 도중에 표시된 碧溪驛이 바로 이 소이리 구역 내에 존재했던 것임도 확인하였다.

2월

1 (화) 맑음

구자익 군이 내가 첨삭지도를 마친 그의 석사논문을 받아가기 위해 밀양으로부터 다시 진주에 온다고 하므로 조교와 더불어 같이 점심 식사를 하고자 했으나, 그 예정은 취소하고 그 대신 구자익 군더러 그의 논문을 적당한 곳에 게재할 수 있도록 보통 논문 한 편 정도의 분량으로 축약해 보라는 말을 전하도록 했다.

금년 들어 처음 나온 『南冥院報』 제17호를 훑어보았다.

퇴근 무렵에 조교 최재성 군이 복사 제본을 맡겨두었던 남명학연구소 소장 자료를 복사점으로부터 찾아왔으므로, 원본은 연구소로 반납하게 했다. 종전에는 두 부씩을 복사해 왔었는데, 근자에는 김경수 국장이 네 부 정도씩 복사하도록 하고 있는 모양이다.

3 (목) 맑음

지난주에 남명학연구소로부터 빌려와 복사해 둔 자료 가운데서 李邦儉의 필사본『道淵述言』全11冊을 읽으며 카드화하기 시작하였다.

6 (일) 새벽에 부슬비 내린 후 개임

저녁 무렵에 李相來 군이 세배를 왔다. 이 군은 산청군 신안면 靑峴 출신의 합천이씨로서 남명 문인인 日新堂 李天慶의 후손이라고 하니, 내가 이즈음 그 문집을 읽고 있는 道淵 李邦儉의 일족이 될 것이다. 그가 준비하고 있는 곽재우의 도교사상에 관한 석사학위논문도 이미 거의 이루어진 모양이어서, 3월 무렵에 나에게 가져오겠다고 한다. 한국도교사상연구회가 편찬하여 매년 서울의 아세아문화사를 통해 간행하는 논문집인 한국도교사상연구총서 속에 곽재우의 도교 관계 저술 원전이 影印되어 실려 있는데, 지금은 본교 중앙도서관이 제2도서관 이전 관계로 휴관 중이어서 그 자료를 이용하지 못하고 있다 하므로, 내가 소장하고 있는 그 총서를 다섯 권 빌려주었다.

7 (월) 맑음

경북대학교 退溪研究所로부터 부쳐져 온『韓國의 哲學』제27호(1999.12.31)를 읽어보았다. 근년에 이 연구소와 본교 남명학연구소의 합동으로 경북대학교에서 개최된 '퇴계와 남명의 사상적 특성'을 주제로 한 학술회의에서 발표된 논문들이 주를 이루고 있었다. 그것과 아울러 兩校 연구소의 합동으로 본교에서 개최된 '남명학파와 퇴계학파의 사상적 특성'을 주제로 한 학술회의 발표논문까지를 포함하여, 금년 2월 말 무렵에 지식산업사로부터『퇴계학과 남명학』이라는 이름의 단행본을 발간할 계획임도 비로소 알았다. 『한국의 철학』 27호에 실린 논문들 중 제목이 바뀌었거나 처음 보는 남명학 관계의 것들은 「南冥學關係旣刊文獻目錄」에 추가해 두었고, 薛錫圭 씨의 장편 논문 「16世紀 嶺南學派의 政治哲學 形成과 朋黨論」을 훑어보았다. 퇴계·율곡·남명 등의 성리학, 특히 心性論에 관한 견해들이 그들의 정치적 입장과 일정한 연관이 있으며, 그들의 학파에게도 영향을 미쳤다는 주장이었으나 별로 공감이 가지 않았다.

9 (수) 맑음

교무과 인사계를 통하여 강릉대학교의 승진임용대상자 연구실적물 두 편에 대한 심사 의뢰가 왔다. 「朱子의 書院觀—특히 "白鹿洞書院揭示"를 중심으로—」(『東方學志』 第88輯, 延世大學校 國學硏究院, 1995) 및 「二程의 思想的 特性—本性論과 修養論을 중심으로—」(『孔子學』 창간호, 한국공자학회)였다. 필자의 이름은 가려져 있었으나 햇빛 쪽을 향해 비춰보니 예상했던 대로 朴洋子 씨였다. 퇴근 무렵까지 「朱子의 書院觀」을 읽고서 심사보고서를 작성하였다. 박 교수는 연세대 철학과 출신으로서 퇴계학 연구원에 근무하다가 일본으로 유학을 가서 廣島大學에서 佐藤仁 교수의 지도로 문학박사 학위를 얻어 귀국하였다. 나이도 아마 나보다 많고 귀국한지가 꽤 오래되었으므로 벌써 정교수가 되어 있는 줄로 알았더니 아직도 부교수였다. 그녀의 논문을 읽으면서 남명학과 유관한 부분들을 카드화하였다.

10 (목) 맑음

오전 중 박양자 씨의 논문 「二程의 思想的 特性」에 대한 심사를 마치고서, 어제 써 둔 심사보고서와 함께 인문대 행정실에 제출하였다.

1999학년도 인문대학 교수 동계 세미나에 참가하여, 오후 한 시 무렵 스쿨버스 한 대에 교수·직원·조교들이 동승하여 인문대학 앞을 출발해 통영으로 향하였다. 두 시 반 무렵에 충무 마리나 리조트에 도착하여 14층과 15층의 여덟 개 룸에 나누어 배정 받고서 방에다 짐을 둔 다음,

오후 세 시부터 별관 3층 세미나실에서 세미나를 개최하였다.

남명학연구소장인 한문학과 H 교수가 「南冥學 연구의 槪況과 南冥學硏究所의 簡史」, 인문학연구소장인 철학과 배석원 교수가 「"인문학 연구소 운영"의 회고와 앞으로 할 일」이란 주제로 각각 발표하였다.

12 (토) 맑음

오전 중 사재명 군이 그가 작성한 색인이 첨부된 『南冥學派硏究』의 교정쇄를 연구실로 가져다주었다. 지난번에 이어 또 한 차례 나 자신이 교정 작업을 행하였고, 그것을 마친 뒤 다시 처음부터 새로 검토하기 시작했다. 목차 등을 제외하고서, 색인을 포함한 제3부까지의 본문이 674쪽에 달했다.

14 (월) 맑음

오전 중 김 국장과 전화 연락하여 점심을 같이 하기로 약속하고서, 지난 토요일에 한 차례 검토해 두었던 『남명학파 연구』의 교정쇄를 반환하기 전에 다시 한 차례 더 살펴보고자 했으나, 뜻과는 달리 읽다 만 『수호지』 제4권을 잡고서 오전 내내 읽고 말았다. 오후에 결국 제4권을 독파하고 난 다음, 복사해 둔 李邦儉의 『道淵述言』 전11권 가운데서 제2·3권을 읽었다.

점심시간 가까운 무렵 사재명 군이 내 연구실로 데리러 왔으므로, 그의 차를 타고서 진양 댐 승상공사 관계로 예전 장소 부근에 새로 지어 이전한 완사 마을로 가서, 뒤이어 도착한 김경수·박라권 군과 더불어 꽁치를 반쯤 쪄 말려서 그 고기를 잘게 찢어 야채와 미역 등에다 싸서 먹는 과메기를 안주로 술과 점심을 들며, 『남명학파 연구』의 교정쇄를 돌려주고 그 출판 작업에 대해 협의하였다. 김 국장이 김충렬 원장에게 결재를 받기 위해 작성해 둔 문서에 의하면, 이 책은 3월 10일자로 제작 단가 2만 원 남짓에 총 원가 2,000여만 원이 들고 판매가는 3만 원으로 하여 출판할 계획이라고 되어 있었다. 제본 작업은 제작비를 낮추기 위해 부산으로 보내, 전적으로 그곳 인쇄소에 의뢰하여 추진하는 모양이었다.

15 (화) 맑으나 추움

동양철학연구회(동철연) 정기 겨울 답사에 참가하기 위하여 오전 6시 50분 고속버스로 진주를 출발해 대전으로 향했다. 동철연은 서울대학교 출신의 현직 교수·강사 및 대학원 재학생들로 구성된 단체로서 원래 명칭은 서울대학교 동양철학연구회(서동연)였으나, 그 후 문호를 개방한다는 취지에서 서울대학교 부분을 빼기로 결정한 것이었다. 현재 이 모임의 회원은 모두 91명이지만, 매년 참석률이 매우 저조하여 이번에는 나까지 포함하여 15명이 온 데 불과하였다.

먼저 진천군 진천읍 상계리에 있는 김유신 장군 탄생지 앞길을 지나, 연곡리에 있는 보탑사로 가서 근년에 새로 지어진 대형 3층 木塔과 보물 제404호로 지정되어 있는 白碑를 구경하였다. 백비라 함은 이 비석에 아무 글자도 새겨져 있지 않기 때문인데, 龜趺의 거북 머리 부분도 납작하게 갈아져 있으며, 이것이 원래부터 이런 모양이었는지 혹은 후세에 비문을 갈아서 지워버린 것인지는 아직도 불명확하다고 한다. 이 절 아래쪽의 도로 가에 '櫟翁李先生' 云云의 글자가 새겨져 있는 큰 비석이 보였다. 차에서 내려 읽어보지 못했으므로 그것이 고려 시대 『櫟翁稗說』의 저자인 李齊賢과 관계된 것인지 어떤지는 확인하지 못했다.

그 다음으로는 진천군 문백면 봉죽리에 있는 松江祠에 들렀다. 松江 정철을 제사하는 곳인데, 송강은 강화도에서 죽었고, 원래 그 무덤이 서울 부근에 있었던 모양이나, 후에 우암 송시열이 중심이 되어 묘소를 이 부근으로 옮긴 것이라고 한다. 이번 답사를 기획 준비하였고 음성에 고향을 둔 조남호 군의 설명에 의하면, 충청도 지방의 대표적 문벌로는 恩津宋氏와 延日鄭氏를 치는데, 그 중 연일정씨는 주로 송강의 후손이라 한다.

부근의 산중에 있다는 송강 묘소까지는 가보지 않고서 그곳을 떠나 음성으로 향하는 도중에 길가 휴게소의 식당에 들러 늦은 점심 식사를 들었다. 다음 목적지는 오늘의 숙박 장소인 음성군 생극면 방축리에 있는 權近·權踶·權擥 三代의 墓域이다. 이곳은 충북지방 기념물 제32호로 지정되어 있는데, 陽村 權近(1352~1409)은 고려 말 성리학의 대표적 인물 중 하나인 權溥의 증손자로서 당시의 수도였던 松嶽에서 태어났다. 공양왕 때 獄事에 연루되어 淸州獄에 수감 중 水災로 益州에 移監되어『入學圖說』을 저술하였고, 다음해 이곳에서 서쪽으로 10km쯤 떨어진 지점인 忠州 陽村(현 음성군 삼성면 용대리)의 옛집으로 풀려나『五經淺見錄』을 저술하였다고 한다. 그의 묘소는 원래 수도 부근에 있었는데, 후에 賜牌地인 이곳으로 이장된 것이었다. 고려시대 분묘의 특징인 22.6m의 八方構造護墳石으로 두른 높이 1.8m의 權近 묘소 아래에 그의 둘째아들로서 세종 때 文科壯元하여 集賢殿大提學·右贊成 등을 지내고『高麗史』및『龍飛御天歌』의 撰進에 참여한 權踶(1387~1455)의 묘소가 있고, 그 아래에는 踶의 둘째아들로서 역시 세종 때 文科壯元하고, 世祖의 靖難에 깊이 관여하여 大提學과 左議政을 지낸 權擥(1416~1465)의 묘소가 있었다.

묘소가 있는 야산 아래쪽 평지에 이 세 사람의 신도비각이 나란히 이웃하여 서 있고, 그 조금 위쪽 골짜기에는 孔子를 主壁으로 하고 朱子와 우리나라 新儒學의 開創을 주도한 安珦·權溥 등 고려시대의 六人을 祭享하는 道統祠가 境內에 있었다.

권 씨 宗宅 입구에 있는 주차장 쪽으로 돌아 나와, 碑閣 속에 근자에 새로 새겨진 권근의 신도비를 읽고 있다가, 봉고차를 몰고서 읍내로 장보러 나가는 종손을 만나 잠시 인사를 나누었다. 근자에 새로 잘 지어진 宗宅 건물로 들어가 陽村博物館 맞은편에 있는 객실에다 짐을 풀고서 그 앞의 세 不祧廟 廟閣 및 그 앞마당에 세워진 踶의 셋째아들 權攀의 신도비, 그리고 돌에 새겨진 權近의 景幾體歌「霜臺別曲」및「天象列次分野之圖」등을 둘러보았다.

宗家에서 저녁 식사가 준비될 때까지 객실에서 정기총회를 가졌다. 이 자리에서 나는 경남대학교 철학과 崔裕鎭 교수의 뒤를 이어 앞으로 2년간 이 모임을 대표할 운영위원장에 추대되었고, 총무로는 국민대학교의

文錫胤 교수, 간사로는 금년 2월에 석사과정을 졸업한 오늘의 발표자 조호현 군으로 결정되었다.

16 (수) 맑음

늦은 조반을 들고난 후, 陽村博物館을 둘러보고서 권 씨 종택을 떠났다. 천안 쪽을 향해 가는 도중 유관순 열사의 3.1독립만세 현장인 아우네장터라고 하는 병천리 부근에 있는 湛軒 洪大容의 묘소에 들렀고, 거기서 아산의 외암마을과 홍성의 남당리 쪽으로 가는 일행과 작별하여, 나는 어제 권 씨 종택으로 따로 왔었던 최유진 교수의 승용차에 동승하여 歸途에 올라, 경부고속도로 및 구마고속도로를 거쳐서 진주로 돌아왔다.

17 (목) 맑음

『道淵述言』을 제6권까지 검토하였다.

예문동양사상연구원으로부터 지난 1월 29일에 있었던 『오늘의 동양사상』 제3호 편집위원회 회의록이 이메일로 부쳐져 왔고, 새한철학회로부터는 2000년도의 새로운 임원 위촉에 대한 통지가 있었다. 후자의 경우 회장이 충남대 정연홍 교수로 바뀌고, 나 대신 배석원 교수가 이사로 되어 있었다.

24 (목) 맑음

점심 때 사재명 군이 자기 차로 연구실에 있는 나를 데리러 와 시내들말의 궁중요리 전문점인 수라라는 음식점으로 가서 김경수·박라권 군과 회동하여, 넷이서 다음 달 중에 나올 내 책의 裝幀과 기증본 문제 등에 대해 상의하였다.

책표지에 어떠한 도안을 넣을 것이냐는 것과 표지 앞뒤 쪽에 저자약력·연구원 출판물 소개·카피 문구 등을 넣는 문제에 대해 내 의견을 물어왔으나, 나는 학술서적답게 도안도 넣지 말고 불필요한 내용도 모두 생략하는 것이 좋겠다는 뜻을 말하였다. 상·하 한 질의 定價가 3만 원으로서, 초판은 천 권을 찍되, 그 중 인세를 받지 않는 증정본은 50부로 하기로 했다. 서지사항을 적는 종이 중 판권을 표시하는 부분에 대하여, 나는 지난번 모임에서 남명학연구원출판부가 판권자로 인쇄되어 있음이 부당하다고 지적하고 저자인 내가 판권자임을 명시할 것을 요구했었다. 당시는 잘 몰랐노라고 하면서 그렇게 하겠다고 선선히 대답했었던 김 국장과 박 사장이 오늘은 어떤 책의 '출판계약과 출판권' 부분 중 '출판계약서' 서식을 복사해 와 나에게 보여주면서, 내가 교정을 보면서 이문열『수호지』의 예에 따라 판권 표시 부분에 저자 이름과 출판연도를 적고 뒤이어 영문으로 출판 장소와 國名을 표시했던 문구 중 영문 부분을 지우고서, 그 자리에다 저작권자와 출판권자를 나란히 표시하여 굳이 남명학연구원출판부라는 말을 넣는 것이 옳다는 것이었다. 내가 그렇다면 차라리 판권 표시 부분 모두를 빼자고 하여 그렇게 하기로 했다.

이 모임에서 계명대 한문학과의 강사라고 하는 宋熹準 박사가 써서 경상대학교 남명학연구소의 기관지인『남명학연구』제9호에 투고한「斷俗寺의 創建 以後 歷史와 廢寺過程」및 같은 사람이 써서 사단법인 남명학연구원의 기관지『남명학연구논총』제8호에 투고한「斷俗寺址의 文化遺產」이라는 두 편의 논문을 김 국장으로부터 전해 받아, 연구실로 돌아와서 前者부터 읽기 시작하였다. 나는 오래 전부터 丹城 雲里에 있는 斷俗寺址에 관련된 여러 문헌의 기록들을 정리하여 이 유서 깊은 절의 총체적 역사를 재구성한「斷俗寺緣起」라는 글을 써 보리라 마음먹고 있었는데, 송 씨의 이 글이 잘 된 것이라면 나의 논문은 쓸 필요가 없는 것이라고 하겠다.

25 (금) 맑음

宋熹準 씨의 논문「斷俗寺의 創建 以來 歷史와 廢寺過程」을 마저 읽고서, 계속하여「斷俗寺址의 文化遺產」을 읽으며 斷俗寺에 세워진 眞定·神行碑와『朝鮮金石總覽』에 보이는 山淸 智谷寺의 慧月碑에 관련된 내용을 여러 관계 문헌을 뒤적여 가며 카드화하였다.

내가 소장하고 있는 여러 학술서적들을 조사해 보니 거의 모두 저자가 저작권 소유자로 되어 있었고, 또한 영어사전을 통해 Copyright는 저작권, 판권으로 번역되므로 이 둘은 서로 다른 말이 아니어서, 저작권은 저자인 나에게 있되 판권은 출판권자인 연구원 측에 있다는 김경수 사무국장의 말이 타당하지 못하다는 것을 확인하고서 김 국장과 통화하여 그 점을 일러주었다. 그는 비로소 납득하고서 내가 저작권 소유자임을 서지사항 난에 명기하겠노라고 하였다. 아울러 인세를 지급할 시기와 방법에 대해서도 김 국장이 다시 전화를 걸어와 물었다. 나는 을유문화사로부터 인세를 받고 있는 狩野直喜 著『중국철학사』의 번역본을 예로 들면서 저자가 판권지에 발행하는 부수만큼 도장을 찍어 준다는 것은 그 액수만큼의 저작권 사용권을 판매한 것을 의미하므로, 그것에 해당하는 대금을 시기는 언제라도 무방하지만 일시불로 지급해 줄 것을 요청했다.

26 (토) 맑음

「斷俗寺의 文化遺産」을 마저 읽고서 김 국장에게 전화하여, 이 논문에 南冥學과 관계되는 부분이 극히 적고『남명학연구』에 투고한 논문과 중복되는 내용이 대부분이며, 내용상의 오류나 미스도 없지 않아 문제는 있으나, 나로서는『남명학연구논총』에 실을 만한 가치가 있다고 본다는 의견을 전하였다.

28 (월) 맑음

점심 때 본교 중앙도서관에 들러 김준형 교수의 박사학위논문 참고문헌 부분에 소개된『靑峴李氏四世合稿』(李邦儉·李廷龍·李志松·李東錫의 詩文集),『峴上世稿』(崔振宗·崔起宗·崔絅·崔紳의 遺文),『竹塢集』(河範運 문집) 등을 빌려와, 김경수 국장과 연락하여 철학과 조교 최재성 군에게 맡겨 복사 제본하도록 조처했다.

3월

2 (목) 맑음

중국사회과학원 부교수로서 계명대학교 철학과에서 박사학위과정을 밟고 있는 중국인 周月琴 씨로부터 안부 전화가 걸려왔다. 周 씨는 금년 4월 무렵 박사학위를 취득하여 중국으로 돌아갈 예정이라고 한다.

6 (월) 맑음

지난번에 읽다가 중단해 둔 한적 자료들을 다시 읽기 시작하였다. 오늘은 그 중에서도 특히 며칠 전에 복사 제본해 온 『靑峴李氏四世合稿』를 그 전에 읽다 만 『道淵述言』과 비교 검토해 가며 카드화하였다. 前者는 道淵 李邦儉으로부터 4대에 이르기까지 직계 후손들의 遺文을 그 高孫子인 李煥奎가 발췌하여 1980년에 鉛活字로 간행한 것이다. 내용상으로서는 필사본 쪽이 원본에 해당하므로 훨씬 충실한데 비해, 이 刊本에는 필사본에 없는 목차나 저자의 墓道文字 등이 수록된 부록이 있으므로 서로 참조할 가치가 있는 것이다.

7 (화) 맑음

李邦儉의 『道淵述言』 全11卷을 읽으며 카드화하는 작업을 마쳤다. 후자에 의하면 哲宗 5년(1855) 정월 25일에 德川書院의 道會所에서 『남명집』 重刊에 관한 최초의 결정이 있었고, 이방검이 이해에 덕천서원의 外任으로 취임하고서부터 다음 해에 이르기까지 그 작업이 추진되고 있었다. 중간의 목적은 기존의 釐正合集本 목판이 이미 세월이 오래되어 낡은데다 缺落된 부분도 있어 전면적으로 改板하기로 하고, 차제에 기존의 刊本에 수록되지 못했던 남명의 遺文을 淵源家의 후손들에게 연락하여 널리 수집해서 續集을 새로 덧붙인다는 것이었다. 당시로서는 남명의 본문에다 대폭적인 수정을 가할 계획이 없었고, 이 문헌만으로써는 중간본이 과연 당시에 실제로 간행되었는지 어떤지도 확인할 수 없는 상태이다.

8 (수) 맑음

丹城 靑峴里에 거주하던 慶州崔氏 가문의 拙齋 崔振宗(1575~1646)과 그 아우 愁愁子 崔起宗(1580~1656), 그리고 起宗의 아들로서 振宗에게 出系한 慕學齋 崔絅(1608~1679)과 그 아우 百結堂 崔紳(1611~1680)의 글을 모아 1919년에 활자로 간행한 『峴上世稿』를 읽으며 카드화하는 작업을 시작하였다. 崔絅은 『南冥集』 이정본 간행 당시 德川書院의 院儒를 대표하여 尤庵 宋時烈과 연락했던 인물로서, 그 일족의 인적사항에 대해서는 내 논문 「『남명집』 이정본의 성립」(『남명학연구논총』 제3집, 1995) 제3절 432쪽에서 당시까지 입수할 수 있었던 자료들에 근거하여 언급한 바 있었다. 근자에 김준형 교수의 박사학위논문을 통하여 그들의 문집이 간행되어 있음을 알고서, 본교 중앙도서관 한적실에 소장된 그 문헌을 입수해 복사 제본한 것이다.

내 저서 『남명학과 연구』의 간행이 예정된 일정보다 꽤 지연되고 있는 듯하여 김경수 사무국장과 통화해 보았다. 이달 18일에 있을 상임연구위원회의 이후에야 시중에 나올 수 있을 듯하다는 것이었다.

9 (목) 맑음

중국 華中理工大學 철학과로부터 보내져 온 그 대학 철학과의 커리큘럼 및 교수의 인적사항 등에 관한 자료를 다시 한 번 읽어보며, 중국 대학 철학과의 실태와 중국에서의 철학 연구 동향을 검토해 보았다.

점심 때 정병훈 학과장 및 華中理工大學 人文學院 院長(인문대학 학장)인 중국인 蔚遲治平 교수와 함께 평거동에 있는 중국음식점 萬里長城으로 가서 함께 식사를 하며 나의 통역으로 본교 철학과 측의 의사를 전하였다. 蔚遲 교수가 오늘 중 이메일로 중국 측에 통지하여, 華中理工大學 철학과장이 정병훈 교수에게 이메일로 그쪽의 의사를 전하게 하며, 그 다음부터는 두 대학 철학과장 간에 영문 이메일로써 교류문제에 관한 실무적인 내용을 계속 협의해 나가기로 했다.

10 (금) 맑음

어제에 이어 華中理工大學 철학과에서 보내 온 자료를 면밀히 검토해 보았고, 『峴上世稿』의 카드화 작업도 계속하였다.

11 (토) 흐리고 다소 쌀쌀함

『峴上世稿』의 카드화를 마쳤고, 李邦儉과 마찬가지로 德川書院의 外任을 지냈고, 그와 더불어 『南冥集』 중간본 간행 작업에도 관여한 台溪 河溍 집안의 종손 河範運(字 熙汝, 1792~1858)의 문집 『竹塢集』(1932, 2책)의 카드화를 시작하였다.

13 (월) 맑음

출판사인 예문서원 및 그 부설 예문동양사상연구원의 소유주 격인 계명대학교 홍원식 교수로부터 전화를 받았다. 한국의 대표적인 철학자 10인을 골라 그들에 대한 연구 성과를 정리하는 형식의 編著를 각각 한 권씩 모두 10권의 총서로서 출판할 예정인데, 그 중 남명에 관한 책의 편집을 내가 맡아 달라는 것이었다. 분야별로 10편 정도의 논문을 가려서 엮고, 말미에 남명 연구의 총목록을 제시하며, 卷頭에는 연구사를 정리한 해제의 성격을 띤 논문을 200자 원고지 120~150매 정도의 분량으로 따로 집필하여 8월말까지 그 전체 원고를 넘겨주면, 대개 금년 중으로 출판할 예정이라는 것이었다. 나로서는 집필하다가 중단해 둔 「南冥遺跡三洞辨證」과 학술진흥재단의 선도연구자지원 연구비를 수령한 「18세기의 江右學派」 집필을 올해의 과제로서 남겨두고 있으므로 꽤 부담스러웠지만, 이것은 필요한 작업이며 또한 기회가 스스로 찾아온 것이므로 승낙해 두었다.

14 (화) 맑음

조교를 시켜 국어국문학과 사무실로부터 금년 2월에 그 학과에서 박사학위를 취득한 姜東郁 군의 박사학위논문 「深齋 曺兢燮의 學問性向과

文論」을 빌려오게 하여, 우선 그 참고문헌 부분을 대충 검토해 보았다. 나의 「南冥學關係旣刊文獻目錄」에다 이 논문에 관한 書誌事項을 보완하고, 또한 내가 아직 모르고 있는 여타의 새로운 문헌이 소개되어 있는지를 살펴보기 위해서이다. 그런데 강 군의 이 논문에는 나의 이름조차 나오지 않는데 반하여 본교 한문학과 모든 교수들의 연구실적과 이 학과 석사학위논문 중 남명학 관계의 것들은 상세히 열거되어 있고, 게다가 나와 논쟁을 벌인 金侖壽 씨의 관계 논문 세 편도 모두 열거되어 있다. 이 박사논문의 지도교수는 국어국문학과의 朴性錫 교수로 되어 있지만, 그것은 한문학과의 박사과정이 작년에 비로소 설치 허가를 받았기 때문에 편의상 국문과에서 계속 학위과정을 밟게 되었을 따름이며, 사실에 있어서 그는 석사논문 이래로 계속 한문학과 H 교수의 지도를 받고 있었으므로, 한문학과에서 배출한 최초의 박사라고 할 수 있다. 이런 까닭으로 그는 수년 전부터 사단법인 남명학연구원의 경우 김경수 사무국장에 해당한다고 할 수 있을 경상대학교 남명학연구후원회의 사무국장을 맡아 있기도 한 것이다. 아마 H 교수 이외에 한문학과의 다른 교수들도 이 박사학위논문의 심사위원으로 참여해 있었을 듯한데, 그들과 나 사이의 미묘한 관계를 모를 리 없으므로 심사위원인 그들의 심정에 영합하기 위해 이렇게 당파적 색채를 분명히 한 것일 터이다.

강동욱 군은 경남일보의 교열기자로 있다가 지금은 편집부인가에서 근무하고 있으며, 진주에 소재한 일간지인 이 신문사의 사원 가운데서는 유일한 박사학위 소지자이다. 근자에는 이 신문에 실리는 전통문화관계 기사를 거의 강 군이 맡아서 집필하고 있는 터이다. 그러므로 강 군의 이러한 자세는 이 신문의 나 혹은 사단법인 남명학연구원에 대한 보도에도 적지 않은 영향을 미칠 것이다.

15 (수) 흐리고 저녁 무렵 부슬비

어제 배부되어 온 본교 남명학연구소의 기관지 『南冥學硏究』 第9輯(1999)의 내용을 검토하고서 강동욱 군의 박사논문 내용도 좀 읽어보았다. 이 두 문헌에서 새로 본 남명학 관계 논문들을 「南冥學關係旣刊文獻目錄」에다 추가하였다.

16 (목) 맑음

강동욱 군의 박사학위논문을 읽으며, 그 중 曺深齋가 중간본 편집에 관계한 부분을 카드화하였다. 남명학연구원으로부터 이번 주 토요일에 있을 상임연구위원회의 회의자료가 우송되어 왔으므로, 그 내용을 검토해 보았다. 내 책 『南冥學派硏究』의 출판계약서와 앞으로 논총에 실릴 논문들의 투고요령, 심사 및 게재 규정의 試案 등이 그 자료에 들어있었다.

연구원의 상임연구위원인 鄭羽洛 씨가 이번 학기 매주 목요일에 다섯 시간씩 본교 한문학과의 전공 강의를 맡게 되었는데, 오늘 오후 수업 사이의 틈을 이용해 인사차 내 연구실에 들러서 잠시 대화를 나누었다.

17 (금) 맑음

나의 저서 『南冥學派硏究』의 출판 작업이 드디어 완성되어, 오늘 오후에 대명인쇄의 사장인 제자 박라권 군이 그 샘플인 책 한 권과 저작권자의 도장을 찍는 부분이 포함된 版權紙 부분의 別紙 1,020권분을 가지고 왔다. 조교 최재성 군에게 내가 번역한 『중국철학사』의 인지에 찍었던 도장을 내주어 그것 찍는 작업을 맡겼다. 이 책은 한글로 된 上卷이 672쪽, 外國文으로 된 下卷이 372쪽으로서 총 1,044쪽이며, 하드커버에다 실제본을 하였고 전체 커버가 따로 포함되어 있다. 금년 3월중에 南冥學硏究院出版部로부터 간행되고, 가격은 3만 원인 것으로 책정되어 있다.

마산에 소재한 민족문화추진회 경남지부 격인 영남문화사의 윤한석 사장이 때마침 내 연구실에 들렀으므로, 그와 더불어 이 책의 보급 문제에 대해 상의하였고, 김경수 국장의 휴대폰 번호를 알려 주어 그와도 연락해 보도록 했다. 사단법인 남명학연구원은 어제 날짜로 부산교통 구내의 영화여객 사무실 안에 책상 하나를 놓아두고서 업무를 보던 체제를 면하고서 시내 봉곡로터리 부근에 所在한 건물의 한 층 전체를 빌려

이사를 하였다고 한다. 내 책의 간행 장소도 아마 옮긴 주소로 되어 있을 것이다.

18 (토) 맑음

중문과의 蔚遲治平 교수로부터 출근 직후에 이메일이 도착하였는데, 華中理工大學 철학과로부터 온 이메일을 나에게 전달하는 내용이었다. 그것에 의하면, 그 대학 철학과의 한국방문단은 殷正坤(과학철학)·張曙光(中國近現代哲學)·李思孟(중국고대철학)의 세 명으로 조직되었다 하며, 전임 학과장인 殷正坤 교수가 대표의 역할을 맡는다고 한다. 지난번에 중국음식점 만리장성에서 蔚遲 교수와 정병훈 학과장 및 내가 모인 자리에서는 중국 측 학과장이 정 교수에게 직접 영문으로 이메일을 보내며, 그 이후로는 두 학과장끼리 직접 연락하기로 합의한 바 있었는데, 상대편이 영어구사에 자신이 없었던지 또 이렇게 나를 경유하게 된 것이다. 이 연락문을 한글로 번역하여 원문과 함께 즉시 정병훈 교수에게로 보냈다.

오전 11시부터 사단법인 남명학연구원의 새로 이전한 사무실에서 상임연구위원회의가 있었다. 봉곡동 로터리 옆 처가 부근에 있는 경남은행 서진주 지점의 2층 거의 전부인데, 사무실과 자료실 및 강당으로 구성되어 꽤 넓고, 통로를 사이에 두고서 은행 직원들을 위한 식당과 탈의실도 있었다.

이 회의에서는 『南冥學硏究論叢』의 투고 요령, 심사 및 게재 규정, 논문 검토의견서, 연구원 출판부 간행도서의 출판계약서 등에 대한 심의가 있었다. 아울러 史載明 박사를 연구원의 상임연구위원으로 추가하는 문제에 대한 결정도 있었다. 회의가 좀 시간을 끌었으나, 오늘이 새로운 연구원 사무실 이전 기념의 입주식을 겸한 자리인 모양이라 이런 저런 곳으로부터 손님들이 와서 강당에서 대기하고 있으므로, 나머지는 대충 마치고서 옆의 식당 칸으로 가서 점심 식사를 마치고 난 후, 강당에서 돼지머리를 포함한 상 앞에 절을 하며 告祀를 지냈다. 이 자리에서 나의 저서 『南冥學派硏究』를 상임연구위원들에게는 무료로 기증하고 나머지 사람들에게는 판매하기 시작하였다.

입주식과 간단한 다과회가 끝나고 난 후, 손님들은 돌아가고 상임연구위원 및 이사장·조옥환 부이사장 등은 남아서 회의를 속개하였다. 내년에 있을 남명 탄신 500주년 기념 학술회의에 초청할 국내외 학자들에 대한 협의가 있었고, 아울러 『南冥集四種』도 내 저서에 잇달아 바로 출판 작업에 들어갈 것과 정정대 씨의 남명을 주제로 한 장편소설 『울지 않는 종』의 출판은 사실상 자비로 이루어지지만 연구원 명의를 빌어 출판할 수 있도록 승인하는 결정도 이루어졌다. 회의 중 전체적으로 나의 발언이 많았으며, 조만간 발행될 논총 제8집의 수록예정 논문 가운데서 상임연구위원 韓相奎 교수의 「曺植 敬義의 교육철학적 이해」를 기각시키고, 宋熹準 씨의 논문 「斷俗寺址의 文化遺産」을 다음 호로 미루기로 하는 데도 나의 의견이 주로 작용하였다.

회의가 끝나고서 돌아가는 중 권순찬 이사장이 나와 따로 좀 이야기하기를 원하므로, 연구원 근처에 있는 다방으로 가서 마주 앉았다. 연구원의 뉴스레터인 『南冥院報』 등에 주로 김 국장 주변 사람들이 고정 집필자처럼 글을 계속해서 싣는 것은 바람직하지 못하다는 외부의 의견이 있으므로, 이 점을 시정하도록 영향력을 발휘해 달라는 것이었다. 어제 사무실을 이전할 때도 사무국장이 이사장에게 사전에 다시 한 번 날짜를 통보하지 않았고, 사무실의 실내 배치도 김 국장 마음대로 했다 하여 이사장이 노발대발해 김 국장을 꾸짖었던 모양이었다. 사무실로 돌아가서 김경수·정우락·사재명 등 젊은 상임연구위원들을 불러 앉힌 자리에서 이사장의 의사를 전하고, 김 국장에게는 각별히 겸손하고 私心 없이 업무를 처리할 것을 다시 한 번 당부하였다.

20 (월) 맑음

남명학연구원을 통해 내 서서 『남명학파연구』를 미국·중국·일본의 동양학 연구로 유명한 대학들 도서관으로 송부하기 위한 주소 및 내가 개인적으로 기증할 미국의 두리, 일본의 아들 세원이 등의 주소가 적힌 목록을 작성하여 이메일로 김경수 사무국장에게 부쳤다.

전남대학교 정병련 교수가 한국동양철학회의 제10대 회장이 되고 나서 처음으로 우편물을 보내왔는데, 나는 8대 때 감사, 9대의 양승무 회장 때 이사가 되었고, 이번에는 편집위원회 위원으로 되어 있었다.

21 (화) 맑음

내 책의 출판 작업을 맡았던 대명인쇄의 사장 박라권 군이 편집 완료된 『南冥學派研究』의 전체 파일과 더불어 4월말까지 출판할 예정으로 있는 『南冥集四種』에 붙일 解題의 성격을 띤 같은 제목의 내 논문 교정쇄를 보내 왔다. 한 차례 교정을 보고 난 다음 조교를 통해 박 군에게 전달하게 하였다.

22 (수) 맑음

인문학부 1·2학년 학생들의 봄철 답사에 인솔교수로서 동참하여 경북·충북 지역으로 2박 3일간의 여행을 떠났다.

25 (토) 맑음

지난번에 읽다만 H 교수의 논문 「安分堂 家門의 形成과 展開」(『南冥學研究』 9, 1999)에 대한 카드화 작업을 마치고 난 다음, 姜東郁 군의 박사학위논문 「深齋 曺兢燮의 學問性向과 文論」을 계속하여 읽었다.

27 (월) 맑음

출판된 『南冥學派研究』를 읽어보며 그 중 교정이 불충분했던 부분들을 체크해가며 박라권 군이 보내 준 편집 완료된 파일에다 수정 보완하는 작업을 시작했다. 눈에 띄는 대로 교정해 두었다가 再版을 내게 되면 거기에 반영하기 위해서이다.

계간지 『한국사상과 문화』를 발행하는 韓國思想文化學會의 회장인 서울의 한국체육대학 金益洙 교수로부터 전화를 받았는데, 나더러 이 모임의 慶南支會長을 맡아달라는 것이었다. 그는 여러 해 전 중국 河南省에서 있었던 국제학술회의에 나와 함께 참석한 바가 있었다. 그 당시 동행했었던 劉明鍾 교수가 이 학회 고문의 한 사람으로 되어 있고, 일행인 동국대 金弼洙 교수는 부회장 중 한 사람, 연세대 柳仁熙, 동덕여대 趙駿河, 동국대 裵相賢, 서울대 李楠永 교수는 이사 명단에 들어 있다. 나로서는 이 학회의 중심인물인 김익수 씨를 학문적으로 능력 있는 사람이라고 생각하고 있지 않을 뿐 아니라, 잘 알지도 못하는 모임에 이름뿐인 감투를 쓰는 것도 그다지 달갑지는 않으나, 아는 안면에 굳이 마다할 이유도 없어 어정쩡하게 승낙했다.

28 (화) 흐리고 심한 黃砂現象

예문동양사상연구원으로부터 이메일로 (가칭)'한국의 대표사상가 10인' 총서 발간사업에 관한 세부적인 출판기획안이 부쳐져 왔다. 이 총서에서 선정된 한국의 대표적인 사상가 10인은 元曉·義天·知訥·退溪·南冥·栗谷·霞谷·茶山·惠崗·水雲으로서, 그 중 내가 편저자로서 맡을 인물은 南冥이다. "해당 인물의 철학세계를 다룬 기존의 개별 논문들 가운데 수준작들을 주제별로 적절히 안배해 엮고 해제를 덧붙인 논문 모음집"으로서 해제를 제외하고 본문에 나의 글이 최소한 1편은 포함되도록 선정해 달라고 되어 있다. 분량은 전체적으로 200자 원고지 1,500매 내외(300페이지 안팎의 단행본 분량)가 되도록 하며, 내용은 해제 1편(원고지 150매 내외), 10~12편의 개별 연구논문으로 구성된 본문, 그리고 해당 인물에 대한 기존의 연구물 목록을 주제별로 분류하여 수록한 부록 1편으로 구성되며, 원고마감일은 8월 31일이고, 출간예정일은 12월중으로 되어 있다.

29 (수) 맑음

台溪 河溍의 후손으로서 철종 시대에 『남명집』 중간본 간행 작업에 관여한 河範運(字 熙汝, 1792~1858)의 문집인 『竹塢集』을 읽으며 카드화하

는 작업을 계속하였다.

30 (목) 맑음

『竹塢集』의 카드화 작업을 계속하였다. 후자의 권3 '雜著'에는 「東征日記」라는 제목으로, 河範運이 자신의 선조 河溍의 문집인 『台溪集』 목판이 宗川書院 院變 당시 『謙齋集』의 목판에 휩쓸려 일부 손상을 입었으므로, 純祖 23년(1823)에 그 續集의 간행을 위해 안동 禮安의 퇴계 후손 廣瀨 李野淳과 尙州 愚川里에 사는 西厓 후손 강고 柳尋春을 찾아가 교정을 받고, 이 일대의 퇴계 및 퇴계학파의 유적과 그 후예들을 두루 歷訪하며, 아울러 上記 두 사람의 문하에 제자로서 들어가는 과정이 상세히 기록된 글이 실려 있었다. 조선 후기 무렵 퇴계학파와 남명학파 사이의 위상 관계를 보여주는 좋은 사례라 흥미로웠다.

31 (금) 맑음

지난 3월 15일자로 출판된 『南冥學派硏究』 중 저자인 내가 초판에서 받을 수 있는 부수는 10부인데, 국내외의 내가 기증할 필요가 있다고 생각하는 곳에는 이미 연구원을 통해 대충 다 우송하도록 조치하였으므로, 이미 받은 한 부외에 오늘 점심 때 세 부만을 더 받아와서, 그 중 두 부는 연구실이 나와 같은 4층에 있는 한문학과의 崔錫起·李相弼 교수에게 각각 한 부씩 증정하였다. 그러므로 이제 나에게는 연구실과 집에 각 한 부씩 보관해 둘 것밖에 남아 있지 않는 셈이다.

남명학연구원으로부터 이사 및 회원들에게 보내는 우편물이 도착하였다. 지난 3월 16일자로 사무실을 晋州市 鳳谷洞 14-21의 2층으로 이전하였음을 통보함과 아울러, 나의 책 『남명학파 연구』의 출간을 알리면서 그 구입을 권유하고, 내가 편집한 『南冥集四種』 영인본이 4월 20일자로 간행될 것임을 예고하는 내용이었다.

4월

1 (토) 맑음

지난 17일에 KBS 1채널에서 〈현장고발·연구비를 가로채는 교수들〉이라는 제목의 '취재파일' 프로가 방영되었는데, 간밤에 다시 그 속편으로서 〈대학에서 온 편지 '연구비관리, 이대론 안 된다'〉 등이 방영되었으므로 예약 녹화하여 시청해 보았다. 교수가 연구비 중 제자들의 인건비 부분을 가로채고 연구계획서와는 다르게 연구비를 사적으로 착복하는 사례는 어제 오늘의 일이 아니어서 대학가에서는 상식에 속하는 것이며, 나는 그런 짓을 하기 싫어 상당한 기간 동안 아예 연구비 신청을 하지 않아 온 터이다. 그러나 주로 문헌을 다루는 인문학의 경우 사실상 연구보조원을 쓸 필요성이 없으며, 그들에게는 나의 연구를 도와줄 능력도 없다고 할 수 있으니, 거의 아무 일도 한 적이 없는 학생에게 인건비를 지급한다는 것도 우스운 일이라 하겠다. 이는 분명 제도상의 모순이지만, 내가 연구비를 신청하지 않는다고 해서 이미 책정되어 있는 그 예산이 집행되지 않는 것도 아닐 것이며, 더구나 연구비 수령 실적은 교수의 능력 평가에도 관계되는 터이니, 그냥 있으면서 불이익을 감수할 이유도 없을 것이다.

어제의 점심 모임에서 김경수 국장으로부터 받아온 남명학연구원의 연구논문 투고 및 심사 규정 시안을 검토하면서 수정을 가하여 조교에게 맡겨두고서 研究院으로부터 사람이 오면 전해 주도록 했다.

4 (화) 흐림

이 달 말에 간행될 예정인 『南冥集四種』 전체의 교정쇄가 도착하였으므로, 그 교정 작업을 시작하였다.

5 (수) 맑으나 黃砂현상

식목일 휴일이라 하루를 쉬었다. 오전 아홉 시 반쯤에 파출부가 온 것을 보고서 아내와 나는 집을 나서, 내가 운전하는 차로 함께 산청군 일대의 답사에 나섰다. 먼저 신안면 원지 못 미친 지점에서 양천을 따라 靑峴里로 가 보았다. 청현마을에는 오늘날 道淵 李邦儉의 일족인 합천이씨들이 주로 살고, 慕學齋 崔絅의 일족인 경주최씨는 그 아래편 야정 마을에 몇 집 있다고 한다. 청현에서 남명 문인인 日新堂 李天慶을 제향하는 靑谷書院과 그 서원 옆에 재건해 둔 日新齋를 둘러보았다.

이 마을의 노인회관에 들러 李邦儉이 만년을 보낸 程朱洞의 위치를 물었더니, 생비량면 도전리에 그 장소가 있다고 알려주었으므로, 논 사이의 차가 다닐 수 있는 정도로 난 좁은 길을 따라 현장에 가 보았다. 정주동이란 마을 이름은 아직도 남아 있었는데, 집현산을 배경으로 하고 양천에 면해 있는 열 집 안팎의 조그만 동네였다.

거기서 다시 신안면 문대리 쪽으로 나와, 북으로 신등면을 향하다가 단계 조금 못 미친 지점에 있는 소이리에 들렀다. 이곳은 문익점의 조카로서 남명 증조부의 장인이 되는 文可容과 그 동생으로서 조선 태종 때 역적으로 죽은 可學의 일족이 살던 곳이기 때문이다. 이 마을 비닐하우스에서 딸기를 수확하고 있기에 만 원 주고서 한 바구니를 샀다. 이어서 그 위쪽에 위치해 있고, 조선시대에는 驛 마을이었던 碧溪에도 들러 보았다.

신안면과 생비량면 일대에서의 답사를 마치고서 덕산 마을 뒤편에 있는 지리산 九谷山(961m)에 올라보기 위해 단성면을 지나 시천면 德山에 이르렀다. 德川書院에 들렀다가 그 근처에 있는 정자나무집이라는 음식점에서 점심으로 닭찜을 주문해 놓고서 차를 몰아 그 근처에 있는 경상대학교 연습림 관리사무소에 들러 그 내부를 둘러보았다. 다시 나와서 교회 옆으로 난 산길을 따라 구곡산에 올라 정상 가까운 지점에 위치한 도솔암이라는 절까지 가 보았다.

6 (목) 맑음

『南冥集四種』의 교정쇄를 검토하여 마쳤는데, 내가 당부한대로 되어 있지 않거나 영인 상태가 인쇄에 적합하지 못한 부분도 있어 짜증이 났다.

동철연 총무인 국민대 문석윤 교수로부터 이메일을 받았다. “이남영 선생님 논문집은 아직 성태용 선생과 허우성 선생의 논문이 들어오지 않았고, 이남영 선생의 논문도 아직 들어오지 않아 언제 출간이 될지 누구도 정확하게 말하지 못하고 있는 상황입니다. 천지의 이종국 사장님 말로는 5월 말경까지는 출간을 하고 싶다 하시나 그것도 확신할 수는 없는 것 같습니다”고 되어 있었다. 나는 이에 대해 “이규성 선생의 말로는 원고가 다 들어오지 않더라도 겨울방학 중으로는 무슨 일이 있더라도 논문집을 출판하겠다고 하였는데, 그 다짐도 지켜지지 않아 연구비 수혜로 말미암아 기한이 걸려 있는 내 논문은 결국 그 데드라인을 맞출 수 없게 되는 모양이니 낭패로군요. 무책임한 사람들이라 하지 않을 수 없고, 이런 사람들로써 이루어진 동철연이 잘 꾸려져 나가기도 어렵다고 봅니다”라는 회신을 보냈다.

오후에 대구로부터 매주 목요일 본교 한문학과에 출강하고 있는 남명학연구원의 상임연구위원 鄭羽洛 박사가 연구실로 방문해 와, 내가 부탁했던 그의 논문 「南冥 曺植과 南冥學派」(『東方漢文學』 17, 東方漢文學會, 1999.8)의 別刷를 전해주었다.

밤에는 동국대학교 慶州分校의 한문학과 교수로서 대구에 거주하고 있다는 김동협이라는 사람이 집으로 전화를 걸어왔다. 남명의 행장과 신도비 등에 관해 꽤 오랫동안 질문을 하였으므로, 그것에 관해서는 『南冥學研究論叢』 제3집에 실린 내 논문 「『南冥集』 釐正本의 成立」 제4절에 ‘神道碑의 再建과 黨論의 動向’이라는 제목으로 20페이지에 걸쳐 자세히 언급한 바 있으니 참고해 보라고 말해주었다.

7 (금) 맑음

어제 정우락 씨로부터 받은 논문 「남명 조식과 남명학파」를 읽어보았고, 연구원으로부터 발송되어 온 鄭政大 씨의 남명 생애를 주제로 한 장편소설 『울지 않는 종』의 교정쇄를 훑어보았다.

재작년에 학교 당국으로부터 받은 내 연구비의 연구기간은 작년 연말까지 일 년이며, 연구실적물의 최종 제출 기한은 금년 6월 30일까지인 모양이다. 그 논문은 서울대 철학과의 이남영 교수 회갑기념논문집에 싣기 위해 탈고하여 보낸 지 이미 일 년이 넘었건만 언제 간행되어 나올지 기약이 없는지라, 오늘 조교를 통해 나의 저서 『남명학파 연구』의 제1부 제3장으로서 출판되어 있는 그 논문 「南冥과 陸王學—知와 行의 문제를 중심으로—」를 가지고서 그 실적물로 대체할 수 있는지 알아보게 했다.

8 (토) 맑음

오늘 아침 ≪경남일보≫ 9면에 난 신간서적 소개에 '경상대 오이환 교수 "남명학파연구" 발간'이라는 제목의 기사가 실렸는데, 그 본문은 단 일곱 줄로서 다음과 같이 되어 있었다.

> 경상대 철학과 오이환 교수는 "남명학파연구"라는 책을 발간했다. 이 책은 오 교수가 20여 년 동안 연구한 남명학 관계 논문을 묶은 것으로 상·하 두 권 1,000여 페이지 분량이다. 이번 출간은 저자의 그간 연구 성과를 중간결산 한다는 측면에서뿐만 아니라 연구자들의 관심과 저변을 확대시키는데 기여할 것으로 생각된다.

이에 앞서 김경수 국장이 본교 국민윤리교육과의 손병욱 교수에게 신문 게재를 위해 A4용지 3/4 정도에 달하는 분량의 서평을 청해서 받고, 책의 사진 석 장과 책 한 질씩을 첨부하여 진주 시내의 유일한 일간지인 ≪경남일보≫와 주간지인 ≪진주신문≫, 그리고 ≪경상대학보≫에 보내어 홍보를 부탁한 모양이었다. 그러나 ≪경남일보≫에는 H 교수의 제자로서 매우 당파적인 성향을 지닌 姜東郁 군이 원래 교열기자로 있었다가 박사학위를 받고 난 지금은 편집국 차장 대우로 승진해 있어 중간에 농간을 부릴 지도 모르므로, 향토문화사랑회의 부회장이기도 한 河鍾甲

편집국장 앞으로 그 자료들을 바로 보내라고 말해 둔 바가 있었다. 김 국장은 자신이 직접 쓴 정중한 서신까지 덧붙여서 우송했던 모양인데, 결과는 이렇게 되었다. 이 기사를 쓴 것으로 되어 있는 김영우 기자는 강동욱 군의 부하 직원으로서 김 국장도 아는 사람이라고 한다. 이 기사의 바로 앞에는 같은 김영우 기자가 쓴 '남해 출신 정휴스님'이라는 내가 이름을 들어본 적이 없는 승려가 쓴 수상집 『적멸의 즐거움』에 관한 소개가 두 단에 걸쳐 실려 있고, 책의 사진까지 곁들여져 있다.

9 (일) 맑았다가 해질 무렵 부슬비

아내와 함께 향토문화사랑회의 월례 답사여행에 참가하여 거제도를 다녀왔다. 점심을 들기 위해 지금의 거제시청 소재지인 新縣으로 돌아와 생선회를 안주로 매실주를 들고 아울러 그 매운탕으로 점심을 들었다. 이 자리에서 나는 개인적으로 회장인 성종복 씨에게 내가 이 모임 회지인 『향토문화』 다음 호에 기고하여 5월 중 출판될 예정인 두 편의 글 「일본 철학의 훈고적 전통과 사변적 전통」 및 「주말 나들이」는 기고를 취소하겠다는 뜻을 말했다. 지금까지 간곡한 부탁에 따라 나의 남명학에 관한 논문들을 두 차례 이 회지에 실어 왔었으나, 이번에 《경남일보》의 편집국장으로 있는 하종갑 부회장이 나의 저서를 취급하는 태도로 보아 이러한 글들이 그들의 수준에는 어울리지 않는 것일 뿐 아니라 오히려 젠체한다고 백안시당할 우려도 없지 않다고 판단되기 때문이다.

10 (월) 맑으나 다소 강한 바람

오늘 자 《慶尙大新聞》 3면의 '교수신간'이라는 난에 내 저서 『南冥學派硏究』 상·하권이 소개되었다. 사범대 윤리교육과 손병욱 교수의 서평 全文을 책 사진과 더불어 삭제 없이 실은 것인 듯하다. 손 교수는 서두에서 "본서는 지자인 오이환 교수가 '후기'에서 밝히고 있듯이 그가 80년대 초 경상대학에 부임한 이후 근 20년에 가까운 세월 동안 심혈을 기울여 온 남명학 관계 연구 성과를 총 정리한 책이다. 이 책은 상·하 두 권으로 한 질을 이루고 있는데, 모두 1,000여 페이지에 이르는 방대한 양이다"라는 말로써 시작하여, 책의 내용을 대체적으로 소개한 뒤, 말미에서 "저자는 그동안 오랜 세월에 걸쳐서 남명학 연구에 전념하여 많은 관계 자료들을 수집하고 이들 자료에 의거하여 질과 양 면에서 수준 있는 논문들을 잇달아 발표함으로써 남명학(학파) 연구의 기반을 다지는데 크게 기여한 학자로 학계에서 인정받고 있다. 따라서 이번 출간은 저자의 경우 그 간의 연구 성과를 중간 결산한다는 측면에서 뿐 아니라 이 분야에 대한 연구자들의 관심과 의욕을 고취시키고 그 저변을 확대시키는데 기여할 것이라는 측면에서도 중요한 의미를 지닌다고 본다"라고 끝맺고 있다. 이로써 보아, ≪경남일보≫의 기사는 손 교수의 글 중 이 부분들을 발췌 요약한 것임을 알 수 있다.

밤에 吳相武 씨로부터 전화를 받았다. 금년 3월부터 경기도에 있는 龍仁大學校 중국학과에 전임으로 임용되어 근무하고 있다면서 인사차 연락한 것이었다. 그는 고려대학교 철학과를 졸업하고, 중국 北京大學 대학원에서 湯一介 씨를 지도교수로 하여 철학박사학위를 받았으며, 京都大學 중국철학사연구실에서 1년간 박사 후 과정을 거친 후, 중국 江西省의 南昌大學 철학과에서 몇 년간 부교수로 근무하고 있었다.

11 (화) 맑으나 다소 쌀쌀함

재단법인 경상대학교 발전기금재단 학술연구조성비 300만 원을 받아 작성한 내 논문 「南冥과 陸王學—知와 行의 문제를 중심으로—」는 서울대학교 철학과 李楠永교수의 회갑기념논문집에 기고한지 1년이 넘도록 간행되지 않고 있다. 작년 연말까지로써 그 연구기간이 끝나고 연구결과물 제출 최종 시한인 금년 6월말까지도 간행될 수 있을지 어떨지 확실치 않은 상황이므로, 『南冥學派研究』의 제1부 제3장에 수록하여 출판된 것으로써 오늘 연구결과보고서를 제출하였다. 아울러 4월 8일자로 2000년도 학술진흥재단의 학술진흥기반사업 신청공모 공문이 있었으므로, 오늘 오후 이 재단의 홈페이지로 들어가 금년도 선도연구자지원 계획 부분을 출력하였고, 아울러 나에 관한 학술연구자 정보를 갱신 입력하였다.

오후에 마산의 민족문화사 대표인 윤한석 씨가 내 연구실로 방문해 왔으므로, 그와 더불어 내 저서 『남명학파연구』의 보급 문제에 대해 상의해 보았다. 그에 의하면 연구원의 김경수 국장과 연락해 보았으나, 책정된 가격에 비해 도서관 등의 실제 할인 구입가격이 너무 낮기 때문에 현재로서는 연구원 측과의 商談이 성립되어 있지 않다고 한다. 내가 휴대폰을 통해 김 국장과 연락해 보니, 이 책의 정가는 한 질에 30,000원으로 책정되어 있으나, 제작 원가가 질 당 20,600원이며, 거기다 내 인세 부분을 보태면 원가가 23,600원이 되는 셈이므로, 연구원으로 직접 주문해 와서 우송하는 경우 이외에 서점 등에 납품할 경우에는 현재로서도 적자를 보고 있는 상황이어서 더 이상 보급가격을 낮추기는 어려운 실정이라고 한다. 적자를 보지 않는 한도 내에서 가격을 최대한 낮추기로 한 것은 나의 거듭된 권유에 의한 것이었지만, 실제로는 그 때문에 오히려 보급 상 어려움이 많고, 대부분의 출판사에서는 제작 원가의 3배 정도를 정가로 책정하고 있는 실정이라고 한다. 책값의 인상 문제에 대해서 김 국장이 이사장 등과 다시 한 번 상의해 보도록 했다.

김 국장을 통해 어제 날짜의 ≪진주신문≫에 내 신간 저서에 관한 기사가 실렸다는 사실을 알고서 조교 崔宰城(알고 보니 그의 한자 이름은 崔在城이 아니었다) 군에게 그 기사를 복사해 오도록 했다. '남명 사상 집대성—오이환 경상대 교수 남명학연구원에서 묶어—'라는 표제하에 제505호 문화면의 2단 칼럼 기사로 『南冥學派研究』 상권의 표지 사진과 더불어 꽤 크게 소개되어 있었다.

12 (수) 맑음

이남영 교수 회갑기념논문집의 출판을 추진하는 가운데서 논문 聚合의 책임을 맡아 있는 건국내 철학과에 근무하는 후배 정상봉 교수가 명지대 문석윤 교수로부터 내 말을 듣고서 직접 이메일을 보내왔다. 이에 의하면 "세 분의 원고를 이달 말까지 받기로 하고 이미 편집이 끝난 나머지와 함께 월말에 이남영 선생님께 보여드리고 곧바로 출판에 들어가겠다"는 것이며, "출판 시기는 5월 중순이 될 것으로 보입니다"고 되어 있다.

퇴근 후인 오후 6시 30분에 하대아파트 뒤 수정가든에서 남명학연구소 2000년 제1차 평의원회가 개최되었다. 1999년도 결산 및 2000년도 사업계획 심의가 주된 안건이었다. 결산보고에 의하면 현재 연구소의 기금은 2억 4천만 원으로서 연 8%의 이자 수입에 의해 1,900만 원이 고정적으로 들어올 수 있으며, 1999년도에는 총 수입 52,568,939원 가운데서 37,304,630원이 지출되고 15,264,309원이 금년도로 이월되었다고 한다. 아울러 금년도부터는 특별연구원 제도를 활성화하여 전국적으로 500~600명의 학자를 특별연구원으로 위촉할 예정이라고 한다. 금년도 연구부의 사업으로서 『남명학연구』 제10집에 게재될 예정인 문집해제 분담집필자 명단 가운데 나에게는 李稱(1535~1600)의 『篁谷集』이 배정되어 있었으나 나는 그것을 수락하지 않았고, 古文學會와 공동으로 9월 말 경에 개최될 예정인 학술발표대회에 발표는 수락하여 「南冥遺跡三洞辨證」을 발표하기로 하였다.

아울러 重齋 金榥의 장남인 창호 씨가 작년에 별세하여 그 집안에 한학을 계승할 사람이 없을 터이므로 重齋의 장서를 본교 도서관이 인수하여 重齋文庫를 덧보태고, 마산에 거주하는 老栢軒 鄭載圭의 종손과 연락하여 몇 년 전에 도난당하고서 남은 老栢書舍 소장 고문서 및 문헌들도 교섭해서 본교가 입수하는 것이 좋겠다는 의견을 피력하였다. 남명학관의 건축은 그 공사를 맡은 한보건설의 박유정 사장이 몇 년 전 IMF 때 부도를 맞은 이후 계속 부진 상태에 있으므로, 현재 이 연구소의 후원회장이기도 한 그가 분담하기로 한 기금이 입수될 길이 없어 계속 답보 상태에 빠져 있다. 이 건물 3층에는 연구소 사무실이 들어가는 외에 보통 연구실 크기의 1.5배에 해당하는 연구실 세 개는 연구소의 교수에게 배정하고 나머지 방들은 외국인 교수들에게 배정하며, 2층은 식당 외에 서고를 두어 중앙도서관 한적실의 장서를 담당 직원 한 명과 함께 그리로 옮기며, 1층은 강의실과 교내의 각종 연구소 사무실로 사용하기로 학교 당국은 이미 계획을 세워두고 있는 모양이었다.

회의 장소 근처의 한문학과 교수들이 자주 가는 실비집에서 H 소장 및 崔錫起 총무부장, 李相弼 연구부장 등 한문학과 교수 세 명과 더불어 2차를 시작하여 다음날 오전 세 시 무렵까지 소주와 맥주를 마시다가 귀가하였다. 갈 때는 우리 아파트 앞으로 H 교수를 태우러 온 이상필 교수의 차에 동승하여 갔으나, 돌아올 때는 H 교수와 동승하지 않고서 혼자 택시를 타고 왔다.

14 (금) 흐림

일본의 동방학회로부터 금년도 국제동방학자대회에의 참가여부를 물음과 더불어 회지의 회원 소식란에 실을 返信用 카드를 보내왔다. 거기에다 내 저서 『남명학파연구』의 출간 및 금년 중에 간행될 예정인 『南冥集四種』과 예문서원의 한국의 대표사상가 10인 시리즈 중 내가 편집하기로 되어 있는 남명 편에 대한 것을 적었다.

17 (월) 맑음

오후에 김 국장으로부터 『南冥學研究論叢』의 투고 및 심사 규정 제3차 試案이 이메일로 보내져 왔으므로 그것을 검토하여 수정을 가한 후 회송하였다. 아울러 『南冥學派研究』의 가격 인상 문제에 대해 상의해 보았는지 물었더니, 권순찬 이사장 및 조옥환 부이사장의 의견으로는 연구원 측이 어느 정도 손실을 감수하더라도 마산 민족문화사의 윤한석 씨에게는 원가에 못 미치는 정도의 가격 수준으로 넘겨서 전국적으로 배포할 수 있게 하고, 처음 책정한 3만 원의 가격은 그대로 유지하는 편이 좋겠다는 것이었다고 한다. 그것은 내 의견과도 다르지 않다. 그러나 구내서점에 갖다 둔 그 책이 한 질도 팔리지 않았다고 하므로, 홍보가 부족하고 지난주의 ≪경상대학보≫에 가격이 각 권 3만 원이라고 소개된 까닭도 있을까 생각하여, 오늘 아침 조교에게 연락해 이 책이 구내서점에 비치되어 있고, 가격은 2권 한 질에 3만 원이나 조만간 인상의 가능성도 있다는 내용의 안내문을 철학과 게시판에 붙이도록 지시했다.

밀양에 거주하는 구자익 군이 석사학위논문 발표회 문제를 협의하기 위해 모처럼 학교에 와서 내 연구실로 방문해 왔다. 그의 논문은 잘된 것이므로, 보통 논문 한 편 정도의 분량으로 줄여서 본교 철학과 학술지인 『존재와 사유』 다음 호에 싣도록 다시 한 번 말해 두었다.

18 (화) 맑음

어제 김 국장과의 통화 중 오늘 자 ≪경남일보≫에 다시 내 책에 관한 기사가 실릴 것이라는 소식이 있었다. 출근 직후 교수휴게실에서 커피 한 잔을 타 마시며 매일 읽는 이 신문 가운데서 먼저 그 기사를 찾아보았는데, 그 제8면(문화)에 「남명학연구원 '남명학파연구' 발간」이라는 제하에 사진을 곁들인 2단 칼럼으로 강동욱 기자가 쓰고 있었다. 책의 내용을 대체적으로 소개한 다음, "오 교수는 그동안 오랜 세월에 걸쳐서 남명학 연구에 전념하여 많은 관련 자료들을 수집하고 이들 자료에 의거하여 질과 양 면에서 수준 있는 논문들을 잇달아 발표함으로써 남명학(학파) 연구의 토대를 놓는데 크게 기여한 학자로 학계에서 인정받고 있다"고 하여, 손병욱 교수의 서평과 비슷한 말로써 끝맺고 있다.

오늘 김 국장과 통화하면서 알게 된 사실로는, 이 신문의 지난번 기사가 나간 이후 김 국장의 처숙부인 晦川 崔寅瓚 翁의 二以齋에서 함께 한문을 공부한 사이인 강동욱 기자가 사과 차 김 국장을 찾아왔기에 둘이서 한동안 다투었는데, 결국 사과를 받아들이고서 그 대신 총선이 끝난 이후인 오늘 자 신문에 새로 기사를 싣기로 약속한 바 있었다고 한다. 강 기자의 설명으로는 김 국장이 오랜 친구인 자신이 ≪경남일보≫의 편집국 차장 대우로 있음에도 불구하고 자기에게 기사를 의뢰하지 않고서 하종갑 편집국장에게 직접 책과 손병욱 교수 서평 및 서신을 보낸 점에 대해 유감을 품고서 지난번처럼 소략한 기사를 내보낸 것이었으며, 하종갑 국장은 그 우편물을 받고는 내용을 자세히 검토해 보지도 않고서 부하 직원이자 문학박사인 강동욱 차장에게 그것을 넘겨주었던 것이라고 한다.

20 (목) 맑음

河範運의 『竹塢集』을 마저 읽고서 카드화 해 놓은 것을 부록의 원문 부분과 다시 대조해 가며 빠진 내용이 없는지 체크하였다.

21 (금) 흐림

퇴근 무렵까지 『南冥學派硏究』를 여기저기 뒤적여보았다. 이 책을 출판하기 전에 나 자신은 한 차례 교정을 보았을 뿐인데, 역시 좀 더 손보아야 할 곳들이 적지 않게 눈에 띄었다. 그러한 곳들에는 붉은색 사인펜으로 표시를 해 두었다가 再版의 기회를 기다려 수정할 예정이다.

≪경남일보≫의 姜東郁 군이 철학과 조교를 통해 금년 2월에 나온 자신의 문학박사 학위논문 「深齋 曺兢燮의 學問性向과 文論」을 뒤늦게 보내왔다. 이 논문의 참고문헌란에는 본교 한문학과 전체 교수들의 연구업적과 그 학과에서 나온 남명학 관계 석사학위논문, 그리고 나와 논쟁을 벌인 金侖壽 씨의 남명학 관계 논문들이 모두 언급되어 있으면서도 나에 관해서는 一言半句의 언급도 없다. 게다가 이 학위논문을 남명학에 대한 지식이 별로 없는 이런저런 사람들에게 보내고 연구원의 권순찬 이사장이나 조옥환 사장에게도 보냈으면서도 나와 김경수 국장에게는 보내지 않았던 것이다. 나는 이런 점으로 미루어 그가 당파심이 매우 강한 사람이라고 판단하여, 김 국장에게 내 책을 그에게 보내지 말고 ≪경남신문≫의 하종갑 편집국장에게로 직접 보내라고 말했던 것이었다. 아마도 지난번 김 국장과의 사이에 이런 문제에 대한 대화가 있어, 뒤늦게나마 내 책에 관한 기사를 직접 작성하여 새로 신문에 싣고 논문도 보내온 모양이다. 논문을 넣은 봉투에는 그의 직책이 '慶南日報 文化特輯部 記者'로 인쇄되어져 있다.

22 (토) 맑음

11시 무렵부터 남명학연구원 사무실에서 상임연구위원회의가 열렸다. 周月琴·蔡輝均 씨 및 중국 陝西師範大學 曺吉惠 교수의 논문계획서를 심의하여 통과시키고, 韓相奎 상임연구위원이 지난번 자신이 불참한 회의에서 그가 제출한 논문을 이번 論叢에 게재하지 않기로 결정한 데 반발하여 보내온 편지에 대한 대응을 논의하였으며, 나와 김 국장이 다듬은 논총 투고규정안을 심의하고, 鄭政大 씨의 남명 생애를 주제로 한 장편소설 『울지 않는 종』을 연구원의 이름으로는 간행하지 않기로 결정하였다. 이어서 오늘의 주된 의제인 내년의 남명 탄신 500주년을 기념하는 국제학술회의 개최 안을 심의하였다. 지난번 모임에서 대체로 이에 대한 의견을 수렴한 바 있었으나, 오늘은 그 때의 안을 거의 전면적으로 무시한 채 새로 발표자를 선정하는 작업에 들어갔다. 요컨대 남명학에 대한 학문적 지식보다는 네임벨류를 중심으로 국내외의 중진급 학자들을 초청해야 한다는 것이었다. 나는 원하지 않는다는 의사를 여러 번 밝혔음에도 불구하고 일본 측 학자와의 교섭 책임이 맡겨져, 大阪市立大學 三浦國雄 교수와 연락해야 할 의무가 부과되었다.

연구원 부근 식당에서의 점심 식사를 마치고서 김충렬 원장과 권순찬 이사장, 조옥환 부이사장은 돌아가고, 나머지 상임연구위원들은 다시 2층의 사무실로 올라가 얼마간 대화를 나누었다. 이 자리에서 본교 사범대학 윤리교육과의 孫炳旭 교수가 작성한 내 책에 대한 서평은 A4용지 두 장 분량으로서 『南冥院報』 다음 호에 게재할 예정인 다소 긴 것과, 그것을 A4용지 한 장의 2/3 정도로 줄인 것의 두 종류가 있는데, ≪慶尙大新聞≫에 실린 것은 그 중 후자의 全文이며, ≪경남일보≫의 강동욱 기자가 쓴 것은 전자를 발췌 요약한 내용임을 알게 되었다.

다섯 시간 정도의 모임을 마친 후, 연구실로 돌아와 모처럼 일본어 워드프로세서를 꺼내놓고서 三浦 교수에게 보낼 편지를 쓰기 시작하였다. 집으로 돌아온 이후에도 이 일이 스트레스가 되어 밤잠이 잘 오지 않았다.

24 (월) 맑음

三浦國雄 교수에게 보내는 편지를 거의 탈고하였다.

25 (화) 흐리고 저녁 무렵 부슬비

三浦國雄 교수에게 보내는 서신을 탈고하여, 이메일로 김경수 국장에게 보내어, 출력해서 나의 책『南冥學派研究』한 질과 더불어 발송하도록 했다. 三浦 교수가 이 초청을 수락할 가능성은 극히 적다고 보지만, 만약 그가 올 수 없다면 나와 함께 京都大學 중국철학사 연구실에서 공부하였고, 三浦 교수와 더불어 大阪市立大學에 근무하고 있는 山口久和 교수에게 내년의 남명 탄신 500주년 기념 국제학술회의에 참가하도록 권유해 줄 것을 당부했다. 이쪽에서 모든 비용을 부담해 가며, 남명에 대해서는 평소 연구한 바가 없을 뿐 아니라 심지어 그 이름조차도 들어본 적이 없었던 외국 사람들을 초빙해서 과시성의 겉치레 행사를 치른다는 것은 일종의 事大主義에 불과하다. 나로서는 이런 일이 정말 마음에 들지 않는 것이지만, 단체에 소속되어 있다 보니 하고 싶지 않은 일도 단호히 뿌리칠 수 없는 경우가 있게 마련인 것이다.

병으로 휴직하고 있는 경북대 송휘칠 교수로부터 어제 전화 연락을 받았다. 금년 3월 무렵 간행할 예정이라던 일본 페리칸社의『日本思想』誌 한국 학자 특집은 금년 7월말 경에 간행될 것이라면서, 거기에 기고되었던 나의 논문「일본철학의 훈고적 전통과 사변적 전통」의 日文 원고 파일을 다시 한 번 보내 달라는 것이었다. 그래서 그가 소장으로 있다가 한문학과 김시황 교수(나와 더불어 첫 번째 중국여행을 함께 한 바 있었던 이)에게로 그 직책을 넘겨준 바 있는 경북대 퇴계연구소의 담당자에게 이메일로 파일을 보내었다. 제목 아래의 내 이름 앞에 '경상대학교 인문학부 교수'라는 직함을 첨부해 넣은 것이 알고 보니 각주 첫머리에 적어 둔 내 직함 '경상대학교 인문대학 철학과 교수'와는 달라 다소 혼란을 일으킬 우려가 없지 않으므로, 오늘은 제목 아래에 추가한 내용을 지워달라는 취지의 메일을 다시 한 번 발송하였다.

26 (수) 흐리고 때때로 부슬비

「南冥遺跡三洞辨證」의 집필을 다시 시작하여, 板峴洞 부분의 끝으로서 남명의 증조부 장인인 文可容 집안에 대한 고증 작업을 하였다.

27 (목) 맑음

板峴洞 부분의 작업을 마쳤다.

28 (금) 맑음

「南冥遺跡三洞辨證」의 지금까지 적은 내용을 다시 한 번 퇴고하고, 板峴洞 부분의 끝에 남명 증조부 安習의 장인인 文可容과 그 집안에 대한 기록들 중에 『國朝文科榜目』의 내용을 새로 추가하였다.

29 (토) 맑음

내 책 『南冥學派研究』는 구내서점에 갖다 둔 지가 제법 되었는데, 아직 한 권도 팔리지 않았다고 한다.

「南冥遺跡三洞辨證」 板峴洞 부분에 대한 수정 보완 작업을 계속하여, 거의 원고지 50장 정도의 분량에 이르렀다.

5월

1 (월) 맑음

戴震의 「原善」을 계속 읽었고, 오후에는 「南冥遺跡三洞辨證」의 퇴고를 계속하였다.

다음 학기의 도가철학 수업에 부교재로 쓰기 위해 구내서점을 통해 주문해 둔 葛洪의 『抱朴子』 國譯本 중에 昔原台가 번역한 『新譯 抱朴子』 內·外篇(서울, 서림문화사, 1994) 다섯 권 및 한 권으로 된 張泳暢 번역 『抱朴子』(서울, 자유문고, 1992)가 입수되었으므로 그 내용을 검토해 보았다. 원전의 텍스트로는 중국 中華書局에서 나온 新編諸子集成 第1輯 중의 王明 著 『抱朴子內篇校釋』(北京, 1985 제2판)과 楊明照 著 『抱朴子外篇校

箋』(北京, 1991) 上·下冊을 사용할 생각이다. 그러나 『포박자』는 內篇 20卷, 外篇 50卷으로 이루어진 꽤 많은 분량이므로, 여러 학기에 걸쳐 나누어서 다루지 않으면 독파하기 어려울 것이다.

2 (화) 맑음

두리로부터 이메일이 왔는데, 내가 남명학연구원을 통해 보낸 『남명학파연구』를 잘 받았고, 그것을 다음날 아버지께 갖다 보였더니 기뻐하시더라고 하며, 마이크 씨도 내 책을 보고서는 가까운 시일 내에 한국어 공부를 시작해야겠다고 말하더라는 것이었다.

3 (수) 맑음

오후 두 시부터 구자익 군의 석사논문 「惠岡 崔漢綺의 〈鑑枰〉 硏究—氣數에 의한 鑑別의 體系를 中心으로—」 발표회가 있었다. 내가 지도교수요 권오민·배석원 교수가 심사위원으로서 참여하여, 배 교수를 주심으로 정하였다. 나는 심사평에서 독창성이 있고, 학문적 자질을 지녔다고 적었다. 구자익 군은 석사를 마치고 나서도 공부를 계속할 생각이라고 한다.

6 (토) 흐리고 아침 한때 빗방울

「南冥遺跡三洞辨證」의 板峴洞 부분에 대한 퇴고를 마치고서, 龍遊洞 부분의 집필에 들어갔다.

8 (월) 맑음

「南冥遺跡三洞辨證」 龍遊洞 부분의 집필을 계속하였다.

9 (화) 맑음

「南冥遺跡三洞辨證」 龍遊洞 부분의 집필을 계속하여 200자 원고용지 약 70매 정도의 분량에 이르렀다.

10 (水) 흐리고 한동안 부슬비

「南冥遺跡三洞辨證」 龍遊洞 부분의 五臺寺에 관한 내용을 수정 보완하였다.

12 (金) 맑음

이번 주 월요일의 철학교과교육론 시간에 두 사람의 발표가 끝나고서도 시간이 많이 남았으므로, 내가 철학을 전공하게 된 배경에 대해 간단히 설명하고, 거기에 관해서는 학과 도서로서 한 부 기증해 둔 철학교수 30인의 에세이집 『산다는 것은 길을 찾는 것』(서울, 동화출판공사, 1991)에도 쓴 바 있으니까 관심 있는 사람은 읽어보라고 말한 바 있었다. 어제 집에서 그 글을 다시 한 번 읽어보고, 혹시 학과에 이 책이 비치되어 있지 않을 경우에 대비하여 오늘 학교로 가져갔다. 조교에게 물어보니 학생들이 그 책을 찾았으나 없더라고 하므로, 내가 가져간 책 속에 실린 나의 글 「철학함의 시작」을 열 부 정도 복사하게 하여 정 목사 및 조교 최재성 군에게 한 부씩 나누어주었고, 나머지로는 다음 주 월요일에 그 과목의 수강생들에게 배부할 예정이다. 조교의 말에 의하면 지난 2년 동안에 학과 도서가 약 150 권 정도 분실되었다고 한다. 나는 과거에 내 집에 있던 책들 중 상당한 량의 교양서적들을 철학과 학생 룸에 기증한 바 있었지만, 지금은 그 책들이 거의 남아 있지 않다.

오후에 「南冥遺跡三洞辨證」 龍遊洞 부분의 집필을 계속하여, 남명이 德山에 卜居한 이후 방문했던 사찰들에 관한 주석을 하나 첨가하였다.

경남문화연구소장인 사회교육과 역사전공의 김해영 교수로부터 전화를 받았다. 6월 9일에 있을 이 연구소의 학술발표회에서 정신문화연구원 丁淳佑 교수의 발표문에 대한 논평을 맡아 달라고 하므로, 이전에 약속해 둔 바도 있어 이를 수락하였다.

13 (土) 비 온 후 흐림

「南冥遺跡三洞辨證」의 입력을 계속하여 원고지 78매의 분량에 이르렀다.

15 (월) 맑음

매년 2월에 간행하기로 되어 있는 『南冥學硏究論叢』 제8집이 5월 중순이 된 지금까지도 나와 있지 않으므로 김경수 국장에게 전화하여 그 이유를 물어보았다. 김 국장의 설명에 의하면, 이 연구원 운영비의 대부분을 대고 있는 조옥환 부이사장이 김충렬 원장에게 남명학 연구의 앞으로 나아갈 방향에 대한 구상을 연구비가 지급되는 한 편의 글로써 적어 달라고 하고 그것을 이번 호에 포함시켜 간행토록 지시하였는데, 김 원장이 중국의 北京大學에 특강 차 가면서 그 글을 이번 호에 실을 수는 없겠다고 말하였으므로 지금 출판 작업을 진행 중이며, 6월 초순쯤이면 간행될 수 있으리라는 것이었다. 김 원장의 그 글에 대해서는 지난번 상임연구위원회 때 내가 김 원장이 근년에 발표했던 그와 유사한 두 편의 글을 예로 들어 현실성이 없다고 다소 신랄하게 비판한 바 있었다. 나는 그 글이 내년에 간행될 제9호에 실릴 것으로 생각하고 있었으나, 조 사장의 일방적인 지시로 다른 글들을 포함한 기관지의 간행이 무작정 지연되고 있는 것이다.

아울러 내 저서 『南冥學派硏究』 부록의 「南冥學關係旣刊文獻目錄」 중 期間 부분에 누군가가 경상대학교 부설 남명학연구소 기관지인 『南冥學硏究』가 제8호까지 간행된 것을 의식했던지, 논총도 금년 4월 현재 제8호까지 간행이라고 임의로 고쳐 적있다. 이 목록에 수록된 자료는 내가 서두에 명시한 바와 같이 모두 작년 연말까지를 기준으로 한 것이어서 일관성을 유지하지 못할 뿐 아니라, 이 기관지가 지금까지도 간행되고 있지 않아 결국 내가 거짓말을 한 셈이 되고 말았으므로, 누가 이런 짓을 했는지 따졌다. 김 국장 자신은 전혀 모르는 일이며, 아마도 사재명 군이 고친 듯하다는 대답이었다.

16 (화) 흐림

한국일본사상연구회장인 경북대학교 송휘칠 교수로부터 전화 연락을 받았다. 내 논문 「일본 철학의 훈고적 전통과 사변적 전통」의 일본어 원고를 포함한 파일들은 이미 일본 페리칸社로 보내져 출판을 위한 작업이 진행 중이라고 하면서, 이번 가을에 있을 일본 근세사상을 주제로 한 학회 모임에서 논문을 하나 발표해 달라는 요청을 해 왔다. 금년에는 도무지 시간적 여유가 없다고 하여 완곡하게 사절했더니, 그렇다면 논평을 위촉하겠다는 것이었다.

17 (수) 흐리고 오후 한때 소나기 내린 후 개임
「南冥遺跡三洞辨證」 龍遊洞 부분의 집필을 계속하였다.

18 (목) 맑음
「南冥遺跡三洞辨證」의 입력을 계속하여 龍遊洞 부분의 작업을 마쳤는데, 200자 원고지 85매 정도의 분량에 이르렀다.

19 (금) 맑음
「南冥遺跡三洞辨證」 龍遊洞 부분의 퇴고를 가하였다.

오후 네 시부터 21동 101 강의실에서 금년 2월 28일에 부산대학교를 정년퇴직한 柳鐸一 교수를 초청하여 「韓國文獻의 特性的 理解」라는 제목의 특강을 듣는 남명학연구소의 연구후원회 이사 모임이 있었으므로, 퇴근 시간까지 거기에 참석하였다. 柳 교수는 安東 水谷 출신으로서 장기간 경상남도 문화재위원으로 있으면서 江右地域의 文集 및 冊板을 많이 발굴한 분이다. 그런데 그는 문헌학과 서지학의 차이를 알지 못하고서 서지학을 문헌학이라고 할뿐만 아니라, 그 서지학의 범위에 금석문 등 일체의 문자로 적힌 물건들을 포함시킬 것을 주장하고 있었고, 어디에서 대로 만든 장식품 결개를 하나 구해 와서는 그것을 한국 고대에 종이가 없을 때 사용된 竹簡이라고 소개하고 있었다. 그러므로 발표가 끝난 후 질의 시간에 내가 일어나서 그러한 문제점들을 지적했더니, 대체로 그 모순을 인정하면서 자기는 자기 식의 문헌학을 정립하려고 한다고 답변하였다.

柳 교수와는 예전에 겨울 방학 중 한국정신문화원에서 열린 학술 모임

에 참석하러 갔다가 숙박 장소인 그 구내의 학생 기숙사 雲中館에서 때마침 연구년을 얻어 거기에 와서 내 바로 맞은 편 방에 머물고 있는 그를 만나 밤늦게까지 대화를 나누었다. 그 때의 인연으로 이후에 柳 교수가 입수해 둔 南冥集毁板關係通文綴 복사본을 그로부터 입수하여 내 논문 「『남명집』 임술본의 훼판」 및 「『남명집』 이정본의 성립」 등에 크게 활용한 바 있었던 것이다. 그러나 서로가 꽤 오랜만에 다시 만나는지라 그냥 보아서는 옛 모습을 기억할 수가 없을 정도였다. 강연회를 마친 다음 시내 도동에 있는 수정가든에서 총장 초청으로 저녁 식사를 곁들인 좌담회를 가지는 모양이었지만 나는 참석하지 않았다.

6월 9일에 열릴 예정인 경남문화연구소의 2000년 전반기 학술회의 행사 일정 통보 공문을 받았는데, 나는 그 제1부에서 「경남의 향교와 서원」이라는 주제로 발표할 한국정신문화연구원 丁淳佑 교수의 논문에 대한 논평을 맡는 것으로 되어 있었다. 그에 앞서 오늘 오전 중에 소장인 金海榮 교수에게 전화하여, 그 날이 본교와 중국 자매결연대학과의 철학과 합동 학술회의 일정과 겹치는 까닭에 전에 수락한 바 있었던 토론은 맡기 어렵겠다는 뜻을 전하여 양해를 얻어 두었다.

20 (토) 맑음

국립중앙도서관의 홈페이지로 들어가 나음 학기에 맡게 될 4학년의 한국유학특강에서 茶山 丁若鏞에 관한 텍스트를 다루어 보기 위해 어떤 것이 번역되어 있는지를 살펴보았다. 본교 철학과 학생들의 한문 혹은 한자 실력이 매우 낮기 때문에, 번역본이 없는 원전을 다룬다는 것은 무리라는 것을 경험을 통해 알고 있기 때문이다.

22 (월) 맑음

지난 토요일 오후에 華中理工大學 生存哲學研究所의 소장인 張曙光 교수의 논문 「當代中國語境中的生存哲學」 및 이 대학 前任 철학과장인 殷正坤 교수의 「虛似現實的認識論意義初探」의 摘要를 읽은 데 이어, 오늘의 殷 교수 논문의 全文을 읽어보았다.

23 (화) 맑음

다시 「南冥遺跡三洞辨證」의 입력 작업을 계속하여 龍遊潭 부분의 퇴고를 대충 마쳤다.

鄭炳連 교수의 책에서 『俟庵先生年譜』가 1984년 5월에 正文社라는 곳으로부터 영인 출판된 사실이 있음을 알고서, 그것을 다음 학기의 교재로서 구입할 수 있을지 구내 서점을 통해 알아보았더니, 정문사라는 이름의 출판사는 몇 군데 있으나 그런 책을 내고 있는 곳은 존재하지 않는다는 회답이었다. 그렇다면 내가 복사해 둔 책을 가지고서 텍스트로 삼을 수밖에 없겠다.

24 (수) 맑음

「南冥遺跡三洞辨證」의 제3절 獐項洞 부분의 입력에 들어가, 원고용지 95매 정도의 분량에 이르렀다.

25 (목) 맑음

「南冥遺跡三洞辨證」 獐項洞 부분의 입력을 계속하였다. 장항동 부분과 관련한 독서 카드가 더 있을 듯하여 카드 박스를 다시 한 번 전부 뒤져보았고, 深齋 曺兢燮의 지리산 여행기 중에서 장항동을 지나는 부분의 기록을 찾기 위해 深齋의 그 기록이 담긴 문헌도 찾아보았으나, 결국 새로운 자료는 아무 것도 발견하지 못했다.

26 (금) 흐리고 낮부터 부슬비

논문 작업을 계속하여 거의 원고지 백 매 정도의 분량에 이르렀다.

27 (토) 흐리고 다소 서늘함

점심 때 도서관 漢籍室에 들러 曺兢燮의 『深齋集』 영인본과 我川文庫에 들어있는 曺兢燮의 다른 문집인 『巖西集』 全帙을 빌렸다. 아울러 참고도서실에 들러 『河東郡誌』 『晋陽郡誌』 『河東의 文化遺蹟』 등을 열람하고 그 중 현재의 논문 작성에 필요한 부분들을 복사해 왔다. 그것을 토대로 龍遊洞 부분에 관한 기왕의 입력 내용을 상당히 수정 보완하였다.

29 (월) 맑음

「南冥遺跡三洞辨證」 용유동 부분의 수정 보완 작업을 계속하였다.

중앙대 철학과의 이명한 교수로부터 전화가 걸려와, 8월 25~26일에 걸쳐 서울의 성균관대학교에서 개최될 예정인 한국중국학회의 학술대회에서 일본에서 오게 될 중국인 교수의 논문 「張之洞의 학문」에 대한 논평을 맡아 달라는 요청을 하였으므로 일단 수락해 두었다.

30 (화) 흐리고 저녁 한때 부슬비

오전 중 중국철학특강을 종강하였으며, 「原善」 下卷을 마저 읽고서 『戴震全書』의 전체 목차도 다시 한 번 훑어보았다.

산책을 마치고서 돌아오는 길에 蔚遲 교수 연구실에 들러 李思孟 교수의 논문이 아직 오지 않았는지 물어보았는데, 그렇지 않아도 오늘 중에 李思孟·殷正坤 두 교수의 논문이 각각 도착하여 나에게로 부쳤으며, 그들은 이미 비자 수속을 마쳤고, 비행기 표도 예약해 둔 상태여서 예정된 날짜까지 도착하는데 문제가 없다는 것이었다. 오늘 받은 李思孟 교수의 논문 「邵雍的自然哲學思想」과 殷正坤 교수의 보고서 「中國的科學哲學研究」를 읽어보았다.

31 (수) 오전에 가랑비

인터넷으로 洛南正脈 종주 코스에 대한 정보를 탐색하여, 이를 근거로 내 논문의 龍遊洞 부분 중 五臺里와 田頭里의 위치 및 그 경계에 대한 고증을 수정 보완하였다.

6월

2 (금) 맑음

조교가 학술회의의 프로그램을 인쇄해 왔는데, 나는 다섯 주제의 발표가 모두 끝난 후 종합토론의 사회 및 통역을 맡는 것으로 되어 있다. 정병훈 교수로부터도 중국 교수들이 도착한 이후부터 그들이 부산으로 떠날 때까지의 일정에 관한 이메일이 왔다. 그것을 가지고서 蔚遲 교수를 만나 설명해 주었다. 정 교수는 그들이 7일에 부산 공항에 도착할 때와 10일에 부산대학교로 갈 때에도 나더러 함께 동행하자고 했지만, 내 코가 석자라고 하면서 사양했다. 정 교수에게 이메일로 답신을 보냈고, 퇴근 무렵 반시간 정도 논문의 龍遊洞 부분에 대해 수정을 가하였다.

3 (토) 맑음

오전 중 華中理工大學 철학과 張曙光 교수의 논문 「當代中國語境中的生存哲學」을 다시 한 차례 읽었고, 오후에는 작성 중인 내 논문 중 龍遊洞 부분을 수정 보완하는 작업을 계속하였다. 분량은 이미 200자 원고지 100매를 넘어섰다.

5 (월) 맑음

논문 입력을 계속하여 龍遊洞 부분을 마무리 짓고서 獐項洞 부분의 집필을 계속했다. 거의 마무리 단계에 접어들었으므로, 하루 정도 더 작업하면 탈고할 수 있을 듯하다.

6 (화) 맑음

현충일 휴일이라 하루를 집에서 지냈다.

8일의 학술회의에서 발표될 중국 측 논문들의 한국어 번역본을 한 번씩 읽어 본 다음, 다시 한 차례씩 원문을 읽어보고 있다.

7 (수) 맑음

논문 작업을 계속하여 獐項洞 부분의 입력을 마쳤다. 끝으로 '餘言'이라는 항목을 하나 더 설정하여 입력하는 중인데, 차제에 이미 작성해 둔 머리말 부분에도 '序言'이라는 이름을 붙여 전체를 다섯 節로 구성하는 편이 좋겠다는 생각이 들었다.

학과장 정병훈 교수가 조교를 데리고서 김해공항으로 가 중국 武漢市의 華中科技大學(華中理工大學이 세 개의 다른 대학 및 연구기관과 합병하여 5일 전부터 이러한 명칭으로 바뀌었다고 한다) 철학과에서 오는 殷正坤·李思孟·張曙光 교수를 영접하여 퇴근 무렵에 학교로 모시고 왔으므로, 나는 그 대학 文學院長(인문대학장)인 蔚遲治平 교수와 함께 정병훈 교수 연구실로 가서 그들을 만났다. 그들은 정 교수의 차로 숙소인 시내 중심가의 성수장 여관으로 갔고, 나는 일단 집으로 돌아왔다가 택시를 타고서 저녁 회식 장소인 신안동의 갑을가든으로 가서 다시 그들과 만났다. 철학과의 권오민·류왕표 교수와 조교인 최재성 군도 동참하여 나의 통역으로 함께 술과 식사를 들며 대화를 나누었으며, 마칠 무렵에는 아래의 정원으로 내려와 차를 마시며 좀 더 시간을 보내다가 밤 열 시 무렵에 귀가하였다.

조교가 내일 있을 학술회의의 발표논문집을 인쇄 제본하여 가지고 왔으므로 모두 한 부씩 나누어 가졌다. 학교 당국에서는 이 행사를 위해 150만 원을 보조해 주었으므로, 따로 자매대학교에서 온 이들을 위해 접대를 베풀지는 않는 모양이다.

8 (목) 흐리고 저녁 무렵 비

출근한 지 얼마 후에 정병훈 교수가 중국 교수 세 명을 숙소인 성수장으로부터 자기 연구실로 데려와 나에게 전화를 걸었으므로, 그 방으로 가서 대화를 나누다가 韓·中 국제학술대회 장소인 대학본부 건물 4층의 소회의실로 향하였다. 축사를 하겠다고 했던 蔚遲 교수가 우리가 소회의

실로 향할 무렵까지 나타나지 않으므로 그의 연구실로 가 보았는데, 넥타이를 맬 줄 몰라 혼자서 쩔쩔매고 있으므로, 내가 도와주었다. 중국 교수들은 평소에 양복을 입는 일이 거의 없음을 새삼스럽게 알았다.

오전 10시 정각에 학술대회가 시작되었다. 배석원 교수의 사회로 정병훈 학과장이 개회사를 하고, 朴性錫 본교 인문대학장이 축사를 하였으며, 나의 통역으로 蔚遲治平 華中科技大學 文學院長이 역시 축사를 하였다. 이어서 발표 순서에 들어가, 나의 통역으로 殷正坤 중국 교수가 「가상현실(Virtual Reality)의 인식론적 의의 시론(虛似現實的認識論意義初探)」을, 역시 중국 측의 張曙光 교수가 「현대 중국적 상황 속의 실존철학(當代中國語境中的生存哲學)」을 발표하였다. 그러나 중국 교수들은 모두가 이미 번역문이 준비된 원고대로 발표하지 않고서 나름대로 그 내용을 다시 정리하여 즉흥적으로 발언하였기 때문에 통역자인 나로서는 애로가 있었지만, 그러나 사전에 그들의 원고를 두어 차례씩 읽어두어 그 내용을 파악하고 있었던 까닭에 별 문제는 없었다.

이로서 오전 순서는 끝나고, 총장실로 찾아가 미국에 출장 중인 朴忠生 총장을 대신하여 李相正 교무처장을 表敬 방문하였고, 나의 통역으로 대화를 나누고 서로 예물도 교환하였다. 교수 식당으로 가서 함께 점심을 들고 난 후, 殷正坤 교수가 자기 카메라의 전지를 사기 위해 구내매점에 들르는 통에 일행의 뒤에 쳐졌던 우리 두 사람은 대학본부 부근의 개척탑 주변과 구내 은행 등을 둘러보며 시간을 보냈다.

오후 일정은 한 시 남짓부터 네 시까지 진행되었다. 李思孟 교수가 「邵雍의 자연철학사상(邵雍的自然哲學思想)」, 정병훈 교수가 「현대 한국에서의 철학연구 동향」, 殷正坤 교수가 「중국의 과학철학연구(中國的科學哲學研究)」를 각각 발표하였다. 정 교수와 殷 교수의 오후 발표는 이번 학술대회의 전체 주제인 '現代 韓國과 中國의 哲學研究 動向'에 맞춘 것이었다. 이상으로써 발표순서가 모두 끝난 후, 내가 사회 및 통역을 맡아 반 시간 정도 종합토론을 가진 뒤, 기념촬영을 함으로써 학술대회를 폐막하였다.

학교 측이 제공해 준 중형버스로 도서관 6층의 박물관과 종합실험관을 방문한 후, 오후 다섯 시 무렵에 인문대학으로 돌아와서, 함께 저녁 식사를 하러 함양으로 떠났다. 어제 저녁 식사 때 모였던 사람들 중 류왕표 교수가 빠지고, 그 대신 중문과의 정헌철 교수가 참여하여 승용차 두 대로 출발하였는데, 나는 조교의 승용차에 동승하였다. 대전 가는 고속도로를 빗속으로 질주하여, 정병훈 교수가 함양 읍내를 지나서 팔량고개 쪽으로 향하는 도중에 있는 어떤 전통 식당으로 안내하였다. 거기서 밤늦게까지 창밖의 개구리 울음소리를 들으며 菊花酒·松酒를 마시고 저녁 식사를 하며 노래도 부르면서 놀다가, 밤 열 시 무렵에 집으로 돌아왔다.

9 (금) 흐리고 오후 한때 비

어제『南冥院報』제18호(2000년 5월)가 우송되어 왔으므로 그 내용을 검토해 보았다. 孫炳旭 교수가 쓴 내 저서『남명학파연구』의 서평 全文이 수록되어 있고, 그 외에도 내 책에 대한 광고 기사가 실려 있었다.

오전 10시부터 중국 교수들과 함께 진주 인근 지역의 고적답사에 나섰다. 전라남도 구례의 화엄사에 가기로 예정이 되었는데, 울지 교수를 비롯한 중국 교수 네 명과 본교 철학과의 정병훈·류왕표 교수 그리고 내가 참여하였다.

섬진강의 아름다운 풍경을 바라보며 구례 읍내에 다다른 다음, 모처럼 구례우체국 옆에 있는 전통음식점 동원식당에 들러 정식과 동동주로 점심을 마치고서 화엄사로 올라갔다. 나의 안내로 거기에 있는 여러 국보와 보물들, 그리고 石經의 파편들을 둘러본 후, 돌아 나오는 길에 花開에서 왼쪽으로 돌아 雙磎寺로 가는 길로 접어들었다.

11 (일) 맑음

강원대학교의 이애희 교수가 집으로 전화를 걸어왔다. 고려대 출신자들을 중심으로 하여 한국 성리학의 圖說에 관한 일련의 연구 작업을 하는데, 그 중에서 자기가 남명의 學記圖를 맡게 되었다면서 관계 자료의 입수에 협조해 달라는 것이었다. 김경수 남명학연구원 사무국장의 전화번호를 알려주며 그리로 연락해 보도록 말했다.

12 (월) 맑음

경북대학 宋彙七 교수를 경유하여 일본 東京의 文京區 本鄕에 있는 페리칸社 편집부로부터 『季刊 日本思想史』 56호의 특집 '韓國의 日本研究'에 실릴 내 논문 「日本哲學の訓詁的傳統と思辨的傳統」의 교정쇄가 부쳐져 왔다. 송 교수로부터 이 잡지로 보내진 한국 학자들의 논문은 모두 여섯 편이었는데, 그 중 徐順台 씨의 것은 채택되지 않고, 그 대신 나도 알고 있는 일본인 澤井啓一 교수가 '韓國의 日本研究'의 구체적 경향이나 현재의 연구 성과 등을 소개하는 내용의 글을 쓰게 되었으며, 송 교수에게는 '편집후기'의 집필을 부탁한다는 내용이 담긴 이 출판사 편집부 藤田啓介 씨의 편지가 첨부되어 있었다. 교정쇄는 6월말부터 7월 초순까지 페리칸社로 반송해 달라고 되어 있다.

13 (화) 맑음

일본으로 반송할 교정쇄를 절반쯤 읽어보았다. 점심 때 대출해 온 『深齋集』과 『巖西集』을 반환하러 도서관에 들렀다가 다시 4층의 참고도서실에서 내 논문에 필요한 河東郡 관계 자료를 메모해 왔고, 그것을 토대로 이미 집필한 부분에 대해 약간의 수정 보완을 가한 후 「南冥遺跡三洞辨證」을 탈고하였다. 200자 원고지 136매의 분량이 되었다.

15 (목) 맑음

어제에 이어 오늘 저녁 무렵 다시 성락건 씨에게 전화를 걸어 이번 일요일에 그가 인솔하는 지리산 테마산행의 목적지 중 하나인 청암사 절터의 위치에 대해 좀 더 상세히 물어보았다. 그 결과 절의 위치는 河東郡 靑巖面 明湖里 寺洞임을 확인하였는데, 『晋陽誌』 佛宇 條에 이 절은 田頭里에 있으며, 임란 중에 소실하였다가 중건되었다고 적혀 있으므로, 이

곳도 전두리에 속하고 그 절 뒤편 赤良面과의 경계를 이루는 지리산 支脈이 바로 靑巖山임을 짐작할 수가 있었다. 만약 이 지맥 좀 더 위쪽의 악양면과 경계를 이루는 회남재 아래가 아니고 이 부근이 남명이 말하는 龍遊洞이라면, 이미 완성해 둔 논문의 상당 부분을 새로 고쳐 쓰지 않으면 안 될 상황이다.

16 (금) 맑음

점심 때 사재명 군이 차로 나를 데리러 와서 함께 판문동에 있는 어느 불고기 집으로 가서 김경수·박라권 군과 더불어 모처럼 네 명이 회동하여 식사를 함께 하며 대화를 나누었다. 그 자리에서 『南冥集四種』의 교정쇄를 받아와 壬戌本과 辛亥本에 대한 검토를 마쳤다.

어제 성락건 씨와 몇 차례 통화하던 중에 하동군 청암면에 사는 어떤 사람이 『청암지』를 발간하였으며, 나와 통화한 후에 청암면사무소에 전화하여 그 책 중에서 이번 일요일에 방문할 五臺寺址 및 靑巖寺址에 관한 내용을 팩스로 전송해 받았다고 하는 말을 들었다. 그 전화번호를 물어서 메모해 두었다가, 오늘 아침 출근 직후에 내가 직접 청암면사무소의 심양숙 씨에게로 전화하여 그 책 가운데 靑巖山과 龍遊洞 등에 관한 기록이 있으면 팩스로 전송해 줄 것을 당부하였다. 그러나 인문대학 행정실의 팩스에 문제가 있어 여러 차례 전화 연락을 거듭하다가 퇴근 시간 직후에야 영문과의 팩스를 통해 겨우 그 자료를 전해 받을 수가 있었다. 문제의 책은 河福島라는 당시 함양군 백운중학교 교장이 편저하여 靑岩情友會의 이름으로 1992년에 발행한 『靑岩鄕土誌 靑岩』이었는데, 거기에 龍遊洞에 관한 기록은 없고, 靑巖山은 『大東輿地圖』에 현재의 主山을 가리키는 것이라고 되어 있으며, 主山은 五臺主山의 준말이라는 등 내가 이미 알고 있는 내용의 설명이 있었다.

17 (토) 맑음

출근 전에 일본의 池田秀三 교수 자택으로 전화하여 내년에 있을 남명 탄생 500주년을 기념하는 국제학술대회에 참가해 줄 것을 요청해 보았다. 三浦國雄 교수에게는 내 저서 『南冥學派研究』와 더불어 서신을 보낸 지 이미 몇 달이 지났지만, 아직 아무런 회답을 받지 못했으므로, 결국 수락하지 않은 것으로 이해하여 다른 사람을 모색해 본 것이다. 池田 교수도 자신이 이 분야가 전공이 아니라는 이유로 받아들이고자 하지 않았으나, 나의 입장을 이해하여 다른 사람을 소개해 줄 수도 있으니, 개최 일자 등이 구체적으로 정해지면 다시 연락해 달라고 했다. 나로서는 실로 이런 일을 맡고 싶지 않으나, 단체에 소속되어 있는 이상 끝내 모른 척하기도 어려운 일인 것이다.

『南冥集四種』의 교정을 마치고서 南冥學研究院의 김경수·사재명·박라권 군에게 그 사실을 알리며 출판에 앞서 유의할 내용들을 적은 이메일을 보냈다. 이어서 오후 여섯 시 퇴근 무렵까지 논문 작업을 계속하였다.

18 (일) 맑음

아내와 함께 등산가이자 시인인 성락건 씨가 안내하는 제8차 지리산 테마여행에 참가하여 옛날의 유명했던 절터와 오지마을을 찾아 나섰다. 특히 이번 여행은 현재 내가 작성하고 있는 논문 중 龍遊洞 부분에 대한 현지답사를 겸하여 참가한 것이었다.

오전 여덟 시까지 운동장 정문 앞에 집결하여 아홉 시 가까운 무렵에 대절버스 한 대로 출발하였다. 그 버스의 기사는 인문학부 답사 때 두 번이나 우리들의 대절 버스를 몬 적이 있어 낯익은 사람이었다. 진주에서 河東 쪽으로 가는 국도를 따라가다가 橫川에서 북쪽으로 꺾어들어 하동군 청암면 明湖里 寺洞에 있는 靑巖寺址를 찾아갔다. 절 부근에 근년에 만든 瀑布亭이라는 것이 있어 내려서 구경하였는데, 이 조그만 폭포는 『晋陽誌』 佛宇 條에 인용된 松亭 河受一이 지은 「瀑布記」에 소개된 것이 아니고, 나중에 사동 주민에게 들은 바로는 원래의 폭포는 아래쪽 입구의 용심정 마을에 있었는데, 개발로 말미암아 마을과 함께 파괴되고 말았다고 한다. 청암사(明巖寺라고도 했다고 한다) 절터에는 明寺자연관광농원이 들어서고 있어서 절의 유물인 비석받침이 된 자연석이 아직도 남아 있고, 원래 마을 앞의 논 가운데에 있었다는 돌구유와 맷돌은 농원의 생선회에 쓸 물고기를 넣는 통으로 사용되고 있었다. 절터 부근에 있는 진양강씨의 재실인 景梅堂과 그 앞의 오래된 은행나무도 둘러보았다.

절터를 둘러본 다음, 명문 스님이라고 하는 중이 살다가 어느 겨울날 마을에서 술을 마시고 돌아와 군불 없는 방안에서 앉은 채로 입적했다는 토굴을 찾아 七星峰 쪽의 가파른 산길을 40분 정도 올라가다가 길가의 야생 뽕나무에서 까맣게 익은 오디를 따먹기도 했다. 성락건 씨의 십여 년 전부터의 여자 친구라는 노처녀가 지금은 明寺 마을에 와 살고 있으면서 우리를 안내해 주고 있었다. 토굴이라고 하지만 양철지붕을 한 집 한 채와 그 뒤편의 바위 절벽 가에 조그만 법당 한 채가 있는 곳이었다. 명사 마을로 돌아와서는 그 마을의 농가에서 재배하는 표고버섯을 1킬로그램 남짓 사기도 했다.

명호리를 나와서 왔던 길로 횡천면 소재지에 있는 횡천자연관광농원에 들러서 각자가 준비해 온 도시락으로 점심을 들었다. 이 자연농원은 이 지방 출신의 재일교포가 출자하여 제법 큰 공원처럼 대규모 위락시설을 갖춘 것인데, 처음 생긴 무렵에는 나도 몇 차례 와 보았을 정도로 제법 크게 번성하였는데, 그로부터 십 년 정도가 지난 지금에는 아무도 오지 않는 폐허로 변해 있었다.

점심을 든 후 횡천에서 옥종 방향으로 난 새 길을 따라 옥종면 소재지 쪽으로 나왔다가, 도로 버스를 돌려 청암면 위태리 삼거리를 거쳐서 지리산에서도 가장 오지마을이라는 청암면 북쪽의 궁항리에 있는 五臺寺址를 찾았다. 寺址는 오대마을 뒤쪽에 있는데, 나는 오래 전에 혼자서 남명 유적지 답사 차 여기에 한 번 와 본 적이 있었지만, 이제는 이 골짜기까지도 2차선 포장도로가 건설 중에 있고 너무 개발이 되어 옛 모습을 알아볼 수가 없었다. 당시 이 절터에는 어떤 중이 五臺寺를 복원하는 작업을 하고 있었는데, 지금 五臺寺는 위태리에 있고, 원래의 오대마을로 올라가는 도중 길가에 세워져 있었다는 水精寺라는 표지석도 없어졌으며, 국선도라는 신흥종교의 수련장인 백궁선원이 절터에 들어서 외래의 불청객에 대해 매우 배타적인 반응을 보이고 있었다. 이곳에도 몇 개의 절 유물이 남아 있었다고 하지만, 지금 보이는 것은 石鐘式 부도 하나뿐이었다. 밀려나다시피 절터를 내려와 다시 차에 올라서 가는 도중에 내가 오늘의 답사 장소인 청암사와 오대사, 그리고 단속사의 내력에 관해 평소 알고 있는 바를 설명하여 가이드 역할을 하였다.

19 (월) 맑음

연구실에서 종일 「南冥遺跡三洞辨證」의 '餘言' 부분 수정 작업을 계속하였다.

20 (화) 맑음

「南冥遺跡三洞辨證」 '餘言' 부분의 퇴고를 마치고서, 龍遊洞 부분에 대한 본격적인 수정 작업에 착수하였다. 용유동의 소재지로 되어 있는 靑巖山은 「大東輿地圖」에 하동군 청암면 북쪽에 있는 지금의 主山을 가리키는 것으로 되어 있으므로, 그렇다고 하는 전제 위에서 그동안 청암면 서북쪽에 위치한 묵계 삼거리 부근이 남명이 말하는 용유동일 것이라는 취지의 논지를 전개하였으나, 몇 가지 모순되는 점들이 있어 자신을 가질 수 없었다. 어제 石印本 『松亭集』의 續集 부분에서 靑巖山이 東西南北의 四岳으로 이루어져 있으며 그 중 西岳이 가장 높고도 빼어난 것이라는 글을 발견하고서, 마침내 기왕의 논지를 크게 수정할 수밖에 없다는 결론에 이르게 되었던 것이다. 그러므로 이미 탈고해 둔 논문의 핵심 부분을 폐기하고서 거의 새로 쓰다시피 해야 할 상황에 이르렀는데, 이러한 경험은 나로서는 처음이라 할 수 있다.

21 (수) 맑음

교감국역 『南冥集』 중의 본교 한문학과 장원철 교수가 번역·주해한 「遊頭流錄」 부분을 읽어보았고, 탈고한 논문의 龍遊洞 부분 수정 작업을 계속하였다.

오전에 김 국장으로부터 전화 연락이 있어, 오늘 오후에 서울의 KBS로부터 사람이 와서 남명의 「유두류록」과 관련하여 취재를 할 것이라는 말이 있었다. 네 시 무렵에 TV1국의 김영환 프로듀서라는 비교적 젊어 보이는 사람이 김 국장과 함께 와서 내 연구실에서 한문학과의 崔錫起 교수 및 본교 한문학과에 출강하고 있는 鄭羽洛 교수와 더불어 다섯 명이 대화를 나누었다. 김 씨는 경북 영양 출신으로서 경북대학교를 졸업하였고, KBS에 입사한 지 15년 정도 되었는데 '역사 스페셜' 프로를 맡아보기는 이번이 처음이라고 한다. 퇴근 시간쯤 되어 김 국장과 함께 김 PD가 운전하는 차로 칠암동 강변의 남강횟집으로 가서 저녁 식사를 대접받았다. 이번의 지리산과 관련된 프로는 7월 중순경에 방영될 예정이라고 한다.

22 (목) 비

오전 중 어제 KBS의 김영환 PD가 주고 간 계획서를 검토해 보았고, 오후에는 논문 중 용유동 부분의 입력을 계속하였다.

진주의 향토사학자로서 향토문화사랑회의 초대 회장이며 현재 후두암에 걸려 회생의 가망이 별로 없다고 하는 梧林 金相朝 翁이 그 딸에게 대필하게 하여 내게 시신을 보냈다. "오 박사님의 역저 조남명 선생님에 관한 논문집이 집대성되어 출판하게 되었다는 것을 알으셨으나 편지를 쓰거나 전화하시기가 매우 난처하여서 이제까지 편지 보내지를 못하였답니다. 이 논문집을 한 질 구해보고 싶은데 구독하는 방법을 알려 주셨으면 대단히 고맙겠습니다."라고 하였고, 아울러 "내내 향토문화사랑회의 발전을 위하여 좋은 글 많이 남겨주시기를 바랍니다."라고도 적고 있다. 김 국장에게 전화하여 한 질을 기증해 자택으로 우송하게 하였고, 아울러 직접 자택으로 전화를 드려 편지를 쓴 따님에게 죄송하다는 변명을 말을 전해 달라고 했다. 서울대 철학과 후배인 조남호 군으로부터도 자기가 작성하고 있는 남명 관계 논문과 관련하여 내게 질의하는 내용과 또한 나의 신간 저서를 한 질 보내주면 좋겠다는 부탁이 적힌 이메일이 왔으나, 그에게는 내게 여분이 없다면서 구입할 수 있는 방법을 설명하고, 또한 후배들에게도 구입을 권유해 달라는 내용의 회신을 전송했다.

성락건 씨로부터도 내 연구실로 전화가 걸려와, 청암산과 용유동에 대해 그가 다른 지리산 達人들을 통해 알아본 결과를 설명해 주었으나, 논문 작성에 도움이 되는 내용은 없었다.

23 (금) 흐림

논문 중 龍遊洞 부분의 수정 작업을 계속하였다.

24 (토) 흐리고 때때로 부슬비

논문 작업을 계속하여 龍遊洞 부분을 마치고서 다시 獐項洞 부분의 수정 작업에 들어갔다.

서울대 규장각의 학예연구사로 재직 중인 申炳周 씨가 자신의 박사학위논문을 출판한 『남명학파와 화담학파 연구』(서울, 一志社, 2000년 6월 20일) 한 권을 기증해 왔으므로, 그 내용을 훑어보았다.

25 (일) 흐리고 때때로 부슬비

오전 11시부터 남명학연구원 사무실에서 상임연구위원회의가 있는지라, 외출하지 않고서 집에 있다가 반시간 정도 걸어서 봉곡동 로터리 부근의 연구원으로 향했다. 김충렬 원장이 어제 진주로 내려와 운영위원회의에 참석했다가 이어서 오늘 상임연구위원회의를 소집한 것이었다. 오늘의 안건은 내년에 있을 남명 탄생 500주년 기념 국제학술회의의 개최안과 2000년도 연구위원 세미나 개최 안, 본교 국문과 강사 조구호 군의 연구계획서 심의, 『南冥學硏究論叢』의 투고규정과 심사 및 게재규정을 확정하는 일 등이었다.

국제학술회의는 내년 8월 18일에 있을 남명제에 하루 앞서 8월 16일부터 17일까지 이틀간에 걸쳐 산청군 시천면의 삼성연수원에서 개최하고, 외국 학자 5명 및 국내학자 6명 정도가 발표하며 나도 철학분야의 발표자로 결정되었다. 금년도 연구위원 세미나는 남명제를 전후하여 8월 18일에서 20일에 걸쳐 덕천서원에서 개최하며, 논총 제9집의 논문 게재가 결정된 사람들 중에서 조남호·宋輝準·周月琴·崔良順 씨 등이 발표하기로 결정되었다. 아울러 지난번 회의에서는 일단 부결되었던 鄭政大 씨의 남명을 주제로 한 장편소설『울지 않는 종』을 남명학연구원 명의로 출판하는 것을 최종적으로 확정하였다. 趙平來 군의 來庵 鄭仁弘에 관한 장편소설도 조만 간에 서울의 동녘출판사로부터 간행될 예정이라고 들었다.

회의를 마친 후 연구원 뒤편에 있는 식당에서 점심 식사를 들며 동동주를 마셨는데, 식사가 끝난 후에도 젊은 사람들은 제법 오랫동안 남아 계속 술을 마시며 대화를 나누었다. 그 자리에서 김경수 국장으로부터 김충렬 교수의 후임으로 나를 연구원장으로 추대하는 문제에 대한 발언도 얼핏 나왔었다.

26 (월) 비

어제의 회의 결과에 따라 京都大學 중국철학사연구실의 주임인 池田秀三 교수에게 내년에 있을 국제학술회의에 대한 보다 구체적인 계획안을 알리는 편지를 썼다.

논문 작업을 계속하여 獐項洞 부분의 수정 보완을 했는데, 오늘까지로서 200자 원고지 160매 정도의 분량에 이르렀다.

27 (화) 비

池田 교수에게 보내는 편지를 다소 수정하여 발송하였다.

내 저서의 서평을 써 준 국민윤리교육과의 孫炳旭 교수와 모처럼 만나, 손 교수의 차로 나동에 새로 생긴 오리고기 전문 음식점으로 가서 내가 점심을 샀다.

오늘 손 교수로부터 그 부친 孫星模 씨의 저서인『선비의 고장 산청의 명소와 이야기』(서울, 경상대학교 남명학연구소, 2000년 5월 15일) 한 권을 얻었는데, 그 속에 獐項洞이 내 주장과 마찬가지로 大源寺 계곡이라는 설명이 있다는 말을 들었으므로, 당장 그 부분을 펼쳐서 읽어보았다. 내가 기왕에 입력해 놓은 내용 중 이 책을 참조하여 좀 더 보완해서 「南冥遺跡三洞辨證」을 일단 탈고하였다. 오늘까지로서 172매 정도의 분량이 되었다.

28 (수) 맑음

어제 탈고한 논문을 종일 퇴고하여 177매 정도의 분량에 이르렀다. 오후 세 시 무렵 퇴고를 마치고서, KBS의 김영환 PD와 연구원의 김경수 국장에게 이메일로 전송하여 '역사 스페셜' 프로의 제작에 참조하도록 했다. 모처럼 날씨가 개어 김 국장은 김영환 PD를 비롯한 KBS 촬영 팀과 더불어 지리산 불일폭포 쪽으로 촬영을 나가 있다가 나와 휴대폰으로 통화하였다.

29 (목) 흐림

어제 퇴고한 논문 「南冥遺跡三洞辨證」을 다시 조금 수정하여 산악인 성락건 씨에게도 이메일로 전송하였다.

金忠烈 남명학연구원장이 중국 기행 중에 지은 漢詩들을 읽어보았다. 출력하여 번역문까지 붙인 것이 A4용지 15장에 달하는 것으로서 지난 일요일의 상임연구위원회 모임에서 직접 김 원장으로부터 받아온 것이다. 금년 5월 13일부터 6월 3일까지 北京大學 철학과 湯一介 교수의 초청을 받아 湯 교수 부친인 故 湯用彤 교수 기념강좌의 초청강사로서 北京大學에 갔다가, 北京 및 洛陽의 명소들을 둘러보고, 四川省의 重慶에서부터 武漢까지 배로 揚子江을 내려오면서 三峽 일대의 風光을 읊은 것이 많았다. 이 여행에는 한국인 교수 두 명이 陪行하였는데, 그 중 지금 연구년을 받아 洛陽大學에 가 있다는 金周昌 교수는 내가 河南省에서 열린 학술회의에 참가했을 때 알게 되었던 사람이기도 하다.

30 (금) 오전 중 부슬비 온 후 개임

오전 중 『晋陽誌』 중에서 남명의 「遊頭流錄」과 유관한 내용들을 다시 한 번 찾아보았고, 이어서 손병욱 교수의 부친 손성모 씨의 저서 『선비의 고장 산청의 명소와 이야기』를 전체적으로 한 번 훑어보며, 내 논문 「南冥遺跡三洞辨證」과 유관한 내용이 발견되면 그 부분들을 보완하여 입력하였다. 이 책은 현장에서 직접 발로 다니며 확인하고 꼼꼼하게 챙긴 내용이어서 도움이 되는 바가 많았다. 손 교수는 참 좋은 아버지를 두었다.

7월

1 (토) 흐리고 때때로 부슬비

「南冥遺跡三洞辨證」의 수정된 원고를 KBS의 김영환 PD, 김경수 국장, 성낙건 씨에게로 전송하였다.

3 (월) 맑고 무더움

성락건 씨로부터 이메일 회답이 왔는데, 내가 보낸 「南冥遺跡三洞辨證」 파일은 열 줄을 몰라 아직 읽어보지 못했다고 하며, 두 번째 보낸 수정된 원고는 웬일인지 아직 전달되지 않았다는 메시지가 써 있었다. 그 파일을 다시 한 번 電送하면서 새로 한 차례 읽어보고, 또한 부분적인 수정을 가하였다.

그 다음 순서로서 예문동양사상연구원으로부터 위촉받은 (가칭) '한국의 대표사상가 10인' 총서 발간 작업에 착수하기 위해, 해제 작성을 위한 참고 자료로 京都大學 中國哲學史 전공의 주임으로서 內山俊彦 교수의 전임자였던 日原利國 교수가 急逝한 후, 池田秀三 씨 등이 그의 논문들을 모아 간행한 『漢代思想の研究』(東京, 研文出版, 1968) 제1부에 수록된 「漢代思想研究の現況」을 다시 한 차례 읽어보았다. 이 논문은 원래 京都大學中國哲學史研究室에서 발행하는 1984년도 논문집 『中國思想史研究』에 수록되었던

「漢代思想はいかに研究されてきたか」라는 제목의 논문을 축약 정리한 것이므로, 그것까지 포함한다면 나로서는 세 번째로 읽어본 셈이다.

4 (화) 맑으나 무더위, 오후 한때 소나기

조교에게 다음 학기의 강의 교재를 수강 신청이 끝난 시기쯤에 구내 서점에다 주문하도록 당부하였다. 학부 4학년의 한국유학특강에서는 처음 예정했던 대로 茶山 丁若鏞의 自撰墓誌銘과 年譜 등 傳記 자료를 읽기로 하고, 학부 3학년의 도가철학에서는 원래 葛洪의 『抱朴子』 內篇을 읽을 예정이었으나, 그에 앞서 우선 『花郎世紀』를 읽어보고 시간이 남으면 이어서 『포박자』 내편을 읽기로 하였다.

오후 두 시 반 무렵부터는 KBS의 김영환 PD가 촬영 팀을 거느리고서 내 연구실로 와 남명 사상의 내용에 관한 인터뷰를 녹화하였다. 이 '역사스페셜' 프로는 7월 22일 밤 8시에 방영될 예정이라고 한다. 그들이 돌아가고 난 이후로는 '한국의 대표사상가' 시리즈 해제 작업에 착수하여, 우선 「南冥學關係旣刊文獻目錄」 가운데서 남명 사상에 관한 부분들만 발췌하여 따로 하나의 목록을 만드는 작업을 시작하였다.

5 (수) 맑음

성락건 씨가 이메일로 내 논문 「南冥遺跡三洞辨證」을 읽은 소감을 적어 보내 왔으므로, 오후 시간에는 다시 한 번 그 논문을 읽어보며 퇴고를 가하였는데, 분량은 180매 남짓에 이르렀다.

중국 福建省 建陽市에 있는 武夷山朱熹研究中心으로부터 10월 12일부터 14일까지 南平·武夷山에서 개최되는 '朱子學與21世紀' 國際學術研討會에의 초청장이 왔다.

6 (목) 맑고 무더움

10대 사상가 시리즈의 참고문헌목록 작성을 계속하였다.

7 (금) 흐림

점심 때 사범대 국민윤리교육과 손병욱 교수 및 같은 학과 이석호 교수와 함께 사천의 경남식당으로 가서 韓定食으로 점심을 들고서 돌아왔다. 지난번 나의 초청에 대한 답례였다. 이 자리에서 손 교수가 德川書院 부분의 집필을 담당한 안동대학교 안동문화연구소 편, 『서원—한국 사상의 숨결을 찾아서』(서울, 예문서원, 동양문화산책10, 2000년 1월 31일) 및 1989년도 『歷史學報』 第123輯의 '說林' 欄에 실린 權悳永 씨의 논문 「筆寫本 〈花郎世紀〉의 史料的 檢討」, 1995년 9월 호 『역사학보』 제147집의 같은 난에 실린 서울대학교 국사학과 盧泰敦 교수의 논문 「筆寫本 花郎世紀의 史料的 價値」의 카피를 얻어 와 퇴근 시간까지 계속 읽어서 모두 한 차례씩 독파하였다.

10 (월) 부슬비 내리다가 오후에 폭우

韓國中國學會로부터 회원들에게 보내는 통신문이 왔다. 그 중 제20차 중국학 국제학술회의는 8월 25일과 26일 양일간에 걸쳐 건국대학교 새천년기념관에서 개최된다고 하며, 내가 논평을 맡을 사람은 철학 분과의 발표를 맡은 日本 大分縣 藝術文化短期大의 鄧紅 氏인 듯하다.

12 (수) 맑음

『화랑세기』는 第18世 春秋公까지에 이르렀다. 점심 때 기숙사 식당에서 新羅鄕歌 등을 전공으로 하는 국문과의 최용수 교수와 나란히 앉아 식사를 하였는데, 『화랑세기』에도 향가가 한 수 나오므로 그것에 대해 대화를 나누었다. 최 교수는 이미 여러 해 전에 이 문헌에 대해 관심을 가지고서 대학원 수업에서 이 책을 다루기도 했다고 하며, 나와 마찬가지로 이 책이 僞書일 수 없다는 견해를 가지고 있었다. 그는 族內婚이 고려 시대까지 일반적인 관습이었다고 말했는데, 나는 그것이 骨品제도와 관계가 있을 것이며, 匈奴族의 單于에게 시집간 王昭君의 故事에서 보는 바와 같이 父子 간에 대를 이어 같은 여자를 아내로 맞이하는 등의 풍습은 중국 북방의 유목민족에게서 일반적인 현상이었던 점을 지적했다. 산책을 마치고서 철학과 사무실에 들러 조교인 崔宰城 군에게 아직 철학계에서는 이 자료에 대해 관심을 가지고 연구한 사람이 아무도 없으니, 동양철학을 전공하고자 하는 최 군의 석사학위논문에서 신라 화랑도의 문제를 사상사적 관점에서 다루어 보도록 권했다.

아침에 ≪경남일보≫에서 梧林 金相朝 翁이 별세했다는 보도를 읽었다. 아내로부터 오늘 오후 7시 반에 경상대 영안실에서 향토문화사랑회의 회원들이 모여 함께 문상하기로 했다는 연락이 있었다는 전화가 연구실로 걸려왔다. 퇴근 후 검은색 상복으로 갈아입고서 그 장소로 나가보았다. 김 옹은 지난 6월 20일자로 딸에게 대필시켜 내 저서 『南冥學派研究』를 구하고 싶다는 편지를 보내 온 바 있었는데, 그 책을 보내드리도록 조처한 후 한 달이 채 못 된 어제 오후 다섯 시에 대학병원에서 운명하였다고 한다. 후두암으로 74세의 나이에 별세하였다는데, 최근에는 배에다 호스를 연결하여 영양분을 공급하고 있는 상황이었다고 한다. 전임회장으로부터 會誌인 『향토문화』 금년 호에 기고했다가 그 후 기고를 취소한 내 글 「일본 철학의 훈고적 전통과 사변적 전통」 및 「주말 나들이」는 결국 실린 채 출판되었다고 들었다.

18 (화) 맑음

『화랑세기』를 22世 良圖公까지 다시 읽었고, 도중부터 신라의 仙道와 관련되는 부분들은 차후의 논문 집필에 대비하여 원문에다 붉은 글씨로 표시하기 시작하였다. 며칠 전 신문을 통해 알고서는 구내 서점을 통해 주문해 둔 韓明基 著, 『광해군』(서울, 역사비평사, 2000년 7월 10일)이 오후에 배달되어 왔으므로, 그것을 읽기 시작하여 절반 가까운 분량까지 나아갔다. 광해군이 우여곡절 끝에 왕위에 올라 정인홍·이이첨을 등용하게 되는 대목까지이다.

19 (수) 맑음

『광해군』을 마저 읽었고, 저녁 무렵에는 연구실의 컴퓨터 인터넷을 통해 KBS의 홈페이지로 들어가, '역사 스페셜' 중 99년 7월 10일에 방영된 〈추적, 화랑세기 필사본의 미스터리〉 및 소현세자 독살사건의 배경에 관한 프로를 잇달아 시청하였다. 금주 토요일 밤 8시에 방영될 예정인 김영환 PD의 〈조식이 지리산에 12번이나 오른 까닭은?〉의 개요도 출력하여 두었다. 내 논문에서는 남명 자신이 언급한 바에 의해 지리산에 오른 횟수를 세밀히 계산하자면 모두 15번이 된다고 적었고, 그런 뜻을 김 씨에게 구두로 설명한 바도 있었지만, 결국 내 견해는 채택되지 않은 모양이다.

20 (목) 맑고 무더움

서울에서 『부싯돌』이라는 문학과 철학을 연결하는 계간지를 내고 있는 언론인 東村 李容九 씨로부터 내 책 『南冥學派硏究』를 사 보고서 보낸 격려 엽서가 도착하였다. "南冥 선생은 오 교수를 만나 21세기에 이르러 눈부신 광채를 받으니 참으로 복 받은 어른입니다" 라는 내용이 있었다.

한국의 사상가 10인 시리즈를 위한 남명 사상 관계 연구문헌 목록의 작성을 계속하였다.

21 (금) 맑음, 中伏

11시 무렵에 김경수 사무국장이 최근에 간행된 『南冥學硏究論叢』 第8輯 다섯 부와 그 첫머리에 실린 내 논문 「南冥과 陸王學—知와 行의 문제를 중심으로—」의 별쇄본 20부, 그리고 지난번에 빠졌던 『南冥集四種』 가운데서 壬戌本 제1책의 교정쇄를 가지고서 내 연구실로 방문해 왔다. 그의 차를 타고서 시내 칠암동으로 나가 남명학연구원의 이사로 있으며 昌寧曺氏인 사람을 그가 경영하는 꽃집으로 방문하여, 함께 장대동에 있는 백박사라는 음식점으로 가서 조 씨로부터 소불고기와 냉면으로 점심을 대접받고서 혼자 택시를 타고 연구실로 돌아왔다.

제8집에 실린 내 논문을 다시 한 번 읽어보았다. 그 도중에 지난번 탈고해 둔 「南冥遺跡三洞辨證」의 마지막 부분 가운데서 지리산의 德山洞에 자리 잡은 남명이 지은 집은 山天齋와 橡亭 두 채 뿐이었다고 적은 것이 잘못되었음을 깨닫고서, 문집에 실린 행장 가운데서 雷龍舍와 관련된 내용을 찾아서 보충해 넣었다.

22 (토) 맑음

KBS 1채널의 역사스페셜 〈조식이 지리산을 12번이나 오른 까닭은?〉을 시청하였다. 밤 여덟 시부터 거의 한 시간 정도 방영된 역사스페셜에서 나는 단 한 커트 나오고 있었다. 김영환 PD는 내가 이메일로 보내준 논문 「南冥遺跡三洞辨證」을 직접 읽어보지 않고서 김경수 국장에게 그 내용 중 필요한 부분들을 메모하게 하여 훑어보았다고 하는데, 三洞 중 하나인 龍遊洞에 대해서도 내가 부정하고 있는 함양 쪽의 龍遊潭을 남명이 갔던 곳이라고 설명하고 있었다.

오늘 「남명유적삼동변증」의 수정 작업을 마치고 나자 200자 원고지 185매 정도의 분량에 이르렀다. 그것이 끝난 다음에는 10대 사상가 시리즈를 위한 「남명연구문헌목록」의 작성을 계속하였다. 각 논문들을 내용별로 분류하기는 매우 어려워서, 결국 집필자의 전공 분야에 따라 분류하는 방식을 취해 보았다.

25 (화) 흐림

종일 작업하여 10대 사상가 시리즈의 「南冥研究文獻目錄」 작업을 일단 매듭지었다. 집필자의 전공 분야에 따라 분류하여 인명의 字母 순서로 배열하였는데, 200자 원고지 106매 정도의 분량에 달하였다. 그 중에서 이 시리즈의 남명 편에 수록할 예정인 논문 12편을 골라 주제별로 순서를 안배해 보았다. 이제 남은 것은 해제 논문의 집필인데, 일단 제목을 「남명 사상은 어떻게 연구되어 왔는가」로 하고, 집필을 시작하였다.

26 (수) 맑으나 무더움

오전 중에 어제 작성해 둔 「남명연구문헌목록」을 한 차례 퇴고하였고, 퇴근 무렵에 그것과 함께 내가 10대 사상가 시리즈의 남명 편에 포함시키기 위해 선정해 둔 남명 사상 관계 12편의 논문 목록을 서울의 예문동양사상연구원 담당자 앞으로 전송해 두었다. 내가 인도 여행에서 돌아올 때까지 연구원 측에서 그 논문의 저자들과 연락하여 게재허가를 받아 두면 돌아온 후에 본격적인 해제의 집필에 착수할 예정인 것이다.

점심 때 蔚遲治平 교수와 함께 기숙사 식당에서 점심을 들고 산책을 하기로 약속하였는데, 그 후에 김경수 군으로부터 전화가 걸려와 인도 출발 전에 점심을 함께 했으면 좋겠다고 하므로, 蔚遲 교수와 함께 그들을 따라 학교 밖으로 나가게 되었다. 박라권 군이 차를 가지고 데리러왔으므로, 그 차를 타고서 우선 남명학연구원 앞으로 가서 김 국장과 합류하고, 넷이서 산청군 新安面 院旨에 있는 장어 집으로 향했다. 그러나 도착하고 보니 때마침 주인은 출타하여 없고 오늘 휴업이라고 하므로, 난감하여 그 근처 단성 읍내의 어느 식당으로 가서 소불고기를 안주로 소주잔을 기울이다가 곱창찌개와 더불어 식사를 하였다. 나올 때 식사비는 내가 지불하였다.

그 자리에서 들은 바에 의하면, 내년도에 있을 남명 탄신 500주년 기념 국세학술회의 준비 건으로 본교 남명학연구소 측의 요청으로 권순친 연구원 이사장과 H 연구소장, 하유집 前任 덕천서원 外任 및 삼현여고 최문석 교장이 회동하였는데, 그 자리에서 H 교수는 이 학술회의를 사단법인 남명학연구원이 독자적으로 주관하지 말고 경상대의 연구소 및 남명학부산연구원과 더불어 공동 주최하는 형식으로 하며, 예산도 나누어 배정해 줄 것을 요청하고서, 그러한 요구가 받아들여지지 않을 경우 연구소 측은 이 학술회의를 보이콧 하겠다는 의사를 밝혔다고 한다.

8월

18 (금) 맑음

델리 발 서울 행 아시아나 항공으로 오전 1시 30분에 출발하여 오후 12시 30분 무렵 김포공항에 당도하였다.

집에 도착한 지 반 시간쯤 후에 학과의 조교로부터 전화 연락이 있었고, 곧이어 김경수 국장으로부터 전화 연락이 있었다. 오늘 德川書院에서 거행된 제24회 南冥祭에 서울대 사범대학장인 曺昌燮 교수가 奠茶官을 맡게 됨에 따라 서울대 철학과의 은사인 李楠永 교수와 중앙대 김경수 교수 등이 함께 왔는데, 나더러 이남영 교수를 만나기 위해 덕산에 들어오겠는지 묻기 위한 것이었다. 연구위원 세미나에 참석하기 위해 어차피 내일 오전 중에 들어갈 것이므로, 가능하면 그 때 뵐 수 있으면 좋겠다는 뜻을 전하게 하고, 아울러 이남영 교수께 내 저서『南冥學派硏究』한 질을 기증하게 했다. 밤에 서울대 철학과 후배인 조남호 군으로부터도 전화 연락을 받았다. 그는 내일의 연구위원 세미나에서 오후 일정의 마지막 발표를 맡게 되어 내일 오전 9시 사천공항에 도착하게 된다고 하므로, 공항까지 내 차를 가지고서 마중 나가 그와 함께 덕천서원으로 향하기로 했다.

그동안 도착한 우편물들과 밀린 신문들을 대충 훑어보았다.『南冥院報』제19호(2000년 8월)를 통하여 내가 해제를 쓰고 편집한『南冥集四種』이 출간되어 8월 20일 이후에 배포된다는 것을 알았고, 일본의『東方學會報』No.78의 '會員通信' 欄에 남명학 관계 책들의 간행을 알리는 내 글이 실려 있는 것도 읽어보았다.

19 (토) 맑으나 저녁 한때 비

예정보다 늦게 열 시 반쯤에 덕천서원에 도착해 보니 제2회 남명학연구원 연구위원 세미나는 김충렬 원장의 인사가 끝나고 권순찬 이사장의 발언이 아직 계속되고 있었다. 오전 순서는 영남대에서 남명의 교육사상을 주제로 박사학위를 취득한 채휘균 씨가 발표를 하고 이어서 조남호 군이 발표하였으며, 서원 근처의 예전에 葛榮晉 교수 내외와 더불어 들렀던 바 있었던 식당으로 자리를 옮겨 점심시간을 가졌다. 오후 느지막이 서원으로 돌아와 서울대 규장각의 특별연구원으로 있는 한명기 씨와 중국 北京의 사회과학원 부교수인 周月琴 씨의 발표를 들은 다음 종합토론을 끝으로 세미나를 마쳤다. 점심때의 식당으로 가서 저녁 식사를 들고 돌아와 서원에서 가고시마 돼지 바비큐를 안주로 각종 술로 리셉션을 겸한 담소의 시간을 가졌다.

22 (화) 맑음

어제 池田秀三 교수로부터 내년에 있을 남명학국제학술회의에의 발표 요청을 정식으로 사절하는 내용의 편지가 도착하였으므로, 그것을 팩스로 남명학연구원에 보냈다. 오후에 김경수 국장과 통화하여, 나로서는 처음부터 이런 역할을 맡고 싶지 않았지만 强請에 의해 마지못해 떠맡게 되었으나, 三浦國雄·池田秀三 씨에게 모두 사절을 당해 내 체면을 상당히 구기게 된 셈이니, 다시는 이런 일을 맡지 않겠노라는 의사를 표명했다. 아울러 남명학에 대한 아무런 연구가 없는 사람들을 그들의 비중이나 명성 만에 의거하여 초청한다는 것은 학문적인 자세가 아니므로, 나로서는 이에 반대한다는 입장을 다시 한 번 밝혔다.

23 (수) 맑음

8월 25일부터 26일까지 건국대학교 새千年館에서 '東亞細亞的 價値와 中國學'이라는 大主題하에 개최될 한국중국학회의 제20차 중국학국제학술대회에서 26일 오전 내가 토론을 맡게 될 일본 大分縣立 藝術文化大學 國際文化學科 조교수이며 문학박사인 鄧紅 씨의 논문 「張之洞的學問~其一: 關于『書目問答』」을 어제 한국중국학회의 홈페이지로부터 다운로드 받아두었었는데, 오늘 그것을 두 차례 읽어보았고, 아울러 내 연구실에 있는 장서 중 馮天瑜 著, 『張之洞評傳』(商丘, 河南教育出版社, 1985·1990)의 목차 등도 훑어보았다.

점심 때 김경수 국장이 차를 몰아 학교로 와서 나를 태우고는 신안동에 있는 식당으로 가서 점심을 대접하였다. 김 국장이 오늘 나와 함께 점심을 든 것은 인도에 갔다 온 데 대한 인사도 있지만, 며칠 전 덕천서원에서의 모임에서 내가 周月琴 여사의 박사학위논문 등이 든 봉투를 서원에 놓아두고서 와 버린 까닭에 그것을 전해 주기 위한 것이었다. 그 봉투를 전해 받아서 김 국장 차의 뒷좌석에 우선 놓아둔 것을 또 깜박 잊고서 그냥 몸만 돌아와 버리고 말았다. 김 국장은 오늘 오전 11시쯤에 금년 3월 남명학연구원출판부를 통해 간행된 나의 저서『南冥學派研究』의 인세 300만 원을 내 은행 구좌로 송금했다고 한다.

24 (목) 아침에 비 온 후 흐림

『張之洞評傳』중의 年譜 등을 읽은 후, 鄧紅 씨의 논문을 세 번째로 읽고, 鄧 씨의 글에 대한 토론문을 작성하기 시작했다.

25 (금) 대체로 소나기

日原利國 編『東洋哲學辭典』및『張之洞評傳』의 導論 부분을 읽고 난 후, 「鄧紅 조교수 〈張之洞的學問~其一:『書目問答』〉에 대한 토론」의 작성 작업을 계속하여 오후 네 시 무렵에 탈고하였다. 그것을 한국중국학회의 총무간사인 수원대 중국학과 羅敏球 교수 및 나에게 羅 교수의 이메일 주소를 일러 준 건국대 철학과 정상봉 교수에게 이메일로 送付하였다.

26 (토) 비

간밤 자정에 출발하는 동양고속의 심야우등 고속버스를 타고서 진주를 출발하여 새벽 다섯 시가 채 못 되어 서울의 강남고속터미널에 당도하였다. 한국중국학회가 시작되는 오전 9시 30분까지는 꽤 많은 시간이 남아 있으므로, 터미널의 의자에 앉아『張之洞評傳』의 第1章을 읽다가, 평소 조식을 드는 6시 30분 무렵에 터미널 구내의 식당으로 들어가 유부

우동으로 아침 식사를 마쳤다. 건국대 철학과에 근무하는 후배이자 한국중국학회의 편집이사인 鄭相峰 교수에게 전화하여 내가 어제 이메일로 보낸 토론문을 받아 보았는지 확인해 보고자 하였는데, 분명 가방 속에 넣어두었던 것으로 기억되는 휴대폰이 보이지를 않으므로, 이리저리 물어 터미널 구내에 있는 동양고속 사무실로 찾아가 내가 타고 왔던 버스로 가서 가방을 넣어 두었던 좌석 위의 짐칸의 열어보았더니 아니나 다를까 거기에 흘려져 있었다.

『評傳』 제1장을 마저 읽은 다음, 지하철을 타고서 건국대학교 입구 정거장에서 내린 다음, 학술회의 장소인 새천년관으로 이동하였다. 1층 입구에서 한양대학교 중문과에 근무하는 서울대학교 및 臺灣大學 동문인 孫禮徹 교수를 만났고, 哲學部의 회의 장소인 13층 로비에서 오늘 오전 철학부의 사회를 맡아볼 木浦大 金承炫 교수도 만났다. 그와는 전라도에서 있었던 성균관대 출신이 중심이 된 유교학회 모임에서 한두 번 본 후 약 5년 만에 만나는 셈이다. 알고 보니 그는 臺灣의 臺北市에 있는 천주교 계통 輔仁大學에서 철학박사 학위를 취득했다고 한다. 그와 함께 오늘 철학부에서 사회를 맡아볼 臺灣의 中國文化大學 王欽賢 부교수가 먼저 나를 알아보고서 인사를 해 왔는데, 처음엔 누군지 몰랐지만 알고 보니 내가 臺灣大學 대학원 철학과(哲學研究所) 석사과정 1학년에 재학하고 있던 무렵 철학과 조교를 맡고 있던 阿蛋이라는 愛稱으로 불리던 사람이었다. 그는 키가 작은데다 어린 시절 머리를 빡빡 깎고 있어 얼굴 모습이 달걀(鷄蛋) 같다 하여 그런 별명이 붙었다고 한다. 우리가 재학 중이던 무렵 스위스로 유학을 떠나 2년을 공부한 다음 귀국하여 臺灣大學 강사 생활을 하다가, 다시 독일로 가서 8년을 더 공부한 후 스위스의 바젤대학에서 철학박사 학위를 취득하였고, 칸트 철학이 전공인 臺灣大學 철학과의 당시 학과장 黃振華 교수가 그 후 文化大學 철학과장으로 가 있다가 정년퇴임하자, 같은 전공인 그가 黃 교수의 후임으로서 그 대학에 들어가게 된 것이라고 한다. 그는 어제 禪佛教에 대한 주제로 발표를 하였는데, 이 학회의 전임 회장을 지낸 바 있는 한양대학교 철학과 金炳采

교수가 臺灣大學 석사과정에 재학하던 시절 친했던 사람들을 근년에 차례로 초청하여 모임에 참여시키고 있는 모양이었다. 그 외에 예문동양사상 연구원의 실무 책임을 맡으면서 고려대 강사로도 나가고 있는 朴元在 씨도 전화 등으로만 서로 연락하다가 여기서 처음으로 만났다.

오전 9시 30분부터 12시 반 무렵까지 계속된 철학부의 오전 모임에서는 臺灣大學 철학과에서 철학박사 학위를 취득한 후 大北市 木柵에 있는 불교 재단의 華梵大學 철학과 부교수로 부임해 있는 杜保瑞 씨와 중국 武漢大學 歷史科를 졸업한 후 일본 九州大學으로 유학하여 문학박사 학위를 받고, 현재 大分縣立 藝術文化短期大學 國際文化學科 조교수로 있는 鄧紅 씨가 발표를 한 후, 20분 정도 휴식을 가진 다음 臺灣 東海大學에서 철학박사 학위를 취득한 단국대 李相勳 교수와 내가 각각 이들의 논문에 대한 토론을 하고, 종합토론과 기념촬영을 끝으로 오전 순서를 모두 마쳤다. 나는 鄧 씨의 논문에 대한 토론문을 한국어로 준비했던 것이지만, 알고 보니 이 학회는 공용어가 중국어였다.

28 (월) 아침에 비 온 후 개임

지난 8월 8일자로 보내져 온 동철연 총무인 국민대학교 문석윤 교수의 이메일에 추가로 응답하여, 이 모임 소식지 발간을 위한 회장으로서의 인사말과 지난 학기의 내 소식, 그리고 지난 학기의 연구 성과물 파일 등을 작성하여 전송하였다.

29 (화) 맑음

내가 지도교수로 되어 있는 李相來 군의 철학과 대학원 동양철학전공 석사학위논문 초안 「망우당 곽재우의 도교사상에 대한 연구」에 대한 첨삭지도를 시작했다. 그가 이메일로 보내 온 논문 파일을 하드디스크에 저장하여, 거기에다 붉은색 글자로 내 의견을 적어 회송할 예정인데, 200자 원고지 258.5장의 분량이라 다소 부담스럽다.

영남대 국사학과 李樹健 교수의 둘째 사위인 본교 사범대학 화학과

金奉坤 교수로부터 『李樹健敎授停年紀念 韓國中世史論叢』(慶山, 論叢刊行委員會, 2000년 8월 15일)이 보내져 왔으므로 한 번 대충 훑어보았다.

점심 때 연구원의 김경수 국장 및 대명인쇄의 박라권 사장과 더불어 산청군 阮旨에 있는 지난번 蔚遲 교수도 함께 동행 했다가 주인이 없어 허탕치고 돌아온 바 있는 음식점으로 가서 곰장어 볶음을 안주로 술과 점심을 들고서 돌아왔다. 내가 해제를 쓰고 편집을 지휘한 『南冥集四種』(남명학연구원출판부, 2000년 8월 15일, 676쪽)이 어제 인쇄소로부터 도착되었다 하여 두 권 주는 것을 받아 와, 그 중 한 권은 인문대학 도서로서 기증하였다. 이 책은 재정상의 이유로 이번에 300책만 찍었고, 사진원판은 박 사장이 보유하고 있다가 이후 수요에 따라 추가로 찍을 예정이라고 한다. 그러므로 오늘은 출판을 기념하여 그들의 수고를 위로하는 뜻에서 내가 점심을 사는 것으로 했다.

지난번 덕천서원에서의 연구위원 세미나 때 받았다가 잊고서 서원에다 두고 왔고, 지난주 김 국장과 점심을 함께 할 때 새로 전해 받고서도 또 잊고서 김 국장 차에 두고 내린 자료들을 오늘 다시 전해 받아 대충 훑어보았다. 금년 6월 25일에 있었던 '2000년 제3차 상임연구위원회 회의결과' 및 세미나에서 발표된 채휘균 씨의 논문 「남명의 교육사상—敬과 義의 교육철학—」, 조남호 「퇴계학파의 남명학 비판—조호익, 이현일, 이만부의 관서문답사기의를 중심으로—」, 한명기 「『再造之恩 體制論』을 통해 본 明淸交替期 朝鮮 內政과 外治의 추이」, 周月琴 「寒岡鄭逑哲學思想研究—兼論寒岡對南冥學派的思想研究—」와 꽤 많은 분량에 달하는 周 여사의 논문 全文 및 그녀가 금년 6월에 계명대학교 대학원 철학과에 제출한 中文으로 된 박사학위논문 「『心經附註』가 退溪心學 形成에 미친 影響에 관한 研究」였다. 거기에다 나의 지도하에 석사논문을 썼던 趙平來 군이 금년 7월 23일자로 탈고하여, 지난번 「누가 李爾瞻을 악인으로 만들었나」의 경우처럼 서울의 어느 한국사 모임에서 발표한 것으로 추측되는 「鄭汝立(1546~1589)은 잔인한 모반자였나」라는 글도 포함되어 있었다.

30 (수) 맑음

중국사회과학원 부교수 周月琴 여사의 박사학위논문 및 그녀가 금년도 연구위원 세미나에서 발표한 논문을 다시 한 번 세밀히 읽어보았고, 밤에는 李樹健 교수 정년기념 논총 말미에 李 교수 자신이 쓴 자서전 「나의 韓國中世史 硏究經歷과 著述目錄」을 읽기 시작했다. 周月琴 씨의 박사논문은 그녀의 학위논문 主審인 계명대 국민윤리과 李東熙 교수가 근년에 여러 편의 논문을 통해 주장하고 있는 한국 유학의 心學化 문제를 계승하여 퇴계를 중심으로 이를 보다 상세히 다룬 것이었다. 이 논지는 홍콩 출신의 미국 콜롬비아대학 교수인 故 陳榮捷 씨가 元·明代 朱子學의 心學化 문제를 거론한 데서 영향을 받은 것이며, 이동희 교수에 앞서 故 尹南漢 교수가 한국 양명학에 관한 저서 속에서 이와 유사한 언급을 한 바가 있었다. 周 여사의 鄭寒崗에 관한 논문 여기저기에서는 나의 이름과 저서가 거론되고 있는데, 내가 주장한 바 있는 寒崗 학문의 南冥淵源說과 이에 비판적인 崔英成 씨의 退溪學統說을 대비하면서, 한강은 兩 학통을 종합하여 조선 중기의 유학을 성리학 중심에서 禮學 중심으로 방향전환 시킨 인물이라는 것이 주된 論旨가 될 것이다. 두 논문이 모두 중요한 문제를 꽤 심도 있게 다룬 것이었다. 김경수 국장에게 전화하여, 周 여사의 한강에 관한 논문은 퍽 길므로 이것을 내년도에 간행될 『南冥學硏究論叢』 제9호에 실을 때 번역문을 첨부하지 말 것과, 또한 내용 중 打字 미스로 말미암은 誤字가 꽤 많으므로 본인에게 연락하여 교정을 보게 하라고 말했다.

華中科技大學 인문대학장인 蔚遲治平 교수가 9월 1일자로 귀국하게 되며, 열흘쯤 전에 그 대학에서 외국인들에게 중국어를 가르치고 있는 그의 부인이 한국에 나와 있으므로, 오늘 오후 내가 그들 夫妻를 저녁 식사에 초대하였다. 평소보다 두 시간 정도 일찍 퇴근하여 내가 운전하는 차로 함께 奈洞을 경유하여 진양호 물 홍보관 앞의 전망대로 가서 주위 풍경을 감상하다가, 강변도로를 따라 신안동의 갑을가든으로 가서 불고기로 저녁 식사를 들고 그 정원에서 茶를 마시면서 대화를 나누었으며, 그들의 숙소까지 차로 바래다주었다. 人民大學의 劉廣和 교수 이래 1년

임기로 매년 교체되어 본교 중문과에 외국인 교수로서 부임해 온 중국인은 黃國營(현재는 淸華大)·李崇興·董爲光·蔚遲治平 교수의 순서로서, 그들은 모두가 본교와 자매결연 관계에 있는 湖北省 武漢市 소재 華中理工大學(금년부터 華中科技大學으로 改名) 중문과 소속이었다. 그러나 蔚遲 교수의 후임으로는 금년 9월부터 중국의 다른 자매학교인 西安市 소재 西北大學의 교수가 오게 된다고 한다.

9월

4 (월) 맑고 서늘함

오후 한 시에 도가철학의 첫 수업을 실시하였다. 과거에 이 제목의 수업에서 道家三書로 통칭되는 『老子』『莊子』『列子』를 이미 다 읽었기 때문에, 이번에는 葛洪의 『抱朴子』 內篇을 텍스트로 하고, 『花郎世紀』는 학생들이 스스로 읽고서 그에 대한 리포터를 써내도록 했다.

李相來 군의 석사학위논문 파일에 대한 첨삭지도를 계속했다.

복도 건너편에 연구실이 있는 한문학과 최석기 교수가 본교 한문학과에서 석사학위를 받은 네 명의 제자들과 더불어 공동 번역한 『선인들의 시리산 유람록』(서울, 돌베개, 2000년 8월 31일)을 한 권 가져다주었으므로, 그 내용을 살펴보기 시작했다.

5 (화) 맑고 서늘함

어제 최석기 선생이 준 책을 읽고서 그 중 靑坡 李陸의 지리산 관계 기록 가운데서 薩川과 薩川村의 위치를 比定할 수 있는 내용이 눈에 띄어, 韓國文集叢刊에 실린 『靑坡集』을 가지고서 내 논문 「南冥遺跡三洞辨證」의 주석 하나를 수정 보완하였다.

韓國日本思想史學會로부터 내 논문 「日本哲學の訓詁的傳統と思辨的傳統」이 실린 日本思想史懇話會 編集 『季刊 日本思想史』 제56호(東京, 페리칸社,

2000년 9월 1일)가 부쳐져 왔다. 또한 본교 남명학연구소로부터는 10월 6일에 본관 대회의실에서 열릴 예정인 '嶺湖南의 학문적 특성'이라는 대주제하의 발표대회에서 발표하기로 예정된 나의 논문 「南冥遺跡三洞辨證」의 발표요지 및 완성된 논문을 9월 25일까지 보내달라는 연락문을 받았다.

7 (목) 맑음

일이 밀려 틈틈이 읽고 있었던 이상래 군의 석사 논문에 대한 첨삭지도를 마침내 마치고서 편지와 함께 이메일로 반송하였다. 잇달아서 10월중에 있을 본교 남명학연구소의 학술대회에서 발표할 나의 논문 「南冥遺跡三洞辨證」을 발표 시간에 적합한 분량으로 줄여서 요지문을 만드는 작업에 착수했다. 200자 원고지 180여 매의 분량에 달하는 원문을 우선 80매 남짓으로 줄였으나, 70매 정도에 이르도록 더 줄여볼 생각이다.

8 (금) 새벽에 부슬비 내린 후 흐림

「南冥遺跡三洞辨證」을 72매 정도로 줄여 그 全文과 함께 남명학연구소에 이메일로 전송하였고, 이어서 '한국의 대표사상가 10인' 시리즈 남명편의 해제 논문 집필을 위해 예문동양사상연구원 측이 참고하라고 보내온 충남대 황의동 교수가 작성한 이율곡에 관한 해제 및 연구성과목록을 검토해 보았다.

9 (토) 흐림

'한국의 대표사상가' 총서 중 남명 편의 해제인 「남명 사상은 어떻게 연구되어 왔는가」의 집필에 다시 착수하여, 200자 원고지 150쪽 정도의 분량을 부탁 받아 있는 가운데 오후 여섯 시 퇴근 시간 무렵까지 22쪽 정도 나아갔다. 기왕에 나로서는 日原利國 교수의 「漢代 사상은 어떻게 연구되어 왔는가」라는 논문을 참조하여 어떻게 집필해야겠다는 어렴풋한 생각을 갖고 있었으나, 인도에서 돌아와 보니 이 총서를 기획하고 있는 예문동양사상연구원 측으로부터 해제 집필 방식에 대한 구체적인

가이드라인이 이메일로 도착해 있었으므로, 가능한 한 그 방침에 따라 ① 연구성과 정리(30%) ② 연구경향 분석(40%) ③ 선정된 논문의 소개(10%) ④ 앞으로의 연구 과제(20%)라는 네 가지 내용과 그 구성 비율로 작성해 보기로 계획을 바꾸었다.

12 (화) 부슬비

서재에 있는 남명 관계 연구문헌들을 다시 한 번 점검하다가, 1976년 『文學思想』 6월호 '知識人의 受難史—소크라테스에서 솔제니친까지' 시리즈 제40회에 실린 김충렬 교수의 글 「曹植 門戶之爭으로 타버린 文字들」이 눈에 띄어 다시 한 번 읽어보았다.

13 (수) 부슬비

KBS의 역사 스페셜 〈조식이 지리산을 열두 번 오른 까닭은?〉을 다시 한 차례 시청하였다. 이 방면에 관한 조예가 없는 김영환 PD가 나를 포함한 전문가의 조언을 무시하고서 자신의 구상에 따라 자료를 이리저리 얽어 만든 측면이 강하기 때문에 잘못된 부분이 꽤 많다.

김충렬 교수의 글 「曹植 門戶之爭으로 타 버린 文字들」의 뒷부분에 나오는 光海君 시대 남명의 文廟從祀 문제와 관련한 퇴계·남명 문도 간의 대립에 대해 "吳挺男·羅宜素 등은 무뢰배를 이끌고 晋州 曹植書院을 쳐들어가 『南冥文集』의 木板을 부수고 朴文煥 등 曹植문인의 유적을 불태웠다"(249쪽)고 설명한 부분을 『光海君日記』 『仁祖實錄』에 실린 이 두 사람에 관한 기록들을 통해 대조해 보았는데, 이 역시 김 교수가 실록의 내용을 제멋대로 해석한 데서 나온 오류임을 확인하였다.

「남명 사상은 어떻게 연구되어 왔는가」의 입력 작업을 계속하였다. 일곱 시 무렵이 되어 아내가 저녁 식사하러 오라고 하므로, 도표를 만드는 작업을 대충 마치고서 제2절 '연구성과' 부분을 매듭지은 다음, 하드디스크에 있는 파일을 윈도우즈 커멘드를 통해 플로피디스켓에다 저장시켰다. 그러나 웬일인지 그동안 작업한 내용이 양쪽에서 모두 사라져 버리고 오후 한 시 무렵의 파일이 저장되었다.

14 (목) 비

예문동양사상연구원 측의 요구에 따라 '한국의 대표 사상가 10인' 총서의 연구물 목록의 순서를 ① 저서 ② 편·역서 ③ 박사학위논문 ④ 석사학위논문 ⑤ 일반논문의 순서로 다시 정리하되, 그 끝에는 ⑥ 논설 하나를 더 추가하고, 그 제목은 「남명연구논저목록」이라 하였다. 이로써 기왕에 주제별로 분류하여 작성해 둔 「남명연구문헌목록」을 대체할 생각이며, 남명 편에 수록할 논문들 가운데서는 三浦國雄의 「曹南冥と老莊思想」은 제외시키고, 그 밖의 논문들도 배열 순서를 다소 조정하였다.

원래 예문동양사상연구원 측 출판기획안에서는 원고마감일을 8월 31일까지로 통고하고 있었는데, 8월 10일에야 해제 및 목록의 집필 방식에 대한 지침을 보내주었으니 사리에 맞지 않을 뿐 아니라, 정해 진 기한 안에 탈고해서 보낸 사람은 율곡을 맡은 충남대의 황의동 씨밖에 없었다는 셈이 된다. 이 새로운 지침은 황 씨의 원고 내용을 참고하여 작성한 것인 듯하다.

16 (토) 간밤에 태풍이 지나간 후 개임

지난 13일 저녁에 잃어버렸던 파일의 백업 파일을 오늘 아침 우연히 발견하여 이럭저럭 원형을 살려낼 수가 있었으므로, 오후에는 그것을 가지고서 어제까지 작업해 둔 「남명 사상은 어떻게 연구되어 왔는가」의 파일을 수정 보완하는 일을 계속하였다. 그러나 도표 만들기에 익숙하지 못하여 여러 차례 시행착오를 반복하였으나 아직 완전히 해결하지 못하였고, 통계 수치를 만드는 일도 세심한 주의를 요하는지라 시간이 많이 걸린 데 비하여 진도는 그다지 나아가지 못하였다.

18 (월) 맑음

「남명 사상은 어떻게 연구되어 왔는가」의 입력 작업을 계속하였다.

19 (화) 맑음

해제 작업을 계속하였지만 전혀 진도가 나아가지 않았다.

20 (수) 맑음

해제 작업을 계속하여 제2절 '연구 성과' 정리 부분의 입력을 마쳤는데, 200자 원고지 약 40매의 분량에 이르렀다. 매일 나름대로 노력하고는 있으나, 금년에는 이미 두 종류의 책을 출판했고, 일본어 논문 한 편이 간행된 데다, 10월초에 본교 남명학연구소 주최 학술대회에서 발표할 논문 「南冥遺跡三洞辨證」을 탈고하였고, 한국중국학회 학술대회에서의 논평을 마친 후에는 지금 쓰고 있는 「남명 사상은 어떻게 연구되어 왔는가」 등등 일이 너무 많다. 학술진흥재단의 선도연구자 지원 과제 1차 연도 종료 시한이 11월말임에도 불구하고 그 과제에는 거의 착수하지도 못하고 있으므로, 근자에 적지 않은 스트레스를 받아 밤에 잠도 잘 이루지 못할 지경이다. 그런데 오늘 '1999년도 선도연구자 지원사업 신청요강'을 찾아서 다시 한 번 검토해 보니, 다년과제의 경우 중간보고서는 연차별 연구기간 종료 2개월 전에 제출하여 다음 연도의 계속 지원 여부를 결정 받으며, 결과보고서는 연구기간 종료 후 6개월 이내에 연구결과 논문을 이메일 또는 디스켓으로 제출하고, 연구결과물은 국내 학술지일 경우 연구기간 종료 후 1년 6개월 이내, 그리고 해외학술지일 경우 2년 이내에 제출하는 것으로 되어 있어, 아직 시간적 여유가 있음을 알고 비로소 마음이 놓였다.

21 (목) 흐림

「남명 사상은 어떻게 연구되어 왔는가」 중 어제 입력을 마친 제2절 '연구 성과' 부분을 퇴고하고서 제3절 '연구 경향'에 들어가 200자 원고지 43쪽 정도의 분량까지 나아갔다. 이 원고는 모두 150매 정도 집필해 주도록 요청 받고 있는 터이다.

22 (금) 흐리고 한때 부슬비

해제 작업을 계속하여 50쪽의 분량에 이르렀다.

23 (토) 맑음

한국동양철학회의 제105차 학술발표회 '고봉학과 21세기 한국유학의 과제'에 참가하기 위해 오전 8시 30분 동양고속으로 진주를 출발하였다. 남해고속도로와 호남고속도로를 경유하여 두 시간쯤 후에 광주에 도착하였고, 택시로 갈아타고서 모임 장소인 전남대학교 국제회의동 용봉홀에 도착하였다.

24 (일) 맑음

高峰 奇大升의 유적지 답사를 하는 날이다. 숙소 바로 옆의 식당에서 조식을 든 다음 여덟 시 반 무렵에 대절버스 한 대를 타고서 출발하였다. 어제의 발표회에 참석했던 사람들이 대부분 돌아가 버려 몇몇 회원과 고봉 후손들만이 차에 올랐다. 나는 전임 회장인 중앙대학교 양승무 교수 및 중국사회과학원 철학연구소로부터 1년간 서울대학교 철학연구소에 와 있는 鄭家棟 교수와 가까이 앉아 시종 그들과 행동을 같이 하였다.

27 (수) 맑음

엊그제 점심 산책을 마치고서 인문대학 3층의 중국인교수 연구실 앞을 지나오다가 蔚遲治平 교수의 후임으로서 역시 본교와의 자매결연교인 西安 소재 西北大學으로부터 새로 부임해 온 李浩 교수와 마주친 적이 있었는데, 오늘 아침 교수휴게실에서 우연히 그를 만나 처음으로 인사를 나누었다. 그는 꽤 젊은 사람이었다.

오후에 남명학연구원의 김경수 국장과 통화하여 며칠 전 광주의 학회에서 연구원의 같은 상임연구위원인 권인호 교수를 만나 대충 들은 바 있는 내년도의 남명 탄생 500주년 기념학술회의 사업비와 관련된 문제에 대해 문의해 보았다. 김 국장의 설명에 의하면, 내년도의 이 사업을 위해 경상남도 측으로부터 5,000만 원의 예산을 지원 받기로 예정되어 있는데, 본교 남명학연구소의 H 소장이 자기가 박사학위논문을 지도한 ≪경남일보≫ K 문화부장을 道의 담당관에게로 파견하여 그 예산을 연구원 측에만 주고 자기들에게는 주지 않는다면 坐視하지 않겠다는 식으로 일종의 협박을 했다는 것이다. H 선생은 그 전에 먼저 도의 담당관에게 연락하여 자신의 의사를 말하고, K 군을 보내겠다는 뜻을 전달했다는 것이다. 담당관으로서는 이런 일이 신문에 올라 말썽이 생기는 것을 바라지 않으므로, 연구원에 대해 예산의 일부를 연구소 측에도 나누어주기를 권하고 있고, 권순찬 연구원 이사장도 그 뜻을 수용할 생각인 모양이었다.

연구원의 국제학술회의와 관련한 회의자료들이 하유집 덕천서원 外任의 손을 통하여 남김없이 H 교수에게 전달되어 있었고, K 군은 도의 담당관과 대면한 자리에서 그 자료들을 제시하면서 H 교수의 입장을 대변했다고 한다. 하유집 씨는 H 교수와 마찬가지로 퇴계 후손인 李家源 박사의 門人이자 그 측근이며, 예전에 도산서원의 외임을 맡았던 바도 있었던 사람이다. 지금 남명학연구소장인 H 교수가 도산서원 외임의 직책을 겸임해 있는 것은 아마도 하 씨가 이 박사에게 권유한 까닭일 터이다. 국제학술회의는 500주년 기념사업추진위원회로부터 공식적으로 사단법인 남명학연구원에 위촉되어 온 것이며, 김충렬 원장은 당시 예산 문제 등으로 연구소 측과 말썽이 생길 소지도 있으므로, 그러한 요청을 문서화해서 받을 필요가 있다는 점을 지적하기도 했었는데, 바로 그와 같은 문제가 지금 발생해 있는 셈이다.

28 (목) 흐림

「남명 사상은 어떻게 연구되어 왔는가」 제3절 '연구경향' 부분의 입력 작업을 계속하여 원고용지 58매 정도의 분량에 이르렀다.

29 (금) 흐리고 때때로 부슬비

논문은 62쪽 남짓까지 나아갔다.

30 (토) 맑으나 더움

지난 화요일에 예문동양사상연구원으로부터 이번 일요일에 개최될 『오늘의 동양사상』 제4호 편집회의를 통지하며 목요일까지 참석여부를 알려달라고 하는 이메일이 왔었다. 나는 연구위원 겸 편집위원으로 이름을 걸고 있으면서도 아직 한 번도 모임에 참석한 적이 없어 늘 미안하던 차인데다가 마침 일요일에 모임을 갖는다고 하므로, 등산을 포기하고서 한 번 다녀올 작정으로 즉시 참석하겠다는 뜻을 전하는 회신을 보냈었다. 그런데 오늘 이 연구원의 실무를 맡아 있는 박원재 박사로부터 내 연구실로 전화가 걸려와, 지방에 있는 다른 편집위원들도 별로 참석하지 않으니 먼 곳에서 굳이 상경하지 않아도 되겠다고 하므로, 그렇다면 참석하지 않겠다는 뜻을 전했다.

남명학연구원으로부터 지난 일요일 덕천서원에서 출판기념회를 가진 바 있는 鄭政大 씨의 남명을 주제로 한 장편소설 『울지 않는 종』이 한 권 발송되어 왔으므로, 제2장 제3절 丹城疏 사건까지 약 절반 가까운 분량을 읽어보았다.

10월

2 (월) 비

鄭政大 씨의 소설 『울지 않는 종』을 마저 읽었다. 남명을 聖人君子로 묘사하여 문학적 박진감이나 재미라 할 만한 것은 없었지만, 『남명집』 등의 자료에 비교적 충실하여 이런 종류의 소설로서는 그런 대로 괜찮겠다는 느낌이었다. 다만 한글이나 한자에 誤字가 적지 않은 것이 문제였으므로, 김경수 국장에게 전화하여 再版을 내게 될 경우에는 수정할 수

있도록 정 씨에게 연락하여 틈틈이 수정해 두도록 하라고 일렀다.

5 (목) 맑음

내 컴퓨터에 들어 있는 세 개의 「南冥學關係旣刊文獻目錄」 파일을 『南冥學派研究』 제1책 부록에 수록된 그것과 대조하여 추가된 부분들을 검토하였다. 이 목록은 새로운 자료가 눈에 띌 때마다 수정 보완 작업을 계속해 오고 있는데, 같은 제목의 파일들이 여러 디렉터리에 散在되어 있다 보니, 그 중 어느 한 쪽에다 추가 혹은 수정을 가하고서 다른 쪽에는 기록되지 않는 경우가 있었던 것이다. 차제에 새로 대조하여 「南冥研究文獻目錄」까지도 보완하고자 하였지만, 남명을 주제로 한 새로운 문헌은 별로 눈에 띄지 않아 이 부분은 수정할 필요가 없을 듯하였다.

6 (금) 맑음

'嶺·湖南의 학문적 특성'이라는 전체 주제하에 본교 남명학연구소와 전남 지역의 한국고문연구회가 공동 주최하는 학술발표회가 오전 11시 무렵부터 본부 5층 대회의실에서 개최되었으므로, 첫 수업을 마치고 난 다음 종일 거기에 나가 있었다. 오전에는 조선대의 김성기 교수와 전남대의 정병련 교수가 각각 俛仰亭 宋純의 詩와 高峰 奇大升의 사상을 주제로 발표하였고, 중식 시간을 가진 다음 2시 10분부터 오후 일정이 시작되었다. 내가 「南冥遺跡三洞辨證」을, 진주교대의 김낙진 교수가 旅軒 張顯光의 理氣論, 부산 경성대의 정경주 교수가 근세의 許性齋 문인 동향을 중심으로 한 「江右지방의 학문적 특색」을 각각 발표하였고, 종합토론을 끝으로 오후 여섯 시 무렵에 모든 일정을 마쳤다. 내 논문에 대해서는 영산대의 정우락 교수가 토론을 맡았다.

여섯 시 반 무렵부터 하대아파트 뒤의 수정가든에서 리셉션이 있었다. 그 자리에서 본교 한문학과의 이상필 교수로부터 내 논문에서도 언급된 바 있는 晦峴書院의 옛 위치에 대한 새로운 정보를 얻었다.

7 (토) 맑음

어제 경상남도의 문화예술과 과장이 본교 남명학연구소 측의 초청을 받아 학술회의에 시종 참석해 있었는데, 그 여자 과장을 수행해 온 부하 직원은 본교 철학과 졸업생인 鄭卨和 군이었다. 연구소 측에서는 경상남도 측에다 자기네의 활동을 홍보하여 내년의 남명 탄신 500주년 기념행사에 재정적인 지원을 얻기 위해 그들을 초청한 모양이었으므로, 오전 중 사단법인 남명학연구원의 김경수 사무국장에게 전화하여 정설화 군의 전화번호를 일러주고서, 앞으로 연구원 측이 道廳과 교섭할 경우에는 김 국장의 후배인 정 군을 통해 보도록 일렀다.

오전 중 어제 얻은 새로운 정보에 근거하여 25,000분의 지형도 등을 참조하여 기왕에 작성해 둔 「南冥遺跡三洞辨證」의 내용 일부를 보완하였다.

9 (월) 맑으나 더움

한문학과 이상필 교수가 출근하기를 기다려 지도를 들고 그의 연구실로 찾아가서 晦山書院의 정확한 위치에 대해 다시 한 번 확인하였다. 내가 가진 25,000분의 1 지도에는 남명 연보에 보이는 晦峴이 그음재라고 표시되어 있으므로 나는 그것을 확인할 수가 없었는데, 李 교수가 가진 50,000분의 1 지도에는 분명 그믐재라고 되어 있었으며, 서원의 위치는 三嘉·嘉會·大幷 三面 방향의 갈림길인 嘉會面 將臺里 장대마을이었음을 알았다.

점심 식사 후 오늘 이 교수로부터 들은 내용에 근거하여 이미 한 차례 수정을 가해 둔 「南冥遺跡三洞辨證」 중의 회산서원 관계 내용에 대해 다시금 대폭적인 수정을 가했다. 남명학연구소에서는 금년에도 나에게 이 연구소가 추진하고 있는 江右지방 문집 해제 작업에 동참하여 '篁谷 李偁의 『篁谷集』 解題'를 맡아 100매 이내의 원고를 금년 연말까지 제출해 달라고 위촉해 왔다. 그러나 나는 지난주 금요일 학술회의가 끝난 다음의 리셉션에서 내가 해야 할 작업들이 밀려 있으며 이런 일은 내가 아니라도 다른 사람들이 할 수 있는 것이므로 해제작업에는 참여할 의사가 없음을 이상필 교수에게 분명히 하였다.

내일 오후에 있을 이상래 군의 석사학위논문 발표회의 要旨인「忘憂堂 郭再祐의 道敎思想에 관한 硏究」가 조교로부터 전달되어 왔으므로, 그 내용을 첨삭 지도해 가며 읽어보고 있다. 문장의 문법적인 내용이나 정서법 등에 수정할 점이 아직 적지 않으나, 이 정도면『南冥學硏究論叢』다음 호에 한번 추천해 보아도 좋지 않겠느냐는 생각이 들었다.

한국일본사상사학회의 宋彙七 회장으로부터『季刊 日本思想史』제56호에 실린 내 논문「日本哲學の訓詁的傳統と思辨的傳統」의 별쇄본 10부가 우송되어 왔다.

10 (화) 흐림

이상래 군 석사학위논문 발표회 요지의 첨삭지도를 마치고서,「南冥學關係旣刊文獻目錄」의 보완 작업을 계속하였다.

11 (수) 맑음

다산의「自撰墓誌銘」集中本 중 康津 귀양에서 풀려나 자신의 저술에 대해 설명하고 있는 대목까지를 읽었고, 오후에는「남명 사상은 어떻게 연구되어 왔는가」'연구경향' 부분의 퇴고를 가하였다.

12 (목) 맑음

논문의 입력 작업을 계속하였다.

13 (금) 맑음

논문 작성을 계속하여 200자 원고용지 75쪽 정도의 분량까지 나아갔다.

17 (화) 맑음

논문 입력 작업을 계속하여 200자 원고지 약 80매 정도의 분량까지 나아갔다.

18 (수) 맑음

어제까지 입력해 둔 논문에다 약간의 수정을 가하였다.

오후 3시부터 본관 5층 대회의실에서 본교 경남문화연구소 주최로 국사편찬위원회 위원장 이성무 교수의 「한국의 역사와 문화」라는 주제의 초청강연회가 있어 참석해 보았다. 이성무 씨는 현재의 이 연구소 소장인 역사교육과 김해영 교수의 석사·박사학위논문 지도교수였던 인연으로 오늘 초청된 것이라고 한다.

19 (목) 맑음

이상래 군이 석사학위논문을 이메일로 보내 왔으므로, 그 서론과 결론 및 본문 중의 원전 인용 등을 검토하여 첨삭지도 한 후 반송하였다.

20 (금) 맑음

다산 정약용의 玄孫인 丁奎英이 편찬한 필사본을 영인하여 문헌편찬위원회가 『丁茶山全書』라는 이름으로 1961년에 간행한 『俟菴先生年譜』를 宋載邵 著 『茶山詩 硏究』(서울, 창작과비평사, 1986년 초판, 1994년 4쇄)에 제2부로 수록된 茶山年譜를 참조해 가면서 읽기 시작하여, 다산이 31세 때 겨울에 正祖의 御命으로 水原城 城制를 작성하여 바친 대목까지 읽었다. 이 번역본 연보는 당시 민족문화추진회 국역연수원의 상임연구원이었던 崔錫起 씨와 본교 한문학과의 H 교수가 공동 번역한 것에 대해 그들의 스승인 성균관대 한문교육학과 송재소 교수가 검토하고서 주석을 붙인 것이다.

21 (토) 맑음

퇴근 시간을 넘겨 일곱 시 무렵까지 연구실에 남아 있으면서 엊그제 이상래 군이 이메일로 보내 온 석사학위논문 「忘憂堂 郭再祐의 道教思想에 대한 硏究」 전체를 다시 한 번 읽으면서 이번에는 푸른색 글자로 첨삭지도를 하여 반송하였다. 이렇게 하여 네 번째 이 논문을 읽은 셈인데,

내가 지도학생의 논문을 이렇게 여러 차례 읽어 고쳐주기는 이번이 처음이다. 이 논문은『南冥學硏究論叢』내년 호에 게재될 수 있도록 추천해 볼 생각이다. 제목은「郭再祐의 道敎思想」으로 줄이도록 하는 것이 좋겠다는 의견을 전했다.

22 (일) 맑음

오늘은 오전 11시부터 남명학연구원의 회의가 있으므로, 아내만 산에 가고 나는 집에 남아「俟菴[茶山]先生年譜」33세 조까지를 읽다가, 30분 정도 걸어서 봉곡로터리 옆 경남은행 2층에 있는 남명학연구원까지 갔다. 오늘 모임의 안건은 내년의 남명 조식 선생 탄신 500주년을 앞두고서 연구원이 경상남도로부터 위촉받은 홍보사업 추진 계획으로서, 금년 10월 26일부터 11월 10일까지 경상남도 도청과 진주시를 비롯한 경상남도내의 21개 시·군에서 주로 공무원을 대상으로 하는 남명 사상 강연회를 개최하고, 12월 20일 이내로 150쪽 분량의 홍보 책자를 공동 집필 형태로 발간하는 문제였다. 나는 현재 과제가 산적해 있어 대중 강연은 사양하고 책자 집필도 맡지 않으려고 했으나, 결국 혼자만 빠질 수 없어 원고지 15매 내외의 머리말 집필을 수락하지 않을 수 없었다.

23 (월) 맑음

어제 남명학연구원에서 받아 온 회의 자료들을 검토해 보다가, 내 저서『남명학파 연구』상권 제3부의 부록에 수록된 글들 중 남명학연구소 측과의 논쟁에 관련된 부분들을 다시 한 차례 읽어보았다.

지난 토요일에 보낸 내 이메일에 대해 서울대 동양철학연구회의 총무인 국민대학 철학과 문석윤 교수와 이상래 군으로부터 회신이 왔으므로 그것들에 대한 답신을 보냈다. 문 선생에게는 내가 인도여행을 계획하고 있어 이번 겨울 모임이 그 기간과 중복된다면 나는 참석할 수 없을 것이라는 것과 겨울 모임에 서울대 철학연구소에 1년간 와 있는 중국 사회과학원 철학연구소의 鄭家棟 교수를 불러 그와 대화를 나누어 보는 것이

어떻겠느냐는 것, 그리고 작년 겨울 모임에서 결정된 사항들이 우리의 임기 중에 실현될 수 있도록 최선을 다해 달라는 뜻을 전했다.

퇴근 무렵에 김경수 국장에게 전화하여, 내년의 남명 탄신 500주년 기념 국제학술회의에서 내 은사인 서울대 철학과의 李楠永 교수가 논문을 발표할 의사가 있는지 타진해 보도록 했다.

24 (화) 흐리고 오후에 부슬비

지난 일요일의 연구원 회의 자료에 대한 검토를 마쳤다.

문석윤 교수로부터 어제 보낸 나의 이메일에 대한 회신이 왔는데, 겨울 모임의 결정 주체는 위원장(회장)인 나이므로, 내가 결정해 주는 대로 자기네가 추진하겠다는 것이었다. 그러나 이에 대한 회신에서, 나는 지난겨울의 총회에서 합의한 내용에 대해 거듭 주의를 환기시키며, 동양철학연구회와 관련한 모든 사업은 총무·간사가 중심이 된 서울의 회원들이 추진하여 나의 재가를 받는 것으로 되어 있다는 점을 지적했다. 그러나 총무가 이렇게 말하는 것은 그 합의 내용을 몰라서라기보다는 일을 추진할 자신이 없어서인가 싶어, 메일을 작성하는 도중에 김경수 국장에게 전화하여 근년에 재건된 金海市 大同面의 新山書院을 서울대 모임의 장소로 사용할 수 있겠는지 물어본 다음, 문 총무에게 만약 이 장소를 사용할 뜻이 있다면 김 국장과 직접 전화로 연락하여 교섭해 보도록 당부했다.

또한 鄭家棟 교수를 부를 경우 발표에 대한 사례비가 필요하지 않겠느냐는 질문에 대해서는, 나는 그런 문제를 생각해 보지 않았으나 중국의 경우 외국인이 학술회의에 참가하여 발표할 경우에도 사례비는커녕 참가비와 사무비 조로 적지 않은 금액을 징수하고 있는 실정임을 지적, 그가 모처럼 서울대학교에 와 있는 이상 발표가 어렵다고 할 경우에는 우리의 겨울모임에 그냥 참가하여 同學들과 침식을 같이 하면서 친목의 대화를 나누어 보는 정도로서도 피차에 유익할 것이라는 점을 말했다.

25 (수) 맑음

문석윤 총무로부터 어제 서신의 취지는 모든 사항에 대해서는 내가 결정할 권한을 가지고 있다는 뜻이었다는 해명의 회답이 왔다. 이에 대해, 만약 겨울 모임 장소로 山海亭·新山書院 쪽을 택하게 된다면, 그 둘째 날은 神魚山에 올랐다가 首露王陵·許王后陵·龜旨峰·김해국립박물관 등을 답사할 수 있을 것이며, 답사를 위한 차량 지원 등의 문제에 대해서는 김경수 국장과 상의해 보라고 했고, 鄭家棟 교수와는 서울 측에서 접촉해 보되 만약 나의 도움이 필요하다면 모든 일정이 정해진 후에 그의 전화번호를 알려달라고 하는 내용의 회신을 보냈다.

26 (목) 맑음

점심 때 구내서점에 들러 주문해 두었던 姜世求 著『성호학통 연구』(서울, 도서출판 혜안, 1999)와 權五惇 譯解『新譯 禮記』(서울, 弘新文化社, 1982 초판, 1996 재판)를 사와서, 오후에는『성호학통 연구』의 서론·결론 및 제1편「星湖學統의 계보와 安鼎福系列 星湖學統」을 읽으며 카드화하기 시작했다.

27 (금) 맑음

예문동양사상연구원의 박원재 박사로부터 전화를 받았다. 한국10대 사상가 총서 중 내가 편집을 맡은 남명 편의 수록 예정 논문 집필자 전원으로부터 게재 허가를 받았다고 한다. 늦어도 다음 달 말경까지는 해제 논문의 집필을 완료할 수 있을 것이라고 대답해 두었다.

28 (토) 흐리고 퇴근 무렵 부슬비

『성호학통 연구』를 계속 읽어 제4편과 제2편「星湖門人 順菴 安鼎福」을 마치고서, 제3편「黃德壹·黃德吉 형제의 星湖學統 再起」를 읽으며 카드화하고 있다.

29 (일) 비 온 후 흐림

어제 남명학연구원의 김충렬 연구원장이 경남도청에서의 남명 사상 강연을 위해 중국으로부터 잠시 귀국하여 동방호텔에 묵고 있는데, 오늘 중 좀 만났으면 한다는 전갈을 받았는지라, 오전 11시까지 동방호텔 커피숍으로 걸어가서 김 원장 및 부이사장인 조옥환 부산교통 사장, 김경수 사무국장과 합류하였다.

거기서 내년도에 있을 남명 탄신 500주년 기념 국제학술회의와 관련하여 김충렬 원장이 중국 武夷山과 上海에서 열린 朱子 탄신 800주년 기념 국제학술회의에 참가하여 알게 된 외국학자들을 추가로 초청하고 기왕의 스케줄을 변경하는 문제를 협의하였다. 나는 이미 몇 차례의 연구원 주최 학술회의에서 발표를 하였으므로 빠져도 무방하겠다는 의사를 표명하여 그렇게 처리되었다. 김 국장이 본교 남명학연구소 주최의 내년도 국제학술회의 계획표를 보여주었는데, 그것에 의하면 연구소는 내년 10월 25일부터 26일까지 양일간 경상대학교 남명기념관에서 '韓國學術史上 南冥學의 位相'이라는 주제로 14명의 국내외 학자가 발표에 참가하는 것으로 되어 있으며, 총 예산은 3,006만 원으로 책정되어 있는데, 발표자 중에는 서울대 철학과 이남영 교수와 연구원의 발표자 명단에 포함되어 있었던 신병주 씨도 포함되어 있었다.

또 지난주 일요일의 회의가 끝난 후 본교 국민윤리학과의 손병욱 교수가 한문학과의 이상필 교수와 점심을 같이 하며 경상남도지사의 의도로 연구원이 중심이 되어 경남 각지에서 행하게 될 강연회에 연구소도 참여할 것을 권유해 보았는데, 그 자리에서 거절을 당하고서 그 결과를 연구원 측에다 보고하였더니, 연구원의 권순찬 이사장과 조옥환 부이사장이 이상필 교수의 연구실로 찾아가서 사정하다시피 권유를 해도 듣지 않다가 결국 H 교수가 나타나서 이를 수락하였고, 그 이후 연구소 측이 통보해 온 명단에 의하면, 한문학과의 교수 네 명에다 덕천서원 外任인 하유집 씨를 포함한 다섯 명이 전체 20개 지역 중 8개 지역에서 강연을 하겠다는 내용으로 되어 있다고 한다.

또한 서울에서 성균관대의 송재소, 고려대 이동환 교수 등 본교 한문학과 교수들과 인연이 깊은 교수들이 포함된 사람들이 서울대 사범대학장인 조창섭 씨 등의 주도에 의해 모임을 갖고, 서울에다 새로운 남명학 연구기구를 결성하기 위한 준비모임에 들어간다는 소식도 들었다.

갑을가든에서 점심을 든 후 대화를 나누다가 내년도 연구원 주최의 국제학술회의 장소로 예정된 지리산의 삼성산청연수원까지 가 보았다. 경비원의 제지로 안에 들어가지는 못하고 되돌아오다가 단성 묵곡의 성철스님 생가 터에 새로 건설 중인 절을 둘러보았으며, 진주로 돌아와서는 오동나무집에서 저녁 식사를 들고서 헤어졌다.

30 (월) 맑음

『성호학통 연구』를 마저 읽었다. 이 책은 참고할 만한 것이지만, 저자의 한문 해독 능력이 충분치 못했다. 김경수 군이 국사편찬위원회로부터 연구비를 받아 집필하여 국편의 기관지인 『國史館論叢』 제92집(2000년)에 발표한 논문 「壬辰倭亂 關聯 民間日記 鄭慶雲의 『孤臺日錄』 硏究」를 읽어보았다. 『孤臺日錄』은 내가 발견한 문헌인데, 1992년도에 김윤수 씨의 형인 金侖禹 씨가 본교 남명학연구소의 기관지 『남명학연구』 제2집에 「咸陽의 義兵有司 鄭慶雲과 『孤臺日錄』」이라는 논문을 발표한 이래 두 번째로 나온 연구논문이다. 김윤우 씨의 논문과 내가 쓴 「南冥集板本考 1」 등을 참조한 부분이 많이 있지만, 이 문헌에 관한 본격적인 논문으로서는 그런 대로 만족할 만한 수준이었다. 다 읽고 난 이후 김 국장에게 전화를 걸어 나의 독후감을 전하고, 아울러 남명학연구원과 연구소 사이의 갈등 관계 및 연구원 운영에 대한 회의감을 말하고서, 이런 모든 인간관계에서 물러나고 싶다는 의사를 표시했다. 김 국장의 논문을 읽고 난 후, 이상래 군이 구술고사를 위해 수정하여 제출한 논문 「郭再祐의 道敎思想」을 읽기 시작했다.

31 (화) 맑음

이상래 군의 일반대학원 동양철학전공 석사학위논문 「郭再祐의 道敎思想」을 다시 한 번 읽어보며 첨삭지도를 했다. 내가 석사논문을 이렇게 여러 번 읽어보기는 처음인데, 그런 대로 잘 되었으면 『남명학연구논총』에다 추천할까 생각하고 있기 때문이다. 이번 것은 지난번에 내가 첨삭지도 한 부분만을 대충 고쳤는데, 개중에는 분명 틀렸음에도 불구하고 고치지 않은 부분도 있었다. 이 군의 논문에 대한 검토를 마친 다음, 韓㳓劤 교수의 저서 『星湖李瀷硏究—人間 星湖와 그의 政治思想—』(서울대학교출판부, 1980, 1987 3판)의 제1장 「星湖의 家門·生涯와 學風」을 읽으며 카드화하기 시작했다.

11월

1 (수) 부슬비

한우근의 『성호이익연구』 카드화 작업도 한 차례 마치고서 혹시 빠트린 것이 없나 하고 다시 한 번 훑어보고 있다.

2 (목) 비 오다가 오후에는 개임

『성호이익연구』를 마치고서 본교 한문학과 崔錫起 교수의 성균관대학교 대학원 한문교육전공 문학박사 학위논문을 출판한 『星湖 李瀷의 學問精神과 詩經學』(대구, 중문출판사, 1994)을 두 차례 훑어보았다. 최 교수는 나보다 다섯 살 연하인데, 강원도 원주 출신으로서, 나처럼 뒤늦게 대학에 입학하여 성균관대학교 학부를 수석의 성적으로 졸업했으며, 민족문화추진회의 전문위원을 역임했다고 들었다.

3 (금) 맑음

교내의 남명학연구소로 「南冥遺跡三洞辨證」의 완성된 원고를 발송하였다.

4 (토) 맑음

인문대학 교수친목회의 야유회로 통영을 거쳐 매물도와 해금강·외도·한산도 등을 둘러오기로 되어 있는 날이지만, 남명학연구원의 상임연구위원회의가 소집되었으므로 야유회 참가를 포기하고서, 이상래 군의 석사학위논문 심사에 대비하여 아침에는 집에서 원광대학교 梁銀容 교수의 논문 「忘憂堂 郭再祐의 養生思想」(『한국도교와 도가사상』, 한국도교사상연구회 편 한국도교사상총서 V, 아세아문화사, 1991 所收)을 다시 한 번 읽어보기 시작하였다.

열 시 무렵에 집을 나서 봉곡동 로터리 옆의 연구원사무실까지 걸어갔다. 회의는 오전 11시 무렵에 시작하여 오후 다섯 시 무렵에 끝났는데, 김충렬 원장이 1년간 예정으로 중국 武漢大學에 다시 들어가시기 전에 내년도 8월 15일부터 17일까지 3일간 산청군 시천면 외공리에 소재한 삼성산청연수소에서 개최될 남명 탄신 500주년 기념국제학술대회 개최안의 세부 계획에 대해 심의하고, 아울러 사재명·이상원·조구호 씨의 연구계획서에 대해서도 심의하여 모두 통과시켰다. 점심 식사 도중 나는 김경수 사무국장의 보수 인상 문제에 대해 다시 한 번 발언하여 모두의 공감을 얻었다.

다시 집까지 걸어서 귀가한 후 연구원에서 받아온 금년 10월 29일자로 德川書院 外任 河有楫·金煉 씨가 공동명의로 연구원에 보내온 서한 「南冥先生의 學德에 汚辱을 끼치는 『울지 않는 종』이 즉각 毁板돼야 하는 理由」를 읽어보았다.

6 (월) 맑음

『金海邑誌』 佛宇 條의 龜巖庵과 公廨 條의 涵虛亭 부분을 다시 한 번 읽으며 카드화하였다.

이상래 군이 석사학위논문의 영문 요지를 이메일로 보내왔으므로, 그것을 검토한 후 다소 신랄한 내용의 회신을 보냈고, 동양철학연구회 총무인 국민대학교 문석윤 교수에게도 이메일을 보내어 나의 저서 『남명학파 연구』의 편집 당시 파일 및 일본어로 쓴 「일본철학의 훈고적 전통과 사변적 전통」을 추가로 보내고, 아울러 신산서원에서 겨울 모임을 가질 경우에 대비하여 서울대 철학과의 이남영 교수가 중국인 鄭家棟 교수를 대동하여 꼭 참석해 줄 것을 당부하고, 같은 학과의 다른 동양철학 교수들에 대해서도 연구회의 활성화를 위해 참석하도록 요청할 것을 당부했다.

지난 토요일의 회의에서 받아온 德川書院 院任 명의의 문서를 다시 한번 읽어보았다. 아무래도 내가 『南冥院報』 다음 호에다 「소설 『울지 않는 종』의 문제에 관한 공개장」이라는 제목의 회신을 실어, 이 모든 소란을 일으킨 핵심인물인 河有楫 씨를 성토해 그를 서원의 外任 職으로부터 추방하지 않으면 안 되겠다는 생각이 들었다.

7 (화) 맑음

오전 중 다산의 「자찬묘지명」 集中本을 계속 읽었고, 김경수 국장과 전화 연락하여 현재 편집 작업이 진행 중인 『南冥院報』의 다음 호에 나의 글 「소설 『울지 않는 종』의 문제에 대한 답변」을 싣기로 하였다. 덕천서원의 두 원임 명의로 연구원에 보내져 온 문서를 다시 한 차례 찬찬히 읽어 본 뒤 퇴근 시간 가까운 무렵부터 컴퓨터로 입력 작업을 시작하였다. 이상래 군으로부터 내가 지적한 석사학위논문의 문제점에 대해 변명하는 내용의 이메일이 왔으므로, 잘 알았으니 마지막까지 최선을 다해 보라는 내용의 회신을 보냈다.

8 (수) 맑으나 쌀쌀함

『南冥院報』에 실을 글의 집필을 계속하여 200자 원고지 10쪽 남짓한 분량까지 나아갔다. 처음에는 문제의 초점인 河有楫 씨에 대한 답서 형식으로 쓸까 했으나, 결국 상대방의 글을 조목조목 인용하여 그 내용을 따져서 비판하는 방식을 취하게 되었다.

9 (목) 맑으나 쌀쌀함

「소설 『울지 않는 종』의 문제에 대한 답변」은 원고지 25매 정도의 분량까지 나아갔다.

10 (금) 맑음

퇴근 무렵에 「소설 『울지 않는 종』의 문제에 대한 답변」을 탈고하여 원고지 약 23매 정도 분량의 원고를 머지않아 간행될 『南冥院報』 제20호에 싣기 위해 이메일로 송부하였다.

11 (토) 맑음

어제 탈고한 원고를 오전 중 다시 한 번 퇴고하여 대중이 보다 이해하기 쉽도록 다소 보완한 다음 남명학연구원으로 새로 발송하였다. 이메일로 보낸 후에 김 국장과 전화로 연락해 보았더니, 어제 퇴근 무렵에 보낸 그 글은 권순찬 이사장도 읽어보았는데, 조옥환 부이사장과 월요일에 상의해 본 다음 게재 여부를 결정할 것이라고 한다.

경상남도에서 발행할 '남명 조식 선생 탄신 500주년에 즈음한 강연회 자료집' 『경남 정신의 뿌리 남명 조식 선생』의 머리말 집필을 시작하였다. 기왕에 발표했던 「南冥學 硏究의 意義」를 토대로 하여 그것을 좀 더 요약하고 어려운 말을 쉽게 풀어쓰는 정도의 작업이라, 부탁 받은 15매 중 12매 정도의 입력을 금방 마쳤다.

13 (월) 맑음

경상남도에서 내년의 남명 탄신 500주년을 기념하여 간행할 예정인 도민 홍보용 책자 『경남 정신의 뿌리 남명조식선생』의 머리말로서 200자 원고지 약 16매 분량의 글을 탈고하여 이메일로 남명학연구원에 보냈다. 가로 17.5cm, 세로 25cm, 권당 150페이지 내외로 제작하도록 위촉받은 이 책은 금년 12월 20일까지 완성하여 약 6,000부 정도를 경상남도에 납품하기로 되어 있다. 실제로는 남명학연구원 비치 분을 포함하여 일만 부 정도 인쇄할 것으로 알고 있다.

그 작업을 마치고 난 다음, 다시 예문서원에서 간행될 한국10대사상가 시리즈의 남명 편 해제 집필에 착수하여, 기왕에 입력해 둔 약 80매 정도의 원고를 퇴고하면서 수정을 가했다.

14 (화) 맑음

「남명 사상은 어떻게 연구되어 왔는가」를 처음부터 새로 읽은 다음 입력 작업을 시작하여 82매 정도의 분량까지 나아갔다.

16 (목) 비 오고 쌀쌀함

저녁 무렵 『울지 않는 종』의 저자인 정정대 씨가 연구실로 전화를 걸어와 어제 남명학연구원의 권순찬 이사장 및 조옥환 사장과 만나 갑을가든에서 식사를 함께 했다면서, 내일 오후 여섯 시에 내 이종사촌 누이가 경영하는 J실비에서 만나 오랜만에 함께 술을 들며 대화를 나누자는 것이었다. 조 사장 측에서 정 씨를 청했던 모양인데, 내년의 500주년 기념사업을 앞두고 연구원과 연구소 그리고 이 두 연구기관 바깥의 사람들과 원만한 협조 체제를 유지해야 하는 점을 이해해 달라고 말하더라고 했다.

그 직후에 김 국장으로부터 전화를 받았는데, 『南冥院報』에 기고한 내 글 「소설 『울지 않는 종』의 문제에 대한 답변」은 실리지 못하게 되었으니 그 점 양해해 달라고 한다는 것이었다. 결국 권 이사장이 조 사장과 협의하여 그렇게 결정한 모양이다. 나로서는 매우 불쾌하다는 의사를 표시했다가, 얼마 후 내 쪽에서 김 국장에게로 다시 전화하여 남명학연구원의 상임연구위원 직을 오늘 자로 사임한다는 것과 내일 정정대 씨와도 만나지 않겠으니 그렇게 전해 달라는 뜻을 표시하였다. 이 모든 일은 관료 사회에서 잔뼈가 굵어져 온 G 이사장의 정치적 판단에 의해 진행되고 있는 것인데, 남명학과 아무런 상관이 없었던 이런 사람들에게 내가 간섭을 받아 마치 부하처럼 그들에게 복종한다는 것이 굴욕적으로 느껴졌기 때문이다. 앞으로는 이런 집단 속에 들어가지 않고서 오로지

한 사람의 독립적인 연구자로서 자신의 양심과 소신에 따라 글을 써서 발표하며 아무에게도 머리를 굽히지 않고 살아갈 생각이다.

17 (금) 흐림

동양철학연구회의 총무인 문석윤 교수에게 이메일을 보내 내가 남명학연구원의 상임연구위원 직을 사임하게 되었으므로 금년 겨울모임 장소를 김해의 신산서원이 아닌 다른 장소로 고려해 보는 것이 좋겠다는 뜻을 전했다. 종일 어제의 그 문제에 대해 생각해 보았는데, 권순찬 이사장이 그런 의식구조를 가지고서 내 글을 『남명원보』에 싣지 못하게 한다는 것은 도무지 납득할 수 없다는 생각이 들어, 취침하기 전 김 국장에게 휴대폰으로 전화를 걸어 어떻게 해서 그런 결정이 내려지게 되었는지에 대해 물어보았다. 김 국장은 연구원의 자기 또래 연구위원들과 함께 술을 마시고 있었다. 내가 사임하겠다는 의사를 표명했다는 것은 이사장과 조옥환 부이사장을 비롯하여 아직 서울에 있는 김충렬 원장에게까지 전해져 모두들 난감해 하고 있다면서, 내주 월요일 이전까지 그들로부터 나에게 무슨 연락이 갈 것으로 생각되므로, 차제에 이 문제에 대한 내 입장을 분명히 밝힌 뒤 그만두든지 말든지 해야 하지 않겠느냐고 하고, 그 문제가 매듭지어지기까지 院報의 발행은 보류해 두겠다는 것이었다.

18 (토) 맑음

「남명 사상은 어떻게 연구되어 왔는가」의 집필을 계속하여 90매 가까운 분량까지 나아갔다.

20 (월) 맑음

「남명 사상은 어떻게 연구되어 왔는가」의 陸王學 관계 부분 입력을 마쳤다.

鄭政大 씨로부터 지난주 금요일에 이어 다시 전화가 걸려와 꼭 한 번 다시 만나서 술을 한 잔 대접하고 싶다고 하므로, 퇴근 버스를 타고서

봉곡동 로터리에 내려 남명학연구원 사무실에서 정 씨 및 김 국장과 합류하여 그 바로 이웃에 있는 인자의 J실비에 들렀다. 김 국장에게는 하유집·김련 두 덕천서원 원임의 이름으로 나온 성명서와 그것에 대한 나의 반박문을 김충렬 연구원장에게 팩스로 보내고, 아울러 내가 그에 대한 원장의 의견을 들어보고 싶다고 한다는 뜻을 전하게 했다. 밤늦게까지 셋이서 술을 마시며 대화를 나누다가 다음 날 오전 한 시 무렵에 귀가하였다.

21 (화) 맑음

오후 두 시부터 대학원 세미나실에서 이상래 군의 석사학위논문 구술고사가 있었다. 서양 윤리학 담당의 배석원 교수가 주심을 맡고 인도·불교철학 담당인 권오민 교수와 지도교수인 내가 심사위원이 되었다. 권오민 교수는 지난번 발표회 때와 마찬가지로 논문의 제목 「郭再祐의 道敎思想」 가운데서 이 논문에는 곽재우가 자신의 독특한 도교에 관한 사상을 전개했다고 하는 내용이 들어 있지 않으므로 제목에서 '사상'이란 단어를 써서는 안 되며, 또한 논문의 목차 구성도 바꾸어야 한다는 입장을 강력히 제시하였다. 나는 그 점에 대해서는 동양철학 분야의 일반적 관례와 같은 주제를 다룬 원광대학교 梁銀容 교수의 네 편의 논문 중 세 편의 제목에 사상이란 단어가 들어 있음을 실례로 들어 내 생각은 반드시 그렇지는 않다는 의견을 피력했는데, 권오민 교수는 조금도 양보할 생각이 없었고, 배석원 교수도 그에 동조하는 입장이었다. 결국 심사가 끝난 다음, 내가 원하지는 않았지만 권오민 교수가 집요하게 문제를 제기해 옴에 따라 나와 그들 사이에 논쟁이 벌어지는 결과가 되었는데, 배석원 교수는 차후에 심사를 한 차례 더 가져 자신들이 말하는 바가 수용되었는지 여부를 확인해 보자는 것이었다. 그것은 결국 지도교수인 나의 학문적 자질을 문제 삼는 셈이므로, 나는 당신이 養生이나 도교가 무엇인지 아느냐고 삿대질을 한 후 마음대로 하라고 내뱉어 두고서 그 자리를 떠나 연구실로 돌아왔다.

23 (목) 맑음

지난 월요일 김 국장을 통해 김충렬 원장에게 덕천서원 외임들의 문건과 거기에 대한 나의 반박문을 팩스로 보내고서 나에게 그에 대한 원장의 의견을 들려줄 것을 부탁하도록 했었는데, 어제까지 원장으로부터 아무런 전화 연락을 받지 못했으므로 오늘 아침 출근하자말자 내가 직접 강원도 원주시 부근 문막의 고향에 있는 김 교수 자택으로 전화하여 보았다. 김 교수는 팩스로 연구원에 즉시 회답을 보냈다는 것이었는데, 그 요지는 상대방이 서신 형식으로 글을 보내 왔으므로 그런 방식으로 대응하는 것이 옳지 내 글을『南冥院報』에 실어 이 문제를 확대시키는 것은 바람직하지 못하며, 조옥환 사장이 말하는 바로는 사태의 수습이 이미 마무리 단계에 접어들었다는 것이었으므로, 이 문제와 관련하여 자신이 다시 진주로 와서 한 번 더 상임연구위원회의를 가질지도 모르니 열흘쯤 기다려 보라는 것이었다.

사태가 이미 매듭 단계에 접어들었다 함은 지난주에 이사장과 부이사장이『울지 않는 종』의 저자인 정정대 씨를 갑을가든으로 불러 이 소설을 연구원 명의로 출판한 것을 취소하며, 내년 8월의 국제학술회의가 끝날 때까지 이 책을 더 이상 출판하지도 말 것에 대한 동의를 얻어낸 것을 말하는 것이다. 그러나 정 씨 본인이 내게 들려준 말은 이것과 다소 달랐고, 자신은 연구원 명의로 출판하지 않는다는 부분에 대해서만 동의했다고 한다.

나로서는 이사장·부이사장 및 덕천서원 원임들을 비롯하여 남명학 연구의 전문가도 아닌 사람들이 이번 경우처럼 연구원의 연구 및 출판 업무에 간섭하는 것을 허용한다면 앞으로 그 결과가 어떻게 될지 모르는 바이니, 연구 및 출판 업무의 독립성이 보장되지 않는다면 나로서는 이 연구원의 활동에 더 이상 관여할 수 없다는 입장을 표명했다. 김 교수와의 통화가 끝난 다음 다시 김 국장에게 전화하여, 원장의 입장이 저러한 이상 앞으로 연구원에 무슨 모임이 있더라도 나는 이미 상임연구위원 직책을 사임한 처지라 더 이상 참여할 생각이 없으므로 나를 부르지 말도록 전하라고 했다.

24 (금) 맑음

「남명 사상은 어떻게 연구되어 왔는가」는 원고지 96매 정도의 분량까지 나아갔는데, 제3절의 '연구 경향' 분석을 마치고서 제4절 '선정된 논문'의 소개에 들어갔다.

25 (토) 맑음

「남명 사상은 어떻게 연구되어 왔는가」의 입력 작업은 원고지 103매 정도의 분량까지 나아가, 이수근 교수의 「남명 조식과 남명학파」까지 설명을 마쳤다.

27 (월) 맑음

「남명 사상은 어떻게 연구되어 왔는가」의 작성을 계속하여 권인호 교수의 논문에 대한 소개까지를 마쳤는데, 원고지 108매 정도의 분량에 이르렀다.

28 (화) 맑음

尹絲淳 外 10人이 共著한 『許眉叟의 學·藝·思想 論攷』(서울, 眉叟硏究會, 1998)를 읽어보았다.

30 (목) 흐리고 저녁 무렵 부슬비

『허미수의 학·예·사상 논고』를 다시 한 번 훑어 본 후에, 구내서점에다 주문해 두었던 서울대 국사학과 교수 韓永愚의 『朝鮮後期史學史硏究』(서울, 一志社, 1989, 1998 3刷)가 배달되어 왔으므로, 그 가운데 실린 「17세기 중엽 南人 許穆의 古學과 歷史認識」 등의 논문을 읽어보았다.

12월

1 (금) 아침에 부슬비 내린 후 개임

점심 때 구내서점에 들러 엊그제 배달해 받은 한영우 씨의 책 대금을 지불하였다. 들렀던 김에 새로 나온 경북대 교수 李秉休 씨의 『朝鮮前期士林派의 現實認識과 對應』(서울, 一潮閣, 1999)을 사와서 그 내용을 검토해 보았고, 아울러 서울대 국사학과 鄭玉子 교수의 『朝鮮後期知性史』(서울, 一志社, 1991)에 수록된 논문 「眉叟 許穆의 學風」, 「正祖의 學藝思想」도 읽어보았다.

2 (토) 맑음

다시 한 번 「남명 사상은 어떻게 연구되어 왔는가」의 퇴고 작업을 하였다.

4 (월) 맑음

남명학연구소로부터 이미 사절의 의사를 표명했음에도 불구하고 또다시 이 달 말까지 李偁의 『篁谷集』 해제를 집필해 달라는 공문을 받았으나, 이메일로 또다시 거절하였다.

5 (화) 맑음

「남명 사상은 어떻게 연구되어 왔는가」의 입력 작업을 계속하여 110매 남짓의 분량까지 나아갔다. 『南冥院報』 제20호(2000년 11월)가 우송되어 왔는데, 내가 기고했던 원고 「소설 『울지 않는 종』의 문제에 대한 답변」은 결국 실리지 않았다.

6 (수) 맑음

「남명 사상은 어떻게 연구되어 왔는가」는 114매 정도의 분량까지 나아갔다.

7 (목) 맑음

「남명 사상은 어떻게 연구되어 왔는가」의 제4절 '선정된 논문' 부분을 마치고서 마지막인 제5절 '앞으로의 연구과제'에 들어갔다. 원고지 121매 정도의 분량에 이르렀다.

중앙도서관의 직원으로부터 교육부의 위탁을 받아 한국학술진흥재단이 실시한 '국내 학술지 등급부여 조사연구 결과'가 이메일로 전송되어 왔으므로 그것을 다운로드 받아 남명학연구원의 김경수 군에게 한 부 보냈다. 인문사회과학의 철학 분야에는 52개의 대상 학술지 가운데서 36.5%인 19개가 A등급, 27.0%인 14개가 B등급, 역시 36.5%인 19개가 C등급을 받았는데, 퇴계학연구원의 『퇴계학보』는 A등급, 경상대학교 남명학연구소의 『남명학연구』는 B등급, 심지어 경상대학교 철학과의 학부생 논문집인 『존재와 사유』도 C등급이 부여되어 있음에도 불구하고, 연구원의 기관지 『남명학연구논총』은 이 표에 포함되어 있지도 않기 때문이다.

이 조사 결과를 앞으로 학술진흥재단의 지원을 받는 연구과제의 업적 평가에 적용할 모양이므로 나의 경우에도 선도연구자 지원을 받은 과제의 발표 대상지로서 고려해 보아야 할 듯한데, 그 조사는 실로 엉성하기 짝이 없었다. 나는 상임연구위원의 직을 사임하겠다는 의사를 표명하고 난 이후로 연구원 측과는 거의 연락을 끊고서 지내왔지만, 과거에 내가 여러 차례 학술지 평가 신청을 하도록 말한 적이 있었음에도 불구하고 이러한 결과가 되었으므로, 모른 척하고 있을 수가 없어 오늘 비로소 이 자료를 보낸 것이다.

8 (금) 맑음

「남명 사상은 어떻게 연구되어 왔는가」는 131매 정도의 분량까지 나아갔다.

9 (토) 맑음

「남명 사상은 어떻게 연구되어 왔는가」는 약 140매 정도까지 나아갔다.

11 (월) 강추위

「남명 사상은 어떻게 연구되어 왔는가」의 입력 작업을 계속하여 마침내 탈고하였다. 200자 원고지 150매 정도 분량으로 위촉받았었는데, 149매 남짓 되었고, 앞으로 퇴고 과정에서 다시 약간의 증감이 있을 터이다.

12 (화) 맑으나 추움

이상래 군의 석사학위논문에 대한 2차 구두시험이 있었다. 지난번 1차 구두시험 때 지적된 부분들에 대해 수정을 가해 왔으므로 통과시키기로 결정하였고, 아울러 다시 약간의 수정 의견들을 제시하였다. 「남명 사상은 어떻게 연구되어 왔는가」의 첫 번째 퇴고를 마치고 나서 두 번째 퇴고에 들어갔다.

13 (수) 맑음

김충렬 교수가 쓴 「남명 조식 선생의 생애와 학문정신」(『2월의 문화인물/조식』, 문화체육부·한국문화예술진흥원, 1995)을 읽기 시작하였다. 김 씨의 이 글은 내가 편집하는 한국10대사상가 총서 남명 편의 첫머리에 올린 것인데, 과거에 『南冥曹植先生 行狀 및 史蹟』이라는 제목으로 출판되었을 때 읽은 걸 제외하고서는 아직 읽지 못한 것이다.

「남명 사상은 어떻게 연구되어 왔는가」의 두 번째 퇴고를 마친 후, 다른 파일들과 함께 상기 총서를 출판할 서울의 예문서원과 그 담당자인 박원재 박사 앞으로 이메일로 전송하였다.

14 (목) 맑음

김충렬 교수의 글을 마저 읽은 후, 오랫동안 방치해 두고 있었던 학술진흥재단 선도연구자 지원 과제 「18세기의 江右學派—宗川書院 院變 문제를 중심으로—」의 이미 입력되어 있는 부분에 대한 퇴고를 시작하였다.

15 (금) 맑음

한국 10대 사상가 총서의 남명 편에 포함된 權仁浩 교수의 논문 「南冥學派의 實學思想」(『南冥學硏究論叢』 5, 1997)을 읽었고, 아울러 엊그제 전송한 「남명 사상은 어떻게 연구되어 왔는가」 파일을 다시 한 번 읽어보았다.

16 (토) 맑음

이상래 군으로부터 이메일을 받았는데, 석사학위논문의 제목을 역시 내가 원래 수정해 주었던 바와 같이 「곽재우의 도교사상」으로 정하고 싶다는 것이었다. 그것에 대해 "나로서는 별로 이의가 없네만, 권 교수의 의견을 무시하는 듯하여 좀 마음에 걸리네. 그러나 제목을 어떻게 정하는지는 결국 자네의 뜻에 달린 것이 아닌가 하네"라는 회답을 보냈다.

18 (월) 흐리고 저녁 무렵 부슬비

서울대 철학과 후배인 趙南浩 군이 동양철학연구회의 겨울 모임과 관련하여 회장인 내 뜻을 묻고, 아울러 남명학연구원 상임연구위원을 사임하게 된 사유를 물어 왔으므로 그에 대한 회신을 보냈으며, 「남명 사상은 어떻게 연구되어 왔는가」를 다시 한 번 읽어보았다.

20 (수) 흐림

서울대학교 동양철학연구회의 문석윤 총무로부터 『동철연 소식지』 창간호의 초교가 이메일로 보내져 왔으므로 검토해 보았고, 내 소식 부분을 다른 사람들의 것과 비교하여 다소 수정을 가한 후 반송하였다. 첫머리에는 회장인 나의 '발간사'가 실려 있었다.

한국공자학회 회장인 동국대학교 윤리문화학과의 송재운 교수로부터 내 연구실로 전화가 걸려왔다. 오는 12월 28일에 동국대에서 열리게 되는 2000년 가을 학술회의 및 정기총회에 참석해 줄 것과 한국공자학회 회원카드를 새로 작성해 보내줄 것을 요청하는 내용이었다. 이 학회의 부회장으로 되어 있는 내가 회장의 당부를 무시하기도 무엇하고, 그렇다고 하여 서울까지 不遠千里하고서 올라가기도 어려운 상황이다. 회원카드라고 하는 것도 학술진흥재단의 학술지등급평가와 관련된 것인 모양인데, 한국일본사상사학회에서도 같은 성격의 우편물이 와 있으니, 이런 것들을 일일이 작성해 보내기도 성가시기 짝이 없는 노릇이다.

22 (금) 맑음

2001년 1학기 담당과목인 학부 4학년의 중국철학특강(2학점)에서는 『禮記』를, 그리고 일반대학원의 중국철학연습(2학점)에서는 『儀禮』를 각각 다루려고 생각하고 있으므로, 오늘 그 교재를 선택하기 위해 학과에 구입해 둔 黃侃의 經文句讀에 의한 十三經注疏 중 『儀禮注疏』(上海古籍出版社, 1990)와 『禮記正義』(上同)를 가져와, 그 '出版說明'과 四庫全書總目提要, 序文들 및 阮元의 校勘記 서문 등을 읽어보았다. 『儀禮注疏』의 경우 十三經注疏에 포함된 鄭玄 注, 賈公彦 疏本을 택하는 것은 문제가 없으나, 『禮記』의 경우는 古注인 鄭玄 注, 孔穎達 正義本을 택할 것인지 혹은 우리나라에서 전통적으로 읽혀 와 영인본을 구하기도 쉬운 新注 계통 明代의 陳澔 集說本을 택할 것인지 아직 결정하지 못했다.

韓國孔子學會의 회원 카드와 가을 학술회의 위임장은 작성해 보냈으나, 비슷한 시기에 부쳐져 온 '한국일본사상사학회 회원가입신청서'는 작성하던 도중에 그만두어 버렸다. 지금에 와서 새삼스럽게 이런 서식을 써내라고 하는 것은 학술진흥재단의 학회지 평가를 위한 요건으로서 요구되고 있기 때문인데, 종래에는 각 학회들이 勢를 과시하기 위해 본인의 승낙도 없이 제멋대로 회원명부를 부풀려 작성하고 있었기 때문이다. 한국공자학회의 경우도 그러하지만 은사인 이남영 교수가 회장이 되면서 나를 이사 명단에다 넣었기 때문에 예의상 종신회원의 회비를 납부하였고, 한국일본사상사학회의 경우 역시 나의 동의 없이 내 이름을 회원

명부에 포함시켰던 점은 마찬가지이나 이후 두 차례 정도 회비를 납부했을 뿐 아무 직책도 맡아 있지 않은 것이다.

23 (토) 맑음

학술진흥재단의 선도연구자지원 연구비를 받은 논문 「18세기의 江右學派—宗川書院 院變 문제를 중심으로—」에 다시 착수하여, 이미 입력되어 있는 부분들을 한국동양철학연구회의 기관지 『東洋哲學』 논문투고규정에 따라 체제를 수정하는 작업을 완료했다. 그러고 보니 종래의 내 논문에서는 인용되는 원문을 본문 속에 번역문과 함께 나란히 수록해 왔었던 것을 각주로 내리고, 의미 파악에 지장을 주지 않는 한도 내에서 가능한 한 한자의 사용을 줄이는 등 지금까지의 내 논문 작성 스타일을 상당 부분 변경하지 않을 수 없게 되었고, 앞으로는 학계에서 일반적으로 통용되는 이러한 체제로 계속 글을 써나갈 생각이다. 오늘까지 입력된 부분은 200자 원고지 45매 남짓한 분량인데, 이 학술지의 투고논문 분량이 130매 이내로 되어 있으니, 논문의 서술 방식에 있어서도 상당한 제한을 받지 않을 수 없게 되었다.

25 (월) 맑음

『禮記』 曲禮 下를 마치고서 檀弓 上에 들어갔다. 남명의 「神明舍圖」에 보이는 '國君死社稷'의 구절도 曲禮 下에서 유래하는 것임을 알았고, 그 외에 摳衣·易簀 등 익히 보던 숙어들의 의미도 비로소 분명하게 알았다.

26 (화) 맑음

「18세기의 江右學派—宗川書院 院變 문제를 중심으로—」의 집필을 위해 이미 준비된 독서 카드들을 다시 검토해 보았으며, 점심때는 도서관 한적실에 들러 趙寅永의 『雲石集』 등을 빌려 와 그 책 권15에 실린 英祖 시기의 종천서원 사건 당시 경상감사였던 趙曮의 생애를 정리한 「王考吏曹判書贈左贊成永湖府君家狀」을 읽으며 카드화하였다. 귀가하여서는 『英

祖實錄』 37년 3월 庚申 조에 보이는 河大觀에 대한 처분과 관련하여 감사 趙曮이 削職의 처분을 받은 기록을 카드화하였다.

27 (수) 맑음

논문 작업은 48매 남짓까지 나아갔다.

28 (목) 맑음

종일 작업하여 「18세기의 江右學派—宗川書院 院變 문제를 중심으로—」는 55매 정도의 분량까지 나아갔다.

29 (금) 맑음

수년 전 『宗川禍變錄』을 읽고서 정리해 놓은 독서카드 묶음을 다시 한 번 검토해 보았다.

점심 때 남명학연구원의 김경수 사무국장이 대명인쇄의 박라권 군과 함께 학교로 와 나를 박 군의 차에 태우고서 함께 칠암동 세무서 옆에 있는 삼천포초밥이라는 일식집으로 가서 함께 점심을 들며 대화를 나누었다. 경상남도 측의 위촉에 의해 연구원이 편집하여 조만간 대명인쇄를 통해 출판될 예정인 남명에 관한 책의 初校刷가 이루어졌는데, 그 머리말로서 쓴 내 글 끝머리에다 각 章節 별로 여러 사람에 의해 분담 집필된 글들을 연구원 측이 다시 편집하게 된 점을 추가해 주었으면 좋겠다는 것이었다. 그러나 내 글에다 그런 내용을 넣게 되면 남들은 내가 그 편집 작업에 깊이 관여한 것으로 간주하기 십상이므로, 그렇게 하지 말고 책머리에다 일러두기 같은 부분을 따로 만들어 그런 설명을 집어넣기로 합의하였다.

내가 연구원의 상임연구위원을 그만 둔 이래 연구원 사무실로 일체 전화도 하지 않고 있다가 실로 오랜만에 만나게 된 셈인데, 사임한 이후로도 매달 내 구좌에다 10만 원씩의 판공비가 입금되고 있으므로 연구원 측에다 그것을 입금하지 말라는 내 의사를 전해 달라고 했다. 교체된

지 반 년 정도밖에 되지 않은 연구원의 여자 직원이 병으로 그만두게 되었으므로, 본교 철학과의 여자 졸업생 한 명을 그 후임으로서 채용했다고 한다.

30 (토) 맑음

「18세기의 江右學派—宗川書院 院變 문제를 중심으로—」는 58매 남짓까지 나아갔다.

2001년

1월

3 (수) 맑음

이상래 군이 석사학위논문「郭再祐의 道敎養生思想」최종본을 제본하여 가져왔으므로, 그것들에 서명 날인하여 주었고, 퇴근 무렵까지「18세기의 江右學派—宗川書院 院變 문제를 중심으로—」의 입력 작업을 계속하였다.

4 (목) 맑으나 쌀쌀함

「18세기의 江右學派—宗川書院 院變 문제를 중심으로—」는 67매 정도의 분량까지 나아갔다. 원고용지로 환산한다면 예정된 분량의 절반 정도에 이른 셈이지만, 내가 다루어야 할 주제의 내용으로 보아서는 이제 운을 떼었을 따름이다.

5 (금) 맑으나 쌀쌀함

한국사상문화학회의 기관지인『한국사상과 문화』제8집(2000.6)이 부쳐져 왔으므로 훑어보았는데, 이 학회의 임원 명단에는 내가 경남지회장을 겸한 부회장으로 올라 있었다. 회장인 한국체육대학의 金益洙 교수와는 예전에 중국 여행을 함께 한 인연이 있으므로, 그가 나에게 전화를 걸어 와 경남지회장을 맡아달라고 했을 때 안면상 수락한 적이 있었지만, 부회장으로 되어 있는 줄은 몰랐다. 그러나 회원 주소록에 내 이름이 올라 있지 않듯이, 나는 이 학회에 가입을 하거나 회비를 낸 적이 없고 실질적으로 그 사업에 아무 것도 참가한 바가 없는 것이다.

『宗川禍變錄』 天·地·人 세 책의 내용을 비교 검토해 보았다. 이를 영인 출판한 河有楫 씨의 발문에서는 이 책을 자신의 8대조인 菊軒 河達聖이 직접 필사하여 정조 연간에 사건이 끝난 직후 완성한 것으로 설명하고 있으나, 실제로는 세 책의 내용이 서로 중복되며, 그 체제나 필체도 같지 않아, 같은 시기에 한 사람에 의해 필사된 것이 아님을 확인할 수 있었으므로, 주석을 통해 나의 그러한 견해를 밝혔다.

6 (토) 맑음

『宗川禍變錄』 세 책의 내용을 비교 검토하였다.

9 (화) 비

사흘 만에 학교에 나가 보았더니, 역시 예상했던 바와 같이 에어컨 배관공사는 인문대 쪽 연구실에서 4층 가운데 위치의 내 방을 처음 시도해 보았다가 치워야 할 물건이 많아 생각했던 것보다 작업이 복잡해지니까 일단 이쪽을 중단해 두고서 사회대 교수들이 2호관으로 옮겨가고 난 후 비워둔 연구실들에서부터 작업을 진행하여 4층과 옥상 사이의 천장은 모두 뚫어놓고 있었다.

오전 중에는 인부들이 창문까지 열어둔 채 들락날락하며 작업하는 동안 외투에다 머플러를 걸치고서 방구석의 의자에 앉아 『宗川禍變錄』을 읽고 있다가, 실내의 재배치가 끝난 다음부터 논문 입력 작업을 계속하여 70매 정도의 분량까지 나아갔다.

12 (금) 맑음

본교 남명학연구소의 조교로부터 2월중에 간행될 예정인 『남명학연구』에 기고한 내 논문 「南冥遺跡三洞辨證」의 요지를 영어·중국어·일어 중 하나의 외국문으로써 A4용지 한 장 이내의 분량으로 작성하여 보내달라는 연락이 있었다. 그러므로 오후에는 예전의 발표회에 즈음하여 요구를 받고서 원고용지 70매 정도의 분량으로 줄여둔 바 있는 논문 요지를 가지고서 다시 오늘 요구받은 분량만큼 더 압축하는 작업을 마쳤다.

서울대학교 동양철학연구회의 총무인 국민대학교 문석윤 교수로부터 동철연 소식지의 창간호가 이메일로 부쳐져 왔으므로, 검토해 본 후 최종본으로서 그대로 발송해도 좋겠다는 답신을 보냈다.

13 (토) 大雪

어제 작성해 둔 「남명유적삼동변증」의 요지를 다시 다듬어 일본어로 고친 후 그것을 남명학연구소로 전송하였고, 오후에는 「18세기의 江右學派—宗川書院 院變 문제를 중심으로—」의 입력 작업에 다시 착수하여 73매 정도의 분량까지 나아갔다.

15 (월) 맑으나 강추위

어제 버스 안에서 아내로부터 장모는 49齋가 끝나기 전에 장인의 묘비를 세우고자 한다는 말을 들었으므로, 오후부터 귀가 후에 이르기까지 작성하고 거듭 퇴고하여 '書記官農村指導所長安公墓碑'를 지었다. 墓道文字의 기본 격식은 따르되 옛 형식에 크게 구애받지 않으며 한글로써 지었는데, 700자 정도로 해 달라는 말을 들었으나 완성하고 보니 836자가 되었다. 장인의 정년퇴임에 즈음하여 마지막 근무지인 남해군 농촌지도소가 1988년 6월 28일자로 발행한 『情談—安學龍所長 停年退任에 부쳐—』를 주로 참조하였으며, 퇴근 이후 아내가 처가로부터 가져온 『順興安氏派譜』와 장인이 생시에 장모의 요청에 따라 남겨놓은 메모도 참조하였다. 나로서는 처음 지어보는 비문인 셈이다.

16 (화) 맑으나 쌀쌀함

오늘 아침까지 장인의 비문을 좀 더 다듬었다. 아내는 그것을 가지고서 장모를 찾아가 함께 石工所에 가서 내 연구실로 전화를 걸었다. 석공소 측과 연결이 되어 있는 사람에게 붓글씨를 써 받기 위해 찾아갔더니 죽은 장인의 字와 號를 지어 넣는 것이 어떻겠느냐고 한다는 것이었다. 기가 차서 아무 말 말고 내가 적은 대로만 새기되 아라비아 숫자는 세로쓰기의 편의에 따라 한자로 바꾸어도 무방하다고만 일러두었다.

17 (수) 맑음

趙曮과 趙大妃에 대해 알아보기 위해 다시금 정신문화연구원에서 간행한 한국인물대사전을 뒤지다가, 내가 잃어버리고서 오랫동안 찾고 있던 『雲石集』의 독서 카드가 거기에 끼워져 있음을 발견하였다. 내킨 김에 『운석집』에 들어 있는 조엄의 家狀 가운데서 그의 最晩年 평양감사 재직 이후부터 귀양지 김해에서 죽기에 이르기까지의 불우했던 시절 부분을 점검해 보고서, 그를 귀양 보내는데 핵심적인 역할을 한 사람이 正祖의 총애를 받고 있던 南人 蔡濟恭이었음을 확인하였다. 이로써 내 논문 「18세기의 江右學派—宗川書院 院變 문제를 중심으로—」 가운데서 미해결의 부분이었던 河達聖과 蔡濟恭의 연결 관계가 비로소 밝혀진 듯하다. 오후에는 퇴고 및 입력 작업을 계속하여 74쪽 남짓한 분량까지 나아갔다.

18 (목) 맑음

오후 세 시 가까운 무렵 남명학연구원의 김경수 국장과 박라권 군이 학교로 와서 나를 태우고는 함께 산청군 원지에 있는 토끼요리를 파는 음식점으로 가서 대화를 나누었다. 경상남도의 위촉으로 나를 비롯한 여러 사람들이 분담 집필한 『경남정신의 뿌리—남명 조식 선생』(경상남도 문화예술과, 2000년 12월 20일 발행)을 전해 주기 위한 모임이었다. 그 자리에서 김충렬 원장이 작년 8월 이후로 판공비에다 업무추진비 등을 추가하여 실질적으로는 매달 150만 원 정도의 돈을 조 사장으로부터 받고 있으며, 권순찬 이사장도 금년 1월부터 조 사장에게 다시 부탁해 업무추진비 등을 대폭 올려서 매달 그 정도의 액수를 받고 있는 데다 주차비조차 연구원에서 지출토록 하고 있다는 말을 들었다. 조 사장이 나를 달래기 위해 내가 거절한 상임연구위원 판공비 10만 원을 이 달까지도 내 구좌에다 계속 넣고 있으며, 구정 선물이라 하여 무언가 보따리에다 싼 것을 김 국장 편에 보내 왔으나, 나는 "그걸 받고서 졸개노릇하지는 않겠다고 전하라" 말하고는 그냥 돌려보냈다.

오늘 아침 출근길에 우리 아파트 같은 棟 같은 레인으로 이사 온지 얼마 되지 않는 H 교수가 예전에 살던 지역 부근인 초전동의 대림아파트로 다시 이사 나가는 광경을 보았다.

19 (금) 흐림

어제 김 국장으로부터 받아온『경남정신의 뿌리—남명 조식 선생』을 대충 읽어보았다. 이 책은 나를 비롯하여 설석규·손병욱·정우락·한상규·권인호·한명기·최영성·사재명·김경수 등 10명이 분담 집필한 것이다.

조옥환 사장이 우리 내외가 출근하여 없는 동안 매년 명절 때마다 보내오는 사과 한 상자를 집으로 배달해두었다.

이즈음 인문사회대학 1호관에서는 사회대학 교수들이 2호관으로 이사해 간 이후 그 빈 공간의 수리와 塗色 및 북향 방에 있던 인문대 교수들의 연구실을 남향 방으로 옮기는 작업을 진행하고 있다. 내가 있는 4층 복도의 건너편에 있던 최석기·이상필 교수 등도 모두 이동을 완료하였으며, 오늘은 철학과사무실을 4층으로 옮기는 작업을 시작하였다.

20 (토) 오전에 진눈깨비

논문의 입력 작업을 계속하여 76매 정도의 분량까지 나아갔다.

부산의 ≪국제신문≫ 사회2부 이민용 기자라는 사람으로부터 내 연구실로 전화가 걸려왔는데, 내 글「雷龍亭 事蹟碑 有感」에 대해 공감을 표하면서, 三嘉 下板里의 枝洞이라든가 晦山·香川·龍巖書院 등에 대해서도 이런저런 질문을 해 왔다. ≪국제신문≫에서는 금년 1월 1일부터 사진컬러 全面와이드로 '남명을 찾아서'라는 기획 프로를 연재하고 있는데, 그 기사의 집필을 맡아 있는 두 기자 중 한 명이라고 한다. 枝洞 및 회산서원과 관련하여서는 내가 탈고하여 아직 公刊되지 않고 있는 논문 「南冥遺跡三洞辨證」 속에 비교적 자세히 다루어져 있으므로, 그의 이메일 주소로 이 논문 파일을 한 부 보내주었다.

22 (월) 흐림

「18세기의 江右學派—宗川書院 院變 문제를 중심으로—」의 자료 검토 및 제2절 입력 작업을 계속하였다. 이 논문의 중심이라고 할 수 있는 종천서원의 원변 부분을 英祖 시기와 正祖 시기로 나누어 두 절로 만들어야 되겠다는 생각이 들었다.

24 (수) 흐림

安山市의 성포동에 있는 한양대학교 앞 주차장에서 하차하여 택시를 타고서 星湖李瀷先生墓를 찾아갔다. 성호의 묘는 계단을 올라간 작은 언덕 위에 새로 단장되어 있었고, 그 옆의 담장 안에는 재실인 듯한 한식 건물 두 채도 지어져 있었다. 성포동이란 『성호집』 등의 문헌에 나타나는 星浦, 즉 그가 살던 마을인 瞻星里에서 유래하는 지명일 터인데, 매립된 탓인지 현재의 무덤에서는 바다를 바라볼 수가 없었다.

성호의 묘소 아래에서 다시 택시를 집어타고서 큰길 가로 나가 수원 가는 버스로 갈아탔고, 수원역에서 龍珠寺 가는 시내버스를 타고서 남쪽의 송산리에 있는 용주사에 들러 국보 120호인 고려 초기 범종과 천연기념물 269호인 회양나무 등을 둘러보았다. 절에서 나와 왔던 길로 隆·健陵을 향해 터벅터벅 걸어가고 있었더니, 뒤에서 오던 차가 정거하여 태워주었다.

먼저 隆陵에 들렀는데, 이곳은 正祖의 아버지인 思悼世子와 그 妃인 『閑中錄』의 저자 惠慶宮 洪 씨가 합장된 곳이다. 사도세자의 무덤은 원래 경기도 양주 拜峰山 아래, 즉 지금의 동대문구 휘경동에 있었는데, 정조가 수원의 花山으로 옮기면서 顯隆園이라 하였고, 光武 3년(1899)에 莊祖로 추존된 후 능호를 융릉으로 높인 것이다. 용주사는 신라시대의 고찰이라고 하지만, 이 현륭원을 수호하는 역할을 맡겨 정조가 특별히 보호한 절이므로, 그 경내에는 父母恩重經 등 정조의 효성과 관련된 비석이나 안내판 등이 눈에 띄었다.

다음으로 같은 陵域 안에 있는 건릉에 들렀는데, 이곳은 정조와 그 妃인 孝懿王后 金 씨가 합장된 곳이다. 융릉과 그 격식은 거의 같았으나, 다만 봉분 주위에 배치된 石虎와 石羊의 숫자가 培로 더 많았다.

26 (금) 흐림

논문 「18세기의 江右學派—宗川書院 院變 문제를 중심으로—」의 자료를 읽고 입력하는 작업을 계속하였다.

27 (토) 오전 중 흐리고 부슬비 온 후 오후에 개임

논문은 87매 정도의 분량까지 나아갔다.

28 (일) 흐리고 오전 한때 눈

민족문화추진회의 한국문집총간 235·236책으로 수록된 『樊巖集』을 읽으며 카드화하였고, 安鍾和 編 『國朝人物考』, 李弘稙 編 『國史大事典』 중의 蔡濟恭에 관한 항목도 뒤적여 보았다.

29 (월) 맑음

논문 작업을 계속하여 90쪽 정도의 분량까지 나아갔다. 되도록 분량을 줄여보려고 유의하고 있지만, 아무래도 원고지 130매 이하는 무리일 듯하다.

예문서원 및 예문동양사상연구원의 사실상 대표인 계명대학교 철학과 홍원식 교수로부터 전화 연락을 받았다. 내가 편집한 10대 사상가 시리즈 남명 편은 불교 사상가 부분이 모두 출판된 다음 금년 여름쯤에 출판될 예정이라고 하며, 내 저서 『남명학파연구』에 대한 서평은 금년 3월 무렵에 간행될 『오늘의 동양사상』 제4집에 실릴 예정인데, 남명학

연구원의 상임연구위원인 정우락 교수에게 집필을 위촉하여 이미 탈고된 원고를 받아 두었다 한다.

30 (화) 맑음

오전에는 자료를 읽고 오후에는 입력하는 논문 작업을 계속하여 90매 남짓한 분량까지 나아갔다.

31 (수) 흐림

논문은 96매 정도의 분량까지 나아갔는데, 제2절 '宗川書院의 院變'을 마치고서 제3절 '復享 문제의 推移'에 들어갔다. 『영조실록』 37년 3월 18·20일 조를 통해 河大觀의 사면이 旱魃로 말미암은 것이 아니라 왕세손의 관례를 경축하기 위한 행사의 일환이었음을 확인하였다.

2월

1 (목) 맑음

한국정신문화연구원에서 한문학을 전공한다는 이종묵 교수가 내 연구실로 전화 연락을 해 왔다. 금년 9월경에 퇴계·남명의 탄생 500주년을 기념하는 심포지엄을 계획하고 있으므로 거기에 남명 분야의 논문 발표자로서 참가해 달라는 내용이었다. 남명 분야의 전체적 주제는 '진주 문화권과 남명학파'이며, 200자 원고지 100매 정도로 8월말에서 9월 첫주 정도까지 논문을 보내주면 심포지엄이 끝난 다음 정문연에서 내는 『藏書閣』 잡지에 싣겠다는 것이다. 보수는 원고료 50만 원, 발표비 50만 원이라고 했다.

남명 분야의 발표자는 국민대 국사학과의 鄭萬祚 교수가 역사 분야, 정문연의 박병련 교수가 정치사, 역시 정문연의 안승준 씨가 고문서, 경상대 한문학과의 최석기 교수가 지리산과 남명학파에 대해 발표할 예정이며, 철학 분야에서 내가 참가해 주기를 바란다는 것인데, 구체적 주제는 대주제의 범위 안에서 내가 알아서 결정하라는 것이었다. 일단 승낙해 두었다. 마음속으로는 차제에 「『남명집』 중간본의 성립」을 써서 다년간 지속되어 온 『남명집』의 판본 연구를 일단 매듭지어 둘까 싶다.

2 (금) 맑음

오전 중 『宗川禍變錄』 天卷과 人卷을 대조하여 읽는 작업을 계속하여 人卷 부분을 모두 마쳤다.

3 (토) 맑음

논문 입력 작업을 계속하여 102매 정도의 분량까지 나아갔다.

5 (월) 맑고 포근함

논문 작업을 계속하여 106매 남짓한 분량까지 나아갔다.

동철연 총무인 문석윤 교수로부터 이메일을 받았다. 2월 19일의 겨울 답사는 충북 지방의 단양팔경을 중심으로 하는 일정을 잡았으며, 충주호 월악산 유스호스텔에서 1박 한 후 20일에는 미륵석탑과 문경새재를 둘러볼 예정이라고 한다. 예정대로 추진할 것과 작년 총회의 결정 사항인 홈페이지 제작 문제에 관한 보고도 이번 총회에서 해 보라는 의견을 전하였다.

6 (화) 아침에 부슬비 내린 후 개임

종일 논문 작업을 계속하였다. 진주목사 趙德常이 경상감사 趙曮에게 올린 牒報에 열거된 河弘度와 그 종손 河大觀의 죄목 각 사항에다가 후에 河光聖·達聖이 그 문제를 해명한 原情 내용의 각주를 붙여 이해를 돕기로 했다.

7 (수) 흐렸다가 개임

논문 작업을 계속하여 112매 정도의 분량까지 나아갔다.

한양대학교 철학과 교수로서 나에게는 臺灣大學 철학연구소(대학원 철학과) 석사과정의 선배가 되기도 하는 김병채 씨로부터 연구실로 전화가 걸려왔다. 동국대 송재운 교수에 이어 그가 새로 공자학회의 회장직을 맡아보게 되었으며, 나에게는 계속해서 부회장의 직책을 맡아달라는 것이었다. 서울까지 회의에 참석하러 가기는 어렵다는 점에 대해 양해를 얻고서 그 직책을 수락하기로 했다. 이번에 부회장으로 선정된 사람은 나 이외에 성태용(건국대)·서경요(성균관대)·오종일(전주대)·이애희(강원대) 교수이고, 총무이사에 정상봉(건국대), 연구이사에 유권종(중앙대), 편집이사에 김성기(성균관대), 섭외이사에 황의동(충남대) 교수가 위촉되었다. 학회지는 봄·가을 두 차례에 걸쳐 발간하고, 학회는 중국유학·한국유학 부문으로 구분하여 1년에 두 차례 개최할 예정이라고 한다.

8 (목) 맑음

논문은 114매 정도의 분량까지 나아갔다.

9 (금) 맑음

논문은 120여 매의 분량으로서, 마침내 謙齋의 復享이 이루어지게 되고 鄭祖毅 등이 이에 대해 그 부당성을 지적하는 통문을 보내 온 대목까지 나아갔다.

10 (토) 맑음

오전 중 『宗川禍變錄』 天卷을 계속 읽어 정조 3년 11월의 金岣을 疏頭로 한 경상도·충청도·황해도 三道儒生疏에까지 이르렀고, 오후의 논문 입력은 鄭祖毅와 宗川書院 원장 鄭舜臣 사이의 거듭된 通文 및 牌旨 還送 부분까지로서 126매 정도의 분량에 달했다.

12 (월) 흐림

『남명학연구』 제10집에 실릴 예정인 「南冥遺跡三洞辨證」의 교정지가 왔으므로, 남명학연구소 측의 방침에 따라 한 차례 교정을 본 다음 조교를 통해 한문학과 사무실로 전달하였다. 「18세기의 江右學派—宗川書院院變 문제를 중심으로—」는 128매 정도의 분량까지 나아갔다.

한국정신문화연구원의 이종묵 교수로부터 지난번에 전화로 말한 원고 위촉과 관련한 안내 자료가 부쳐져 왔다. 이에 의하면 『藏書閣』은 이 연구원에서 국학 진흥을 목적으로 간행하고 있는 학술지인데, 1999년 5월부터 기획 주제를 중심으로 4집까지 간행되었으며, 그 제6집(가을호)의 기획주제는 '晋州文化圈의 古文獻과 南溟學派'로서 나는 그 중에서 철학 분야를 맡아 「남명학파의 형성과 전개」라는 가제목의 논문을 집필해 달라는 것이었다. 원고마감은 9월 30일까지이며, 원고지 100매 내외로 하되, 8월에 학술발표회를 가질 예정이라고 한다.

13 (화) 맑음

논문은 마침내 133매 남짓한 분량까지 나아갔다. 『동양철학』에 기고하기 위해서는 130매 이내의 분량이어야 하는데 이미 그 한도를 넘어버렸으니, 쓰고 싶은 정도로 써 보고서 나중에 줄이는 수밖에 없겠다.

14 (수) 맑음

논문 작업을 계속하였다.

15 (목) 맑으나 밤 한때 비

전북 김제시에 있는 金山寺에서 열리는 한국동양철학회 제38회 동계수련회에 참석하기 위해 평소 출근 시간인 오전 여덟 시에 외출 준비를 시작하여 장대동 시외버스 터미널까지 걸어가서 8시 50분쯤에 전주 가는 버스를 탔다. 일반국도를 경유하여 함양·인월·남원을 거쳐서 정오 좀 못 미친 무렵에 전주에 도착하였다. 도중에 함양에서 金侖壽 씨 집

앞을 지나다가 보니 그 입구의 건물 바깥벽에다 '인산사리장·인산가한의원'이라는 글이 쓰인 플래카드를 내걸고 있었다. 지금은 그가 자기 부친 仁山 金一勳의 뒤를 이어 한의사 역할도 하고 있는 모양이었다.

17 (토) 맑음

서남재단 2001년도 연구지원 사업 안내에 관한 공문을 보고서 서남재단의 홈페이지로 들어가 '서남 동양학술총서' 연구지원에 대한 내용을 출력해 두었다. 『동아시아의 철학사상』을 이 총서의 하나로서 간행할 수 있도록 신청해 볼까 하는 생각도 들었다. 이 교양과목은 지난 학기에 이어 이번 학기에도 수강인원 미달로 폐강되었다는 통지를 받았다. 사이버 강좌로 개설하면 이런 문제가 해결될 터인데, 그것을 위해서는 강의록을 작성해야 하므로 이왕이면 이미 출판까지도 생각해 보고 있는 것이다.

19 (월) 맑음

동양철학연구회의 겨울답사에 참가하기 위해 아침 6시 50분발 대전행 첫 고속버스를 탔다. 예상했던 코스와는 달리 남해·구마·경부고속도로를 경유하여 세 시간쯤 후에 대전에 도착하였다. 나는 충청남도의 중심도시인 대전으로 가면 거기서 충북의 단양으로 가는 버스를 탈 수 있을 것으로 생각했었는데, 그런 버스가 없다고 하므로 별 수 없이 가장 가까운 시간에 있는 충주 행 무정거 버스를 타고서 청주·증평·음성을 거쳐 정오 무렵에 충주에 도착하였다. 서울에서 오전 10시 무렵에 출발한 다른 회원들과는 휴대폰을 통해 연락하여 두고서, 일단 단양 행 버스의 출발시각에 맞추어 터미널 구내의 식당에서 칼국수로 간단한 점심을 들었다.

12시 25분 발 단양 행 버스를 타고서 덕산·수산을 거쳐 신단양 터미널에 도착하여, 이미 정오 무렵에 도착하여 단양팔경 중 도담삼봉을 구경하고서 점심을 들고 온 서울의 일행과 합류하였다. 그들이 서울에서 대절하여 온 관광버스에 동승하여 담양팔경 중 易東 禹卓과 인연이 깊은

舍人巖, 도락산 부근에 위치한 상선암·중선암·하선암, 제천시 청풍면 물태리의 산에 있는 청풍문화재단지, 그리고 장회나루 휴게소에서 구담봉·옥순봉을 바라보는 것을 끝으로 단양팔경 구경을 모두 마치고서 충주에서 단양으로 갈 때 지났던 길을 다시 경유하여 땅거미가 질 무렵 충주호반에 위치한 월악산 유스호스텔에 도착하였다.

이 유스호스텔은 지은 지가 그다지 오래되지 않은 모양으로서 현대적 시설을 갖춘 깨끗한 건물이어서 만족스러웠다. 별채로 되어 있는 식당으로 가서 저녁 식사를 든 다음, 남학생용의 큰방에 모여 학술세미나를 가졌다. 우리 일행은 청풍문화재단지에서 합류한 이병익 군 등을 포함하여 모두 14명으로서 그 중 여학생이 둘이며, 졸업한 선배는 나와 총무인 국민대학교 문석윤 교수 외에는 별로 없고, 박사학위를 받고 난 후 강사생활을 하고 있는 조남호·엄연석 군이 있을 정도였다. 세미나에서는 금년 2월에 서울대학교 인문대학원 철학과 동양철학전공에서 석사학위를 받은 李遠碩·韓東益 군이 각각 그들의 학위논문 「謝良佐 철학의 "知覺"에 관한 연구」 및 「禪佛教 倫理의 正體性에 관한 연구」의 요지를 가지고서 발표하고 약정 토론자 없이 토론하였다.

세미나가 끝난 다음에는 준비된 술과 음식을 들면서 동철연의 사업에 대한 토의가 있었다. 특히 지난해 이야기가 나왔으나 아직 구체적으로 추진되지 못하고 있는 동철연 홈페이지 문제에 관해 협의하여 이병익 군이 그 작성을 자원함으로써 매듭을 지었다. 내가 5만 원을 출연하여 술과 음식을 더 사와서 밤늦게까지 대화를 나누며 놀았다. 나는 제법 취했던 모양으로서 이날 밤에 있었던 일이나 대화 중 기억에 남아 있지 않은 것들이 있고, 올해 들어 처음으로 담배도 피웠다고 한다.

오늘 이 모임에 와서 들은 새로운 소식이 두 가지인데, 그 중 하나는 정병련 동양철학회장의 번역과제 『梅氏書平』의 중간평가작업에 참여했었던 문석윤 씨로부터 그 일의 진상에 관한 자세한 정보를 듣게 된 일이었고, 다른 하나는 이 달 23일에 서울대 교수회관에서 철학과 이남영 교수가 회장이 된 남명학회의 창립총회 및 학술발표회가 열린다는 것이었다. 문석윤 씨의 설명에 의하면, 정 씨의 과제에 대한 평가는 네 사람의 평가위원에 의해 1·2차에 걸쳐 두 차례 진행되었는데, 송영배 교수가 한국동양철학회 회장 선거에 패배한 것에 대한 보복으로서 서울대 철학과의 후배들을 동원하여 감정적인 평가를 했다는 것은 전혀 사실이 아니라는 것이었다. 남명학회에는 금장태·이애희·이동환 교수 등이 참여하며 동철연 모임의 간사인 조호현 군이 그 모임의 간사 일도 맡아보게 된다고 한다.

20 (화) 맑음

느지막한 조식을 들고서 유스호스텔을 출발하여, 먼저 제천시 한수면 송계리에 있는 충청북도 기념물 제18호 黃江影堂 및 遂庵祠에 들렀다. 이곳은 한국유학사에 이름 높은 湖洛論爭이 시작된 장소인데, 본래 조선 영조 2년(1726)에 창건되어 그 다음해인 영조 3년에 黃江書院으로 賜額되었으나, 고종 8년(1871) 서원철폐령에 의해 황강영당으로 개칭된 것이라고 한다. 원래의 건물은 여기서 10킬로 남짓 떨어진 곳에 위치해 있었는데, 충주댐 수몰로 인하여 1983년에 현 위치로 移建되었다. 관리를 맡은 후손인 노인의 안내를 따라 영당에 들어가 천연색 사진 복사본인 우암 송시열, 수암 권상하, 남당 한원진, 수암의 아들로서 이조참판에 추증된 권욱, 江門八學士의 한 사람인 병계 윤봉구의 영정을 둘러보았고, 수암사에서는 내가 대표로 권수암 내외의 위패에 대해 拜禮를 하였다. 그 구내에 있는 寒水齋 건물은 서원이 훼철되기 이전부터 있었던 것이라고 하므로 어쩌면 수암 당시의 것인지도 모르겠다. 수암의 別號를 한수재라 하고, 현재의 한수면이라는 지명도 모두 이 건물의 명칭에서 유래한 것이다. 관리인의 집에 따로 보관되어 있는 우암 친필의 한수재 편액도 구경하였다.

거기서 나와 송계계곡을 거슬러 오른 후 눈이 녹아 가는 추진 길을 따라 문경새재의 세 관문을 걸어서 내려왔고, KBS의 대하드라마 '태조 왕건' 세트장도 둘러본 다음 1관문 밖 주차장 부근의 식당에서 오후 두

시 남짓에 늦은 점심을 들었다. 문경읍으로 내려와서 서울로 돌아가는 일행과 작별하였다. 문경 시외버스터미널에서 마산 행 차표를 끊어두고서 남명학연구원의 김경수 사무국장에게 휴대폰으로 전화를 걸어 남명학회의 건에 대해 물어보았는데, 그의 대답에 의하면 그 학회는 창녕조씨 문중의 다른 사람이 3년에 걸쳐 매년 1억씩 기금을 내어 운영하기로 되어 있어 조옥환 사장과는 무관하며, 또한 연구원은 그것과 별도로 계속 운영될 것이라고 한다.

22 (목) 맑고 따뜻하여 완연한 봄 날씨

논문 작업을 계속하여 원고지 141매의 분량까지 나아갔다.

23 (금) 비

오전 중『宗川禍變錄』天卷 가운데서 正祖 11년에 鄭祖毅의 아들 등이 마지막으로 다시 한 번 하홍도의 위판을 출향하려고 시도한 내용을 읽어보았다. 비가 오므로 점심 식사 후 구내서점에 들러 책들을 둘러보다가 琴章泰『한국의 선비와 선비정신』(서울대학교출판부, 2000), 禹仁秀『朝鮮後期 山林勢力硏究』(一潮閣, 1999), 申千湜『牧隱 李穡의 學問과 學脈』(一潮閣, 1998)을 사 와서, 그 중 금 씨와 우 씨의 책 가운데서 남명학파 관계 내용을 읽어보았다.

24 (토) 비

오늘 점심 때 다시 구내서점에 들러서 사 온 H 교수의『절망의 시대, 선비는 무엇을 하는가—실천의 사상가 남명 조식과의 만남—』(서울, 한길사, 2001)을 사 와서 읽기 시작하여 1/3 정도까지 나아갔다. 예전에 주간 ≪진주신문≫에 연재했던 南冥評傳을 수정 보완하여 한길사의 위대한 한국인 시리즈 제9권으로서 출판한 것이다. 남명의 생애와 사상을 일반인이 이해하기 쉽도록 사진을 많이 삽입하여 편년 형식으로 설명한 책으로서, 더러 오류도 있고 픽션도 많지만 예전에 연재했던 것 정도로 황당하지는 않아 보였다.

오늘 아침 《경남일보》의 H 교수 제자인 강동욱 기자가 쓴 기사에서 이 책이 출판된 사실과 어제 오후 여섯 시 서울대 교수회관에서 남명학회 창립기념강연회가 있었다는 소식을 접했다. 남명학회는 서울대 철학과의 이남영 교수가 회장을 맡고, 서울대 종교학과 금장태, 성균관대 한문학과 송재소, 고려대 한문학과 이동환, 중앙대 국문과 김경수, 강원대 국민윤리과 이애희 교수 등이 주축을 이루는 모양인데, 금년 11월에 남명 탄신 500주년 기념학술대회를 개최하고, 기관지 『남명학보』를 발행할 것이라고 한다.

오전에 한국정신문화연구원의 이종묵 교수에게 이메일을 보내어 지난번 그가 나에게 전화로 위촉한 8월에 있을 남명학 관계 학술회의에서의 발표논문 건에 대한 나의 의견을 전하였다. 나로서는 지금 집필하고 있는 「18세기의 江右學派—宗川書院 院變 문제를 중심으로—」를 가지고서 발표하는 것이 바람직하다고 보지만, 이것은 학술진흥재단의 선도연구자 지원을 받은 주제이기 때문에 학진 측의 요구조건에 따라 A급 평가를 받은 학술지인 『동양철학』 제15집에 싣기로 이미 한국동양철학회의 정병련 회장과 상의해 둔 바 있고, 또한 금년 9월에 간행될 『장서각』 잡지에 싣기에는 요청 받은 원고지 100매 내외의 분량을 크게 초과할 것도 문제이므로 그 점에 대한 협의였다.

25 (일) 맑음

우인수의 『조선후기 산림세력연구』 제1장, 「산림의 대두와 세력 기반」 및 제2장 「산림의 정국 막후자로서의 기능」 제1절 '정권의 지지 기반 제공' 부분까지를 읽어보았다.

26 (월) 흐림

우인수 씨의 『조선후기 산림세력연구』를 계속 읽어 제3장 「산림의 정치 참여와 정국운영」 제1절 '명분과 논리의 제공' 부분까지 나아갔다.

관계 문헌의 섭렵이 꽤 철저하므로 나로서도 도움이 되는 바가 많다.

27 (화) 흐리고 저녁에 비

우인수 씨의 책을 마저 읽고서, 다시 H 씨의 남명평전을 계속 읽어 퇴계가 처음으로 남명에게 편지를 보내어 출사를 권유하는 대목까지 나아갔다.

점심 때 김경수·박라권 군과 더불어 학교 부근 나동의 오리요리를 전문으로 하는 식당으로 가서 샤브샤브를 들며 대화를 나누었다. 지난주 화요일 서동연 모임을 마치고 문경 터미널에서 돌아오는 버스를 기다리다가 김 국장에게 휴대폰으로 전화를 걸어 서울의 남명학회 창립 전후의 정황에 대해 좀 설명을 들어보고자 하였으나, 당시 그가 서울에 갈 일이 있다고 하면서 돌아오거든 전화하겠다고 하였는데, 한 주가 지난 오늘 내가 다시 전화하여서야 비로소 모임이 마련된 것이다. 그새 그는 각지의 출장 관계로 좀 바빴다고 하는데, 그 때 전화로 들은 내용 이상의 별 새로운 정보는 없었다. 즉 서울의 남명학회는 창녕조씨 문중의 감정평가사를 하여 돈을 번 사람이 2~3년에 1억 정도의 돈을 대기로 하여 출범한 것이며, 조옥환 사장은 그 사람을 소개해 주는 정도였지 그 모임에 돈을 대는 것은 아니라는 것이었다. 그러나 내 생각으로는 서울 모임이 잘 되어 나간다면 구태여 이중으로 돈을 들여가며 진주의 사단법인 남명학연구원을 운영할 필요가 없어지는 것이므로, 趙南浩 군으로부터 들은 바와 같이 500주년 기념국제학술대회가 끝난 이후로는 서울 쪽으로 무게의 중심이 옮겨져 갈 가능성 또한 없지 않다고 보는 것이다.

28 (수) 快晴

H 교수의 남명평전을 계속하여 읽었다. 이 책은 관계 문헌들에 근거하기는 하였으나 자신의 상상력으로 꾸며낸 부분이 상당히 있어 지난번에 나왔던 정정대 씨의 소설『울지 않는 종』과 기본적 성격에 있어서는 서로 다를 바가 없는 것이다. 하유집 씨가 정 씨의 소설을 비판하는 근본

적 이유는 그가 무명작가이기 때문인데, 어쩌면 H 씨의 이 책이 머지않아 나올 것을 염두에 둔 발언이었는지도 모르겠다. 대중에게 남명을 홍보하는 데는 이러한 책이 필요하겠으나, 나로서는 지금까지와 같이 개척적인 연구의 방향으로만 나아갈 생각이다. 또한 오늘날 남명의 위상이 꽤 높아져 그에 대해 관심을 가지거나 그로 하여 자신의 이름을 드러내고 실속을 차리고자 하는 사람들이 많아졌다. 나로서는 老子가 말한 "공이 이루어지면 몸은 물러난다(功成而身退)"는 자세를 가져 대중 앞에 자신의 존재를 드러내지 않고, 이익을 탐내지 않으며, 누구에게도 머리를 숙이지 않는 학자의 길을 가고자 한다.

3월

1 (목) 비

H 교수의 남명평전 『절망의 시대, 선비는 무엇을 하는가—실천의 사상가 남명 조식과의 만남—』을 마저 읽었다. 이 책 앞표지 뒷면의 저자 소개 欄에는 H 씨의 사진과 함께 "지은이 H는 한문학을 전공하였으며(문학박사) 현재 경상대학교 한문학과 교수, 남명학연구소 소장과 중국 화중 사범대학(中國華中師範大學) 역사문화학부 겸직교수로 재직 중이다. 한국학술사와 한중문화교류사를 연구하고 있으며, 저서로는 『조선후기 남인과 서인의 학문적 대립』 외 12권, 논문으로는 「중국 예서(禮書)가 조선 후기 실학에 미친 영향」 외 43편이 있다"고 인쇄되어 있다. H 씨는 나보다 세 살 아래인데, 여기에 나타난 직함이나 연구업적들은 자못 화려해 보인다. 그런데 중국 대학의 겸직교수란 그가 자주 중국을 왕래하며 사람을 사귀어서 얻은 虛名일 터이고, 내가 아는 한 그 자신의 저서는 박사학위논문을 수정하여 출판한 위의 책 한 권이고 나머지는 대부분 본교 한문학과 교수들과 공저 등의 형식으로 나온 번역서이며, 논문이라는 것도 이 책 말미에 첨부된 「남명의 시에 나타난 선비정신」이 그러한

것처럼 같은 글을 조금씩 수정하여 다른 이름으로 발표한 것이거나 리포트 비슷한 것들이다.

『宗川禍變錄』 地卷을 天卷의 내용과 대조하여 읽으며 필요한 부분들에는 붉은색 볼펜으로 옆에다 줄을 그었다.

2 (금) 흐림

어제에 이어 『宗川禍變錄』의 地卷과 天卷을 대조하여 읽는 작업을 계속하여 거의 마쳤다. 수업을 마치고서 돌아올 때 남명학연구소의 총무로 있는 한문학과의 최석기 교수가 나에게 용무가 있다면서 연구실로 따라왔다. 본교의 기획실장이 남명학연구소를 본교의 특정연구소로서 학술진흥재단에다 신청할 의사가 있다면서 관계 교수들과 점심을 함께 들면서 그 문제를 상의하고 싶어 한다는 것이었다. 나의 점심시간은 늘 비어 있다고 했더니 내일 한문학과의 최석기·이상필 교수와 더불어 기획실장을 만나보자고 했다.

3 (토) 황사현상으로 흐리고 저녁 무렵 부슬비

논문 작업을 계속하여 145매 남짓한 분량까지 나아갔다.

점심 때 한문학과의 최석기·이상필 교수와 더불어 본부 기획실의 연구 담당 부실장으로 있는 공대 고분자공학과의 權淳基 교수와 합류하여 함께 나동의 곰탕집으로 가서 점심을 들며 대화를 나누었다. 권순기 교수는 사단법인 남명학연구원의 이사장으로 있는 권순찬 씨의 이복 막내동생인 모양인데, 형인 권순찬 이사장과 상의하여 본교 남명학연구소를 학술진흥재단의 2001년도 중점연구소지원 사업에 신청할 수 있도록 하는 계획을 자진해서 추진하고 나선 것이었다. 그 계획서에 의하면 중점연구소로 지정되면 매년 학술진흥재단으로부터 약 2억 원의 연구비를 지원 받게 되는데, 그 조건으로서는 자체적인 대응자금 6,000만 원 이상이 확보되어야 하고, 2개 세부과제 이상에 1 세부과제 당 2명 이상의 교수급 전임연구원이 확보되어 있어야 하며, 최소 4명의 교수급 전임연구원에 대하여는 연구비 월 100만 원, 대응자금 80만 원 이상에다 의료보험료, 연금 및 실업보험료 등이 지원된다고 한다. 이는 중점연구소 사업이 계속되는 한 매년 2억씩 총 5년간 10억의 자금을 지원받을 수 있는 모양이다.

그리고 본교 구내의 남명관 건축을 위해서는 경남도로부터 건축비 5억 원의 지원이 확정되었고, 진주시로부터 2억 원의 지원을 추진 중이며, 민간지원 부문 9억 원 중에서는 조옥환 부산교통사장이 8억, 김장하 남명관 건립추진위원장이 1억을 각각 예정하고 있는 모양이다.

5 (월) 흐림

법학과 학생으로서 나의 전공 수업 대부분을 수강하여 모두 A학점을 받았던 류종수 군이 연구실로 찾아와 학부 중국철학특강의 『禮記』 수업을 청강하고 싶다고 하므로, 대학원의 『儀禮』 수업도 소개하여 이 두 과목에 모두 참가하겠다는 의사의 표시를 들었다.

본교 경남문화연구소로부터 『경남문화연구』 제22호(2000년)가, 그리고 사단법인 남명학연구원으로부터 孫炳旭 교수의 지도로 본교 대학원 국민윤리학과에서 금년 2월에 문학석사 학위를 받은 金鎭現의 학위논문 「南冥曺植의 倫理思想 硏究」가 보내져 왔으므로 그 내용들을 훑어보았다.

오늘 자 ≪경남일보≫에는 K 기자가 남명평전을 출판한 H 교수를 연구실로 방문하여 대담한 기사가 실렸는데, H 선생에 대해 현재 한국을 대표하는 한학자라는 둥 진주보다는 서울에서 더 알아준다는 둥 극구 찬양하는 내용이었다. K 기자는 나의 저서 『남명학파연구』가 나왔을 때는 몇 줄 안 되는 조그만 기사로 다루었다가 그 친구인 김경수 국장의 항의를 받고서 다시 그보다 약간 큰 칼럼 기사로 다룬 적이 있었고, 硏究院과 硏究所의 활동에 대해 언급할 때는 반드시 연구원을 낮추고 연구소를 높이며, H 선생의 지시를 받고서 직접 경남도청으로 담당자를 찾아가 금년에 있을 남명 탄신 500주년 기념 국제학술회의의 지원금을 연구원에만 주는 문제에 대해 항의하며 이를 신문에 보도하겠다고 위협하는 등 일관되게 H 교수 및 한문학과의 대변인 역할을 해 오고 있는 것이다.

6 (화) 계속되는 황사현상으로 흐림

어제 국민윤리교육과의 손병욱 교수와 통화한 바에 따라 손 교수가 자신의 논문 「조식의 인물과 학문 사상」(都珖淳 編, 『嶺南學派의 硏究』, 서울, 병암사, 1998) 및 강원대 李愛熙 교수의 논문 「조식의 〈학기도〉」(한국사상사연구회, 『도설로 보는 한국 유학』, 서울, 예문서원, 2000)의 복사물을 보내왔으므로, 그 내용을 훑어보았다.

논문 작업을 계속하여 151매 정도의 분량까지 나아갔다.

7 (수) 맑으나 쌀쌀함

논문 작업을 계속하였다.

산청의 기독교 농촌공동체라고 하는 민들레공동체의 김인수 씨로부터 전화가 걸려와, 8월 21에서 23일까지에 걸쳐 지리산에서 행해질 이 모임의 연수회에서 유학 및 남명에 대한 강연과 토론을 한 번에 2~3시간씩 이틀에 걸쳐 해 달라는 요청을 받았다.

8 (목) 맑음

교내의 남명학연구소로부터 『남명학연구』 제10집(2000) 두 책과 거기에 실린 내 논문 「南冥遺跡三洞辨證」의 별쇄본 10부가 보내져 왔다. 『남명집』의 「答成聽訟書」에 세 번째로 실린 남명이 성수침에게 보낸 편지의 원본이 의령 지역의 고문헌 조사과정에서 발견되었음을 비로소 알았다.

9 (금) 맑음

檀弓 下篇을 계속 읽고 논문 작업도 계속하였다.

아침에 민들레공동체의 김인수 씨에게로 전화하여 엊그제 청탁 받은 강연을 사절하고 그 대신 남명학연구원 쪽으로 소개해 주고자 했으나, 이 모임의 대표인 서울의 이성계 목사가 이미 나를 알고 있어 강사에 대해 매우 만족해하므로 꼭 맡아주었으면 좋겠다는 것이었다. 얼마 후 이성계 목사로부터 전화를 받았는데, 내가 대중 강연에 익숙하지 못할 뿐 아니라 청탁받은 유교와 남명이라는 주제를 가지고서 무슨 이야기를 어떻게 해야 좋을지 모르겠다고 사절하는 이유를 다시 설명했다. 남명학연구원에 들러 내가 저술한 『남명학파연구』를 한 질 구입해 두었다고 하면서 남명의 義와 실학의 관계를 주제로 하여 말해 주었으면 좋겠다는 것이었다. 8월 23일에 함양군 마천에 있는 의탄교회에서 강연회를 가질 예정인데, 오전 중 강의를 듣고 오후에는 질의 토론을 하는 정도로 생각하고 있으며, 청중은 전국에서 모이는데 주로 장신대 교수와 목사들이 될 것이라고 했다. 그런 설명을 듣고 나서 다시 이 강연을 수락하기로 마음먹었다.

10 (토) 맑음

논문 작업을 계속하여 158매 정도의 분량까지 나아갔다.

11 (일) 맑고 포근함

아내와 함께 칠암산악회의 산행에 동참하여 전라남도 강진군 도암면에 있는 萬德山(409m)에 다녀왔다. 순천에서 국도로 접어들어 장흥 등을 거쳐 만덕산 정상 아래의 산중턱에 있는 白蓮寺에 도착하였다. 백련사는 산 고개를 건너 茶山草堂으로부터 1.2km 정도 떨어진 위치에 있는데, 다산이 지금의 초당 위치에 자리 잡기 전 백련사에 머문 적도 있었으며, 이 절의 승려들과 가깝게 지내 『萬德寺誌』를 저술하기도 했던 것이다. 만덕산은 차가 많이 나기 때문에 茶山이라고 부르기도 하였는데 다산이란 雅號는 이 산 이름에서 유래한 것이며, 지금도 백련사에서 다산초당으로 건너가는 산길 옆에 차밭이 눈에 띄었다.

백련사 주변에는 1.3hr에 걸쳐서 1,300여 그루의 동백나무가 자라고 있으며, 개중에는 더러 꽃을 피운 것들도 있었다. 이 절은 839년에 무염국사가 창건하고 1211년에 원묘국사가 중창한 것으로서, 조계산 송광사에서 있었던 定慧結社와 더불어 고려 중기의 白蓮社라고 하는 불교결사 운동으로 이름난 곳이다. 지금 절 경내에 있는 대웅전은 조선조 효종 때 중건한 것이라 하고, 사적비는 숙종 때 고쳐 세운 것이라 하니 다산 당시에도 있었던 것임이 틀림없다 하겠다. 사적비는 원래 고려의 문호 중 한 사람인 崔滋가 원묘국사의 사적을 지어 세운 것이었는데, 지금 것은 원래의 龜趺 위에 다른 비석을 세워 사적비로 바꾼 것이라 한다.

절 오른쪽으로 하여 산 정상에 올라서 아내와 더불어 강진만의 풍경을 바라보며 도시락을 들고서, 다산초당 방향으로 내려가다가 일부러 다시 백련사에 들렀으며, 다산이 종종 지나다녔을 산길을 따라 초당으로 건너왔다. 초당에는 이미 여러 차례 들렀지만, 다산 자신이 정한 茶山四景에 포함된 丁石·蓮池石假山·飛流瀑布·藥泉 등을 새로 둘러보았다. 다산 정약용은 18년의 귀양생활 중 앞의 8년은 지금의 강진읍 부근 여기저기에서 보내고, 1808년에서 1818년까지의 십 년간을 처가 쪽 친척인 尹慱의 山亭이 있었던 이곳에서 보내며 강학 및 저술 활동을 하면서 지냈다. 東庵이 당시 주로 저술하던 곳이고, 西庵은 해남 윤씨 집안의 자제 등이 머무는 이를테면 학생 기숙사 같은 곳이며, 원래부터 있었던 다산초당은 강학하던 공간이라 한다.

13 (화) 맑음

논문은 162매 정도의 분량까지 나아갔다.

14 (수) 맑음

논문을 쓰면서 고문서의 이두를 익히고 있는 한편으로, 이번 학기의 텍스트인 陳澔의 『論語集說』 내가 가진 책에는 구결이 붙어 있으므로, 구결 표를 복사해 가지고 그 읽는 법을 익혔다. 논문 작업을 계속하였다.

15 (목) 맑음

우연히 진주의 유선 TV업체인 서경방송(SCS)에서 자체 제작한 남명 탄생 500주년 기념특강 〈남명의 생애와 학문〉 제1강 '남명 선생의 생애 1' 부분을 H 교수가 강의하고 있는 것을 보았다. 이 프로는 모두 12회로 예정되어 있으며 H 교수의 담당 부분을 제외하고서 10회가 더 방영될 것이라고 하니, 한문학과 교수들이 주로 출연할 모양이다.

16 (금) 맑음

논문은 원고지 한 장 정도의 분량을 더 나아갔을 따름인데, 제3절의 冷泉書院 疏廳 通文 대목을 입력하기 시작하였다.

17 (토) 오전에 비 온 후 흐림

논문 작업을 계속하여 원고지 174매 정도의 분량까지 입력하였다. 『정조실록』 3년 11월 11일 조에 보이는 金峋 등의 상소 부분을 매듭지었다.

19 (월) 맑으나 황사현상

논문은 178매 정도의 분량에 이르렀다.

충남대학교 철학과의 남명진 교수가 내 연구실로 전화를 걸어왔다. 한국주역학회의 신임회장을 맡게 되었다면서, 8월 초에 올해로 탄생 500주년을 함께 맞는 남명과 퇴계의 易學 사상을 주제로 학술회의를 개최할까 하므로 내가 남명 분야의 발표를 맡아주든지 그렇지 않으면 적당한 사람을 추천해 달라는 것이었다. 같은 8월에 정신문화연구원에서도 발표하게 되어 있음을 이유로 사양하고서, 그 대신 네 사람 정도를 추천하였다.

20 (화) 맑고 포근함

논문 작업을 계속하여 정조 3년 11월에 있었던 上疏 이후에 계속된 영남과 호남의 서인 측 통문들 부분까지 입력하였다.

지난번 본교에서 개최되었던 한국화이트헤드학회에서 만났던 한국교원대학교 윤리교육과의 김진근 교수로부터 이메일을 받았다. 이번 여름방학에 한국주역학회에서 남명과 퇴계의 탄생 500주년을 기념하여 갖는 학술회의에서 그가 「남명의 敬義 사상과 주역」이라는 글을 발표하게 되었다면서, “1차 자료를 구할 수 있는 길과 남명에 관한 2차적 연구 성과들을 소개받고 싶습니다. 그리고 가능하다면 그 성과들에 대한 선생님의 평가를 듣고 싶습니다”라고 말하고 있었다. 1차 자료로서는 내가 편집하여 작년에 간행된 『南冥集四種』을, 참고문헌으로서는 나의 저서 『남명학파 연구』 제3부 부록에 수록된 「南冥學關係既刊文獻目錄」을 소개하고, 평가로서는 아직 未刊이지만 한국 10대 사상가 시리즈 남명 편의 해제로서 집필한 나의 글 「남명 사상은 어떻게 연구되어 왔는가」의 파일을 첨부하여 보냈다.

21 (수) 맑으나 황사 현상

2001년도 인문학부 춘계 답사에 인솔교수로서 참가하여 2박 3일간 ‘백제인의 숨결을 찾아서’라는 테마의 여행을 떠나게 되었다.

24 (토) 맑음

4층 복도에서 남명학연구소 총무부장인 한문학과의 최석기 교수와 마주친 김에 엊그제인 22일 오후 네 시에 인문대학 1층 세미나실에서 있었던 남명학연구소 연구원 총회의 결과를 물어보았다. 한문학과의 H 교수가 지난번에 한 차례 연임한 데 이어 또다시 임기 2년의 소장을 연임하게 되었다 하며, 그 회의에 참석하지 않았던 나는 평의원의 직책마저 면하게 되었다고 한다.

25 (일) 맑음

며칠 전 남명학연구원으로부터 우송되어 온 한국정신문화연구원의 朴丙鍊·李鍾默·丁淳佑·韓亨祚 교수가 공저한 『남명 조식—칼을 찬 유학자』를 읽어보았다. 책머리의 한형조 씨가 쓴 「남명, 칼을 찬 유학자」는 전체를 다 읽었는데, 울산대학교 철학과 손영식 교수의 논지와 유사한 점이 많았다.

27 (화) 맑음

어제에 이어 「남명 사상은 어떻게 연구되어 왔는가」를 새로 한 번 읽고서, 다시 논문 작업에 들어가 184쪽 정도의 분량까지 입력하였다.

29 (목) 맑으나 바람 불고 다소 쌀쌀함

어제 김경수 군으로부터 받아 온 『남명 탄신 500주년 기념사업계획 보고서』(사단법인 남명학연구원, 2000년 10월)를 훑어보았다. 총 99쪽의 천연색 인쇄로 된 책자인데, 김경수 군이 박라권 군과 더불어 만든 것이라고 한다.

31 (토) 맑으나 다소 쌀쌀함

'역사 스페셜' 〈포석정은 놀이터가 아니었다〉 편을 시청하였다.

어제에 이어 『화랑세기로 본 신라인 이야기』를 계속 읽어 부록과 제1부를 마치고서 이 책의 중심 부분인 제2부 '신국의 도'에 들어갔다.

어제 본 '역사 스페셜' 신라 토우 편과 오늘의 포석정 편은 모두 이 『화랑세기』가 허구가 아니고 金大問의 원저에 근거한 것임을 시사해 주고 있다. 나는 처음 그 책을 읽은 이래로 그것이 僞書가 아니라고 생각해 제자인 최재성 군에게 그 책의 내용을 중심으로 신라의 풍류도에 관한 석사 논문을 써 보기를 권유하여 지금 그것이 실현되고 있는 중이다. 오늘 방영된 포석정 편에는 이 책이 참임을 주장하는 중심인물이자 역주해 『화랑세기』 및 『화랑세기로 본 신라인 이야기』의 저자인 서강대학교 사학과 이종욱 교수와 나의 대학 시절 친구인 인하대학교 사학과 서영대 교수가 여러 차례 나타났다.

4월

2 (월) 맑음

서울대 철학과의 후배 丁垣在 군이 작년 12월에 통과한 서울대 대학원 철학과 동양철학전공의 박사학위논문 「知覺說에 입각한 李珥 哲學의 解釋」을 부쳐왔으므로, 이메일로 감사의 뜻을 전했다.

서울의 예문동양사상연구원으로부터도 『오늘의 동양사상』 5호(2001년 가을 호)의 기획을 위한 편집회의를 4월 7일(토) 오후 1시에 새로 이전한 예문서원에서 개최한다면서 참석 여부에 대한 회신을 달라고 하므로, 일단 이메일로 참석하겠다는 의사를 표시했다.

6 (금) 맑음

점심 때 구내식당에서 농경제학과의 김병택 교수를 만나 그의 연구실로 따라갔다가, 어제 김 교수가 실무를 맡아 사적비 제막식을 마친 故 李正漢 본교 제3대 총장의 추모집 『조계마을 대쪽사람』(진주, 朝溪李正漢博士記念事業會, 2001)을 얻어와 그 중 H 교수가 쓴 사적비 비문을 읽어보았다. H 교수는 이 비문에서도 스스로를 '文學博士 慶尙大學校 敎授 中國 華中師範大學 兼職敎授'라고 호칭했다.

예문서원 및 예문동양사상연구원의 사실상 주인인 계명대 철학과 홍원식 교수가 내일의 편집회의 관계로 두 차례 전화를 걸어왔으므로, 이미 참석하기로 마음먹고서 차표를 예매해 두었음을 전했다. 부산대학교 중문과의 김세환 교수로부터도 전화가 걸려왔는데, 한국철학회에서 간행한 『철학사와 철학』에 실린 내 논문 「일본 철학의 사변적 전통과 훈고적 전통」을 읽고서 일본의 중국 철학 연구 동향에 대해 물어보기 위한 것이었다. 알고 보니 김 교수는 내가 臺灣에 유학해 있었을 때 그곳 한국유학생회의 회장을 맡았던 사람으로서 서로 구면인 사람이었다. 그는 내가 귀국한 해보다 한 해 후인 1983년도부터 부산대학교에서 근무하고 있다고 한다.

7 (토) 북쪽에는 오전 한때 비

『오늘의 동양사상』 제5호(2001년 가을 호) 편집기획회의에 참가하기 위해 오전 6시 10분 발 우등고속으로 서울로 향했다. 대구를 거쳐 다섯 시간 후인 11시 10분에 강남고속터미널에 도착하였고, 거기서 지하철 3호선으로 갈아탄 후 종로 3가에서 1호선으로 바꾸어 신설동역에서 하차한 다음, 약도에 적힌 대로 샛길과 안암천을 따라 걸어서 대광고등학교 뒤편의 松峴빌딩 302호실로 새로 옮긴 예문서원을 찾아갔다.

예문서원은 원래 안암로터리 부근의 빌딩에 방 두 개를 빌려 있었는데, IMF를 맞아 방을 하나로 줄인 다음 얼마 전에 좀 더 넓은 방을 구해 이리로 이사했다고 한다. 『오늘의 동양사상』은 고려대학교 명예교수인 김충렬 씨가 편집고문을 맡아 있고, 고대 철학과의 이승환 교수 및 계명대 철학과 홍원식 교수가 공동으로 편집주간을 맡아 있는 등 주로 고대 철학과 출신이 주를 이루고 있다. 나는 시작 당시부터 편집위원 겸 예문동양사상연구원의 연구위원 중 한 사람으로서 참여해 있기는 하나 실제로 상경하여 회의에 참가해 본 것은 이번이 처음이다. 예문서원은 홍원식 교수의 부인인 오정혜 씨가 주인이 되어 있고, 홍 교수는 매주 하루 정도 상경하여 기획과 관련한 일을 봐 주고서 나머지 6일은 대구에 내려가 있다고 한다.

출판 업무를 맡아보는 공간과는 칸막이로써 차단되어 있는 한 모퉁이의 회의실에서 홍원식 교수와 더불어 한 시간 정도 대화를 나누었다. 내가 사이버 강좌에 올리기 위해 강의록을 작성하는 김에 출판까지도 고려하고 있는 교양강좌 『동아시아의 철학사상』의 출판을 예문서원에서 맡아주기로 합의를 보았다. 뒤이어 도착한 박원재(본원 도가·제자철학연구실장 겸 실무책임자)·이승환·김문용(근현대철학연구실장·고대민족문화연구원 연구교수)·최영진(성균관대학교) 씨 등과 함께 근처의 저택을 개조한 음식점 '伽耶'로 자리를 옮겨 편집회의에 들어갔는데, 뒤이어 청주대학교 한국음악학과의 정화순 교수도 참여하였다. 정화순 여사는 예전에 중국 河南省 濮陽市에서 宋學 관계 국제학술회의가 있었을 때 처음 만나서 10일 정도 중국 여행을 함께 한 적이 있는 사람이었다.

예문서원에서 4월 5일 무렵에 갓 출판된 『오늘의 동양사상』 제4호(2001년 봄 호)를 배부 받았다. 거기에는 나의 저서 『南冥學派硏究』에 대한 서평으로서 영산대학교 전임강사이자 남명학연구원의 상임연구위원인 정우락 박사가 쓴 「남명학연구의 바탕 만들기」가 실려 있었다. 내가 편집한 한국10대사상가 총서의 남명 편도 올해 안에 이 출판사에서 간행될 예정이다.

9 (월) 맑으나 초여름 더위

다음 학기에 '동아시아의 철학사상'을 사이버 강좌로 개설하겠다는 신청서를 작성했다.

11 (수) 오후에 황사 비

남명학연구원의 상임연구위원인 정우락 교수가 내 책의 서평을 집필한 것과 관련하여 이메일을 보내 왔으므로, 회신을 보냈다.

12 (목) 맑음

본교 영어영문학과를 졸업하고서 대학원 철학교육전공에 입학하여 나의 지도로 남명의 실학사상에 관한 주제의 석사논문을 썼던 趙平來 군이 자기 고향인 함안의 여항산에서 취한 趙餘航이라는 필명으로 출판한 장편소설 『정인홍과 광해군』(서울, 도서출판 동녘, 2001년 3월 10일)을 부쳐왔다. 그가 정인홍을 주제로 한 대하소설을 집필하고 있다는 소문은 일찍부터 듣고 있었지만, 이것이 그 결실인 모양이다. 뒤표지 안쪽의 저자 소개에 의하면 그는 "현재 제조업체를 운영하고 있으며, 역사 인물에 대한 연구와 집필에 힘을 쏟고 있다"고 되어 있다.

조 군이 정인홍·이이첨·정여립 등 한국사에서 대표적인 악인으로 지목되고 있는 인물들을 정반대의 시각에서 재조명해 보는 작업을 하고 있는 줄은 그가 서울의 역사 관계 모임에서 발표한 글들을 통해 이미 알고 있던 바이다. 다만 광해군과 대북 일파를 실학적 개혁 세력으로서 전적으로 긍정하고 그에 반대되는 서인 및 남인 계열은 전적으로 부정하는 흑백논리로 일관되어 있는 점이 문제이므로, 김경수 군을 통하여 편향된 시각은 좀 조정할 필요가 있겠다는 나의 의견을 전하게 한 바가 있었다. 그러나 이 소설은 "조선 후기에 만개했던 실학의 학풍이 16세기의 남명 조식으로부터 연원한다는 점에 주목"하여 "우리 역사 속에서 제대로 평가받지 못한 광해군과 대북 세력에 대한 자료 조사와 철저한 답사에 기초하여 새로운 조선 중기의 시대상을 그려내고 있다"는 앞표지 뒷면의 설명과 같이, 석사학위논문 이래로 그가 지녀온 기본적 시각은 변함없이 유지하고 있다. 시간이 없으므로 소설을 다 읽지는 못하고 대충 훑어만 보고 난 다음, 나 자신의 논문 작업을 계속하여 188매 정도의 분량까지 나아갔다.

13 (금) 맑음

≪경남일보≫를 통해 남명 탄신 500주년 기념사업회에서 홈페이지를 개설하였다는 소식을 접하고서 오후에 인터넷을 통해 그리로 들어가 각 항목들을 검토해 보았고, 아울러 관련 사이트를 통해 ≪국제신문≫, 강동욱 기자 및 각 신문사의 남명 관계 기사들을 열람해 보았다. 이 홈페이지는 김경수 국장이 본교 철학과 출신의 후배인 박라권 군에게 위촉하여 제작한 것임을 알 수가 있었다. ≪국제신문≫에서는 남명의 유적과 그 학파에 대한 시리즈를 아직까지 계속 연재하고 있는데, 나의 이름도 여기저기서 몇 차례 언급되고 있지만 나와 인터뷰 한 적도 없으면서 제멋대로 나의 말이라고 하여 엉뚱한 내용을 인용하고 있었다. ≪문화일보≫ 오늘자에 조평래 군의 소설 『정인홍과 광해군』에 대한 최영창 기자의 리뷰도 실려 있었다. 말미에서 역시 그의 편향된 시각에 대해 비판적인 언급을 하고 있었다.

14 (토) 맑음

『宗川禍變錄』 地卷을 두 번째로 마저 읽고서, 191매 정도의 분량까지 입력하였다.

17 (화) 맑음

논문 작업을 계속하여 196매 정도의 분량까지 나아갔다.

18 (수) 맑음

논문 작업을 계속하여 일단 『宗川禍變錄』 세 책의 내용에 대한 정리는 마쳤다. 198매 정도의 분량에 이르렀다.

다음 학기의 수업에 쓸 교재로서 학부 3학년의 도가철학에서는 『周易參同契』, 4학년의 한국유학특강과 교육대학원의 한국철학사특론에서는 각각 任聖周의 『鹿門集』 및 洪大容의 『湛軒書』를 고려해 보고서, 어제에 이어 그것들에 관한 번역본이 있는지를 인터넷을 통해 조사해 보았는데, 임성주의 경우는 결국 찾지 못했다.

19 (목) 맑음

논문 작업을 계속하여 201매 정도의 분량까지 나아갔다. 어제 마친 제3절 '復享 문제의 推移'는 너무 길므로 그것을 둘로 나누어 후반부는 제4절 '西人의 反擊'으로 했고, 제5절 '餘言'을 입력하기 시작했다.

20 (금) 흐림

『南冥院報』 제21호(2001년 3월)가 집으로 우송되어 왔다. 지난 3월 17일에 내가 사임한 이후로는 처음으로 2001년 제1차 상임연구위원회가 개최되었다고 한다. 2월 23일에 서울대학교 교수회관에서 남명학회가 발족된 데 이어, 지난 3월 1일자로 중국 서안 지방의 몇 개 대학이 중심이 되어 국제남명학연구회가 결성되었다고 하며, 2월 10일에는 합천 삼가면 사무소에서 남명선생선양위원회 창립총회가 개최되었다고 한다.

논문 작업을 계속하여 205매 정도의 분량까지 나아갔다.

23 (월) 맑음

논문 작업을 계속하여 마지막 절인 '餘言' 가운데서 河大觀이 편찬한 『晋陽誌』와 관련한 부분을 마쳤다.

24 (화) 맑음

논문 작업을 계속하여 원고용지 217매 정도의 분량까지 나아갔다.

25 (수) 맑음

논문 작업을 계속했다.

26 (목) 맑음

논문은 221매의 분량까지 나아갔다.

점심 때 사재명 군의 차를 타고서 신안동 식당 거리로 가 김경수 국장과 더불어 셋이서 해물탕으로 점심을 들면서 연구원 및 연구소의 동향에 관한 대화를 나누다가 학교로 돌아왔다. 김 국장이 들은 바에 의하면, 학내 남명학연구소에서는 내가 추천한 사재명 군을 학술진흥재단에 신청할 연구비의 연구원으로 포함시키지 않고서, H 교수를 중심으로 하는 한문강독 모임의 간사인 사범대 역사교육과의 김준형 교수를 대표로 삼아 계획을 추진하고 있다고 한다.

27 (금) 맑음

교무처장인 심리학과의 朴佑東 교수가 내 연구실에 들러 어제 사이버 대학 관계의 위원회가 열렸는데, 본교 네트워크의 용량 관계로 다음 학기 새로 개설을 신청한 아홉 명 가운데서 내가 신청한 '동아시아의 철학사상'만이 선정되었다는 것을 알려주었다.

논문은 224매의 분량까지 나아갔다.

30 (월) 부슬비 오고 오후에 개임

논문 작업을 계속하여 鄭祖毅 등 海州鄭氏 일족의 당파적 성향에 대한 분석 부분을 마쳤다.

5월

2 (수) 맑음

논문은 230매까지 나아갔다.

3 (목) 맑음

논문은 234매 정도까지 나아갔다.

엊그제 인문대학장으로부터 '2001학년도 2학기 가상강좌 개설교과목 확정 통보' 공문을 받았다. 개설 신청 교과목은 18과목 22강좌였으나 확정된 것은 10과목 14강좌이며, 그 중에 나의 '동아시아의 철학사상'이 유일한 신설강좌로서 포함되어 있다.

4 (금) 맑음

논문 작업을 계속하여 마침내 「18세기의 江右學派—宗川書院 院變 문제를 중심으로—」를 탈고하였다. 240매의 분량이었다. 한 차례 퇴고를 하던 도중에 화장실에 들렀다가 한문학과의 최석기 교수를 만났으므로, 그에게 지난번에 『남명학연구』에 싣겠노라고 말했던 원고가 완성되었으므로 학술진흥재단에 보내기 위한 揭載證明書나 寄稿證明書를 한 통 발부해 달라고 했더니, 아직 논문을 접수할 시기가 아니며 게재증명서는 심사를 거쳐야 하므로 발부할 수 없고, 기고증명서도 어떤 성격의 것인지 잘 알지 못하겠으므로 자기로서는 가부를 말하기 어렵겠다는 것이었다.

연구실로 돌아와 학술진흥재단의 연구지원 3팀으로 전화하여 김법찬이라는 성명의 담당자에게 문의해 보았는데, 게재 요청된 논문에 대한 투고접수증이면 된다는 것이었고, 이 재단의 국내 학술지 등급부여에서 B등급을 받은 경상대학교 남명학연구소의 기관지 『남명학연구』에 실어도 무방하다는 대답을 얻었다. 그러나 차후 8월 중에 있을 정신문화연구원의 학술회의에서 발표한 후 『장서각』 잡지에 100매 정도의 분량으로 싣기로 예정되어 있는데, 정작 연말 무렵 『남명학연구』에 기고했다가 논문의 분량과다 등의 이유로 게재를 거절당하는 사태가 발생하면 이미 발표된 논문이라 다른 학술지에 실을 수도 없는 사태가 벌어지게 되어 내 입장이 난처해질 것이다. 차라리 게재료를 내고서 A등급 학술지인 한국동양철학회의 기관지 『동양철학』에다 축약된 형태로 우선 발표를 해 두는 것이 좋지 않겠는가라는 생각이 들었다.

7 (월) 비

지난 주말에 탈고한 240매의 논문을 한 차례 퇴고하고 난 후, 한국동양철학회의 기관지 『동양철학』에 기고하기 위해 일단 170매로 줄였는데, 매수 제한이 130매 이내이므로 다시 줄이는 작업을 계속해야 한다. 제4절의 제목 '西人의 反擊'은 적절하다고는 하겠지만 어쩐지 문학적인 냄새가 나므로 논문다운 제목으로 하기 위해 '西人 측의 對應'으로 고쳐 보았다.

8 (화) 맑으나 초여름 더위

어제 170매로 줄인 논문을 다시 132.6매로 줄였으나, 세 번째로 퇴고하면서 더 줄이는 작업을 하고 있다.

9 (수) 맑음

논문을 130매 이내의 분량으로 줄이는 작업을 마치고서, 그것을 한국동양철학회의 기관지에 기고하기 위해 이 학회의 회장인 전남대학교 윤리학과 정병련 교수의 서울 자택으로 전화하여 보았더니, 뜻밖에도 그는 위궤양으로 말미암아 강남성모병원에 입원해 있는지가 이미 20여 일이 된다는 것이었다. 부인인 듯한 사람에게서 총무인 김기현 씨의 휴대폰 전화번호를 알려 받아 그리로 전화해 보았으나, 아무리 걸어도 계속 받지를 않으므로, 별 수 없이 『동양철학』 제14집에 실린 그의 이메일 주소로 편지와 함께 완성된 논문 파일을 부치고서 투고증명서 한 통을 속달로 부쳐줄 것을 당부했다.

그러고도 이것이 바로 전달될 수 있을지 안심이 되지 않아 편집이사인 숭실대학교 철학과의 곽신환 교수에게로 전화 연락하여 보았는데, 그는 현재 동양철학회의 일을 맡아보고 있지 않다고 하며, 정병련 회장이 수술을 받았다는 소식도 들려주었다. 정 회장의 질병은 아마도 지난 겨울 金山寺 모임에서 들은 바 있는 사태로 말미암은 정신적 충격의 후유증일 것으로 짐작되는데, 그런 일로 말미암아 한국동양철학회의 현 상황이 매우 볼품없이 되어 있는 듯했다. 퇴근 후 집에 돌아와서야 비로소 김기현 총무와 전화 연락이 되었다.

10 (목) 맑음

김기현 씨로부터 회답 이메일이 왔다. 내가 요청한 투고증명서를 곧바로 조치하여 이번 주 중에 발송하겠다는 내용이었다.

11 (금) 맑음

김기현 씨에게서 다시 이메일이 와서 어제 목요일에 원고접수증명서를 빠른 등기로 발송했다고 하며, 우체국 직원의 말로는 토요일 오후에 도착한다고 하더라고 전해 주었다.

한국정신문화연구원의 국학진흥팀장으로서 나에게 정문연 주최의 '晋州文化圈의 古文獻과 南溟學派'에 관한 학술발표회 참가 및 『藏書閣』 제6집에 실을 원고의 집필을 위촉한 바 있는 이종묵 교수에게 전화하여 통화해 보았다. 지난 2월 24일자로 내가 이메일을 보냈고 되돌아오지는 않았으나 회답을 받지 못했었는데, 그는 그것을 받아보지 못했다고 한다. 학술발표회의 개최 일자는 9월 20일 경으로 잡고 있다 하니 우리

가족의 미국 여행 일정과 중복될 염려는 없다고 하겠으나, 이번에 탈고한 「18세기의 강우학파」 원고를 가지고서 발표하는 것은 원고료와 발표료를 각각 50만 원씩 따로 지불하므로 학술진흥재단 측의 연구비와 중복되는 원고는 곤란하다는 것이었으므로, 결국 다른 사람에게 위촉해 보도록 말하고서 대화를 마쳤다. 그가 처음 내게 전화로 위촉해 왔을 때 이미 그와 같은 사정을 설명했었으나 아무런 반대 의견의 제시가 없었으므로 나는 양해한 것으로 이해했었는데, 이렇게 끝난 것은 좀 뜻밖이다. 그러나 불과 몇 달밖에 남지 않은 촉박한 시일 내에 새 논문에 착수하여 완성한다는 것은 나로서는 무리이며, 또한 다음 학기 중 '동아시아의 철학사상' 사이버 강의록도 작성해야 하므로 더욱 시간적 정신적인 여유가 없는 것이다.

12 (토) 맑음

엊그제 금년 10월 26일(금) 27일(토) 이틀간에 걸쳐 원광대학교에서 개최되는 제14회 한국철학자 대회의 자유발표 신청 독려 공문을 접했었다. 이번 대회에는 '퇴계·남명 선생 탄생 500주년 기념'이라는 수식어가 붙어 있었다.

14 (월) 맑음

점심 때 같은 좌석에 앉은 김준형 교수에게 산청군 단성면 江樓里의 안동권씨 문중이 西人化 한 것이 어느 때부터인지를 물었더니, 처음 그 마을로 들어온 愚川 權克有 때부터라고 하며 그 점에 관하여는 그의 학위논문과 『慶南文化』에 실린 논문에서도 언급한 바 있다는 것이었다. 인문대학 교수휴게실에 들러 본교 경남문화연구소가 발행하는 『경남문화』를 가져와 池承鍾·金俊亨 교수 공동명의로 발표된 「사회변동과 양반 가문의 대응—산청군 단성면 강루리 안동권씨 가문의 경우—」라는 논문을 검토해 보았는데, 김 교수의 그러한 견해의 두 가지 근거 중 하나는 나의 논문 「『南冥集』 壬戌本의 毁板」임을 확인하게 되었다.

한국동양철학회의 간사인 김기현 씨로부터 내가 부탁했던 논문 투고 확인증이 속달로 부쳐져 왔으므로, 다른 자료들과 함께 본교 연구지원실로 보내어 한국학술진흥재단에 부쳐주도록 위촉했다.

15 (화) 맑음

동양철학연구회의 문석윤 총무와 이메일로 연락하여 홈페이지 제작 및 여름방학 중의 분야별 강독모임 문제에 대해 협의하였다.

19 (토) 맑음

아침에 인문대학 교수휴게실에서 어제의 인문학연구소 회의에 참석했던 국문과의 이재인 교수로부터 회의 내용을 들었다. 그의 설명에 의하면, 어제의 회의는 성원 미달로 유산되고 참석자들끼리 좌담회 형식으로 의견을 나누는 데서 그쳤는데, 인문학연구소는 일본연구소·통일문제연구소·해외지역연구소와 더불어 해외지역연구원의 형태로 통합되는 수밖에 없을 듯하다는 것이었다. 학문 내용으로 본다면 차라리 순수학문의 성격이 강한 사회과학연구소와 통합하는 편이 바람직하겠지만, 현재 사회과학연구소 측은 사회과학연구원 산하 기구의 실적에 따른 예산의 차등 분배를 주장하고 있기 때문에 평가 실적이 미미한 인문학연구소로서는 차라리 평등 분배를 받을 수 있는 쪽을 선택할 수밖에 없다는 것이다. 근자에 사회과학연구원의 산하에 들어가기로 합의한 것으로 전해들은 바 있는 통일문제연구소 측도 마찬가지 이유로 차라리 해외지역연구원 쪽에 들어가겠다는 입장인 모양이며, 그 결과 사회과학연구원에는 현재로서 사회과학연구소와 경영행정연구소만이 산하 센터의 명칭으로 변경하여 남게 될 모양이다.

이러한 학내 연구소의 구조조정 역시 교육부 측의 요구에 의한 것인데, 남명학연구소는 경남문화연구소와 통합하여 경남문화연구원을 구성하되 연구소의 명칭은 유지하기로 합의를 보았으며, 기존의 경남문화연구소는 경남문화연구센터로 명칭을 변경하게 된다고 한다. 몇 년 전

교육부의 강요에 의해 대학개혁이란 명분으로 이루어졌던 학부제가 이제 대부분 와해의 위기에 직면하여 왕년의 학과 체제로 되돌아가고자 하는 상황인데, 이번의 群小 연구소 통합은 어느 정도 지속될지 역시 의문이 아닐 수 없다.

21 (월) 흐리고 오후에 비

어제 진주시 二班城面 일대에서 향토문화사랑회의 5월 답사 및 2001년도 정기총회가 있었는데, 그 답사지 중에 최근에 탈고한 내 논문 「18세기의 강우학파」에 관계되는 海州鄭氏 가문의 農圃 鄭文孚 장군 忠毅祠가 포함되어 있었다. 그래서 총무인 황만수 前 會長에게 전화하여 그 위치를 파악한 다음, 점심시간을 이용하여 내 차를 몰아 그리로 가 보았다.

우선 어제의 총회가 열렸던 대천리의 전원식 방갈로 식당인 반성관광농원에 들러 점심을 들고자 했으나, 총회를 환영한다는 내용의 플래카드는 그 진입로에 아직 그대로 내걸려 있었지만 오늘은 휴업이라는 것이었다. 그래서 거기를 더 지나 진주시와 마산시의 경계 지점에 위치한 鉢山里의 金俊民 장군 신도비각에 먼저 들렀다. 김준민은 丹城 奈勿里 출신의 무관으로서, 임진왜란 당시 巨濟縣令으로 있다가 거제도가 왜군에 함락된 후 의병을 일으켜 싸웠고 제1차 진주성 전투에서도 활약한 바 있는데, 癸巳年의 제2차 진주성 전투 때 전사한 인물이다. 그의 아들도 의병을 거느리고서 이 발산 고개를 지키며 진격하는 島津義弘의 군대를 대항해 싸우다가 전사하여 근처에 묻힌 바 있다. 김준민의 신도비각이 여기에 있는 것은 후에 그 아들과 함께 합장된 까닭인 모양이었다.

발산재의 휴게소에서 차를 돌려 관광농원 쪽으로 되돌아왔다가, 거기서 북쪽을 향하여 옆으로 난 길을 따라 龍岩里에 이르러 추어탕 백반으로 다소 늦은 점심을 들었다. 식사를 마친 후 충의사, 즉 진양호반의 貴谷里로부터 이전한 佳湖書院이 있는 용암리 119번지로 들어가 보았다. 거기서 종손인 鄭奎燮 씨를 만나 방안에서 한동안 대화를 나누었고, 그 선조 鄭相說의 문집인 『萍軒遺稿』 한 권도 빌렸다. 가호서원은 종손으로서 당시 국민학교 교사였던 정규섭 씨가 직장 관계로 진주 시내에 이사하게 됨에 따라 農圃의 不祧廟를 옮겨야 하는 상황이 발생하자, 1971년에 종택이 있던 자리에다 서원을 세워 享祀를 계속하게 되었는데, 근년에 있었던 진양댐의 숭상공사로 말미암아 국비를 들여 후손이 살고 있는 이곳으로 크게 확장하여 移建하게 되었던 것이다.

정규섭 씨와 작별한 후, 다시 차를 몰아 그 부근의 산골짜기에 있는 龍岩寺址로 올라가서 보물 372호로 지정된 부도와 龜趺·螭首, 石燈 및 石像 등을 둘러보았다. 그 바로 입구에는 農圃의 玄孫인 相點을 기념하는 章德齋가 있고, 재실 마당가에 農圃集藏板閣의 건물이 아직도 남아 있었다.

그곳을 떠나려고 하는 무렵에 남명학연구원의 김경수 국장으로부터 내 휴대폰으로 전화가 걸려왔고, 이어서 권순찬 이사장과도 통화하였다. 권 이사장은 한문학과에서 주관하여 오늘 본교 내에서 개최되는 관례 및 계례의 시범을 보러왔다가 나를 만나고자 한 것이라고 한다.

마지막으로 어제 답사 코스의 하나로서 인조가 거기서 祈禱한 후 反正에 성공해 왕이 되었다는 설화가 전해오는 이반성면 북쪽 끄트머리인 장안리 산31번지의 聖殿庵으로 가 보았다.

22 (화) 흐리고 때때로 부슬비

어제 빌려온 『萍軒遺稿』를 검토하여 카드화하는 작업을 마치고서, 기왕에 탈고해 둔 논문 중의 관련 부분 일부를 수정 보완하는 작업을 진행했다.

23 (수) 흐림

논문의 수정 작업을 마쳤는데 총 245매의 분량으로 늘어났다.

24 (목) 맑음

논문에다 다시 이반성면 龍巖里의 不憂軒 鄭相點 일족의 黨色에 관한 내용을 보충하여 246매의 분량에 이르렀다. 지난 일요일에 빌려온 『萍軒

遺稿』는 김 국장에게 연락하여 철학과 조교를 통해 가져가서 두 부를 복사 제본한 다음, 원본은 원래의 소장자에게 등기우편으로 발송하게 했다.

25 (금) 맑음

成俔의 『慵齋叢話』를 검토해 보았다. 『용재총화』에서는 그 卷10에 三浦倭人의 폐해를 언급하면서 '慶尙下道'라는 용어를 쓰고 있는 사례가 있었으므로, 그것을 나의 논문 「18세기의 강우학파」 주석에다 추가하였다. 그러므로 다시 246.5매 정도의 분량으로 늘어났다.

문학·철학 편지 『부싯돌』 제18호(2001/여름)와 더불어 그 간행물의 편집인인 김용구 씨로부터 원고청탁서를 받았다. 가을 호에 게재하기 위한 에세이를 200자 원고지 10장 분량으로 금년 6월 25일까지 보내달라고 하였다. 그 뒷면에는 "남명 연구자로서, 일본을 친히 아시는 사람으로서 일본이 가는 길을 보시면서 느끼는 것을 담담하게 써주시면 좋겠네요. 이런 날이 올 걸 기다렸습니다"라는 메모를 붙여 두고 있었다.

26 (토) 흐리고 오후에 가는 부슬비

지난 화요일 연구실에서 대학원 수업을 하고 있던 중에 영어교육과의 서용득 교수가 찾아와서 江右茶會의 창립10주년 기념행사 초대장과 안내장을 주며 참석해 줄 것을 청했다. 나는 예전 1993년 2월 24일에 금성로터리 옆의 전통찻집 禪茶院에서 있었던 이 모임의 초청강좌에 연사로 참석하여 「남명집 임술본의 훼판」을 주제로 발표를 한 적이 있었고, 그 자리가 파한 후에는 봉곡로터리 부근의 술집으로 자리를 옮겨 밤늦은 시각까지 회원들과 더불어 술을 마신 적이 있었으며, 그 때 선물로 받아온 茶器는 지금도 연구실에 두고서 사용하고 있다. 그런 까닭에 이후에서 교수가 다시 한 번 참석 여부를 물어왔을 때 참석하겠노라고 응답했던 것이다.

28 (월) 맑음

남명학연구원에서 『萍軒遺稿』의 복사 제본을 마치고서 부산교통 여직원을 시켜 나에게 한 부 전해 주었다.

29 (화) 맑음

중국 武漢大學 중문과에서 박사학위를 취득한 본교 중문과의 韓相德 강사가 오후에 내 연구실로 전화를 걸어왔다. 武漢大學 철학과의 어느 교수가 지금 본교를 방문해 중문과의 중국인 李浩 교수 방에 와 있는데, 나를 찾아 교류해 보기를 원한다는 것이었다. 잠시 후에 西北大學 중문과의 李浩 교수 및 武漢의 華中科技大學 중문과로부터 본교에 유학 와 있는 陳屹瓊 양과 더불어 네 명이 내 연구실로 방문하여 한동안 대화를 나누었다. 武漢大學 철학과 교수의 이름은 陳望衡으로서 박사과정 지도교수이기도 한데, 여러 분야를 다루지만 특히 중국 美學과 『周易』을 자신의 전문 분야로 여기고 있으며, 靑銅器에 관한 책을 낸 적도 있다고 한다. 武漢市는 충북 청주시와 자매결연이 되어 있으므로 청주시가 주최하는 도시계획 관계 학술회의에 초청되어 한국을 방문한 김에 진주에까지 온 모양이었다. 오늘 오전 중에 남명학연구원을 방문하여 내가 편집한 『南冥集四種』 및 내 지서 『南冥學派研究』 그리고 막 출판되어 나도 아직 받아보지 못한 『南冥學研究論叢』 제9집을 寄贈받아 가지고 있었다.

30 (수) 흐리고 때때로 가랑비

충남대 철학과 교수로서 그 대학 부설 유교연구소장을 맡아 있는 南明鎭 교수로부터 또 전화를 받았다. 진주-대전간 고속도로의 개통을 기념하여 유교연구소와 본교 남명학연구소 간에 공동 학술회의를 계획하고 있다고 하면서, 그와 관련하여 남명학 관계 각 연구 기관들의 재정 상황 등에 관한 정보를 물어왔다.

구내서점에 들러 震檀學會 編 한국고전심포지엄 시리즈 제2책인 崔漢綺의 『明南樓叢書』(서울, 一潮閣, 2001) 및 그 제4책인 洪大容의 『湛軒書』

(仝), 그리고 서울대 국사학과 鄭玉子 교수의 저서인 『조선후기 조선중화사상연구』(서울, 一志社, 1998)를 샀다.

31 (목) 맑음

어제 저녁에 구내 서점에서 사 온 책들을 검토해보았다. 정옥자 교수는 내가 일찍이 그러한 견해를 피력해 왔던 바와 같이 1623년 인조반정으로부터 조선 후기가 시작되며, 그 하한선은 1894년의 갑오경장으로 보고 있었으므로, 그 부분을 카드화하였다.

6월

4 (월) 맑았다가 오후에 흐림

오늘 새 통일문제연구소장인 사회학과 김중섭 교수 명의로 보내져 온 이메일에 의하면, 통일문제연구소는 일본문화연구소, 해외지역연구센터와 함께 '국제지역원'을 구성하기로 하고 세부사항에 합의하였으며, 차제에 연구소 명칭을 '통일평화인권센터'로 바꾸기로 운영위원회에서 합의했다고 한다. 한때 국제지역원에 참여한다는 소문이 있었던 인문학연구소는 학문 성격상 참여하지 않기로 결정되었으며, 경남문화연구소와 남명학연구소의 통합도 무산되었다는 소문이 있다.

오후에 남명학연구원의 김경수 사무국장으로부터 전화 연락이 있었다. 8월에 있을 연구원 주최의 남명 탄신 500주년 기념국제학술대회에 논문 발표자로 위촉되어 있었던 정병련 한국동양철학회장이 사망함에 따라, 며칠 전에 열린 상임연구위원회의에서 그 대신 나에게 발표를 위촉하기로 합의하였다고 한다. 나는 원래 한국정신문화연구원의 학술회의에서 발표할 예정이었던 「18세기의 江右學派—宗川書院 院變 문제를 중심으로—」를 여기서 발표하기로 하고, 아울러 200자 원고용지 250매에 가까운 분량인 전체 논문을 그 발표논문집에 싣기로 승낙하였다.

5 (화) 부슬비

『儀禮』 大射儀 篇을 끝으로 일반대학원의 중국철학연습을 종강하였다. 연구실에서의 수업 도중에 사범대학 김정곤 교수가 여름방학 중 개설되는 중등교원연수원의 교양과목으로서 7주가량에 걸친 남명 사상 강좌를 맡아 줄 것을 요청하는 전화를 걸어 왔으나, 미국 여행 계획을 이유로 사절하였다.

6 (수) 맑음

문학·철학 편지 『부싯돌』지의 편집인 김용구 씨로부터 위촉받은 에세이 원고 「일본이 가는 길」을 탈고하였다. 200자 원고지 12매 가량의 분량이었다.

7 (목) 맑으나 무더움

어제 작성한 「일본이 가는 길」 원고에 대해 다시 좀 수정을 가한 후 김용구 씨에게 이메일로 발송하였다.

8 (금) 맑음

『禮記』 文王世子 篇을 끝으로 중국철학특강을 종강하였다.

11 (월) 맑음

학술진흥재단의 홈페이지에 접속하여 2001년도 선도연구자지원의 주제로서 「『南冥集』 重刊本의 성립」을 온라인으로 신청하였다. 지난 토요일에 신청서식을 찾을 수 없었던 것은 오늘인 11일부터 15일까지가 온라인 신청기간이기 때문이었다. 접수번호는 V01606이었다. 선도연구자지원은 2년 과제까지 한 해 2,000만 원 한도 이내에서 신청할 수 있는데, 지난 1999년도에 신청했던 경험을 참고하여 연구기간은 1년으로 하고, 인건비 800만 원, 연구활동비 400만 원, 직접성경비 800만 원을 합하여 모두 2,000만 원을 신청하였으며, 연구보조원으로는 현재 철학과 조교인 교육대학원 철학전공 석사과정 2학년의 강소영 양과 일반대학원 철학과 석사과정 1학년인 이수진 양을 적어 넣었다.

나의 연구는 인문·사회과학 분야의 연구가 대체로 그러한 것처럼 고전을 대상으로 하는 것이므로 연구비의 지원이 없어도 물론 수행할 수 있는 것이다. 그러나 국가 예산에 의한 연구비가 설정되어져 있고 또한 공개경쟁을 통해 그것을 획득하는 것 자체가 연구역량의 수월성을 입증하는 하나의 성과로 간주되는 터이므로, 여러 가지로 망설이던 끝에 결국 기회 있을 때마다 신청해 보는 쪽으로 마음을 정하게 되었다. 이왕이면 최고의 연구비를 최고액으로 신청한 셈인데, 연구비의 세목 자체는 재단 사업에 공통적으로 적용하는 '2001년 연구비 산정·집행 기준표'에 의거하여 적당히 맞추어 작성한 것으로서 지난번의 경우와 마찬가지로 사실과는 동떨어진 것이지만, 최고 수준의 연구 성과를 낼 자신은 있다.

12 (화) 맑음

학술진흥재단의 선도연구자지원 정식 신청서를 작성하기 시작했다.

13 (수) 흐리고 오후에 비

어제 『南冥學硏究論叢』 第9輯이 우송되어 왔으므로, 그 내용을 검토해 보았다. 그 서문에서 金忠烈 원장은 "그간 자료 발굴, 수집 그리고 정리·연구를 先行事業으로 정하여, 吳二煥 교수의 연구와 노력으로 여러 판본의 남명집을 한 데 모은 「南冥集四種」을 간행하였다. 그러나 이는 연구자료로는 原形이 되지만, 대외로 널리 선양하는 자료로는 단출하지가 못하다. 그래서 아무런 영향과 압력, 그리고 시대에 영합하기 위한 모든 제한에서 자유로워진 입장에서 基本 또는 代表가 될 수 있는 「南冥集新編」을 편집·간행할까 한다"고 말하고 있다. 그리고 첫머리에 실린 그의 두 편의 논문 「남명 성리학의 특징」 (1) (2)에서는 모두 『남명집4종』으로부터 원전을 인용하고 있다.

16 (토) 다소 흐림

오늘 오후부터 다음 학기 '동아시아의 철학사상' 사이버 강좌 개설에 대비한 강의록 작성을 시작하여, 제1강 '동아시아적 사유구조'를 원고용지 여덟 매 정도의 분량까지 입력하였다. 학사일정에 맞추어 15주로 되어 있는 현재의 강의계획서 내용 중 중간 및 기말고사 기간에 해당하는 두 주 분을 줄여서 전체 13주로 조정하였다. 내용은 평소에 강의하듯이 가능한 한 평이하게 이러한 주제에 관한 평소 자신의 생각을 정리해 나가기로 하되, 단행본으로서 출판하게 될 경우를 대비하여 한 주 강의당 원고용지 100매 정도의 분량을 예정하여 전체 1300매 정도로 마무리 지을 계획이다.

18 (월) 흡족한 비

지난 토요일에 출력해 둔 「『南冥集』重刊本의 성립」 연구계획서를 대표 연구실적물 두 편과 함께 대학 본부의 연구지원실로 보내어 다른 사람들의 것과 함께 한국학술진흥재단으로 발송하게 했다.

20 (수) 흐림

김 국장으로부터 전화 연락이 있었다. 『남명집』 冊版 관계의 안내판을 고쳐 세우게 되는데, 자기가 그 문안의 초안을 적어 보낼 테니 수정해 달라고 하는 내용이었다. 아울러 금년 8월에 있을 남명 탄신 500주년 기념 국제학술회의에서 발표될 내 논문의 토론자로서 누구에게 부탁할지를 정해 달라는 것이었다. 토론자로는 본교 역사교육과의 金俊亨 교수를 추천하였고, 김 국장이 안내판의 초안을 이메일로 보내오면 그 답신에다 첨부해 보내기 위해 내가 학술회의에서 발표할 논문 「18세기의 강우학파」 250매 정도의 원문을 마지막으로 다시 한 번 퇴고하기 시작하였다.

서울대 동양철학연구회의 총무인 국민대 문석윤 교수에게 이메일을 보내어 모임 사업의 진척 상황을 묻고, 아울러 금년 겨울 모임쯤에는 나의 뒤를 이어 차기 회장을 맡을 사람을 물색해 볼 것을 다시 한 번 당부했다.

인문대 4층 화장실에서 한문학과의 이상필 교수를 우연히 만나 한국학술진흥재단에 신청하면 받을 가능성이 매우 높았던 금년도 우수연구소지원을 포기하게 된 사유를 물어 보았다. 처음에 김준형 교수에게 연구계획서 작성을 당부했다가 김 교수의 사퇴로 말미암아 한문학과의 장원철 교수에게 넘어갔고, 그 책임이 다시 이상필 교수에게로 넘어왔으나 이 교수 자신도 그런 번거로운 서류를 작성할 엄두를 낼 수 없으므로, 결국 서로 미루다가 포기하게 되고 말았던 모양이었다. 가장 유망했던 남명학연구소가 신청을 포기함에 따라, 근자에 사회과학연구소의 정성진 소장이 상경하여 연구비 신청에 따른 정보 수집 및 로비 활동을 하고서 돌아왔다.

21 (목) 흐림

「18세기의 강우학파」에 대한 마지막 수정 작업을 마치고 난 후, 김 국장이 보내온 '남명선생문집 책판' 안내문에 대한 검토 의견서와 함께 이메일로 김 국장에게 보냈다. 이로써 山天齋 구내의 藏板閣 앞에는 나의 연구결과를 간략히 정리한 내용의 안내판이 세워지게 된 것이다.

어제 한국동양철학회로부터 6월 29일 오후 5시부터 서울 남대문로의 대우재단빌딩 8층 강연실에서 제110회 월례발표회 및 회장대행 유인희 교수가 소집하는 임시총회가 있다는 통보와 아울러 『東洋哲學』 제15집 원고모집을 안내하는 이메일이 도착하였다. 나는 한국학술진흥재단의 선도연구자지원을 받은 「18세기의 강우학파」 축소판 원고를 『동양철학』 제15집에 싣기로 정병련 회장과 이미 합의한 바가 있었고, 실무 책임자인 김기현 씨의 기고증명서를 받아 재단에 보고를 한 바 있었는데, 정병련 회장의 갑작스런 사망으로 말미암아 이 일의 담당 책임자도 바뀌게 되는 듯하므로, 기고 논문의 처리 문제에 대해 김기현 씨에게 문의하는 이메일을 보냈다. 그 끄트머리에다 "나도 편집위원의 한 사람으로 되어 있으나 지방에 있는 까닭인지 회의 참가 요청을 받은 적은 없었는데, 게재 여부는 어떤 사람들이 결정하며 언제쯤 결과를 통보 받게 되는지요?"라고 적었다.

22 (금) 흐리고 밤에 부슬비

『동아시아의 철학사상』 제1강 「동아시아적 사유구조」의 입력 작업을 계속했다.

23 (토) 비

「동아시아적 사유구조」의 입력을 계속하여 200자 원고지 24매 남짓한 분량까지 나아갔다.

구내서점에서 金康植 씨의 부산대 사학과 박사학위논문을 출판한 『壬辰倭亂과 慶尙右道의 義兵活動』(서울, 혜안, 2001, 민족문화 학술총서 24)을 한 권 사와서 검토해 보았다.

25 (월) 맑았다가 저녁 무렵 부슬비

『동아시아의 철학사상』 제1강의 입력 작업을 계속하여 약 33매 정도의 분량까지 나아갔다.

김기현 씨로부터 『동양철학』 15집에 기고한 내 논문의 처리 문제에 대해 이메일로 질문한 내용에 대한 회신이 왔다. 정병련 회장의 남은 임기는 현재 수석부회장으로 있는 연세대학교 유인희 교수가 회장 대행으로서 직무를 수행할 것으로 보이며, 투고된 원고는 편집 이사인 성균관대 유교문화연구소 연구원 윤무학 씨에 의해 편집이 진행될 것이라고 한다.

26 (화) 부슬비

『동아시아의 철학사상』 제1절 입력 작업을 계속하였다. 『南冥院報』 제22집(2001년 6월)이 우송되어 왔으므로 읽어보았다.

오후 세 시부터 본부 5층 대회의실에서 본교 한문학과와 남명학연구소가 주최하고 진주문화원이 후원하는 「정보화 시대와 우리 전통문화」라는 주제의 삼보컴퓨터 회장 李龍兌 박사 초청강연회에 참석하였다. 이용태 박사는 서울대학교 문리과대학 물리학과를 졸업하고 미국 유타대학에서 이학박사를 취득하였는데, 현재 全經聯 부회장과 도산서원 원장, 퇴계학연구원 이사장 등의 직함을 겸임하고 있기도 하다. 내가 대학 시절에 經書講讀 등의 과목을 수강한 바 있었던, 당시 서울대 중문과 강사였고 현재는 영남대학교에 재직하고 있는 이장희 교수의 친형이기도 하다. H 교수가 현재 도산서원의 외임을 맡고 있으니, 그러한 인연으로 초청하게 된 모양이었다.

28 (목) 맑음

『동아시아의 철학사상』 입력 작업을 계속하여 50매 가까운 분량에 이르렀다.

29 (금) 부슬비

『동아시아의 철학사상』은 53매 정도의 분량까지 나아갔다. 논문을 쓸 때처럼 이런저런 참고자료를 많이 들추지 않고서 그냥 평소 강의할 때처럼 내 생각을 정리하여 서술해 나가는 것이므로 비교적 진도가 빠르다. 그러나 다른 교수들은 한 주에 한 章 분량을 입력한다고 하는데 나로서는 그 정도는 도무지 무리라고 생각된다. 학기가 시작되면 수업의 진도에 어떻게 맞추어 나가야 할지 아직 대책이 없다.

남명학연구원에 새로 이메일을 보내어 얼마 전에 보낸 내 논문 「18세기의 강우학파」 첫 장에다 학술진흥재단의 연구비를 지원 받은 사실을 명기하도록 하였다. 그것을 명기하지 않는다면 연구원으로부터 200만 원 정도의 연구비를 새로 지급 받게 되므로, 이번 여름에 가족과 함께 해외여행을 하는데 보탬이 될 수 있겠으며, 이 논문을 절반 정도의 분량으로 줄여 『동양철학』 제15집에다 기고한 것에는 연구비 수혜 사실이

명기되어 있으므로, 학술진흥재단에는 그것을 제출하면 되겠지만, 자신의 양심을 속이는 듯한 생각이 들어 양쪽에 모두 적기로 한 것이다.

30 (토) 아침에 부슬비 내리다가 개임

『동아시아의 철학사상』은 수정작업을 계속하여 55매의 분량까지 나아갔다.

한국교원대학교의 김진근 교수로부터 전화 연락을 받았다. 퇴계·남명 500주년을 기념하여 7월 6일에 충남대학교에서 개최되는 한국주역학회의 학술대회에서 발표할 남명의 敬義 사상과 『주역』의 관계에 관한 그의 논문은 발표 날짜가 불과 1주일 정도 앞으로 다가온 지금까지도 감을 잡지 못했는지, 나에게 『南冥集』 중의 『주역』과 관련된 자료를 소개해 달라는 것이었다. 나의 논문 중 그것과 관련한 내용이 언급된 네 편의 파일에다가 해당 부분을 블록으로 잡아 붉은색 글씨로 표시하여 이메일로 첨부해 보냈더니, 얼마 후 고맙다는 인사와 함께 이번에는 내 논문에 인용된 자료를 중심으로 발표를 하고 이후에 다시 정리하여 납득할 만한 논문을 쓰겠다는 회신이 왔다. 그 후 다시 그 논문들에 언급되지 않은 『남명집』 임술본 제1권 끄트머리에 수록된 銘들과 부록 중 '地雷吟' 부분을 추가로 소개하여 보냈다. 산길을 걸어 집으로 돌아온 후에는 '學記圖' 중 해당 내용에 대해 언급한 내 논문 「『南冥集』 板本考 (2)」도 추가로 보내야겠다는 생각이 들었다.

7월

2 (월) 맑으나 무더움

날씨가 제법 더워 거의 온종일 연구실에다 에어컨을 틀어놓고서 작업하였다. 『동아시아의 철학사상』은 58매 정도의 분량까지 나아갔다.

출근 직후에 「『南冥集』 板本考 (2)—滄洲刊本을 중심으로—」의 파일에

다가 『주역』 및 敬義사상과 관련된 부분들을 붉은색 글씨로 표시하여 김진근 교수에게 이메일로 보냈더니, 오후 한 시 반쯤에 감사의 말을 담은 답신이 왔다. 그러나저러나 김 교수가 「남명의 경의 사상과 주역」이라는 주제로 논문을 발표하게 될 퇴계·남명 탄신 500주년 기념 한국주역학회 2001년도 춘계학술회의 날짜는 며칠 후인 7월 6일로 다가왔는데, 그새 어떻게 논문을 써낼 수 있을지 모르겠다. 이 학술회의는 '퇴계·남명학의 사상적 위치와 易철학적 조명'이라는 주제로 충남대학교 문과대학 교수회의실(438호)에서 개최된다는 통지를 나도 받아두고 있다.

3 (화) 맑음

『儀禮』 聘禮篇을 끝으로 번역본은 제3권까지 모두 마쳤으므로 『의례』는 일단 여기까지 읽어둔 것으로 하고, 다시 지난 학기에 읽다만 『禮記』 文王世子篇 중간 부분에서부터 다시 읽기 시작하여 거의 마쳤다. 『동아시아의 철학사상』은 67매 정도의 분량까지 입력하였다.

4 (수) 맑음

『동아시아의 철학사상』은 70여 매의 분량에 이르렀다.

전남대 박물관장인 이태호 씨가 오전 중에 연구실로 전화를 걸어왔다. 그 대학 박물관에서는 금년 9월부터 11월까지 매주 금요일 오후 세 시에서 다섯 시까지 두 시간 동안 '지리산과 섬진강의 문화유산'이라는 주제의 시민강좌를 열 계획인데, 나더러 남명과 지리산에 관한 주제의 강의를 한 차례 맡아 달라는 용건이었다. 평소 대중강의에 익숙지 않을뿐더러 그런 데 취미도 없고 광주까지는 거리도 멀어 어쩔까 내심 망설여졌지만, 나에게 관심을 가지고서 일부러 초청해 준 것을 거절할 이유도 없을 듯하여 수업이 없는 중간고사 기간 중의 10월 26일에 하기로 합의하였다.

5 (목) 흐리고 정오 무렵부터 비

구결이 붙은 陳澔의『儀禮集說』「禮運」篇을 주석을 참조해 가며 계속 읽다가 보니 시간이 너무 많이 걸려 방학 중에 다 마치지 못할지도 모른다는 생각이 들므로, 번역본을 중심으로 읽으며 集說은 참조만 해 나가기로 방침을 바꾸었다.『동아시아의 철학사상』은 80여 매의 분량에 이르렀다.

6 (금) 흐리고 오전 한때 부슬비

『동아시아의 철학사상』은 91매의 분량까지 나아갔다.

김진근 교수로부터 어제 오후 7시 21분에「南冥의 敬義思想과 주역」논문 파일을 첨부한 이메일이 부쳐져 와 있었으므로 한 번 읽어보고서 회답을 보냈다. 오늘 오전 11시 50분부터 12시 40분까지 그가 충남대에서 열리는 한국주역학회 춘계학술회의에서 이 논문을 발표하고 성균관대의 김성기 교수가 토론하게 되어 있으므로, 시한에 쫓겨 서둘러 완성한 모양이었다. 121매 정도의 분량인데, 시간이 촉박했던 것 치고서는 제법 논문의 체재가 갖추어져 있었으며, 주석의 여기저기에 내 이름이 보였다. 편지 속에 "다만 재삼 말씀드리고 싶은 것은 올해 안으로 이 논문을 다시 손봐서 확실하게 완성하겠다는 것입니다. 그 때 혹시 실을 지면이 없으면 교수님께서 좀 도와주십시오"라는 말이 들어 있었다. 끄트머리에는 서명 대신 旺山이라는 그의 호를 적어 두었다.

7 (토) 흐리다가 개임

『동아시아의 철학사상』 제1강「동아시아적 사유구조」를 마침내 탈고하였다. 200자 원고지 99.6매의 분량에 달했다. 처음부터 새로 읽으며 퇴고하고 있는 중인데, 이러한 파일을 각 백 매 정도씩 13주 분 1,300매 정도를 작성하여 출판할 생각이다.

9 (월) 맑음

「동아시아적 사유구조」를 다시 한 번 퇴고한 후 102쪽 분량으로 늘어난 파일을 출판을 맡아주기로 한 서울의 예문서원에다 참고삼아 검토해 보라는 뜻으로 설명과 더불어 이메일로 발송했다.

10 (화) 맑으나 저녁 무렵부터 흐리고 부슬비

『동아시아의 철학사상』 제2강 「공자와 先秦 유가」의 집필을 시작하여 8매 정도의 분량까지 나아갔다. 어제 예문서원으로 보낸 제1강 파일은 주소가 잘못되었다면서 되돌아왔다. 『오늘의 동양사상』 최근호(제4호)에서 다시 이메일 주소를 확인하여 천리안이 아닌 유니텔 쪽 주소로 새로 발송하였지만 또 되돌아왔으므로, 예문동양사상연구원 전임인 박원재 씨에게 발송하였다.

KBS 창원지국의 김종수 PD로부터 전화가 걸려왔는데, 남명과 퇴계 탄신 500주년을 기념하여 KBS에서는 전국에 방영할 특별 다큐멘터리를 제작하고자 하므로, 자문을 구하기 위해 내일 오후에 연구실로 방문해 오겠다는 것이었다. 사단법인 남명학연구원으로부터도 8월 16~17 양일간 삼성그룹의 산청연수소에서 있을 국제학술회의의 발표논문요지 30분용을 7월 31일까지 보내달라는 우편물이 도착하였다.

11 (수) 비

「공자와 선진 유가」는 좀 더 나아갔다.

오전 중 MBC 진주지국의 보도제작국 박상범 제작부장이 연구실로 전화를 걸어왔다. 진주지국이 지금 제작하고 있으며 8월 중순경에 지국에서 방영한 다음 한 주 후에 전국에 방영할 예정인 남명 특집 관계로 방문하고 싶다는 의사를 표명했다. 오후 두 시에 그가 연구실로 찾아왔는데, 경북대 철학과 출신이며 나이는 45세라고 했다. 다음 월요일 오전 9시 반쯤에 그가 다시 찾아와 나와 함께 몇 곳의 현장을 다니며 남명 신도비 문제와 『남명집』 판본 문제를 중심으로 한 남명학파의 역사에 관해 촬영을 하기로 합의했다.

오후 다섯 시 무렵에 어제 전화해 왔었던 KBS 창원지국에 근무하는 TV 제작부 김정수 프로듀서가 진주 출신의 젊은 여성 방송작가 한 사람을 대동해 내 연구실로 방문하여 여섯 시 반 무렵까지 대화를 나누었다. 김 씨는 먼저 한문학과의 최석기·이상필 교수를 만나고서 내게로 왔는데, 서울말을 하고 명함의 주소지도 서울로 되어 있었다. 가까운 시일 내에 다시 연락하겠다고 했다.

12 (목) 비

전남대학교 박물관 학예연구실의 배종민 씨로부터 이메일로 2001년도 제2학기 문화강좌인 '지리산과 섬진강의 문화유산' 강의 및 원고청탁서가 왔다. 이 강좌는 9월 7일부터 12월 7일까지 14주에 걸쳐 매주 금요일 오후 3시부터 5시까지 전남대학교 본부 국제회의동 제1회의실에서 실시될 예정이다. 광주대 문예창작과 부교수인 작가 문순태 씨의 '지리산과 분단문학'을 시작으로 하여 나는 제8주인 10월 26일에 '남명 조식과 지리산'이라는 주제로 강의하게 되며, 이에 따른 교재 제작을 위해 A4용지 6매(200자 원고지 40매 내외)의 강의 원고를 나의 약력 및 대표적인 논저와 함께 8월 24일까지 보내달라고 되어 있었다. 며칠 전 이태호 관장으로부터 전화상으로 청탁을 받았을 때에는 원고에 대한 말이 없었지만, 내가 작년에 발표한 논문 「南冥遺跡三洞辨證」을 간추려서 50여 매의 분량으로 만들고, 박사학위를 청구할 때 만든 日文 이력서 파일에다 좀 수정을 가한 것과 함께 오후에 이메일로 발송하였다.

그 작업을 마친 다음, 어제 남명학연구원에다 전화 연락을 하여 이미 국제학술대회를 위한 논문을 완성해 제출한 이상 발표요지문은 따로 만들지 않아도 된다는 대답을 들었지만, 발표를 위해서는 그것이 필요할지도 모른다는 생각이 들어, 250매 정도의 원고를 120여 매로 줄여 『동양철학』에다 기고한 논문을 다시 80여 매의 분량으로 줄여 몇 차례 퇴고하였다.

어제 KBS의 PD 일행이 내가 쓴 남명의 생애 및 사상의 아웃라인에 관한 글이 있다는 말을 듣고서 그 글을 오늘 중 이메일로 꼭 보내달라고 부탁하였으므로, 출근 직후 『남명학파연구』 제1부 제1절에 해당하는 그 부분의 파일을 찾아 발송하였다. 어제 MBC 측에 넘겨 준 논문 「『남명집』 이정본의 성립」은 원전 인용이 한문으로만 되어 있어 전문가가 아니고서는 읽기 힘들 것이고, 오늘 KBS 측에다 넘겨주기로 한 자료는 그들에게도 필요하리라고 판단되었으므로, MBC의 박상범 제작부장에게 전화하여 한글 번역문이 들어 있는 그 두 파일을 보내겠다는 뜻을 전하였다. 이메일로 부치면서 잘 받았거든 전화해 달라는 내용의 메시지를 적어 두었지만, 퇴근할 때까지 결국 전화는 오지 않았다. 내가 그에게 요구하지도 않은 친절을 베풀 필요가 있었을까 하는 회의가 들었다.

13 (금) 흐림

국제학술회의 발표요지문 작성을 마치고서 그것을 이메일로 남명학연구원에 발송하였다. 어제 전남대박물관과 진주MBC에 보낸 파일들도 다시 한 번 읽어보았다.

14 (토) 흐리고 때때로 비

오전에 인문대학 앞에 MBC의 봉고차가 정거해 있는 모습을 보았는데, 10시에 대학원 특별전형 면접을 위해 학과사무실로 가는 도중에 박상범 PD가 몇 명의 직원들과 함께 4층 복도에서 한문학과 이상필 교수에게서 빌린 것으로 보이는 「神明舍圖」 액자를 들고 서 있다가 내게 인사를 하였다. 엊그제 보낸 파일을 받았는지 물었더니 아직 다 읽어보지는 못했다고 하므로, 내가 잘 받았으면 전화 연락해 달라고 요청했음에도 불구하고 연락이 없었던 데 대해 불쾌한 뜻을 표명했다. 아울러 예전에 진주MBC 측의 요청에 의해 남명에 관한 다큐멘터리 시리즈를 제작 방송하던 도중 나의 의사에 의해 방송 도중에 중단한 사례를 언급하며, 교수의 시간 할애와 전문적 지식의 제공에 따른 응분의 사례가 있어야 할 것임에 대해서도 언급했다.

오후 2시 20분에 박상범 PD가 나에게 이메일을 보내고서 전화로 연락해왔다. 다음 주 월요일 오전 9시 30분까지 나를 방문하여 함께 현장을 다니면서 촬영하여 (1) 문집의 개정과 수난 (2) 신도비 (3) 남명이 그의 학문적 문제의식의 관점에서 퇴계를 비판한 이유를 중심으로 남명학파의 역사를 일부 구성하고자 한다는 뜻을 전해 왔다.

사회교육과의 김준형 교수가 내 연구실로 전화를 걸어와 남명학연구원 측에서 사전 연락도 없이 내 논문을 보내며 8월에 있을 국제학술회의에서의 논평을 의뢰해 왔는데, 자신은 이를 돌려보낼 생각이라고 말하므로 알아서 하라고 대답했다. 며칠 전 교직원식당에서 우연히 그를 만나 함께 점심을 들면서 내 논문의 논평자를 지명해 달라기에 그를 추천했다는 뜻을 전했더니, 그는 어렵겠다는 의사를 표명한 바 있었다. 밤에 김경수 국장에게 전화하여 그의 말을 전했더니 이미 연구원 측으로도 전화 연락이 와 있어 알고 있노라고 하기에, 내 논문의 토론자는 연구원 측이 알아서 결정하라고 했다.

『동아시아의 철학사상』 제2절은 20여 매의 분량까지 나아갔다.

16 (월) 맑으나 저녁 무렵 부슬비

오전 9시 30분 무렵에 MBC의 박상범 제작부장이 내 연구실로 방문해와 종일 함께 다니며 남명 탄신 500주년 기념 다큐멘터리 제작 관계의 촬영 작업을 했다. 먼저 본교 중앙도서관 5층에 있는 남명학연구소로 가서 현존 최고의 판본인 『南冥集』 甲辰本 등을 꺼내 놓고서 문집의 개정 배경과 남명이 학문적 문제의식에서 퇴계를 비판한 이유에 대해 녹화하였다.

그 다음으로는 덕산으로 가서 읍내의 근년에 새로 생긴 대형 음식점에서 점심을 들었는데, 마침 남명학당의 강의 차 덕천서원에 와 있는 한문학과 이상필 교수가 서원의 內任과 더불어 거기서 점심을 들고 있었다. 眉叟 許穆이 찬한 德山碑의 龜趺가 남아 있는 터와 尤庵 宋時烈이 찬한 현재의 신도비 앞에서 신도비의 수난 이유에 대해 설명하는 장면을 수록하였으며, 山天齋에서는 장판각에 소장된 목판을 꺼내 들고서 重刊本의 편집 과정과 그 특성에 대해 설명하였다. 산천재 앞의 남명학연구원 건물 앞에서 김경수 사무국장을 만났는데, 어제 내가 등산을 가던 도중에 버스 속에서 핸드폰으로 연락해 둔 바와 같이 김준형 교수를 대신하여 이상필 교수에게 내 논문의 토론을 부탁하여 오늘 본인의 승낙을 얻어 두었다고 했다.

덕천서원에도 들러 한문학당의 수업 모습을 촬영하는 것을 지켜보았다. 이상필 교수는 자주 그러하듯이 흰색 모시 두루마기 차림으로 강의하고 있었고, 전국에서 모여온 20명 정도의 학생이 수업을 듣는데, 한문학과의 최석기·장원철 교수가 각각 한 주씩 먼저 강의하였고 이상필 교수가 마지막 수업을 맡아 이번 주 중에 모두 마치게 되는 것이라고 한다. 몇 년 전부터 여름에는 德川書院 敬義堂에서 강의하고 있는데, 작년까지는 40명 정도의 학생이 네 주에 걸쳐 四書를 가지고서 수업을 받았다고 한다. 금년에는 웬일인지 규모가 축소되어 있었다.

덕산을 떠나는 도중에 남명의 묘소 원경과 입덕문 등을 촬영한 뒤, 합천 지역으로 이동하여 龍巖書院 터에 廟庭碑의 형태로 세워져 있다가 합천댐 건설로 말미암아 지금은 합천군 鳳山面 竹竹마을의 도로 가로 옮겨져 있는 우암이 찬한 신도비문의 내력을 설명하는 장면을 촬영하였다. 이 비석은 용암서원 터에 세워져 있을 때 찾아가 본 적이 있었으나, 이리로 옮겨진 이후로는 처음 와 보았다. 언덕 조금 아래 길 가의 철책 안에 아무런 설명문도 없이 잡초에 둘러싸인 채 서 있었다. 이리로 오는 도중에 근년에 국비 지원을 얻어 합천댐 수문 근처에 새로 건설된 의병기념관 앞을 지나쳤다. 그것도 나로서는 소문만 듣고 있었다가 오늘 처음 바라보았다.

원래는 진주시내 봉곡동에 있는 남명학연구원도 방문하여 거기에 소장된 조영철 씨가 기증한 『남명집』 이정합집본에 대해 설명하는 장면도 촬영하고자 했으나, 이미 시각이 오후 여섯 시에 가까웠고 촬영기사도 연일의 작업으로 피로해 하므로, 그 부분은 이번 주 목요일에 다시 만나 촬영하기로 했다. 오늘 촬영에는 MBC 측의 봉고차를 타고서 이동하였는데, 박상범 PD 외에 촬영 기사와 보조원 각 1명 운전수 1명 등 네 명의 직원이 동행하였다. 진주MBC에 들러 그들과 작별한 후, 나는 같은 아파트 15동에 사는 박 부장의 차에 동승하여 귀가하였다.

17 (화) 맑음

나의 책 『남명학과 연구』 중에서 「南冥集四種」 등을 다시 한 번 읽어보았다.

仁祖 시기에 남명 서거 1周甲을 맞아 신도비를 새로 새우고자 하는 움직임이 있었을 때 龜趺는 예전 것이 그대로 남아 있고, 그 위에다 경상감사에게 청하여 얻은 돌로써 비석과 螭首를 다듬는다는 말이 『无悶堂集』 가운데 보이므로, 현재 덕산에 남아 있는 眉叟의 德山碑 龜趺는 來庵이 지었던 남명 신도비 때부터 사용하던 것일지도 모른다는 생각이 들었다.

18 (수) 맑음

아침에 「南冥集四種」 및 신도비 龜趺 문제에 관한 언급이 있는 「『山海師友淵源錄』의 編纂」 파일을 MBC의 박상범 부장에게 이메일로 부치고서 전화로 통지했더니, 얼마 후 그로부터 다시 전화가 걸려와 내일 오전 10시에 남명학연구원에서 만나 촬영을 하자고 했다. 창원 KBS의 김정수 PD로부터도 전화가 걸려와 다음 주 월요일에 그가 학교로 와서 촬영을 하고, 그 이후 다시 일정을 잡아 산청의 吳德溪 유적 등지에서도 촬영을 하자고 했다.

한국주역학회로부터 내가 그 학회의 회장인 남명진 교수에게 부탁해 두었던 지난 7월 6일 충남대에서 개최된 2001년도 춘계학술회의 발표논문집 『퇴계·남명학의 사상적 위치와 易철학적 조명』이 부쳐져 왔으므로, 그 가운데 실린 남명진 교수의 발표논문 「남명 성리학의 易철학적 조명」을 읽어보았다. 『學記類編』에 실린 學記圖를 중심으로 한 것이었다.

『동아시아의 철학사상』 제1강에다 다소 가필하였고, 제2강도 조금 더 입력했다.

19 (목) 맑음

『동아시아의 철학사상』 제2강의 입력 작업을 계속했다.

오전 10시에 봉곡동의 남명학연구원 사무실로 가서 한 시간 정도 『남명집』 이정합집본에 관한 MBC 다큐멘터리의 녹화를 하였는데, 그 장소에서 11시부터 회의가 있어 모처럼 조옥환 사장과 권순찬 이사장 등을 만났다. 그 사이 사무실의 내부 모습이 꽤 많이 달라져 있었다. 조 사장의 설명의 의하면, 당초 500주년 기념 다큐멘터리는 MBC 측에서 제작할 계획을 가지고 있었던 것인데, 이에 관한 비용을 지원하기로 되어 있는 경상남도 측은 KBS에 의뢰하는 것이 선전효과가 크다 하여 KBS에 맡기기로 하고 MBC는 자체 제작을 하고 있는 것이라 한다.

20 (금) 맑음

2학기 학부의 담당과목 중 도가철학과 한국유학특강을 끝으로 학부 과목의 강의계획서 입력을 모두 마쳤다. 3학년 도가철학에서는 『正統道藏』에 수록된 朱子가 주석하고 黃瑞節이 부록을 첨부한 『주역참동계』를 텍스트로 하고, 4학년의 한국유학특강에서는 洪大容의 『湛軒書』 중 「毉山問答」과 「林下經綸」을 중심으로 읽을 예정이다.

서울의 예문동양사상연구원 박원재 씨로부터 내가 보낸 『동아시아의 철학사상』 제1강 파일을 잘 받았다는 전화 연락이 있었다.

지난번에 PD와 함께 내 연구실로 방문해 왔었던 창원 KBS의 작가 박소희 씨로부터 전화 연락이 있어 남명 사상과 張橫渠 사상과의 관련성에 대해 물어왔으므로, 그것은 부산의 G 교수가 주장하고 있는 사적인 견해이며 그는 남명학 분야에 관해 국내에서는 아직 한 편의 논문도 발표한 적이 없는 사람이므로, 나는 그런 말을 신용하지 않는다는 의견을 말했다. 어제 조옥환 사장에게서 들은 바로는 근년 들어 西安에 가 있는 부산산업대학교(?)의 G 교수가 주선하여 중국 西安에서 결성되는 중국 측의 남명학 연구단체 설립을 촬영하기 위해 KBS 팀이 조만간 중국으로 들어갈 것이라고 했다. G 씨는 제주도 출신으로서 서울대 철학과에서 학부를 졸업하고 대학원은 고려대로 진학하여 김충렬 교수의 지도하에 동양철학 분야에서 첫 번째로 박사학위를 받았다고 한다. 1982년에 내가 처음 본교에 전임강사로서 부임했을 무렵 그는 같은 사범대학 국민윤리교육과에서 시간강사를 하다가 결국 전임의 자리를 얻지 못하고서 떠나간 바 있었다. 학부 재학시절부터 언행이 너무나 황당하여 과대망상증 환자가 아닌가 싶을 정도이다.

21 (토) 맑음

오전 중 『주해 을병연행록』을 포함하여 어제 빌려온 책들에 대한 검토를 마치고서 점심시간에 일단 도서관으로 모두 반환하였다. 식사 후 구내서점에 들러 서가의 책들을 둘러보다가 서울대 종교문제연구소 편, 윤이흠 소장 등이 공동 집필한 『檀君—그 이해와 자료—』(서울대출판부, 1994) 및 金相鉉 저 『신라의 사상과 문화』(서울, 一志社, 1999)를 사 와서 퇴근 시간까지 읽어보았다. 전자에는 내가 대학 시절 학문적으로 존경하던 친구인 인하대학교 사학과 徐永大 교수를 비롯하여 서울대 종교학과와 사학과의 개인적으로 아는 교수들이 집필진에 참가하였다. 동국대 사학과의 김상현 교수는 경상대학교 출신으로서 나보다 두 살 위인데, 이번에 구입한 책은 그의 20년 정도에 걸친 신라시대 사상사에 관한 논문들을 묶은 것으로서, 그 책 속에서 慈裝律師 및 화랑도에 관한 몇 편의 논문들, 그리고 그의 고향인 합천군 가야면 梅岸里에 있는 가야시대 石碑에 관한 조사보고서를 읽어보았다. 나의 지도하에 새로 발견된 문헌인 『화랑세기』를 중심으로 신라의 풍류도에 관한 석사논문을 준비하고 있는 최재성 군에게 휴대폰으로 연락하여, 이 책 속에 세 편의 화랑도 관계 논문이 수록되어 있을 뿐 아니라 주석에는 다른 사람들이 출판한 기왕의 화랑 관계 연구문헌들도 언급되어 있으니 참조해 보라는 뜻을 전했다.

남명학연구원에 이메일을 보내어 이미 출판된 『南冥集四種』 가운데서 순서가 착종되거나 인쇄 미스가 있는 부분들을 지적하고서, 차후 재판을 내게 될 경우에 수정하라는 뜻을 전했다.

MBC로 전화하여 내가 할 일이 이미 모두 끝났음에도 왜 아직 보수를 지급하지 않는지에 대해 물어 수일 내로 직원을 통해 연락이 있을 것이라는 대답을 들었다. KBS 측에서는 다음 주 월요일 오후에 내 연구실에서 있을 인터뷰 촬영 때 내게 질문할 사항 세 가지를 전화로 알려왔다. 내가 일단 메모는 했으나 정리된 내용을 이메일로도 보내 주면 좋겠다고 요청했더니, 저녁 무렵 무려 15가지의 질문 내용이 적힌 이메일이 도착하였다.

23 (월) 맑음

김상현 씨의 『신라의 사상과 문화』 중에서 「화랑 자료의 기초적 검토」를 읽었고, 구내서점에 주문해 두었던 H 글/ 김한수 사진, 『남명 조식』(서울, 지식산업사, 2001.7.11)이 배달되어 왔으므로, 그것을 처음부터 읽기 시작하여 전체 14절 중 제11절까지 읽었다. 후자는 본교 국어교육과 김수업 교수가 회장이 되어 간행하는 '진주문화를 찾아서' 시리즈 총 33집 가운데서 제2집으로 간행된 것이다. 지난번 한길사에서 H 씨가 출판한 남명 평전 『절망의 시대 선비는 무엇을 하는가—실천의 사상가 남명 조식과의 만남—』을 줄여놓은 듯한 감이 있다. 소설 비슷한 계몽적인 책이지만, 일반 대중에게는 이런 것이 환영을 받을 지도 모르겠으니 사람마다 쓰임새가 있는 것이라 하겠다.

오전 11시 반쯤에 KBS의 김정수 프로듀서가 창원 지국의 촬영 팀을 이끌고서 내 연구실로 와서 나와의 대담을 반시간 남짓 촬영하였다. 뜻밖에도 지난 주말에 이메일로 부쳐왔던 15개의 질문 항목을 중심으로 하여 대담을 진행하겠다는 것이었다. 촬영을 마친 후 나동으로 함께 가서 오리고기로 만든 龍鴨湯으로 점심을 들었다. 알고 보니 김정수씨는 KBS '역사 스페셜' 중 내가 시청했던 포석정·신라 토우·성균관·왜구와 장보고 등 여타 프로를 제작했던 사람이었다. 사단법인 남명학연구원과 경상남도 측은 지난 4월경에 처음 KBS 측에다 남명 관계 다큐멘터리의 제작을 의뢰했다가 그 후 애초에 약속했던 2,000만 원의 제작비를 MBC과 더불어 1,000만 원씩 나누어주는 것으로 방침을 변경한다고 하므로 김 씨는 일단 이 사업에서 발을 뺐는데, 그 후 그 금액을 전부 KBS에 주겠다는 타협안이 들어와 뒤늦게 다시 제작에 착수한 것이라고 한다. 10월 중 방영을 예정하고 있는 모양이었다.

24 (화) 맑으나 무더위

H의 『남명 조식』을 마저 읽고서, 김상현의 『신라의 사상과 문화』를 처음부터 다시 한 번 검토하며 관심 가는 부분들을 새로 읽었다. 후자를 토대로 『동아시아의 철학사상』 제1강 중 신라가 자국의 연호를 포기하고서 중국의 것을 사용하게 된 과정에 대해 수정하여 입력했다.

25 (수) 무덥고 저녁 무렵 천둥 번개와 소나기

내일 있을 KBS의 야외 촬영에 대비하여 寒崗 鄭逑, 德溪 吳健, 德山碑 관계의 문헌을 다시 한 번 들추어보았고, 저녁 무렵 『동아시아의 철학사상』 제1강 부분을 수정 보완하고서 제2강 부분도 좀 더 입력하였으나, 후자는 천둥 번개로 말미암아 도중에 잠시 전기가 나가버려 모두 잃어버리고 말았다.

밤에 KBS의 김정수 PD로부터 집으로 전화가 걸려왔다. 그의 일행은 내일 있을 촬영에 대비하여 이미 진주로 와 시내의 성수장 여관에 투숙하고 있는 모양이며, 내일 오전 여덟 시 반에 우리 아파트 앞에서 나와 합류하기로 했다.

26 (목) 맑으나 무더움

오전 여덟 시 반 무렵 우리 아파트 입구에서 KBS 팀과 합류하여 봉고차 한 대로 촬영을 위해 떠났다. 일행은 나 외에 프로듀서인 김정수 씨,

촬영기사인 권 씨, 조명 담당, 촬영 보조원, 그리고 운전사를 포함하여 모두 여섯 명이었다.

지난번에 이야기 한 바로는 먼저 성주로 가서 寒崗 관계의 촬영을 하고 난 다음, 덕산 산천재의 장판각과 산청 西溪書院의 吳德溪 관계 장면을 찍기로 되어 있었으나, 성주 지구는 다른 날 정우락 선생과 함께 가서 찍을 모양이었다. 그래서 바로 덕산으로 향하는 길에 雲里의 斷俗寺址에 들러 단속사 政堂梅 등과 관련된 촬영을 하고난 다음, 산천재로 가서 장판각 부분을 촬영하였다. 얼마 후 김경수 국장도 다른 볼 일로 왔고, 경상남도 문화관광국 문화예술과 사무관인 金鍾名 씨 일행도 500주년 기념사업의 시찰 차 왔다. 김 국장이 하는 말로는 8월 8일에 西安에서 열릴 중국 측 남명학 연구단체의 창립기념 학술회의에 내가 한국 측 대표단으로 참가하여 축사를 해 주었으면 좋겠다는 것이었지만, 나는 내일 출국하여 8월 6일에 귀국할 예정으로 되어 있고 중국 비자 수속 상에도 무리가 있으므로 다른 사람을 물색해 보는 것으로 했다.

덕산 읍내의 지난번 MBC 팀과 더불어 점심을 들었던 식당에서 불고기와 설렁탕으로 점심 식사를 마친 다음, 산천재로 돌아와 불볕더위 속에서 기사들이 촬영하는 장면을 한동안 지켜보았다. 그 작업이 끝난 다음 나의 안내로 대원사 가는 삼장 쪽 지름길로 산청읍을 향해 올라가다가 덕산에서 사 온 큼지막한 수박 한 덩이를 가지고 시내 가에서 찬물에 발을 담근 채 잘라서 나눠먹었으며, 熊石峰에서부터 뻗어온 백두대간의 주능선이 지나가는 밤머리재를 넘어 산청군 今西面과 읍내를 거쳐서 서계서원에 도착하였다. 거기서 다시 장판각과 신도비각, 대문 앞 등에서 촬영을 한 다음 밤 여덟 시 무렵에 진주에 도착하였다. 출발 장소인 우리 아파트 입구에서 KBS 팀과 작별하였는데, 그들은 이번 주 월요일부터 시내의 성수장 여관에 계속 머무르면서 촬영 작업을 하고 있다 한다.

8월

7 (화) 흐리고 때때로 소나기

모처럼 학교에 나가 밀린 우편물 및 이메일 등을 열람하고서 회답이 필요한 것들은 회신을 보냈다. 남명학 국제학술회의에서 발표될 내 논문에 대한 이상필 교수의 토론요지 및 京都大學 中哲硏究室로부터의 회비 문제에 대한 영문 회신이 와 있었고, '會員通信' 란에 나의 소식이 실린 일본의 『東方學會報』 No.80, 남명 탄신 500주년 기념사업 내용을 자세히 소개한 『南冥院報』 제23호(2001년 8월), 한국일본사상사학회의 『日本思想』 제3호(2001. 7. 5) 등을 훑어보았다.

김기현 한국동양철학회 前任 간사로부터 7월 26일자로 이메일이 와서, 정병련 회장의 사망 이후 후임 회장 문제가 결정되지 못하여 한국학술진흥재단의 1999년도 선도연구자지원을 받은 내 논문이 기고된 『동양철학』 제15집의 발간이 지연되고 있으므로 한두 달 더 기다릴 것인지 어떤지를 물었다. 재단의 연구지원3팀에다 전화로 문의하여 금년 5월 31일 자로 기고증명서를 첨부한 결과보고서는 이미 제출되어 있기 때문에 그로부터 1년 이내에 별쇄본을 제출하면 문제가 없으나, 금년 8월 16~17 양일간에 걸쳐 개최될 사단법인 남명학연구원 주최 국제학술대회의 발표논문집에 실리는 것은 재단 측의 규정상 연구실적물로서 인정되지 않는다는 대답을 듣고서, 김기현 씨에게 그러한 사정을 설명하여 제15집에 반드시 실릴 수 있도록 당부하였다. 아울러 남명학연구원 측에 대해서도 같은 이유로 국제학술대회 발표논문집에 실릴 내 논문의 주석 첫머리로부터 한국학술진흥재단 연구비를 지원 받았다는 기록은 삭제하도록 당부했다.

예문동양사상연구원의 홍원식 씨로부터 전화 연락을 받았다. 10대 사상가 시리즈의 하나로서 간행될 내가 편집한 남명 편은 원효·의천·지눌 편이 먼저 간행된 이후 금년 연말이나 내년 초 무렵에 퇴계·율곡 편과 함께 간행될 예정이라고 하며, 『동아시아의 철학사상』은 전체 목차를 보내주었으면 좋겠다고 했다.

9 (목) 맑음

『동아시아의 철학사상』 제1강 중 『화랑세기』 부분을 보완 수정하여 106매 정도의 분량에 이르렀다.

부산의 큰누나로부터 내 연구실로 전화가 걸려왔는데, ≪부산일보≫를 통해 다음 주 산청에서 있을 남명학 국제학술대회에 내가 참여한다는 기사를 읽고 반가워서 알려온 것이었다.

10 (금) 흐림

다음 주 금요일에 있을 남명학 국제학술대회에서의 발표요지문을 출력하였고, 아울러 그 전체 원문 가운데서 이상필 교수가 토론문에서 지적한 부분이 있는 페이지들을 출력해 두었다.

서울의 민들레공동체 이성계 목사로부터 전화가 걸려와 이 달 23일에 있을 남명 사상 관계 강연회의 일정에 대해 협의를 하였다. 오전 아홉 시부터 정오까지 세 시간 동안 진행하되, 첫 시간에는 남명 사상 일반에 관한 비디오를 시청하고, 둘째 시간에는 내가 남명과 실학사상의 관계 문제에 초점을 둔 강의를 행하며, 셋째 시간에는 질의 토론을 하는 순서로 진행하는 것이 어떻겠느냐는 의견을 제시하여 이 목사의 동의를 얻었다. 청중은 전국의 장로교 신학대 교수 및 목사가 중심이 될 것이라는 말을 지난번에 들은 바 있었다. 장소는 지난번에 들었던 바와 같이 지리산 칠선계곡 입구인 함양군 마천면 의탄리에 소재하는 의탄교회인데, 당일 오전 여덟 시 반쯤에 우리 아파트로 데리러 오고 또 마친 후에도 데려다 주겠다고 하였으니 내가 직접 차를 운전하지 않아도 좋겠다. 요청에 따라 강연 참고 자료로서 남명의 생애와 사상의 아웃라인을 정리한 내 저서 『남명학파 연구』 상권 제1장 제1절 부분의 파일을 이 목사에게 이메일로 송부하였다.

퇴근길의 운전 중 차안에서 본교 철학과 출신의 제자로서 경남도청

문화예술과에 근무하는 정설화 군으로부터 전화 연락을 받았다. 내일 경남도내 각 시·군의 문화원장과 부원장, 예술단체 지부장 및 도청의 문화예술 담당관을 포함한 약 90명이 버스 두 대에 분승하여 덕산과 거창의 감악산 및 합천 지역에 있는 남명의 유적지를 답사하게 되며, 그것을 창원KBS의 촬영 팀이 취재하여 '생방송 오늘' 프로를 통해 전국에 약 10분간 방영하게 된다고 하는데, 나더러 그 답사의 설명을 맡아달라는 것이었다. 갑작스런 청이라 망설이던 끝에 김경수 국장이나 한문학과의 H·최석기 교수에게 연락해 보았지만, 다들 바쁜 사정이 있어 맡을 수 없다고 한다는 바람에 마지못해 승낙하였다. 그러나 집으로 돌아와 아내에게 그것을 설명했더니, 남명학 관계 단체의 아무런 공식적 직책도 맡아 있지 않으며 바쁘기도 한 내가 교수의 신분으로서 그런 자리에 나가 안내원 역할을 하는 것은 마땅치 않다는 것이었다. 김경수 국장에게 전화하여 그러한 뜻을 전하고서 이번 일에 대한 설명을 좀 더 들었는데, 남명 탄신 500주년 기념행사의 시작을 전국에 알리는 의의를 가지는 것이므로 이번 한 번만 꼭 좀 맡아 달라고 하므로 결국 승낙하였다. 아울러 국제학술대회 발표논문집에 실릴 내 논문 「18세기의 강우학파」에는 역시 학술진흥재단의 연구비를 받은 사실을 적어 두기로 하였다.

11 (토) 부슬비

부슬비가 내리는 가운데 택시를 타고서 어제 정설화 군과 합의한 바에 따라 오전 9시 50분 경 도동에 새로 건축된 진주시청 제1청사 입구로 가 보았더니, 그 앞 도로 가에 부산교통의 버스 한 대가 정거해 있을 뿐 나를 맞이하는 사람은 아무도 없었다. 얼마 후 휴대폰을 통해 정 군과 연결이 되었는데, 나와 연락한 후에 오늘 아침 다시 한문학과의 張源哲 교수와 연결하여 교수 두 사람이 나오게 되었다는 것이었다. 나로서는 처음부터 원치 않았던 일을 부득이 맡게 되었지만, 도청 공무원이 주관하는 행사에 교수 두 명이 가이드로서 따라간다는 것은 자존심이 허락지 않는 일인지라 사절하고서 택시를 타고 연구실로 출근하였다.

연구실에 도착하여 이메일을 열어 보니 한국동양철학회의 전임 간사였던 김기현 씨가 어제 오후에 내게로 보낸 『동양철학』 제15집에 기고한 내 논문 문제에 대한 답신과 뉴질랜드 남섬에서의 우리 가이드였던 서울법대 출신 최환기 씨가 보낸 인사장이 도착해 있었다. 김 씨의 글에서는 내가 8월에 있을 남명 탄신 500주년 기념 국제학술회의에서 이 논문을 발표하게 된다면 『동양철학』지에 그 글이 다시 실리기는 어려울 것이라는 느낌을 받았다. 그것에 대한 답신을 쓰고 있는 도중에 남명학연구원 상임연구위원인 사재명 군으로부터 내가 국제학술회의에 오게 될 날짜와 일본인 貫井 교수의 논문 통역을 맡아줄 수 있을지를 묻는 전화가 걸려왔다. 통역은 사절하고서, 김기현 씨의 이메일과 그것에 대한 나의 답신을 김경수·사재명·박라권 군의 그룹 주소로 보내어 함께 참조하도록 했다.

예문동양사상연구원의 홍원식 교수와 박원재 씨에게도 이메일을 보내어, 며칠 전 홍 교수가 전화상으로 요청해 온 『동아시아의 철학사상』 전체목차 시안을 보내기도 하였다.

14 (화) 흐리고 때때로 비

17일에 있을 남명 탄신 500주년 기념 국제학술회의에서의 발표를 위해 내 논문 「18세기의 강우학파—종천서원 원변 문제를 중심으로—」의 발표요지를 다시 한 번 읽어보았고, 이상필 교수의 논평문을 읽으면서 답변 준비를 하였다. 그 과정에서 원문 가운데 한자의 입력이 잘못된 곳을 몇 군데 발견하여 그 부분들을 수정한 원고를 다시 남명학연구원으로 보내어 다음에 정식으로 출판할 경우 반영하도록 했다.

한국학술진흥재단으로부터 또 전화 연락이 있어 이 달 17일에 서울에서 있을 포스트닥터 패널심사에 참여해 줄 것을 요청해 왔지만, 그 날 국제학술회의에서 발표하기로 예정되어 있다는 이유로 사절하였다.

『교수신문』의 학술부 담당으로서 「우리말로 철학하기」라는 글을 쓴 바도 있다고 하는 이옥진 여기자가 연구실로 전화를 걸어왔다. 충북대 철학과의 정세근 교수로부터 추천을 받았으며, 조만간 이 신문에서도 퇴계·남명 특집을 낼 계획으로 있다고 하면서, 한국철학에 대한 전체적 비판, 특히 문중의 금전적 지원 문제에 대해 원고지 10매 정도의 글을 써 달라는 것이었다. 사절하고자 해도 내가 적임자일 것 같다면서 굳이 청하므로, '한국 10대 사상가 시리즈'의 남명 편 해제 논문으로서 쓴 「남명 사상은 어떻게 연구되어 왔는가」 가운데서 관련 부분을 발췌 가필하여 「사상사 연구와 문중 지원」이라는 제목으로 200자 원고지 11.6매 분량의 글을 써서 이메일로 부쳐주었다.

15 (수) 오전 중 소나기 내린 후 개임

밤에 진주 MBC의 박성범 PD로부터 집으로 전화 연락이 있었다. 다음 주 금요일(20일) 밤 11시 5분부터 진주 MBC를 통해 55분간 방영될 다큐멘터리 〈500년의 대화, 남명 조식〉의 최종 편집을 하는 과정에서 『星湖僿說』에 나오는 문장 중 해석이 잘 되지 않는 부분에 대한 자문을 구하는 내용이었다. 이 프로는 특별한 일이 없을 경우 그 다음 주 화요일(28일) 낮 11시 5분에 전국에 방영되고, 그 테이프를 MBC의 각 지부에도 보내어 따로 방영하는 등 모두 세 차례에 걸쳐 방영될 예정이라고 한다.

16 (목) 맑음

산청군 시천면 내공리의 산청삼성연수소에서 이틀간에 걸쳐 열리는 남명 탄신 500주년 기념 국제학술회의에 참가하기 위해 떠났다.

서울에서 결성된 남명학회 회장인 서울대학교 철학과의 이남영 교수가 제자들을 데리고서 내려왔으므로, 회의장인 삼성연소수 구내에서 이화여대의 이규성, 한신대의 나성 군 등 동창 친구와 엄연석 등 후배들과 어울려 대화를 나누다가 점심 식사 후에는 이남영 교수와 함께 조옥환 사장의 차 및 내 차에 분승하여 大源寺에 다녀오기도 하였다. 밤에는 숙소인 303호실에서 같은 방을 쓰게 된 권인호·설석규·조찬용 씨와 더불어 밤늦도록 맥주를 마시며 대화를 나누다가 자정이 넘어서 나는 먼저 취침하였다.

17 (금) 맑음

오전 중 제3분과인 '철학과 윤리' 파트에서 나의 발표가 있었다. 손병욱 교수가 사회를 보고 이상필 교수가 내 논문 「18세기의 강우학파—종천서원 원변 문제에 대하여—」를 논평하였다. 오후 3시 40분부터 김충렬 남명학연구원장의 사회로 종합토론이 있었다.

저녁 식사를 마친 다음 오후 6시부터 덕산중·고등학교에서 열리는 남명제의 전야행사에는 참여하지 않고서 이승환 교수 및 진주교육대학교 윤리과의 김낙진 교수, 미국 애리조나대학교 H. C. 틸먼 교수의 논문을 대독한 UCLA 유학생 이정일 군 등 고려대학 팀과 권인호·설석규 씨와 더불어 삼장면 대포리로 가서 그곳 냇가의 음식점에서 덕산 막걸리에 노루고기 탕 등을 안주로 술을 마시며 대화를 나누었고, 별이 빛나는 밤하늘 아래의 냇물 속으로 들어가 다같이 濯足을 즐기기도 하였다. 덕산으로 돌아와 세심정에서 대화를 나누다가 나는 거기에 드러누워 얼마 동안 잠을 잤다. 삼성연수소로 돌아오니 우리 방의 문이 잠겨 있는지라 306호실로 가서 이승환 교수와 같은 방에서 잤다.

18 (토) 맑음

이승환 교수가 김충렬 교수랑 함께 내 차로 합천에 가자고 하므로 아침에 귀가하려던 계획을 변경하여 그렇게 하기로 했다. 이승환·이정일 씨와 더불어 남명제가 열리고 있는 덕천서원으로 갔다가 거기서 김충렬 교수 내외 및 한국외국어대학교의 조회환 교수 내외와 합류하였다. 이정일 씨는 오늘 서울로 돌아가는 비행기 표를 미리 사 왔다 하므로, 이승환 교수와 김낙진 교수는 그를 사천공항까지 바래다주러 가고, 나는 김충렬·조회환 교수 내외를 내 차에 태우고서 합천댐 수문 옆의 망우당 곽재우가 성주목사로 재임 중에 쌓았다는 岳堅山城이 마주 보이는 장소에 위치한 합천·초계·삼가 지역 의병기념관으로 가서 미리 와 있던 來庵 후손 정기철 씨 및 일본의 名古屋외국어대학 貫井正一 교수와 합류하였다. 얼마 후 이승환·김낙진 교수도 그리로 왔으므로, 함께 경내를 둘러보고

敬義堂에서 임란 의병에 관한 비디오테이프를 시청하기도 하였다.

의병기념관을 나와서는 합천으로 가서 다리 건너기 전 로터리에서 초계 쪽으로 향하는 도로 가에 위치한 음식점에 들러 함께 점심을 들었다. 거기서 일행과 작별하여, 나는 조회환 교수 내외를 진주의 고속터미널까지 태워다 드린 다음 집으로 돌아왔다.

19 (일) 맑음

일요일이지만 지난주에 국제학술회의 관계로 사흘 동안 진주 밖으로 나가 있었기 때문에 집에서 하루를 쉬었다. 학술회의에서 받아온 「남명 조식 사적지 안내」 비디오테이프를 세 차례, 같은 제목의 CD를 한 차례, 그리고 예전에 KBS를 통해 방영된 바 있었던 '역사의 라이벌' 퇴계·남명편의 녹화 테이프를 한 차례 시청하였다.

학술회의에서 받아온 책들을 훑어보았다. 동화작가 한수연 저 『해와 달이 된 스승—남명 조식의 생애—』(부산, 가람기획, 2001), 정우락 저 『남명 설화 뜻풀이』(진주, 남명학연구원출판부, 2001), 김경수·사재명 공저 『남명선생 문인자료집』(진주, 남명학연구원출판부, 2001), 『겨레의 스승 남명 조식』(경상남도산청교육청, 1999 초판, 2001 재판), 지난 9월 13일부터 17일까지 5일간 칠암동의 경상남도 문화예술회관에서 있었던 서예전시회의 사진판 圖錄 『남명 선생 탄신 500주년 기념 초대전—한국미래서단』(진주, 韓國未來書壇, 2001), 조찬용 저 『1728(영조4년) 무신사태 고찰』 증보판(개인출판, 2001)을 두루 검토하였다. 그리고 8월 16~17 양일간에 걸쳐 사단법인 남명학연구원 주관으로 산청군 시천면 내공리에 있는 三星산청연수소에서 개최된 남명 탄신 500주년 기념 국제학술회의 논문자료집 『남명학과 21세기 유교부흥운동 전개』 중에서 국민대 정만조 교수의 논문 「역대의 남명 조식 인물 논평에 대한 검토」 및 내 논문 「18세기의 강우학파—종천서원 원변 문제를 중심으로—」의 제1절 부분까지를 읽었다. 정 교수의 논문에서는 내 책 『남명학파연구』가 몇 차례 언급되어 있다.

20 (월) 맑음

지난 15일 자로 ≪교수신문≫의 이옥진 기자로부터 내가 보낸 「사상사 연구와 문중 지원」이라는 제목의 글에 대한 회신이 와 있었다. 원고지 매수를 10매 정도 부탁했었는데 보내 온 원고는 7장이어서 3분의 1 정도 더 늘여주었으면 좋겠다는 것이었다. 당시 워드프로세서 상에서 확인한 바로는 지난번에 보낸 원고가 200자 원고지로 11.6장, 글자 수로 1,375자였으므로 오히려 요구한 것보다 분량이 많은 점을 염려하였었는데, 이번에 다시 요청해 온 바에 따라 새로 원고지 14.8장, 글자 수 2,028자로 늘여서 보냈다.

동철연의 문석윤 총무로부터 지난 14일자 내 메일에 대한 회답이 그 다음 날짜로 와 있었다. 소식지 2호는 회원들의 반응이 거의 없어 겨울에나 발간될 수 있겠다고 하며, 홈페이지는 이번 여름방학 중에 어떤 식으로든 완성하려고 한다는 내용이었다.

21 (화) 맑음

≪교수신문≫의 이옥진 씨로부터 다시 이메일이 왔는데, 분량은 이제 10매가 되었으나 나의 사진이 필요하다면서, 스캔해서 파일로 보내주거나 빠른우편으로 서울 종로구 신문로의 신문사 주소로 보내달라는 것이었다. 조교에게 부탁하여 스캔한 파일을 발송토록 했다.

이번 국제학술회의에서 발표되거나 입수 혹은 확인된 문헌들을 「南冥學關係旣刊文獻目錄」에다 추가하였고, 내 논문 「18세기의 강우학파」를 처음부터 다시 한 번 읽으며 마지막 교정을 보기 시작했다.

22 (수) 맑음

「18세기의 강우학파」 교정 작업을 마치고서 이메일을 통해 남명학연구원으로 보내어 머지않아 단행본으로 간행할 때 그것으로써 인쇄하고 아울러 별쇄본을 만들어 주도록 당부했다. 지난주의 국제학술회의 논문자료집을 처음부터 다시 검토하며 그 중에서 貫井正之·趙東一·韓明基 씨의 논문을 읽어보았다.

23 (목) 맑음

몇 달 전 산청의 민들레공동체 김인수 씨의 연락으로 서울의 이성계 목사와 연결되어 약속한 바 있었던 남명 사상 강연회가 있는 날인지라 학교에 나가지 않고 집에서 대기하였다. 약속한 시각인 오전 8시 30분에 우리 아파트 7동 경비실의 연락을 받고서 1층으로 내려가 보니 젊은이 두 사람이 봉고형 승용차를 몰고 와서 대기하고 있었으므로 그 차를 타고서 강연회 장소인 함양군 마천면 의탄리에 있는 의탄교회로 향했다.

오전 9시부터 세 시간 동안 강연을 행하여 정오에 마치기로 예정되어 있었으나, 이성계 목사가 반시간이면 도착할 수 있다던 말과는 달리 우리 집에서 의탄교회까지는 대전 행 고속도로를 경유했음에도 불구하고 한 시간 이상의 시간이 걸려 9시 40분경에야 도착할 수 있었다. 가는 도중에 동승한 젊은이들과 대화하여 알게 된 바로는 오늘 모임의 주최자는 장로회신학대학 선교사파송연구소로서 서울 일산에 있는 모든이교회의 담임목사인 이성계 씨는 이 연구소의 총무라고 한다. 해외에 선교사를 파송하기 위해서는 우리 문화부터 먼저 이해할 필요가 있다는 취지에서 이러한 세미나를 기획하여 7년 전에 불교에 관한 주제의 제2차 세미나를 가진 바 있었고, 이번의 남명 특강은 그 3회째가 된다는 것이었다.

청중은 전국의 장신대 교수 및 목사들이 될 것이라고 이성계 목사로부터 들은 바 있었으나, 실제로는 일산에서 내려온 평신도 약 15명과 지리산 부근 교회의 목사들이 대부분인 듯한데, 조그만 교회의 예배당에 서른 명 정도 되는 사람들이 모여 있었다. 연단에는 '제3회 선파 세미나 및 모든이교회 수련회 「유교 이해와 기독교 신앙 세계복음화」'라고 적힌 헝겊이 걸려 있었다. 모든이교회는 25명 정도의 신도가 있으며, 일산에서 전세방을 얻어 목회활동을 하고 있는데, 병원에 근무하는 이성계 목사의 부인이 교회 재정을 보조하고 있다고 들었다.

먼저 여러 해 전 KBS TV에서 방영된 바 있는 '역사의 라이벌' 마지막

회인 퇴계·남명 편을 한 시간 정도 비디오로 방영하고, 그 다음은 지난주 국제학술회의에서 받아온 「남명 조식 사적지 안내」 비디오를 반시간 정도 방영하여 남명의 생애와 사상에 관한 개괄적인 이해를 얻게 한 다음 특별히 요청 받은 주제인 남명 사상과 실학과의 관계 문제에 대한 강연에 들어갈 예정이었으나, 이웃에서 빌려다 설치해 놓은 TV의 비디오 작동법을 잘 몰라 방영이 되지 않는지라 먼저 내가 한 시간 반 정도 강연을 한 다음 잠시 휴식 시간을 가졌고, '역사의 라이벌'을 시청하고서 오후 1시 20분 무렵까지 질의토론을 하는 방식으로 진행하였다. 참가자들과 함께 비빔밥과 돼지고기 수육으로 점심을 들면서 좀 더 대화를 나누다가, 타고 갔던 차로 집으로 돌아왔다. 귀가한 후 이 목사에게서 받아온 봉투를 열어 보니 수표 석 장으로 30만 원의 사례비가 들어 있었다.

돌아와서는 지난주 국제학술회의에서 받아온 책과 논문들을 계속하여 검토해 보았다. 문학·철학 소식지 『부싯돌』 제19호(2001년 가을)가 부쳐져 왔는데, 내가 김용구 편집인의 요청을 받아 쓴 「일본이 가는 길」이라는 글이 실려 있었으나 몇 군데 수정이 가해져 있었다.

24 (금) 맑음

오전 중 『朝鮮學報』 第178輯(2001년 1월)에 실린 貫井正之 씨의 논문 「壬辰丁酉倭亂および戰後の日朝交涉における惟政(松雲大師)の活動に關する考察」을 절반 정도 읽었다. 임진왜란 당시의 조선 의병에 대해 오랜 기간 연구하여 온 貫井 씨는 중등학교의 교사로 근무하다가, 수년 전 박사학위를 받고 난 다음부터 名古屋外國語大學의 非常勤(시간)講師로 있는 모양이다.

사재명 군에게 휴대폰으로 연락하여 지난번 史 군이 나를 한번 데리고 가겠다고 하던 시내 신안동 KBS 옆에 있는 삼계탕 집으로 함께 가서 내가 점심을 샀다. 나갔던 김에 사 군에게 남명이 '浴川' 시를 지었던 紺岳山의 가매쏘(鏞淵)에 가 본 적이 있느냐고 물었더니 예전에 정우락·김경수·박라권 군과 더불어 가 본 적이 있다고 하므로, 이번에는 나를 인도

하여 함께 그리로 가 보기로 했다. 사 군의 차로 먼저 남명학연구원 사무실에 들러 정우락 씨의 글 「남명문학의 현장 답사기(7)」 '鋪淵, 천 섬의 맑은 물로 마음을 씻은 자리'가 실린 『南冥院報』 제7호(1997년 8월 10일)를 찾아내어, 그것을 가지고서 명석·산청·차황을 경유하여 거창군 新院面 九士(龜獅)里에 있는 포연을 찾아갔다.

구사리의 주민들에게 몇 차례 묻고 또한 정우락 씨의 글과 거기에 곁들인 사진을 참조하여 가매쏘를 찾아내었는데, 예상했던 바와 같이 산청군 차황면 소재지로부터 거창 방면으로 향하는 1084호 국도 변에 위치해 있었다. 먼저 국도 맞은 편 언덕에 위치한 남명 문인 養性軒 都希齡의 후손 都宰均이 1920년에 자기 선조 양성헌이 남명의 '욕천' 시에 次韻한 것을 기념하여 지은 溯眞亭과 거기에 붙어 있는 深齋 曺兢燮의 기문, 그리고 그 옆의 鋪淵臺라고 새겨진 바위 등을 둘러본 다음, 그 바로 아래에 있는 도재균 자신의 정자 臨淸亭을 둘러보았고, 가매쏘로 내려가 바위에 걸터앉아서 얼마 동안 쉬었다. 가마솥처럼 냇물 속의 바위 가운데가 움푹 파였다고 하여 마을 사람들은 이곳을 가매쏘라고 불러온 것인데, 記文에 의하면 '가마솥'이라는 뜻의 한자 '鬴(부)'가 잘못 적혀서 '펼 鋪(포)' 자로 변했다고 한다. 남명 당시 이곳은 거창군과 삼가현의 경계에 위치해 있었다. 남명은 1549년 그의 나이 49세 때 감악산으로 와서 놀았고, 당시 함양 지방의 門人이었던 林希茂와 朴承元이 듣고서 찾아와 함께 목욕을 했던 것이다. 그 때 남명이 지었던 저 유명한 칠언절구는 현재 德川書院 洗心亭 옆의 덕천강가 바위 비석에 새겨져 있다.

25 (토) 흐림

간밤 11시 5분부터 55분간 진주 MBC에서 남명 탄신 500주년 기념특집 다큐멘터리 〈500년의 대화 南冥 曺植〉을 방영한다고 하므로 예약녹화하여 오늘 두 차례 시청해 보았다. 앞의 12분 정도는 상품광고였기 때문에 뒷부분 일부는 잘려버렸다. 한문학과의 최석기·이상필 교수가 주로 출연하고 나는 山天齋 장판각과 許眉叟 撰 德山碑의 龜趺 부분에서 등장하고 있다.

貫井 씨의 논문을 마저 읽었고, 아울러 어제 남명학연구원에서 얻어온 설석규 씨의 저서 『南冥學派 政治哲學 硏究』(남명학연구원출판부, 2001)도 검토해 보았다.

都希齡의 『養性軒實記』를 읽으며 카드화하였다. 이 책은 어제 가 본 바 있었던 가매쏘 맞은편 언덕의 소진정과 임청정을 세운 후손 도재균이 중심이 되어 1912년에 隱龜亭에서 활자로 간행한 것이었다. 이것을 통해 도희령(字 子壽, 1539~1566)은 함양 九羅里 사람으로서 22세에 殿試及第하여 벼슬이 六品職에까지 이르렀다가 낙향하여 28세의 젊은 나이에 병으로 죽어 함양 栢洞의 선산에 묻혔는데, 당시 함양 지역의 名儒들이 대체로 그러했듯이 처음 唐谷 鄭希輔의 문하에 다니다가 후에 남명에게 입문하였음을 다시 한 번 확인하였다. 권1의 첫머리에 「鋪淵次南冥曺先生浴川詩」라는 제목의 七言絶句가 수록되었고, 그 주석에 '俗名誧淵, 鋪恐字之誤'라 하였으며, 그 첫 두 구에 '鋪淵淨處日當午, 溯得眞源興未休'라고 보이니, 鋪淵이나 溯眞亭이라는 명칭이 모두 이 시에서 유래하는 것임을 알 수 있다.

26 (일) 맑으나 저녁 무렵 부슬비 오고 밤에 소나기

어제 녹화한 테이프를 세 번째로 시청하였다.

『養性軒實記』를 마저 읽었다. 이 책은 명종 19년(1564)에서 21년(1566)까지 德溪 吳健의 『歷年日記』에 의거하고 있는 바가 많은데, 덕계의 모친은 都氏로서 양성헌 증조부인 永昌의 아우 甑山訓導 永康의 딸이므로 덕계와 양성헌은 18세의 나이 차이가 있음에도 불구하고 서로 인척으로서 가깝게 지냈던 것이다.

1999년 9월 15일부터 18일까지 橫渠 張載의 고향인 陝西省 眉縣에서 거행된 국제학술회의 발표논문집인 『張載關學與實學』(西安, 西安地圖出版社, 2000.11)에 실린 부산 釜慶대학교 高康玉 교수의 논문 「曹南冥對張載"心統性情"學說之硏究」를 읽어보았다. 이것은 남명의 學記圖 중 心統性情

圖를 가지고서 논한 것인데, 이 그림의 위 부분이 林隱 程復心의 것을 그대로 옮겨 온 것이라는 것을 알지 못하고 있었을 뿐 아니라, 그가 늘 그렇듯이 횡설수설 허풍을 늘어놓고 있었다. 고 씨는 제주도 출신으로서 서울대학교 철학과를 졸업하고 고려대학교 대학원 철학과로 진학하여 김충렬 교수의 지도하에 철학박사 학위를 받았다. 내가 1982년도에 본교에 처음 부임해 왔을 때 한동안 같은 국민윤리교육과에서 그는 시간강사로 근무한 적이 있었다. 이번 달 8일에 중국 西安에서 이 책의 공동편집자 중 한 사람인 趙吉惠 교수를 회장으로 하여 국제남명학회인가 하는 단체를 결성하게 된 것은 그의 활동에 의한 것이다.

점심 식사 후 아내와 함께 두 시간 남짓 망진산 일대의 산책 코스를 둘러서 집으로 돌아온 다음, 설석규 씨의 저서『남명학파 정치철학 연구』도 마저 훑어보았다. 이 책은 광해군 시기에 이르기까지 남명학파의 역사를 儒疏를 바탕으로 한 학파간의 공론 형성을 중심으로 고찰한 것인데, 理氣心性論의 성리학적 관점에 있어서 남명은 分對論, 퇴계는 隨乘論, 율곡은 妙合論의 관점에 있었기 때문에 그것이 정치적 입장에도 그대로 반영되어 각각 북인·남인·서인의 공론으로 나타났다는 주장이었다. 설 씨의 남명 이기론에 대한 이러한 관점 역시 心統性情圖에 대한 분석에서 나온 것이다. 그도 또한 이 그림이 남명의 것이 아니고 程林隱의 것이며, 퇴계 역시 그 문인 月川 趙穆과 이 그림을 토론하였고 聖學十圖에도 그것을 포함시켰다는 사실을 모르고 있었다.

27 (월) 맑음

『德溪集』을 검토해 보았고, 설석규 씨의『남명학파 정치철학 연구』를 다시 한 번 자세히 읽어보고 있다.

점심 때 같은 자리에 앉았던 교수들로부터 오늘 자 ≪교수신문≫에 내가 기고한 글이 실렸다는 말을 들었다. 인터넷으로 그 글을 읽어볼 수 있다고 하므로, ≪교수신문≫의 홈페이지에 들어가 보았지만, 기사 검색으로서는 아무래도 찾아 낼 수가 없어 함께 식사했던 사회학과의 김중섭 교수에게 전화 연락하여 그것을 복사해 받았다. 학술기획 난에 나의 사진과 함께 '제언: 사상사 연구와 문중지원의 해악'이라는 제목을 붙이고 '학술활동 발목 잡는 현창사업 벗어나야'라는 카피를 달았다. 본문은 현창이라는 단어에다 한자를 넣은 곳이 하나 있을 뿐 나머지는 모두 내가 쓴 대로이지만, 내 글의 원래 제목은 '사상사 연구와 문중 지원'이었을 따름인데, 이옥진 기자가 자신의 의견으로 '해악'이라는 말을 추가한 모양이었다. 아울러 이옥진 기자가 쓴 '가상대화: 남명과 퇴계 5백년 만에 만나다' '진단: 2001년, 과연 남명학·퇴계학 르네상스인가'라는 글들이 나란히 실려 있었다.

28 (화) 맑음

어제에 이어 설석규 씨의 저서 『남명학파의 정치철학 연구』를 읽었다. 이 책은 인조반정에 이르기까지 남명학파의 전체 역사를 고찰한 것이기 때문에 참고가 되는 점이 많으나, 그가 경북 출신으로서 경북대학교 사학과에서 공부한 까닭인지 퇴계학파적인 시각을 면치 못하고 있다는 느낌이다. 「머리말」에서 설 씨는 집필동기에 대해 "우연한 기회에 晋州의 학술회의에 참가했다가 南冥學硏究院의 金敬洙 사무국장을 만나게 되었다. 남명학에 관한 이런 저런 얘기를 나누던 중 그는 느닷없이 남명학파의 정치적 동향에 관한 글을 써 볼 것을 권유했다. 南冥 曺植과 학파의 철학 및 문학에 관한 연구는 본격화되고 있으나, 역사적 관점에서 접근한 연구는 미진한 실정이라는 이유 때문이었다. 그러면서 김 국장은 이는 연구의 활성화를 위한 것일 뿐 세속적 목적은 배제되는 것이라는 점을 누차 강조하기도 했다. 그것이 인연이 되어 필자는 鄭仁弘과 金宇顒 등 남명학파의 핵심인물들의 정치철학을 검토하는 등 남명학의 성격과 역사적 위상을 규명하기 위한 본격적인 작업에 돌입하게 되었다"고 설명하고 있다.

이 「머리말」은 '2001년 4월'에 집필한 것으로 되어 있으니, 김 국장과 이런 이야기가 있었던 것은 내가 남명학연구원의 상임연구위원을 사임하기 전이었던 것이 분명한데, 나는 이 책을 비롯하여 이번에 500주년을 기념하여 출판된 여러 책들에 관해 김 국장으로부터 사전에 아무런 말도 들은 바가 없었다. 며칠 전 사재명 군과의 대화중에 귀동냥으로 들은 바에 의하면, 이번에 비디오테이프 및 CD로 제작한 「南冥 曺植 사적지 안내」도 본교 철학과 졸업생이 경영하는 EDIT라는 업체에서 만든 것이라고 하는데, 그것 역시 금시초문이었다.

내가 상임연구위원을 사임한 후부터 김 국장의 나에 대한 태도는 현저하게 달라졌다. 지난겨울 충북 지역에서 열렸던 서울대 동양철학연구회 모임에서 서울대 철학과 이남영 교수를 회장으로 하는 남명학회가 서울대 교수회관에서 곧 발족되며, 우리 모임의 간사인 조호현 군이 그 학회에서도 간사를 맡게 되었다는 말을 처음으로 듣고서, 모임이 끝난 후 그것에 관한 자세한 소식을 듣기 위해 문경 시외버스터미널에서 김 국장에게 휴대폰으로 전화를 걸어 한 번 만나자고 했는데, 그의 대답은 의외로 냉담했고 만남도 결국 실현되지 못했던 듯하다. 그 후 한참 지나서, 또 나의 제의로 전임 조교인 최재성 군 및 본교 철학과 출신으로서 연구원의 사무원으로 취직해 있다는 여학생과 함께 김 국장을 판문동의 중국음식점 만리장성에서 만난 적이 있었다. 내가 평소처럼 김 국장에서 음식주문을 맡겼더니 그는 무려 20만 원어치나 술과 음식을 주문하였고, 폐점 시간이라 하여 일어설 때 마시다 반쯤 남은 十全大寶酒인가 하는 값비싼 술병을 나에게 허락을 구하는 일도 없이 자기가 들고 갔던 것이다. 이번에 500주년 기념 국제학술회의를 마친 후 지난주 월요일 점심무렵에 김 국장 자택으로 전화를 걸어 그동안의 수고에 대한 위로의 뜻으로 내가 점심을 사고자 했는데, 김 국장은 피곤한 데다 연구원 사무실에 손님이 찾아온다는 연락을 받았다면서, 자기 쪽에서 곧 연락하겠다고 하였으나 오늘에 이르기까지 아무런 소식이 없다.

충남대 철학과 교수이며 그 대학 유학연구소장이기도 한 南明鎭 교수로부터 또 전화가 걸려왔다. 진주-대전 간 고속도로의 개통을 기념하여 금년 11월 20일 경에 본교 남명학연구소와 충남대 유학연구소의 공동

주최로 '21세기 南冥과 沙溪의 새로운 만남—그 현실 인식과 務實力行 사상을 중심으로—'라는 주제의 학술회의를 개최하고자 하는데, 네 개의 발표주제 중 제1주제인 '南冥의 敬義 실천사상'에 대한 발표를 내가 맡아 달라는 것이었다. 나는 사이버 강좌의 강의록 집필 관계로 경황이 없을 뿐만 아니라 그 주제에 관한 새로운 연구 성과를 낼 자신이 없다는 이유로 사절하고서, 그 대신 본교 윤리교육과의 손병욱 교수에게 그 주제를 위촉해 보면 어떻겠느냐는 의견을 말했다.

≪교수신문≫의 이옥진 기자가 내가 부탁했던 바에 따라 어제 배포된 격주간의 ≪교수신문≫ 제208호(2001년 8월 27일)를 두 부 보내왔다.

29 (수) 흐리고 밤에 비

가상대학에 올리기 위해 이미 작성해 둔 「동아시아의 철학사상」 제1강 '동아시아적 사유구조'의 강의록을 둘로 나누어 그 첫 부분을 논개 사이트에 올려두었다. 이 강의는 매주 두 시간의 수업이므로, 학생들의 접속 체크, 즉 출석 점검을 위해 매 시간마다 한 파일씩으로 나눈 것이다.

9월

3 (월) 맑음

2학기의 첫 수업이 시작되었다. 2교시의 도가철학 수업에 들어가 강의계획서를 배부하고서 朱子가 주석한 正統道藏에 수록된 『周易參同契』를 텍스트로 하고, 淸代 초기의 道士 朱元育이 주석한 『周易參同契闡幽』의 번역본을 부교재로 하여 다음 주부터 윤독식으로 수업한다는 것을 설명하였다.

崔宰城 군이 교육대학원 석사학위논문 「『화랑세기』에 나타난 화랑도 교육과 화랑정신」을 써 왔으므로, 조금 읽어보다가 점심시간 무렵에 퇴근하였다.

5 (수) 맑음

인문학부 4학년 과목인 한국유학특강의 첫 수업을 실시하였다. 이 과목에서는 이번 학기에 홍대용의 「毉山問答」과 「林下經綸」을 윤독하기로 하였다.

최재성 군의 교육대학원 철학교육전공 석사학위논문의 첨삭지도를 마치고서 퇴근 시간 무렵에 조교를 불러 최 군에게 그것을 전달하도록 했다. 『주해 을병연행록』은 권6 '삼십일 뉴리창의 가다'까지를 읽었다.

퇴근 무렵에 남명학연구원의 김경수 국장으로부터 전화 연락이 와서 저녁 식사를 함께 했으면 좋겠다는 것이었다. 내가 김 국장의 나에 대한 태도가 작년 겨울 무렵부터 많이 달라졌다고 했더니, 자신의 마음은 전혀 그렇지 않고 다만 그동안 너무 바쁘고 건강 상태도 좋지 못하여 나를 빨리 만나지 못했다는 것이었다. 본교 철학과 졸업생인 박라권 군과 더불어 셋이서 우리 아파트 앞에서 회동하여 함께 칠암동에 있는 체인점인 마포원조주물럭으로 가서 불고기 안주에 매실주를 들며 대화를 나누다가, 2차는 그 부근의 일식집에 가서 일본 술(정종)에다 코스 요리로 그 집 영업종료 시간까지 대화를 나누었다. 연구원에서는 그동안 경북대학교 사학과에서 박사학위를 취득한 설석규 씨를 새 상임연구위원으로 맞아들이기로 결정하였으며, 김충렬 원장, 권순찬 이사장, 조옥환 부이사장이 이 달 14일에 나와 함께 식사를 들며 대화를 나누고 싶어 한다는 것이었다.

6 (목) 맑음

본교 남명학연구소의 소장인 한문학과 H 교수로부터 금년 10월 25일과 26일 양일간에 걸쳐 처음 개관될 남명학관에서 거행할 예정인 남명 탄신 500주년 기념 국제학술대회 중 25일 오전에 발표될 朴鴻圭 씨의 논문 「南冥과 山崎闇齋의 學問性向 比較研究」에 대한 토론을 위촉하는 공한이 도착하였으므로, 나도 그 편지의 文面에 상응하는 정도로 정중한 수락의 편지를 써서 이메일로 부쳤다. 저녁 여섯 시 남짓에 중앙식당에 저녁 식사를 하러 갔다가 한문학과의 최석기 교수와 합석하여 잠시 대화를 나누었다. 진주 MBC에서 방영된 〈500년의 대화, 남명 조식〉 프로는 그 후 전국에도 방영되었다고 하며, 내가 그 논문에 대한 토론을 맡게 될 박홍규라는 사람은 東京大學에서 박사학위를 받고서 아직 거기에 연구원으로 남아 있는 사람이라고 한다.

13 (목) 흐리고 오후 한때 비

구내서점을 통해 주문해 두었던 『주해 을병연행록』을 입수하였으며, 지난달의 남명 탄신 500주년 기념 국제학술회의에서 발표된 陝西師大 趙吉惠 교수의 논문 「曹南冥與李顯儒學思想比較研究」도 훑어보았다.

14 (금) 비

오후 일곱 시에 신안동 갑을가든 2층에서 사단법인 남명학연구원의 김충렬 원장, 권순찬 이사장, 조옥환 부이사장과 저녁 식사를 함께 하였다. 내일 남명 탄신 500주년 행사에 대한 평가회가 있는 모양인데, 김충렬 원장이 거기에 참석하기 위해 진주에 오는 김에 나를 만나고자 한 것이다. 지난달 남명제 행사 때 함께 내 차를 타고서 합천의 의병기념관에 갔었을 때 김 원장이 나에게 研究院으로 돌아왔으면 좋겠다는 말을 한 적이 있었는데, 그것을 권유하기 위해 부른 모양이었다. 나는 지금의 상태가 나로 보아서나 연구원으로 보아서나 모두 좋은 점을 말하고서 새삼 상임연구위원으로 되돌아갈 생각이 없음을 말했다. 김 원장은 금년까지로서 30년 간 맡아온 자신의 원장 직책을 그만 두고 내년부터는 내가 원장의 직을 맡도록 하는 것이 좋겠다는 뜻을 피력하고 있었다.

지난번에 김 국장을 만났을 때 들었던 바로서는 김충렬 원장은 평균 잡아 한 달에 150만 원 정도, 권순찬 이사장은 100만 원 정도의 돈을 조옥환 사장으로부터 받고 있다고 한다. 김 원장은 늘 그렇듯이 오늘도 자신이 학계의 거물임을 강조하며, ≪동아일보≫에 200자 원고지 15매의 글을 써 주고서 500만 원을 받았으며, 고려대학교를 정년퇴임한 지금 연세대 국학연구원에서 1년 간 매주 목요일 오후 세 시간의 다산기념강좌를 맡는 대가로 1년에 3천만 원의 보수를 받고 있다고 자랑하면서, 자신이 조만 간에 남명 관계 저서를 출판할 계획인데 제자에게 그와 관련되는 작업을 시키는 데 필요하니 500만 원의 돈을 달라고 조 사장에게 요구하고 있었다. 상임연구위원은 한 달에 10만 원의 보수를 받는다.

15 (토) 맑음

어제 밤의 모임에서 조 사장으로부터 머지않아 완공될 남명학관의 입주 계획에 대한 설명을 대충 들은 바 있었다. 나로서는 본교 남명학연구소를 장악하고 있는 한문학과 측으로부터 그것에 관한 아무런 설명이나 의사 타진을 받은 바 없었음에도 불구하고, 사범대 국민윤리학과의 손병욱 교수는 이미 거기로 연구실을 옮길 의사가 없다고 표명했다는 말을 들었으므로, 오전 중 손 교수의 연구실로 전화하여 그 경위를 문의해 보았다. 손 교수의 설명에 의하면, 철학과의 박선자 교수와 자기를 포함한 몇몇 교수들이 참선 수행을 하는 명상교수회라는 것을 운영해 오고 있는데, 서영배 총장 당시부터 남명학관이 완공되면 그 안에 방을 하나 얻기 위해 학교 당국과 교섭해 오고 있었던 바, 금년 초 본교 기획실에 부속된 공간조정소위원회의 회의에 손 교수가 불려가서 자기는 결코 그리로 연구실을 옮길 생각이 없으며, 오이환 교수도 옮기지 않을 것으로 안다고 발언한 적이 있다는 것이었다. 그 소위원회의 위원에는 한문학과의 H·장원철, 철학과의 배석원 교수 등이 포함되어 있다고 한다.

점심 때 교직원식당에서 기획부실장인 국제관계학과의 백종국 교수 등과 우연히 한 자리에 앉게 되었으므로, 식사를 하면서 남명학관의 공간배정 문제에 관해 물어 보았다. 백 씨의 설명에 의하면 남명학관은 땅 값을 제외한 건물 비용에만 45억 원을 들여 이 달 중에 완공하되, 개관은 내달 하순의 남명 탄신 500주년 기념 제2차 국제학술회의 때 할 예정이며, 공간 배정에 관한 협상은 이미 완료되었다는 것이었다. 거기에는 남명학연구소 외에 인문학연구소 등 세 개의 연구소가 들어가게 되며, 소장실 등을 제외한 보통 연구실 크기의 두 배 정도 되는 방 여섯 개를 남명학연구소 측 연구실로 배정하기로 합의했다는 것이었다. 구체적인 방 배정은 남명학연구소 측에 맡기되 한문학과 교수 전원이 그리로 들어가는 일은 없을 것으로 안다고 했다.

17 (월) 맑음

남명학연구원의 김경수 사무국장이 연구실로 전화를 걸어와 지난 14일 밤에 내가 연구원의 원장 및 이사장·부이사장과 대화한 내용을 물어 왔으므로, 그것과 아울러 학내 남명학관의 공간배정 문제에 관해 내가 근자에 들은 바를 대충 설명해 주었다. 김 국장은 그 전날인 13일 자로 여섯 가지 이유를 들어 사임서를 제출해 두었다고 한다.

18 (화) 맑음

오후에는 어제에 이어『동아시아의 철학사상』제3주 2회 째 강의록인 「공자와 선진 유가」 부분의 입력을 계속하였다.

전자출판을 전문으로 하는 한국학술정보주식회사의 김승현이라는 사람이 연구실로 전화를 걸어와 내 단독저서들을 전자출판하고 싶다는 뜻을 표시해 왔으며, 이번 주 목요일 오후에 그 문제를 상의하기 위해 내 연구실로 방문해 오겠다고 했다. 전자출판 한 책들은 정가의 열 배정도 되는 가격으로 각 도서관 등에 제공하며, 판매가의 10%는 저작권자인 저자에게 지급한다고 한다. 그가 알려준 자기네 회사의 사이트에도 접속해 보았다. 2000년 7월부로 이에 관한 저작권법이 이루어졌기 때문에 기왕에 종이로 책을 출판한 회사들과의 사이에 판권 문제를 둘러싼 분쟁이 발생할 소지도 없다고 하니, 만약 그 말대로라면 나로서는 거절할 이유가 없겠다.

19 (수) 맑음

「공자와 선진 유가」 제2회분의 강의록을 계속 입력하여 약 50매 정도의 분량까지 마쳤다.

20 (목) 맑음

「공자와 선진 유가」 제2회분의 입력을 계속하였다.

점심 식사 후 혼자 학교 뒷산의 산책로를 걸어서 인문대학 쪽으로 내려오는 도중에 아직 완공되지 않은 남명학관 건물에 들어가 둘러보았다. 3층에 남향으로 여섯 개의 연구실이 나란히 배치되어 있는데, 보통 연구실보다는 길고 넓었으며 방마다 이미 에어컨과 세면대가 설치되어 있었다.

오후에 윤리교육학과의 孫炳旭 교수가 전화를 걸어와, 지난 8월의 제1차 남명학 국제학술회의에서 발표된 내 논문과 그것에 대한 이상필 교수의 논평문을 읽어보고 싶으니 당시의 논문자료집을 좀 빌려주었으면 좋겠다고 했다. 손 교수가 새삼 그것을 보고자 하는 것은 이 달 26일에 한국정신문화연구원에서 퇴계·남명 탄신 500주년 기념 학술회의가 개최되어 제1부 '안동문화권과 퇴계학파', 제2부 '진주문화권과 남명학파'라는 大주제하에 각각 네 편씩의 논문이 발표되는데, 손 교수는 그 중 정신문화연구원의 김학수 씨가 발표할 논문 「남명학파 서원의 정치사적 성격—진주 宗川書院 시비를 중심으로—」에 대한 토론을 맡게 되었기 때문이라는 것이었다. 애초에 이 모임에서는 내가 「18세기의 江右學派—宗川書院 院變 문제를 중심으로—」라는 제목의 논문을 발표할 예정이었는데, 나중에 학술진흥재단으로부터 연구비를 받은 논문에 대해 다시금 집필료를 지급하고 또한 그것을 『藏書閣』 잡지에 중복하여 게재하기는 어렵다는 이종묵 씨의 대답을 듣고서 나는 그쪽 발표에 참가하지 않기로 하고서 대신 그것을 8월중에 있었던 남명학연구원 주최의 국제학술회의에서 발표하게 되었던 것이다. 이후 나 대신 김학수 씨가 위촉되어 공교롭게도 거의 같은 주제의 논문을 작성하게 된 모양이었다.

김 씨는 지난 8월에 「역대의 남명 조식 인물논평에 대한 검토」를 발표하였고, 이번 모임에서도 「남명학과 진주문화권의 성격」이라는 논문의 발표를 맡게 된 국민대학교 정만조 교수로부터 내가 이미 자기와 같은 주제의 논문을 발표하였다는 소식을 전해 듣고서 내 논문을 얻어 읽어보았는데, 별로 보탤 것이 없다고 판단하여 이번의 자기 논문은 구두발표만 하고 학술지에는 싣지 않을 생각이라는 입장을 표명했다고 한다. 내 논문과 그것에 대한 이상필 교수의 논평문 파일을 손 교수에게 이메일로 부쳐주고, 손 교수로부터는 김학수 씨 논문의 파일을 전송 받아 대충 한 번 읽어보았다. 원고지 193.4장에 달하는 꽤 긴 글이었고, 내가 미처 조사하지 못했던 내용도 포함되어 있었다.

오후 두 시 남짓에 경기도 고양시 일산구 백석동 유니테크빌 909호에 있는 한국학술정보주식회사의 컨텐츠개발팀에 소속되어 있는 김승현 씨가 내 연구실로 방문해 와 나의 저서 『남명학파연구』 상·하 2책 및 『중국철학사』를 전자출판하기 위한 '전송권 설정 계약서'를 두 부 작성하여 한 부씩 나누어 가졌다. 내가 편집한 『南冥集四種』은 판권이 남명학연구원에 속해 있기 때문에 내가 김경수 사무국장과 통화하여 연구원에서 출판한 다른 책들과 『남명학연구논총』도 차제에 이 회사에다 맡겨 전자 출판하는 것이 어떻겠느냐는 의견을 말했다.

21 (금) 맑음

아침 첫 시간 수업을 마치고서 아내로부터 전화가 걸려오기를 기다려 의대 구내의 간호학과가 들어 있는 의학도서관 건물 앞으로 차를 몰고 가서, 아내와 함께 산청군 신안면 수월리에 황토찜질방으로 갔다. 두리는 오전 아홉 시 무렵에 우리 집으로 차를 몰아 온 처제 및 장모와 함께 먼저 그리로 가 있었다. 거기의 여자 찜질방에서 함께 땀을 내며 대화를 나누다가, 다른 여자 손님들이 왔으므로 우리 일행은 전용 공간인 바로 옆의 별채 건물로 옮겨 찜질을 계속하였다.

점심을 들고 난 후, 나는 산길을 따라 끝 간 데까지 올라가 보고서 잡초에 묻혀 길이 끊어진 지점에서 돌아 내려왔다. 내려오는 도중에 길가에 저절로 떨어져 있는 알밤을 주워 바지 포켓에 담고 있다가 주인인지 모를 중년 부부 중 아주머니가 자기네 농사지은 것이라고 하는 바람에 만류에도 불구하고 그동안 주운 것을 모두 돌려주었다. 仙遊洞 계곡의 '德溪吳先生杖屨所'라는 암각이 있는 지점까지 다시 올라가 보았고, 좀 더 상류의 계곡 물에서 혼자 목욕도 하였으며, 계속되는 산 속 오솔길을 따라 한참 더 올라가 보다가 아내와 약속한 시각인 오후 네 시가 가까워 오므로 황토찜질방으로 되돌아 내려왔다.

22 (토) 맑음

엇그제 손병욱 교수로부터 전송해 받은 김학수 씨의 논문을 다시 한 번 읽어보았다. 김 씨의 논문은 관련 인물들의 가계나 『德川書院院生錄』과 관련된 사항을 세밀하게 조사한 점이 특징적이었으나, 내용상에 적지 않은 오류가 있었다. 김 씨가 내 논문을 읽어보고서 자기 글은 활자화하지 않겠다는 의사를 표시했던 것은 스스로 그러한 오류들을 자각하였기 때문이었을 것으로 짐작되었다. 김 씨의 논문을 통해 한국정신문화연구원의 『古文書集成』 제47·48책으로서 '晋州丹牧晋陽河氏滄洲公後孫家篇'이 간행되어 있음을 알고서 구내 서점을 통해 그것을 주문해 두었다.

한국학술정보주식회사와의 '전송권 설정 계약서' 및 관련 자료들을 검토해 보았고, 그 이후로는 퇴근 시간까지 「춘추전국 시대의 사상」 제1회분의 입력을 계속하였다.

23 (일) 맑음

저녁 무렵부터 밤까지 「춘추전국시대의 사상」 제1회분의 입력 작업을 계속하였다.

24 (월) 맑음

「춘추전국시대의 사상」 제1회분을 가상강좌에 올리고, 제2회분의 작성을 시작하였다.

25 (화) 맑음

KBS에서 남명 탄신 500주년 기념으로 제작한 다큐멘터리 〈동방의 빛 남명 조식〉을 시청하였다. 원래 10월중에 방영할 예정으로 되어 있었으며 우리 집에서 구독하는 ≪조선일보≫의 TV 프로 난에도 전혀 나와 있지 않은데, 저녁 일곱 시 반 무렵 녹화 테이프를 시청하고 있는 도중에 아내가 남명에 관한 프로가 방영되고 있다고 하기에 채널을 돌려본 것이다. 도중부터 시작하여 약 45분 정도의 분량을 즉시 녹화 하였다. MBC의 경우와 마찬가지로 본교 한문학과의 최석기·이상필 교수가 거의 주역처럼 자주 출연하고, 나는 남명 문인들의 임란 중 의병 활동과 관련하여 내 연구실에서 촬영한 부분이 한 장면 나올 따름이었다.

「춘추전국시대의 사상」 제2회분의 입력을 계속하여 전체 약 47매 정도의 분량까지 나아갔다. 매주 분의 내용을 하나의 파일로 작성하다가 가상강좌에 올릴 시기가 되면 그 때까지 작성된 부분을 따로 떼어 별도의 파일로 만들어서 올리고, 다시 전체 파일을 가지고서 수정해 가며 입력 작업을 계속하고 있다.

26 (수) 맑음

어제 녹화한 〈동방의 빛 남명 조식〉을 두 차례 더 보았다.

「춘추전국시대의 사상」 제2회 분의 입력을 계속하여 전체 61매 정도의 분량에까지 이르렀다.

27 (목) 맑음

오전 중 『湛軒書』의 부록 부분을 거의 다 읽었다. 오후에는 『동아시아의 철학사상』 제4주 분인 「한대의 학술과 문화」 부분의 입력을 시작했다가, 어제 한국정신문화연구원 대강당에서 있었던 퇴계·남명 탄신 500주년 기념 국제학술회의에 논평자로서 참석하고 돌아온 손병욱 교수가 내가 부탁했던 발표논문집을 한 권 학생을 통해 전달해 주었으므로, 그것을 읽기 시작하여 국민대 국사학과 정만조 교수의 논문 「남명학파와 진주(문화)권의 성격」을 마쳤다.

구내서점에서 내가 며칠 전에 주문했던 『古文書集成—晋州 丹牧 晋陽河氏 滄洲後孫家篇』 제47·48책(城南, 한국정신문화연구원, 2000년 12월)을 연구실로 배달해 주었으므로, 학술대회 발표논문집 읽기를 일단 중단하고서 이쪽 것을 검토하기 시작했다. 우선 朴丙鍊·金鶴洙 씨가 공동 집필한 해제를 읽고 있다. 이것은 지난번 본교 남명학연구소 팀이 발굴한 단목골 滄洲 河憕의 동생 丹池 河悏 계열의 고문서를 合綴한 『先蹟類編』과는 다른 것으로서, 정신문화연구원 藏書閣國學팀에서 1999년 2월부터 2000년 3월까지 여러 차례에 걸쳐 조사한 진양하씨 滄洲派의 고문서이며, 그들이 조사한 전적류는 고문서가 약 5,000점, 고서가 약 3,000책인데, 이번에 출판한 것은 마이크로필름으로 수록해 둔 고문서 중 학술적 가치가 높은 자료를 두 책 분량으로 간추린 것이라 한다.

그들은 창주의 후손인 河孝常(澹山 河祐植 손자) 씨를 만나 그의 현 거주지인 부산시 동래구 온천동과 세거지인 경남 진주시 대곡면 단목리를 수차례 오가면서 자료를 조사하였다고 한다. 이미 여러 해 전 내가 부산대학교 柳鐸一 교수를 통해 입수하여 논문에서 활용하였던 『남명집』 이정본 관계 通文綴의 복사물도 유 교수가 동래에 사는 하 씨 후손을 통해 입수한 것이라고 들은 바 있었는데, 바로 이 집안사람이 아닌가 싶다. 해제의 집필자 중 한 사람이기도 한 김학수 씨는 藏書閣國學팀의 연구원인데, 그가 이번에 宗川書院 관계 논문에서 제시한 진양하씨 여러 계파의 家系圖도 이 해제에 수록된 것과 중복되는 점이 많다.

28 (금) 맑음

『고문서집성』 47·48책의 해제인 박병련·김학수가 쓴 「古文書를 통해 본 晋州 晋陽河氏滄洲派의 학문적 계통과 사회적 지위」를 마저 읽었고, 또한 지난 9월 26일에 있었던 『퇴계·남명 탄신 500주년 기념 학술회의』 발표논문집에 수록된 박병련 교수의 논문 「남명학파의 계승과 전개—江左·右의 중간지역을 중심으로—」, 본교 한문학과 최석기 교수의 논문

「南冥學派의 智異山 遊覽과 南冥精神 繼承樣相」을 읽었다. 이어서 上記『고문서집성』에 수록된 자료 목록을 검토하여 관심이 가는 것들을 체크하였고, 그 중 먼저 제48책에 수록된 「乙巳被誣遺跡(辛卯事實附)」의 내용을 검토하기 시작하였다. 이것은 내가 과거에 입수했던 釐正本關係通文綴 바로 그것인데, 내가 유탁일 교수를 통해 입수하였던 것은 그 중 일부에 불과한 것이었음을 비로소 알았고, 당시 전해 받았던 자료 중 복사 상태가 좋지 못해 읽을 수 없었던 부분도 대부분 판독할 수 있게 되었다. 위 제목 중의 '乙巳'란 滄洲의 손자인 河洺이 崔栢年 사건에 연루하게 된 顯宗 6년(1665)을 말하는 것이며, '辛卯'란 『南冥集』 임술본의 훼판 사건이 발생한 孝宗 2년(1651)을 가리킨다. 또한 같은 표지에 '壬戌二月四日成'이란 기록도 보이는데, 그것은 肅宗 8년(1682)에 이 기록이 이루어졌음을 의미하는 것인 듯하다.

해제에 의하면, 이 자료들은 하효상의 아우인 창주의 13세손 河孝洛(號 建窩, 1942~1996)이 종가에 보관되어 온 문중의 문헌들이 한국전쟁과 1960년대 이후 각처로 반출되어 散失의 위기에 처하자, 一家의 문헌을 보존하려는 爲先의식에서 시중에 반출된 전적들을 대부분 수거하여 직접 관리하게 된 것이라고 한다. 조사 당시 자료들은 하효락의 本家가 있던 진주시 大谷面 丹牧里 海醒精舍(海醒은 그의 부친 河恂鳳의 號)와 그가 寓居하던 부산시 동래구 온천동 303번지, 그리고 그의 伯氏 河孝俊(1927~1997)의 집인 부산시 동래구 온천동 1011번지에 분리 보관되어 있었는데, 하효준·하효락은 이미 故人이 되었기 때문에 그의 仲兄 하효상을 통해 자료를 정리하게 된 것이라고 한다.

29 (토) 맑음

종일 「乙巳被誣遺蹟」의 내용을 검토하며 필요한 부분을 카드화하였다. 崔栢年이 현종 6년에 있었던 講學禮에서 낙방한 것이 아니고 통과하여 校籍에의 入錄이 허락되었음을 새롭게 알았다.

점심 때 교직원식당에서 기획부실장인 백종국 교수와 한 테이블에 앉아 식사를 하다가 본교의 남명학연구소가 포기한 결과로 사회과학연구소가 신청한 한국학술진흥재단의 중점연구소 지원은 선정이 결정되어 사회과학연구소는 앞으로 6년간 해마다 2억 원씩의 지원금을 받을 수 있게 되었음을 알았으며, 다음 달에 완공될 남명학관 3층의 여섯 개 연구실 중 네 개는 남명학연구소의 임원실로 배정되고, 나머지 두 개는 특별연구원실로 배정된다는 소식도 들었다.

오후에 나도 한국학술진흥재단의 홈페이지로 들어가 2001년도 선도연구자지원의 신청 결과를 보았는데, 내가 신청한 「『南冥集』 重刊本의 성립」은 선정되어 앞으로 1년간 1,360만 원의 연구비 지원을 받게 되었음을 알았다.

30 (일) 비

비가 오므로 한 번도 집밖으로 나가지 않고서 종일 「을사피화유적」을 읽었다. 이 고문서는 천자문 순서로 통문들을 몇 종류로 분류하고서 다시 각 종류를 숫자에 의해 배열하고 있으나 영인된 책에는 그 순서가 착종되어 있다. 우선 그것들 중 地卷 부분을 다 읽고서 天卷을 읽기 시작하였다. 특히 천권 첫머리의 「小錄」에 최백년 사건과 임술본 훼판 사건의 전체적 내용이 잘 정리되어 있었다. 최백년의 진주향교 입적이 실현된 것은 현종 5년이 아니고 6년이었음을 새로이 알게 되었다.

10월

1 (월) 맑으나 낮 한때 부슬비

오늘이 추석인데 집에서 계속하여 『古文書集成』 제48책 중의 「乙巳被誣遺蹟」을 읽었다. 쫓겨난 덕천서원 원장 韓夢參의 자녀들이 낸 통문을 통하여 효종 2년의 임술본 훼판 사건은 謙齋 河弘度의 사주에 의한 것임을 다시 한 번 확인하였다.

2 (화) 맑음

추석 연휴로 사흘째 집에서 쉬었다.

『고문서집성』 제48책 중의 「乙巳被誣遺蹟」 부분을 마저 읽었고, 이어서 밤 10시까지 「疏章」 부분을 다 읽었다. 후자는 河洺의 『生員公實記』 뒷부분에 「先契書簡」이라는 항목으로 수록되어 있는 河達漢·河洺과 懷德의 兩宋을 비롯한 서인 측과의 왕복 서신들이 주를 이루고 있다. 『남명집』 임술본의 훼판 사건으로 말미암아 당시의 덕천서원이 훼판 행위를 지지하는 쪽과 비판하는 쪽의 두 당파로 심하게 분열되어 있었던 것은 사실이지만, 그것을 곧 동인과 서인의 당파로 보기에는 무리가 있음을 비로소 알았다.

3 (수) 맑음

개천절이라 또 하루를 쉬었다.

『고문서집성』 47·48책 '晋州 丹牧 晋陽河氏 滄洲後孫家篇' 전체의 내용을 한 장 한 장 들추어가며 훑어보았다.

4 (목) 흐리고 때때로 부슬비

나흘간의 연휴를 마치고서 모처럼 다시 출근하였다. 연휴가 시작되기 직전인 지난주 토요일 오전에 대학원생인 최재성 군과 김영선 양이 추석 인사차 내 연구실로 방문해 와 함께 대화를 나누던 중 우연히 일반대학원 철학과에 재학 중인 李洙辰 양의 집안 사정을 물어본 바 있었다. 진주 교외의 사봉면에 사는 홀아비인 아버지가 보호자로 되어 있으나 지금은 농사도 짓지 않고 앓으며, 오빠가 하나 있어 학비를 보태주어 왔는데 그도 레커 운전을 하다가 지금은 쉬고 있으므로 일정한 수입이 없어 가계가 곤란한 모양이라고 하는 것이었다. 이수진 양은 현재 재학 중인 철학과 대학원생들 가운데서 가장 성적이 우수한 편이며, 또한 내가 한국학술진흥재단에 제출했던 2001년도 선도연구자지원 신청서에도 두 명의 연구보조원 중 한 사람으로 포함되어 있으므로, 그 즉석에서 연구비를 받게 되면 내가 수진이의 학비를 돕겠다는 의사를 표시한 바가 있었다.

그 날 오후에 1,360만 원의 연구비 지원 결정을 확인하였으므로, 오늘 조교인 강소영 양을 불러 이수진 양의 집안 사정을 다시 한 번 물어본 후, 오후에 이 양을 만나 연구지원서에 적힌 바와 같이 한 달에 40만 원씩 10개월 동안 총 400만 원의 연구보조원 인건비를 지급하겠다는 의사를 밝히고서, 연구비 집행과 관련한 사무를 그녀에게 맡겼다. 나의 개인 조교라고는 하지만, 연구 논문 작업과 관련하여서는 학생이 내 일을 도와줄 일은 전혀 없는 것이다. 조교도 연구보조원 가운데 포함되어 있으나, 그녀는 매달 학생으로서는 적지 않은 액수의 월급을 받고 있으므로, 그 부분의 인건비는 내 통장으로 다시 입금하게 했다.

5 (금) 맑음

가상강좌 제5강 「위진남북조의 사상적 동향과 동아시아」 부분의 입력을 계속하였다.

지난주 토요일 오후에 연구원의 김경수 국장에게 이메일을 보냈었는데, 거기에 대한 답신이 오전에 도착했다. "오늘에야 선생님께서 보내주신 메일을 받아보게 되었습니다…저는 내일부터 약 10일간 국내 이곳저곳을 여행할 계획입니다. 여행에서 돌아오면 선생님께 다시 연락드리고, 식사에 한 번 모시도록 하겠습니다"고 되어 있었다. 지난번 내가 연구원의 원장 및 이사장·부이사장을 만나기 하루 전에 여섯 가지 이유를 들어 사무국장 직의 사표를 제출했다고 하더니 그새 뭔가 심상찮은 사태가 진행되고 있는 것이 아닌가 하는 느낌이 들었다.

지난 9월 25일에 KBS에서 〈동방의 빛 남명 조식〉이 방영되었는데, 촬영한 지로부터 여러 달이 지나 지금에 이르기까지 나의 구좌로 보수가 입금되지 않고 있으므로, 그 프로를 만든 김정수 PD에게 전화하여 물어보았다. 김 씨의 말에 의하면 지난번에 방영된 프로는 50분 방송분으로서 경남지역에 시험적으로 방영된 것이고, 10월 중에 다시 한 차례 전국 방영될 때에는 60분으로 늘어나며, 그 때에는 내가 학교 밖의 단속사·산천재 장판각·서계서원에서 촬영한 장면들도 포함될 것이라고 했다. 그렇다면 아직 편집이 완료되지 않은 셈이므로, 지난번 방영된 것 가운데서 한문 자막에 몇 군데 착오가 있었던 점과 「學記圖」 중의 '心統性情圖'는 상·하 두 부분으로 되어 있는데, 그 중 윗부분은 남명이 그린 것이 아니고 元代의 중국학자 林隱 程復心이 그린 것이라는 점을 설명하였다. 통화가 끝난 후에 다시 이메일로써 의령의 자굴산 명경대에서 남명 학문의 일대 전환이 있었다고 하는 것도 연보 등에 나타난 기록과 어긋남을 지적하였다. 김 씨는 지난번의 프로가 방영되기 전에 내게 전화하여 알렸으나 부재중이므로 조교에게 말을 전해 달라고 했었다 하며, 출연료는 10월중에 입금될 것이라고 했다.

6 (토) 맑음

오전 중 『湛軒書』 권1을 계속하여 읽었고, 오후에는 『동아시아의 철학사상』 남북조 편의 입력을 계속하여 20매 정도의 분량에 이르렀다.

남명학연구소로부터 새로운 회원 가입에 관한 안내문을 받았다. 연구소 통폐합 정책으로 인하여 본교의 남명학연구소와 경남문화연구소가 통합해 2001년 9월 1일부터 경남문화연구원으로서 새롭게 발족하고, 산하에 남명학연구소와 경남문화연구센터를 두게 되었다. 이제부터 본교 교수는 두 개 이내에 한하여 교내 연구소의 회원으로 될 수 있는데, 남명학연구소나 경남문화연구센터에 모두 가입하여도 경남문화연구원 소속 연구원이 되므로 한 개 연구원에 가입한 것이 되며, 따라서 다른 한 개의 연구원(소)에 더 가입할 수 있다고 한다. 나는 경남문화연구원과 인문학연구소의 회원이 되려고 생각하고 있다.

8 (월) 맑음

『동아시아의 철학사상』 남북조 편의 제2회분인 동북아시아 사상 부분의 입력을 시작하였다.

9 (화) 비

대학원생 李洙辰 양이 연구실로 찾아와, 자기는 아무 하는 일도 없으면서 내가 받게 된 선도연구자지원 연구비의 연구보조원이 되어 월 40만 원씩의 돈을 받지는 못하겠다는 뜻을 말했다. 나로서도 이 양에게 1년에 400만 원이라는 적지 않은 돈을 그냥 주기는 무엇 하지만, 딱히 이렇다 할 시킬 일이 없고, 즉흥적이기는 하였지만 이미 다른 학생 앞에서 이 양 집의 어려운 경제 사정을 고려하여 연구비를 받게 되면 돕겠노라고 공언한 바 있었으므로, 지금에 와서 철회하기도 곤란하다는 뜻을 말하여 돌려보냈다. 사실 대부분의 인문사회과학 분야에 있어서 연구비는 전혀 없어도 논문을 쓰는 데 어려울 것은 없으나, 이미 책정되어 있는 예산이므로 내가 신청하지 않더라도 다른 누군가가 타 가게 될 것이고, 또한 선도연구자지원 같은 것은 연구비를 받는 것 자체가 연구능력이 우수하다는 것을 입증하는 하나의 실적이 될 수 있으므로, 신청하지 않는다는 것은 스스로 손해를 감수하는 일이 될 것이다. 금년에 본교에서는 모두 아홉 명이 한국학술진흥재단의 선도연구자지원을 받게 되었다.

전남대학교박물관 측으로부터 10월 26일에 있게 될 나의 문화강좌 '남명 조식과 지리산'의 구체적인 일정과 관련한 전화 연락이 있었다. 10월 28일(일요일)에 있게 될 덕천서원·대원사·단속사 일대에 대한 답사에서도 안내를 맡아줄 것을 청해 왔으나, 수락하지 않았다.

10 (수) 맑음

이수진 양이 오전 중에 다시 연구실로 찾아와 어제 번거롭게 한 일을 사과하며 감사의 뜻으로 케이크 몇 조각이 든 종이 박스를 두고 갔다.

한문학과의 최석기·이상필 두 교수가 새로 지어져 아직 완공이 되지도 않은 남명학관 3층의 남명학연구소 부장실로 이사하였다. 이 두 사람은 지난겨울 중에 인문학관 건물에다 에어컨 설치를 위한 배관 공사 및 세면대 설치 공사를 했을 때도 자기네 연구실에는 전혀 공사를 실시하지 않았는데, 그 때 이미 나는 그들이 남명학관으로 들어갈 것을 대비하고 있음을 눈치 채고 있었다.

11 (목) 맑음

어제까지 회의 등으로 말미암아 가상강좌의 남북조 부분 제2회 강의록 작성에 별로 진척이 없었으므로, 오늘 오전까지도 신라의 風流道를 중심으로 한 우리나라 부분의 입력을 계속하여 대충 마쳤다. 오후에는 이어서 그 다음 부분인 제6강 「불교의 도입과 그 동아시아적 변용」 제1회분의 입력을 시작하여 십여 매의 분량까지 나아갔다.

지난 5일에 내가 KBS의 김정수 PD에게 전화하여 남명 관계 다큐멘터리 촬영에 관련된 보수를 아직까지 입금하지 않고 있는 점에 대해 문의하였었는데, 오늘 다른 일로 인터넷뱅킹을 통해 지난 9월 18일 이래의 거래내역을 조회해 보았더니, 10월 5일 당일 자로 KBS로부터 67,140원이 입금되어 있었다. 지난번 MBC로부터는 19만여 원이 입금되었었다. 학내에서 여름방학 중에 실시하는 계절학기의 강사료가 시간당 5만 원 정도임을 생각하면 그것도 실로 박하기 짝이 없는 것이었지만, 이번 경우를 보고서는 상당한 모멸감마저 느꼈다.

12 (금) 맑음

가상강좌 강의록의 기왕에 입력해 둔 부분을 다소 퇴고하였다.

13 (토) 맑음

어제 학과 교수회의를 마친 이래 오늘 오전까지 작업하여 '2002학년도 교수증원신청'서의 작성을 마쳤다. 정오에 권오민 교수도 시안을 만들어 가지고 왔는데, 그는 어제 밤 대학원 학생들과 함께 구내의 철학과 주점으로 가서 술을 마시느라고 별로 신경을 써서 만들지 못했다고 하므로, 결국 내가 작성한 것을 그대로 제출하기로 했다. 권 교수와 함께 이원근 인문학부장의 연구실을 방문하여 오전 중에 작성해 둔 증원신청서를 제출하고서, 한국철학 분야의 충원이 실현될 수 있도록 힘써 줄 것을 부탁하여 그렇게 하겠다는 다짐을 얻었다. 학부장은 평소 이 분야의 충원이 필요하다는 의견을 말하고 있었다고 한다.

가상대학 강의록 중국불교 부분의 입력을 계속하여 이럭저럭 마쳤다.

10월 25일에서 26일까지 이틀간에 걸쳐 본교 남명학관 대회의장에서 개최될 남명 탄신 500주년 기념 국제학술대회의 초청장이 도착하였으므로, 그 스케줄을 살펴보았다.

15 (월) 맑음

남명학연구소 주최 국제학술대회에서 내가 토론을 맡게 된 일본학술진흥회 특별연구원 박홍규 씨의 논문 「南冥 曺植과 山崎闇齋—處士·賓師·王師—」가 내 손에 도착하였으므로 한 차례 읽어보았다.

17 (수) 맑음

「불교의 전래와 그 동아시아적 변용」 제2회분의 입력을 시작하였다.

10월 26~27 양일간에 걸쳐 원광대학교에서 개최될 제14회 한국철학자대회의 안내장을 받았다. '생명공학시대의 철학적 성찰'이라는 대주제 위에다 '퇴계·남명선생 탄생 500주년 기념'이라는 전제를 달아 열리는데, 남명에 관해서는 성균관대의 최일범 교수가 「남명철학의 입장에서 본 생명공학시대」라는 제목의 주제발표를 하기로 예정되어 있었다.

18 (목) 맑음

「불교의 전래와 그 동아시아적 변용」 제2회분을 가상강좌에 올렸고, 이어서 내가 다음 주에 토론을 맡을 朴鴻圭 씨의 논문 「南冥과 山崎闇齋의 학문성향 비교연구」를 두 번째로 읽기 시작했다.

19 (금) 맑음

박홍규 씨의 논문을 세 차례까지 읽고서 그것에 대한 토론문을 작성하기 시작했다.

조교를 통해 며칠 전 내 연구실에 와서 새로 들어온 책장의 설치를 도와 준 학생들을 다시 불러, 복사 제본해 둔 남명학 관계 자료들을 책장의 아래 단으로 모두 옮겨서 배치하고, 위쪽 서가에는 높이가 낮은 양장본들을 배치하여 서가의 공간을 충분히 활용할 수 있도록 했다.

20 (토) 흐림

오늘 오후 1시 10분부터 2시까지 50분에 걸쳐 전국에 방영된 KBS의 남명 탄신 500주년 기념 특집 다큐멘터리 〈동방의 빛 남명 조식〉을 두 차례 시청하였다.

그 프로를 제작한 창원 KBS의 김정수 PD로부터 사전에 내 연구실로 전화 연락이 있었다. 다소 수정을 가했다고 했지만, 내가 지난번에 지적한 오류들은 화면상에 인용된 한문 자막의 경우를 제외하고는 별로 고쳐진 것 같지 않았고, 지난번 경남 지역에 방영되었을 때는 내가 한 커트만 출연한 데 비해 이번에는 연구실에서 인터뷰한 내용이 한 커트 더 추가되어 있었다. 남해에 있는 이안호 군이 내 휴대폰으로 전화를 걸어와 TV에서 나를 보았다고 했다.

22 (월) 아침에 비 오다가 개임

오후 네 시 반쯤에 박홍규 씨의 논문에 대한 논평문을 탈고하여 남명학연구소에 이메일로 발송하였다. A4용지 두 장 남짓한 분량이었다.

한국학술진흥재단으로부터 2001년도 선도연구자지원의 협약서 세 부가 보내져 왔다.

23 (화) 맑음

오전 11시에 남명학관 개관식이 있어 참석하였다. 새로 산 양복을 처음 입고 나갔는데, 또 실수로 이번에는 윗도리와 바지가 서로 짝이 맞지 않는 것을 입었다. 입구의 광장에 南冥學館 표지석이 서 있고 그 뒷면에 남명의 詩 「題德山溪亭柱」 및 그 번역문이, 그리고 정면 현관 입구의 오른

쪽 벽에 記文이 새겨져 있는데, 모두 현 소장인 한문학과의 H 교수가 짓고 한문학과 강사로서 서예학원을 경영하고 있는 尹 씨가 쓴 것이었다. 기문에는 여기가 남명학 연구의 總本山이라는 내용이 적혀 있었다. 유물전시관을 만든다더니 그것은 없고 2층에 文泉閣이라는 도서실이 있는데, 중앙도서관 漢籍室에 비치되어 있던 線裝本 및 洋裝本 古書들이 모두 여기로 옮겨져 있었으며, 한문학과 박사과정 출신의 李政喜 군이 그 전임직원으로서 근무하고 있었다. 3층에는 남명학연구소의 임원들이 사용하는 천왕실·산천실·뇌룡실·산해실이라는 네 개의 큰방이 있고, 그보다 작은 방 다섯 개가 있는데, 그 중 따로 떨어진 천왕실에는 연구소의 부장이자 경남문화연구센터의 대표를 맡아보고 있는 사회교육과 역사 전공의 김준형 교수가 들었고, 반대편에 함께 붙어 있는 큰 방 세 개에는 한문학과의 최석기·이상필·장원철 교수가 들었으며, 연구소 사무실의 조교 등도 모두 한문학과 출신자였다. 건축비만 46억을 들인 건물이 한 학과의 소유물이 된 셈이다.

남명홀에서 기념식을 마친 후 2층의 연회실에서 리셉션이 있었고, 이어서 근처의 기숙사 식당에서 점심 식사가 있었다. 식사를 마친 후 연구원의 김경수 국장 및 사재명 군, 그리고 내암 후손인 정기철 씨와 더불어 인문대학 4층의 내 연구실로 와서 차를 마시면서 대화를 나누었다.

한국동양철학회의 김기현 씨로부터 이메일이 있었다. 오는 26일에 이 학회의 월례발표회가 있고, 이어서 편집회의가 있을 예정이므로, 편집위원인 나도 상경하여 편집회의에서 발언해 주면 좋겠다는 내용이었다. 한국동양철학회로부터도 월례발표회 및 편집회의의 소집을 알리는 이메일이 와 있었으므로, 현재 편집 관계의 실무 책임을 맡아 있는 총무이사인 성균관대학교 최영진 교수에게 전화하여 그 날 전남대학교 박물관 문화강좌에 강사로 참석하게 되어 편집회의에 참석할 수 없는 사정을 설명하였다. 『동양철학』 제15집에 기고한 내 논문 「18세기의 강우학파—종천서원 원변 문제를 중심으로—」는 이미 8월에 있었던 제1차 남명학국제학술회의에서 발표되었던 것이지만, 한국학술진흥재단의 연구비 지원을 받은 것인데다가 지난번 정병련 회장 때 게재하기로 합의하고서 기고한 것이므로 이번 호에 실릴 수 있도록 배려해 달라고 요청했더니, 아무 문제없으니 염려 말라는 대답이었다.

한국학술진흥재단의 홈페이지로 들어가서 2001년도 선도연구자 지원의 조정연구비 실행예산서를 입력하고, 협약서 세 부에 서명 날인하여 조교에게 주어서 이 달부터 집행하도록 지시했다.

24 (수) 맑음

모레로 다가온 전남대학교 박물관 문화강좌에 대비하여 강의 원고인 「남명 조식과 지리산」 원고를 다시 한 번 읽어보았다.

25 (목) 맑음

오늘부터 이틀간에 걸쳐 엊그제 개관한 본교 남명학관 대회의장에서 '韓國儒學史上 南冥學의 位相'이라는 주제하에 남명 탄신 500주년 기념 제2차 국제학술대회가 개최되므로, 오전 10시 무렵부터 종일 거기에 참석해 있었다. 한문학과 崔錫起 교수의 사회로 10시부터 개회식이 있고, 11시부터 근자에 서울에서 결성된 南冥學會의 회장을 맡은 서울대 철학과 李楠永 교수의 기조강연이 있었으며, 오전 중 일본 早稻田대학 第2文學部 學部長인 土田健次郞 교수가 「學記類編을 통해 본 남명 성리학의 특색」, 미국 필라델피아에 있는 펜실베이니아대학 사학과의 Milan G. Hejetmanek 교수가 「성리학에 대한 서양의 접근방법들에서 한 실종된 목소리—조식의 인생, 사상 그리고 유산에 대한 탐구」, 그리고 日本學術振興會 초빙연구원인 朴鴻圭 씨가 「南冥과 山崎闇齋의 학문성향 비교연구」라는 주제의 발표를 하였다.

츠치다 교수는 이 논문의 각주에서 세 차례 내 저서인 『南冥學派研究』를 인용하였는데, 와세다대학의 도서관에 이 책이 있더라고 하는 것으로 보아 작년에 출판되고 난 직후 남명학연구원을 통해 세계 각지의 동아시아學 관계로 저명한 대학 및 연구 기관들에다 그것을 기증하게 한 것을 읽은 모양이었다. 박홍규 씨는 고려대 정치학과의 학부 및 대학원 석사 과정을 졸업하고서 일본 東京大學 대학원에 유학하여 동아시아 정치와 사상을 전공으로 석사 및 박사학위를 취득하고 10년 가까이 일본에 체재하고 있는 비교적 젊은 사람이었다. 마일런 교수는 예전에 평화봉사단으로 한국에 와 9년 정도 체재한 적이 있었으므로, 한국어를 비교적 잘하고, 중국어·일본어도 어느 정도 구사할 수 있는 모양이었다.

기숙사 식당에서 점심 식사를 마친 다음, 오후 두 시 반부터 오후 주제 발표로 들어가 성균관대 한문학과의 宋載邵, 본교 한문학과의 李相弼, 영남대 사학과를 졸업하고서 한국정신문화연구원에서 석·박사 학위를 취득한 權五榮 씨가 각각 발표를 하였다. 오전 중 마일런 교수의 논문 내용 중 白雲書院에 대해 비교적 상세히 언급하였으나, 인조반정 이후의 그 서원 毁撤 문제에 대해서는 추측만 할뿐 그에 관한 구체적인 문헌을 찾지 못하였다고 하였는데, 내가 이미 그 문제에 관해 논문에서 언급한 적이 있었으므로, 송재소 교수의 발표 도중에 자리를 떠서 내 연구실로 돌아와 『남명학파연구』 上卷 중에서 백운서원 관련 부분들을 복사하여 마일런 씨에게 전해 주었다.

오후 4시 20분부터 고려대 한문학과 李東歡 교수의 사회로 종합토론이 있었다. 나는 오전 중에 발표된 박홍규 씨의 논문에 대한 토론을 맡았고, 각 발표자들이 토론 내용에 대해 대답하는 순서가 끝난 다음, 마지막으로 나 한 사람이 특별히 또 한 차례의 코멘트 시간을 배정 받아 박 씨의 답변 내용에 대해 다소 신랄하게 반론을 가하였다.

밤에 신안동 갑을가든 3층 연회실에서 리셉션이 있었는데, 나는 차를 집으로 가져다 둔 뒤, 사재명 군의 차에 동승하여 연회장으로 향했다. 리셉션이 파한 후 김경수·사재명 군 및 김경수 국장의 창원기계공고 1년 후배인 본교 박물관 學藝硏究士 柳昌煥, 그리고 뒤늦게 합류한 그들의 고교 동창이자 대한항공 진주지점 판매 팀 과장인 崔錫吾 씨와 어울려 판문동의 어느 2층 술집에서 자정이 넘은 시각까지 조니 워커를 마시며 대화를 나누었고, 사재명 군이 다시 자기 차로 우리 아파트까지 태워다 주었다.

26 (금) 맑음

작년 7월 22일 KBS 역사 스페셜을 통해 방영된 〈조식이 지리산에 열두 번 오른 까닭은〉이라는 제목의 다큐멘터리를 다시 한 차례 시청하였다.

아침에 來庵 후손인 鄭琪哲 씨가 연구실로 찾아와 그가 편찬 실무를 맡았던 『陜川壬亂史』 2輯(합천, 사단법인 陜川壬亂倡義記念事業會, 2001. 4)을 한 권 전해 주었다.

오전 10시 무렵 남명학관으로 가서 오늘의 토론자 가운데 한 사람으로서 서울에서 비행기 편으로 내려온 한림대 인문학부의 梁一模 교수를 만났다. 그는 서울대 철학과 후배로서 학부 및 석사과정을 마친 다음 東京大學 중국철학과 대학원에 유학하여 그 대학에서 박사학위를 취득하고, 다년간 東大의 조교 및 연구원으로 지내다가 최근에 서울대 선배인 한림대학 李光浩 교수가 연세대 철학과로 전임하게 되자 그 후임으로 결정되어 귀국하게 된 것이었다. 10시 50분 무렵까지 梁 교수와 함께 앉아 있다가, 먼저 자리를 떠서 차를 아내가 있는 의대 간호학과 건물 앞에 주차해 둔 다음, 그 부근에 위치한 진주 고속버스터미널로 걸어가서 오전 11시 30분 발 중앙고속으로 광주로 향했다.

광주까지는 본교 홈페이지의 교통안내에 세 시간이 걸린다고 되어 있고, 전화해서 물어보니 두 시간 반 정도 걸린다는 것이었지만, 실제로는 두 시간도 채 못 되는 한 시간 50분 정도밖에 소요되지 않았다. 광주터미널에 도착한 다음, 택시를 타고서 오늘 내가 '지리산과 섬진강의 문화유산'이라는 주제하의 이 대학 2001년도 2학기 박물관대학 문화강좌에 여덟 번째 주제인 「남명 조식과 지리산」이라는 소주제의 강사로서 강의를 하게 될 장소인 인문대학 2호관 앞에 도착하여 204호실 시청각관의 강의현장을 둘러본 다음, 그 건물 입구에서 파는 도넛과 차를 사서 벤치에 앉아 먹었다. 그래도 시간이 많이 남아 인문대와 사범대·공대 및 중앙도서관 주위를 한 바퀴 산책하였다.

시작 시간인 오후 세 시 무렵 시청각관 입구에서 나에게 강의를 위촉해 왔던 전임 박물관장 이태호 교수, 현재의 박물관장인 사범대학 국어

교육과 權景洙 교수, 그리고 나와의 연락 실무를 맡아왔던 학예연구사 배종민 씨와 만나 인사를 나누었다. 배 씨는 내가 산책하고 있는 동안에 나를 마중하러 나가 있었던 모양이었다. 우선 한 시간 동안 내가 준비해 간 비디오테이프로 〈조식이 지리산에 열두 번 오른 까닭은?〉을 시청한 다음, 약간의 휴식시간을 가지고서 인쇄된 책자에 실린 나의 글 「남명 조식과 지리산」을 중심으로 강의를 진행하여 5시 5분경에 마쳤고, 그 후 10분 정도 질의토론을 가졌다. 청중은 모두 50명 남짓인데, 대부분 대학 졸업자이고 교직에 있는 사람과 교수 부인 등이 많아 상당히 수준이 높다고 박물관장이 설명해 주었다. 나는 지난번 KBS의 남명 관계 다큐멘터리 촬영 이후 환멸을 느껴 앞으로는 TV 출연 요청이 있어도 사절하기로 마음먹고 있었던 터인데, 會場에는 이 지역 유선 TV의 카메라가 설치되어 나의 강의 내용을 처음부터 끝까지 녹화하고 있었다.

강의와 질의가 모두 끝난 다음 50만 원의 강사료를 받았고, 배종민 씨가 자기 승용차로 나를 광주고속터미널까지 배웅해 주었다.

27 (토) 흐리다가 오후부터 부슬비

종일 다음 주의 가상강좌 「동아시아 문화의 전형으로서의 수당문화」 제1부 중국 부분의 입력을 진행하여 26매 정도의 분량에 이르렀다.

29 (월) 맑음

예문동양사상연구원의 박원재 씨로부터 전화 연락을 받았다. 내가 편집한 남명 편이 포함된 한국10대사상가 시리즈 퇴계·남명·율곡 편은 내년 1월 경 출판 작업에 들어가 상반기 중에 간행될 예정인데, 먼저 그 해제논문들을 70매 정도씩의 분량으로 줄여서 내년 3월 1일에 간행될 『오늘의 동양사상』 2002년 봄 호에 '한국 성리학 연구의 동향과 전망'으로서 수록할 예정이라는 것이었다. 원문을 줄이는 작업은 예문서원 측에서 맡아서 하고, 그 작업이 끝나면 남명 부분을 필자인 나에게 한 번 보여서 검토를 받기로 하였다. 아울러 예문서원에서 출판을 맡아줄 예정인『동아시아의 철학사상』도 이번 학기가 끝나면 바로 수정을 가한 후 출판 작업에 들어가기로 하였다.

지난주 중에 본교 남명학관에서 있었던 남명 탄신 500주년 기념 국제학술회의에서 발표된 논문 등을「南冥學關係旣刊文獻目錄」에다 추가하는 작업을 마치고서, 그 발표논문집 가운데서 본교 李相弼 교수의「18세기 江右지역 남명학파의 분포와 동향」, 한국정신문화연구원 權五榮씨의「19세기 江右학자들의 학문동향」을 읽어보았다. 아울러 이번에 500주년을 기념하여 출판된 경상대학교 남명학연구소 옮김『남명집』(서울, 한길사, 한길그레이트북스52)도 검토해 보았는데, 지난 1995년에 이론과현실社에서 간행된 교감국역『남명집』과 크게 달라진 것은 없으나, 이상필 교수의 박사학위논문 지도교수인 고려대학교 한문학과 李東歡 교수의 검토를 거쳐 전반적으로 수정을 가한 것이었다. 이 책의 원문 교감자로서 나와 논쟁을 벌인 바 있는 김윤수 씨는 지난 25일 학술대회장에서 실로 오랜만에 다시 만났었는데, 그는 1999년 이래 중국 四川大學에 유학해 있으며, 방학 중에는 주로 한국에 나온다고 하였다.

30 (화) 맑음

본교 남명학연구소 주최 남명 탄신 500주년 기념 국제학술대회 발표논문집의 내용을 한 차례 다 훑어보았다.

31 (수) 맑음

점심 때 교직원식당에서 나오다가 음악교육과의 신윤식 교수를 만났는데, 나에게 혹시 진주 근교의 水精社라는 절에 대해 아느냐고 묻는 것이었다. 그 절에 대해서는 내가 작년에 발표한「南冥遺跡三洞辨證」에서 비교적 상세히 언급하였으므로 왜 묻느냐고 반문하였더니, 이탈리아 대사관의 영사관인 푸지오니 박사라는 사람이 한국의 불교 사찰에 관해 연구하는데, 자기에게 좀 알아봐 달라고 부탁해 왔다는 것이었다. 신 교수는 서울대학교 음악대학을 졸업한 바리톤 가수로서 이탈리아의 밀라

노에 다년간 유학한 바 있었고 지금도 수시로 다니고 있는데, 근자에 비자 수속 관계로 푸지오니 박사의 도움을 받은 적이 있다고 했다.

연구실로 돌아와 내 논문 중 해당 부분의 글자를 붉은색으로 바꾸어 눈에 띄기 쉽도록 해 두고서 기다리고 있으니 신 교수가 찾아오겠다고 전화를 걸어왔다. 그러나 이메일 주소를 알려 달라고 하여 그리로 논문을 전송하였는데 받지 못했다고 하더니, 얼마 후 푸지오니 박사에게 전화로 연락하여 푸지오니 씨가 직접 내 연구실로 전화를 걸어왔다. 그는 한국불교사에 관한 연구로 박사학위를 취득하였다고 하며, 이 절에 대해서는 이미 영어로 논문을 써서 모스크바에서 간행된 학술지에다 발표한 적이 있노라고 했다. 나는 이 논문을 쓸 때까지는 수정사, 즉 五臺寺가 고려시대의 불교 結社로서는 최초의 것인 줄로 알고 있었는데, 그보다 앞선 것들이 있었다는 것을 처음 알았으며, 수정사를 만든 津億이라는 중은 法相宗 계통의 승려였다는 사실도 알게 되었다.

푸지오니 씨의 이메일 주소로 내 논문을 보냈으나 웬일인지 되돌아왔고, 신 교수에게는 그 이후 도착했다는 연락이 왔다. 그런데 나중에 알고 보니 내 논문의 붉은 글자로 표시한 부분 중에서 끄트머리의 金馹孫 「續頭流錄」에 관한 내용을 실수로 빠트렸으므로, 밤에 신 교수의 자택으로 전화하여 조선 초기의 그 절 모습을 알고자 하면 이 글을 참조하도록 전해 달라고 말했다.

수·당 시대의 동북아시아 지역 사상사에 관한 부분의 입력을 시작하였다.

11월

1 (목) 맑음

출근 직후에 이메일을 열어보니, 어제 오후 다섯 시 무렵에 보내 온 토니노 푸지오니(Tonino Puggioni) 박사의 메일이 도착해 있었다. 신윤식 교수를 통해 내 논문을 잘 받았다고 하면서 미하일 박 교수 기념 논문집에 실린 자기의 水精社에 관한 논문을 첨부해 온 것이었다. 그는 금년 겨울부터 박사학위논문을 고치는 작업에 들어가려고 하는데, 이번 가을에 한번 진주 쪽으로 올 생각이니 그 때 잘 부탁한다는 내용이었다. 그러나 그의 논문 파일은 123KB의 분량에 달하는 장편인데, 안에 들어가 보니 웬일인지 아무 것도 기록되어 있지 않고 제목도 없었다. 회답 메일을 보내어 그런 사실을 알리고, 아울러 金馹孫의 「續頭流錄」에 1489년 그가 五臺寺, 즉 수정사를 방문했을 당시의 절 모습에 관한 기록이 있음을 알렸다. 그리고 얼마 후 어제 그에게 보낸 메일이 되돌아 온 이유는 확장자의 'com'을 'net'로 잘못 적었기 때문임을 알아내고서, 내 논문 중 김일손의 기록에 대해 언급한 부분을 붉은 글씨로 바꾸어 표시해서 다시 보냈다.

저녁 무렵 인문학부 학생 곽춘규 군의 도움을 얻어 푸지오니 박사의 논문을 열어볼 수가 있게 되었다. 그가 흔글의 최신 버전을 사용했기 때문에 열 수 없었던 모양이었다. 그 논문의 제목은 "Buddhism and Social Change: The Sujong Society of the Middle Koryo Period(불교와 사회 변화—고려 중기의 水精社—)"였다. 이 논문의 주석 18번에 의해 그는 1996년에 서울대 국사학과에서 "Trends in the Development of the Popsang Clergy During the Koryo Period(고려시대 法相宗敎團의 推移)"라는 제목의 논문으로 문학박사 학위를 받았음을 확인하였다. 또한 주석 93번을 통해 그가 지리산에 있었던 嚴川寺의 위치를 알지 못하고 있음을 보고서, 저녁 무렵 다시 그에게 이메일을 보내 절의 위치는 경남 함양군 휴천면 남호리의 절터 마을임을 알려주었다.

2 (금) 맑음

푸지오니 씨로부터 어제 보낸 이메일에 대한 답신이 와 있었다. 예상했던 대로 그는 崔炳憲 교수의 지도로 서울대 국사학과를 졸업했다고 한다. 수정사에 관한 논문은 1998년 모스크바에서 간행된 『미하일 박 교수 米壽 기념 한국학 논총』에 실린 것이었으며, 엄천사의 위치에 대해서는 2년 전에 확인한 바 있었고, 현재 그는 麗·元 관계에 대해 공부하고 있다고 한다.

그의 논문을 계속 읽고 있는데, 그것을 통하여 『東文選』 권85에 李穀이 지은 「送水精長老序」가 있음을 알고서 찾아서 읽어보았다.

서울대학교 동양철학연구회 총무인 문석윤, 간사인 조호현, 그리고 조남호 군 앞으로 이메일을 보내어 2년에 걸친 나의 회장 임기가 만료되는 이번 겨울 모임 이전까지 새 회장을 물색해 보도록 당부했다.

4 (일) 맑음

푸지오니 씨의 논문을 마저 읽었고, 『東文選』 권64의 權適 撰 「智異山水精社記」와 권85의 李穀 撰 「送水精長老序」를 여러 차례에 걸쳐 거듭 읽었다.

오후부터 취침 시간까지에 걸쳐 『동아시아의 철학사상』 宋代 부분의 입력을 계속하여 26매 정도의 분량을 덧붙였다.

5 (월) 흐리고 때때로 부슬비

동양철학연구회 후임 회장 건에 대한 조남호 군의 답신이 왔다. "제 생각에는 계속하셨으면 좋겠는데, 원치 않으신다면 동철연만이라도 계속 애정을 가지고 나와 주시기 바랍니다"고 되어 있었다.

8 (목) 맑음

지난 이틀 동안 연일 오후에 다른 일이 있어 가상강좌의 강의록 입력이 별로 진척되지 못하였는데, 오전 중 그 작업을 하다가 다시 프린터 수리를 위하여 구내 컴퓨터 매점의 직원이 와서 체크를 한 까닭에 결국 송대 이학 부분의 두 번째 강의록은 10매 남짓한 분량밖에 올리지 못했다. 오후에는 계속하여 제9강 「고려 불교와 가마쿠라 불교」 첫 번째 부분의 강의록을 입력하기 시작했다.

서울의 KBS에서 지난 10월 20일에 방영된 남명 탄신 500주년 특집 다큐멘터리 <동방의 빛 남명 조식>의 녹화 테이프를 한 부 부쳐왔고, 남명학연구원의 김경수 국장이 이 달 16일에 서울대 교수회관에서 개최될 남명학회 주최 남명학국제학술대회의 발표 순서를 팩스로 보내주었다.

9 (금) 흐림

오후 한 시부터 인문대학 1층의 교수회의실에서 교육대학원 철학전공 석사논문발표회가 있었다. 내가 지도한 최재성 군이 「『화랑세기』에 나타난 화랑도교육과 화랑정신」을, 그리고 표주학 군이 「칸트의 정언명법에 관한 고찰」을 발표하였다. 한 시간 만에 발표회를 마치고서 연구실로 올라와 최재성 군의 논문 요지를 다시 한 번 읽어보았다. 지난번에 내가 첨삭지도 했던 것과는 많이 다르고 훨씬 나아져 있는 듯하였다.

10 (토) 맑음

종일 작업하여 「고려 불교와 가마쿠라 불교」 부분의 20매 정도 분량을 입력하였다. 작성해 둔 내용을 가상강좌 11주 첫 번째 강의록에 올렸는데, 정상적으로 올린 것 같았지만 화면의 목록상에는 나타나지 않았다.

13 (화) 맑음

「고려 불교와 가마쿠라 불교」 제2회분을 조금 입력하였다.

14 (수) 맑음

「고려 불교와 가마쿠라 불교」 제2회 일본 부분을 계속 입력하였다.

남명학연구원으로부터 새로 인쇄 제본한 남명선생 탄신 500주년 기념 국제학술회의 논문집 『南冥學과 21世紀 儒教復興運動 展開』가 집으로 부쳐져 왔다.

15 (목) 맑음

『동아시아의 철학사상』 제11주 2회분을 올리고서 잇달아 제12주 「원·명대 유학의 동향과 동아시아 사상계의 재편」 첫 회분을 입력하기 시작하였다.

16 (금) 맑음

가상강좌 제12주 첫 회분의 입력을 계속하였다.

17 (토) 맑음

학술진흥재단의 지방대학육성지원 패널 심사에 참가하기 위해 서울로 갔다.

18 (일) 맑음

가상강좌의 元·明代 제1회 부분의 입력을 계속하여 마쳤다.

19 (월) 맑음

점심 때 음악교육과의 신윤식 교수가 나를 청하여 함께 금년 5월에 새로 개업했다는 문산의 삼계탕 집으로 가서 식사를 하고서 돌아왔다. 이탈리아인 푸지오니 씨가 오늘 신 교수에게로 전화를 걸어와 이번 주 중에 진주로 한 번 내려오겠다고 하더라는 것이었다.

원·명대 부분의 강의록 제1회분은 가상강좌에 올렸고, 제2회분의 입력을 시작하였다.

20 (화) 맑음

퇴근 후에 김경수·사재명 군과 더불어 칠암동 세무서 뒤편에 있는 금강산횟집으로 가서 함께 저녁 식사와 술을 들며 대화를 나누었다. 뒤늦게 박라권 군도 참석하여 술을 마시다가 돌아오는 길에 큰 길 건너편의 치킨 집으로 들어가서 다시 생맥주를 한 잔씩 마신 다음 밤 11시 무렵에 귀가하였다.

횟집에서 김 국장으로부터 들은 바에 의하면, 연구원의 김충렬 원장은 얼굴의 절반 정도에 마비가 와 있는 상태이며, 권순찬 이사장도 건강 상태가 꽤 좋지 못한데, 조만 간에 이사장과 조옥환 부이사장 등이 나를 만나 연구원의 연구 사업에 대해 자문 역할을 해 줄 것을 기대하고 있으며, 다들 나를 차기 원장으로 생각하고 있다는 것이었다. 연구원의 상임 연구위원 수당은 최근에 월 10만 원에서 월 20만 원으로 100% 인상하기로 결정했다고 한다.

21 (수) 맑음

홍대용의 「林下經綸」을 끝으로 학부 4학년의 한국철학연습을 종강하였다.

어제 밤 김 국장으로부터 이 달 16일 서울대학교 교수회관에서 개최된 南冥學會 주최 제1회 국제학술회의 발표논문집인 『南冥 曺植先生의 生涯와 思想』을 받아 왔는데, 오늘 연구원으로부터 또 한 부가 우송되어 왔다. 그 내용을 검토하고서 거기에 실린 논문들을 「南冥學關係旣刊文獻目錄」에다 추가하였다.

23 (금) 맑음

퇴근 시간까지 「청대의 학술과 문화」의 입력을 계속했다.

24 (토) 맑음

「청대의 학술과 문화」 제1회분의 입력을 완료하여 가상강좌에 올렸다.

이발관으로 가는 도중에 신윤식 교수로부터 내 휴대폰에 걸려온 전화를 받았다. 이탈리아인 푸지오니 씨가 내일 중 진주를 방문하고자 한다는 것이었다. 그렇지만 내일은 문중의 時祀에 참여하기로 되어 있는지라 내 사정이 허락지 못한다고 했더니, 다시 연락을 하여 결국 월요일에 와서 당일 서울로 돌아가기로 결정했다고 한다. 푸지오니 씨의 부인은 한국인이라고 하는데, 둘이서 내일 내려오다가 도중에 어느 절 부근에서 하루 밤을 묵고서 모레 진주에 도착할 생각인 모양이었다.

26 (월) 맑음

오전 중 두 시간 수업을 마치고 난 후 11시 40분 무렵에 음대 신윤식 교수의 연구실로 가서 푸지오니 씨 부부를 만나기로 약속되어 있었으나, 그들 부부는 간밤에 전라도 정읍의 白羊寺 입구에서 자고, 고창과 88고속도로를 거쳐 오후 한 시 가까운 시각에야 도착하였다. 신 교수 연구실에서 얼마간 대화를 나눈 후, 함께 신 교수의 차를 타고서 사천시 용현면 신촌리에 있는 화곡관광농원으로 가서 생선회로 점심을 들었다. 그곳은 船津城 근처인데, 사천만 일대를 한 눈에 조망할 수 있는 언덕에 위치해 있어서 풍광이 무척 아름답다.

푸지오니 씨는 나보다 대여섯 살 정도 적은 사람으로서 이탈리아의 사르디니아 섬 출신이며, 나폴리 동양대학을 졸업하고서 20년쯤 전에 바로 한국으로 온 사람이다. 한국·중국·일본어를 비롯하여 몽고어·산스크리트어도 공부하고 있고, 그 외에 영어·스페인어를 비롯한 유럽 여러 나라의 말도 자유롭게 구사할 수 있을 정도로 어학에 탁월한 능력이 있는 사람이었다. 90년대에는 중국 北京에서도 4년 정도 근무한 적이 있고, 내년에 한국을 떠나 일본으로 가서 근무하다가 이탈리아로 돌아가서 대학교수를 할 생각이라고 했다. 그가 주한 이탈리아 대사관에서 하는 일은 영사 업무가 아니고 통역과 도서관 관계의 일이라고 했다. 충청도 서산 출신으로서 안동권씨이고 단국대 미술대학을 나와 도자기 빚는 일을 취미로 삼고 있다는 한국인 부인과도 결혼한 지가 20년 정도 되어 슬하에 제법 큰 아들 둘을 두고 있는데, 사진을 보니 아이들은 동양인의 모습을 하고 있었다.

오후 세 시가 넘어서 관광농원을 출발하여, 사천에서 남해고속도로에 올라 곤양 인터체인지에서 일반국도로 빠진 다음, 다솔사 입구와 곤명·북천·옥종을 거쳐 五臺寺(水精社)가 있었던 장소인 河東郡 靑巖面 弓項里

五臺마을의 國仙道 白宮仙院에 도착하였다. 그곳 책임자인 듯한 사람의 안내를 받아 방으로 들어가서 뽕잎차를 대접받으며 대화를 나누다가 그 경내에 있는 옛 절의 유물들을 둘러보았다. 지난번에 왔을 때는 石鐘型 부도 하나 밖에 눈에 띄지 않았었는데, 이번에 그곳 사람의 안내를 받아 둘러보니 주춧돌 받침대인 듯한 것과 水槽, 맷돌 등을 비롯하여 제법 이런저런 石物들을 구경할 수가 있었다. 국선도는 신흥종교가 아니고 일종의 도가적 호흡법으로서 건강을 추구하는 전국적인 단체라고 한다. 십 년쯤 전에 내가 여기에 들렀을 때는 어느 중이 가건물을 지어 놓고서 절의 복원 불사를 하고 있었는데, 그렇게 하여 지어 진 절이 水精寺이다. 그 자리에 지금은 백궁선원이 들어섰는데, 당시의 중도 국선도식 수련을 실행하고 있었다고 한다.

날이 어두워져 오므로 서둘러 그 부근 葦台里의 上村마을에 위치한 현재의 五臺寺에 들러 보았다. 그 절의 모습은 십 년쯤 전 내가 처음 들렀을 때에 비해 별로 다르지 않은 초라한 것으로서, 당시 건물 처마 밑에 있었던 듯한 '主山五臺寺'라는 편액이 지금은 입구의 정문 위에 걸려 있었다. 이미 깜깜한 가운데 그 절을 나와서, 옥종과 진양군 수곡면 창촌 및 수곡면 소재지를 지나 진주로 돌아오는 도중에 昆明面 浣紗里에 있는 鎭南亭이라는 식육식당에 들러 내가 쇠고기 불고기로 저녁 식사를 샀다.

진주로 돌아와서는 푸지오니 씨 내외가 답례로 차를 대접하겠다고 하므로, 진양호 공원 안의 호수를 내려다보는 위치에 있는 '폭풍의 언덕'이라는 찻집에 들러 각자 원두커피나 아이스크림을 들며 대화를 나누었다. 학교로 돌아와 음대 앞에서 나는 그들과 작별하였는데, 토니노 푸지오니 씨가 1996년 8월에 서울대 대학원 국사학과에 제출한 문학박사학위논문 「高麗時代 法相宗敎團의 推移」를 한 부 선물로 받았다. 그들 내외는 밤 아홉 시 반쯤 된 그 시각부터 지난주에 완공하여 개통식을 거행한 진주-대전 사이의 고속도로를 경유하여 교대로 차를 운전해서 서울로 돌아간다고 한다.

27 (화) 맑음

토니노 푸지오니 씨의 박사학위논문을 읽었고, 前任 조교인 崔宰城 군이 교육대학원 철학교육전공 석사학위논문인 「『화랑세기』에 나타난 화랑도 교육과 화랑정신」을 완성하여 전해 주었으므로, 그것을 읽기 시작했다. 최 군 및 같은 철학교육전공에서 칸트 윤리학에 관한 석사학위논문을 준비하고 있는 학생 한 명은 내 연구실 바로 맞은편의 대학원 세미나실에서 학위논문 준비를 위한 작업을 하고 있으므로, 점심 때 그들을 격려하는 뜻에서 함께 사천으로 나가 점심을 들고서 학교로 돌아왔다.

어제 푸지오니 씨 등과 함께 五臺마을의 백궁선원에 들렀을 때 그곳 책임자가 보여준 자료 가운데 『조선왕조실록』의 번역문이 있었으므로, 오늘 CD를 통해 검색해 보았더니, 그것은 「세종실록」 18년 6월 4일(기해) 조의 기사였다.

28 (수) 맑음

최재성 군의 석사학위논문을 읽으며 다시 한 번 첨삭지도 하는 작업을 계속하였다.

토니노 푸지오니 씨가 화요일 밤에 보낸 이메일을 받았는데, 그날 밤 1시 무렵에 서울의 집에 도착했노라고 한다. 두 차례에 걸쳐 그에게 회신을 보내어 지난 월요일에 찾아갔던 오대 마을을 도로교통지도에서도 확인할 수 있는 점과 그의 논문 중 權適의 碑文 해석상에 문제가 있는 점, 그리고 원래 五臺寺의 설립자와 현재 남아 있는 절의 유물 등에 대한 나의 의견을 말했다.

동철연 총무인 국민대학 문석윤 교수로부터 홈페이지 및 소식지 2호 발간에 관한 이메일이 왔으므로 회신을 보냈다.

대학원생 이수진 양이 내가 연구보조원으로서 매달 40만 원씩의 수당을 받게 해 준 데 대한 감사의 표시로 잭 니클라우스 상표의 카디건을 한 벌 선물로 사 왔다.

29 (목) 비

푸지오니 씨의 박사학위논문을 읽고, 최재성 군의 석사학위논문을 읽으며 첨삭지도 하느라고 가상강좌 제11강 2회분은 전혀 착수하지도 못했으므로, 오늘 분의 파일은 올리지 않고 그 대신 기말고사를 공고했다. 오후부터 강의의 마지막 순서인 제12강 「서양의 충격과 그 사상적 대응」을 입력하기 시작했다.

동철연의 문석윤 총무로부터 소식지 2호의 발간을 위한 소식을 보내달라는 내용의 회원들에게 보내는 이메일이 도착하였으므로, 내 소식 파일과 아울러 금년 중에 발표한 두 편의 논문 파일을 첨부하여 전송했다.

한국동양철학회로부터 내 논문 「18세기의 강우학파—종천서원 원변문제를 중심으로—」의 채택이 결정되어 조만간 발행될 『동양철학』 제15집(?)에 실릴 터이니, 연구비 받은 논문의 게재료에 해당하는 30만 원을 입금해 달라는 전화 통지가 있었으므로, 인터넷뱅킹을 통해 즉시 송금했다. 이것은 지난 8월에 남명학연구원 주최 남명 탄신 500주년 기념 국제학술회의에서 발표된 논문을 학회 측의 투고규정에 따라 절반 정도의 분량으로 줄인 것에 불과한데, 학술진흥재단의 연구비를 받은 것이므로 그 재단이 권위를 인정하는 학술지에다 게재료를 내고서 다시 싣지 않으면 안 되게 된 것이다.

30 (금) 맑음

「서양의 충격과 그 사상적 대응」의 입력을 계속하였으나, 얼마 나가지 못했다.

점심시간에 영문과의 안상국, 불문과의 김남향 교수와 더불어 나동의 어느 식당에 가서 추어탕으로 식사를 했다. 불문학과장인 김 교수가 학과장 회의에서 알게 된 바에 의하면, 2000년도의 연구 및 사회봉사 실적 등에 의한 금년도의 연구비 차등지급을 위한 교수업적 평가에서 내가 인문대학 전체 교수 가운데서 제1위로 판정되었다고 한다. 작년에는 『南冥學派研究』 상·하권, 『南冥集四種』, 『경남정신의 뿌리—남명 조식 선생

—』 등의 저서 및 편저와 「南冥과 陸王學—知와 行의 문제를 중심으로—」, 「日本哲學の訓詁的傳統と思辨的傳統」 등 연구 실적이 비교적 많았고, 사회봉사 실적으로서는 서울대학교 동양철학연구회 회장, 한국공자학회·한국사상문화학회 부회장, 한국동양철학회 편집위원, 예문동양사상연구원 연구위원 및 편집위원 등 학술단체의 임원 직책을 여러 가지 맡아 있기 때문인 듯하다. 그러나 교육인적자원부에서는 연구비를 미국식으로 차등 지급하도록 요구하고 있지만, 교수들의 반발도 있어 총액의 97% 정도는 직급에 따라 균등 분배하고 나머지 액수만을 가지고서 실적에 따라 분배하므로, 실적이 전혀 없는 사람과 실적이 최고인 사람 사이에 정교수의 경우 20만 원 정도 금액상의 차이가 생길 것이라고 한다.

식사를 마치고서 학교로 돌아와 안상국 교수와 둘이서 뒷산을 산책하였다. 대화 중 안 교수의 말로는 내가 인문대학 교수회장을 맡을 생각이 없다고 하므로, 차기 회장으로는 여교수로서 인품이 무난한 김남향 교수를 추천해야 하겠다는 것이었다. 그 말은 현재 차기 인문대학장 선거에 출마할 의사를 밝혀 놓고 있는 독문과의 한종만 교수가 한 달쯤 전에 인사차 내 연구실로 방문해 왔을 때, 지난번 교수회장 선거 무렵에도 나를 회장으로 추천하자고 하는 논의가 있었다는 소식을 전하면서, 내가 왜 꼭 남명과 같은 처신을 해야 하느냐고 하며 시기가 되었으니 먼저 차기 인문대학 교수회장을 맡고 다음으로 학장도 맡아볼 준비를 하는 것이 어떠냐고 내 의사를 물어오기에, 나는 교수회장도 학장도 생각이 없노라고 대답한 적이 있었던 것을 의미하는 듯하다.

12월

3 (월) 비

『周易參同契』 朱子 注를 읽는 도가철학 수업을 종강했다. 上中下 세 권 중 중권까지를 다 읽었다.

서울 용산구 한남동에 있는 이탈리아대사관에 행정사무관으로 근무하는 토니노 푸지오니 박사로부터 『韓國佛敎學』 第12輯(1990. 5. 1)에 실린 조선대 전임강사 崔成烈 씨의 논문 「高麗中期 水精結社와 瑜伽宗」의 복사물이 부쳐져 왔으므로 읽기 시작했다.

4 (화) 맑음

河宗岳의 후처로서 진주 淫婦獄의 중심인물이 된 咸安李氏 관계 답사차 예전에 진성 삼거리에서부터 걸어서 왔던 바 있는 길을 따라 大谷으로 가서 대곡교회의 정병표 목사를 찾았다.

최성렬 씨의 水精結社에 관한 논문을 마저 읽었다.

5 (수) 맑음

점심 때 남명학연구원 김경수 사무국장의 차에 동승하여 신안동 갑을가든으로 가서 권순찬 이사장과 만났다. 이사장은 올해 78세의 고령인데, 나를 만나자고 한 이유는 김충렬 원장 및 조옥환 부이사장과 협의한 결과 나에게 연구원 연구 업무의 실질적 책임을 맡기기로 합의했다면서, 이 달 중에 있을 연구원총회 때까지 당분간 상임연구위원으로 되돌아와 달라는 것이었다. 나는 그 문제에 대해서는 이미 지난번 갑을가든에서 있었던 회합에서 상임연구위원으로 되돌아갈 의사가 없다는 뜻을 밝혔을 뿐 아니라, 이사장이나 원장 그리고 상임연구위원회 등의 공식적 조직이 있음에도 불구하고 내가 특별한 임무를 행사한다는 것은 월권행위에 지나지 않는다는 의사를 표시하였다. 지난번 회합에서 김충렬 원장은 자신이 1년 이내로 원장의 직을 사임할 것이며 후임으로는 나를 추천하겠다는 의사를 밝혔는데, 조옥환 이사장은 김 원장 중심의 체제를 유지해 나갈 생각이 확고하며 그 대신 조만간 부원장의 제도를 신설하여 나를 그 자리에 앉힐 생각인 모양이었다.

오늘 모임에서 지난 11월 30일 충남대학교 문과대학 교수회의실에서 열렸던 경상대와 충남대 상호교류·협력 협약 조인 및 대전-진주간 고속도로 개통을 기념하여 경상대학교 남명학연구소와 충남대학교 유학연구소의 공동주최로 개최된 '21세기 南冥과 沙溪·明齋의 새로운 만남—그 現實認識과 務實力行思想을 중심으로—'라는 大주제하의 학술회의 발표논문집을 한 부 얻어왔으므로, 그것을 읽으며 카드화하고 있다.

6 (목) 맑음

충남대에서 있었던 학술회의 발표논문집의 카드화를 마치고서, 『正統道藏』 제33책에 수록된 이번 학기 도가철학 과목의 교재인 朱熹 注, 黃瑞節 附錄 「周易參同契」의 下卷을 읽기 시작했다. 가상강좌의 제14주 두 번째 강의록을 올리는 날이지만, 전혀 준비가 되어 있지 않으므로 어제 오후에 제1회분을 접속할 수 있게 만든 것으로써 종강한다는 의사를 공고하였다.

저녁 무렵에 김경수 국장이 남명 묘소 앞에다 안내판을 붙이는 일로 문의전화를 걸어왔는데, 그 김에 나는 남명학연구원으로 다시 복귀할 생각이 없으니 나를 위해 부원장 제도를 신설할 필요는 없다는 뜻을 표명했다. 인간이 모인 곳에는 정치가 있게 마련이거니와, 그런 복잡한 권력 관계 속으로 끼어 들어가 남의 부하 노릇을 하며 얼마간의 돈을 받는 대가로 말과 행위를 구속당하기보다는, 아무에게도 머리를 숙이지 않는 한 사람의 자유인이자 학자로서 자신의 양심에 따라 연구에만 종사하며 살아가는 것이 바람직하겠다는 판단인 것이다.

7 (금) 맑음

『주역참동계』를 끝까지 다 읽었다.

점심시간에 칠암동에 있는 뚱보곰탕집에서 철학과 교수회의가 있었다. 내년도의 조교로는 현재 나의 연구보조원으로서 월 40만 원씩의 수당을 지급 받고 있는 일반대학원의 이수진 양이 결정되었으므로, 그녀가 조교로서 정식으로 취임하게 되는 내년 3월부터는 사실상 하는 일이 별로 없이 그냥 지급되는 보조원 수당은 중단하여도 좋을 듯하다.

부산대 철학과의 최우원 교수로부터 시간강사 문제에 대한 전화 연락이 왔다. 부산대 졸업생 가운데서 동양철학으로 박사학위를 취득한 사람들이 여러 명 있다고 하나, 그 중 北京대학 철학과에서 박사학위를 취득한 사람이 귀에 솔깃하여 그 사람을 보내달라고 했다. 얼마 후 본인과도 통화하였는데, 다음 주 화요일(11일) 오전 11시에 인사차 진주에 한 번 오겠다고 했다. 그는 임형석이라고 하는 올해 보통나이로 34세 된 사람으로서, 부산대 철학과의 88학번이며, 北京 淸華大學 사상문화연구소에서 馬王堆帛書 易傳에 관한 연구로 碩士, 北京大學 철학과에서 王船山의 周易內傳硏究로 박사학위를 취득했다고 한다.

8 (토) 맑음

가상강좌는 종강을 하였으나, 시간이 부족하여 미진한 채 끝낸 강의록을 보완하는 작업을 계속하여 12강 제1회「서양의 충격과 그 사상적 대응」중국 부분을 대충 마쳤다.

10 (월) 맑음

지난 주말에 배석원 교수가 내 연구실로 찾아와 경상대학교 교수연구활성화 보조금 지급 방침에 대해 알려주면서 그 신청서류를 한 장 주고 갔었다. 오늘 조교가 가져온 금년 5월 28일자 공문을 보니 연구업적의 질과 양에 따라 1등급에서 3등급까지로 나누어 180만 원에서 120만 원까지 차등지급 한다는 것이었다. 지난 토요일 한국동양철학회에 전화 연락하여『동양철학』제15집에 게재가 결정된 내 논문의 게재증명서와 게재료 30만 원의 영수증을 팩스로 보내주도록 당부해 두었으나 신청마감일인 오늘까지도 그것이 오지 않으므로, 실무책임자인 성균관대학교의 최영진 교수에게 다시 전화 연락하여 저녁 무렵에 팩스를 받아서 실적물과 함께 제출하였다.

가상강좌 제12주 첫 회분의 강의록을 퇴고한 후 제2회분의 입력을 시작하였다.

12 (수) 흐리고 저녁 무렵 비

경상대학교 교수연구활성화 보조금 지원과 관련하여 인문대 행정실 측이 한국동양철학회로부터 팩스로 보내져 온 게재확인서와 게재료 납부증명서의 사본이 아니라 원본을 요구하였다. 번거롭기 짝이 없으나 다시 성균관대학교의 최영진 교수에게 전화를 걸어보았는데, 받지 않으므로 음성 메모를 남겨두었다. 그러고 나서 같은 「18세기의 강우학파」 원고 전문을 지난 8월에 있었던 국제학술회의에서 발표하여 이미 출판된 것의 복사물을 그 대신 제출하였고, 게재료와 관련하여서는 11월 말에 한국동양철학회 회장인 故 정병련 씨 앞으로 인터넷 뱅킹을 통해 30만 원을 송금한 기록을 출력하여 제출하였다.

일본의 關西大學 문학부 교수인 坂出祥伸 교수가 편지와 함께 금년 11월 28일에 출판된 그의 저서 『異文化體驗あれこれ－フランス·中國·韓國そして鄕土鳥取－』(鳥取, 螢光社, 2001)를 한 권 보내왔다. 그 속에는 그가 지난 날 보내준 바 있었던 『出版ダイゼスト』(1993년 9월 30일·12월 11일·1994년 4월 1일)에 실린 한국 여행기 「康有爲と朝鮮の儒者·李炳憲－韓國で見た康有爲の書－」가 조금 제목이 바뀌어 실려져 있고, 그 글 첫머리에 나의 이름이 나오고 있다.

24 (월) 맑음

한국동양철학회로부터 내 논문 「18세기의 강우학파—종천서원 원변 문제를 중심으로—」가 실린 『東洋哲學』 第15輯 세 권과 손으로 제본한 별쇄 10부가 우송되어 왔다. 조교를 통해 인문대학 행정실에 2부와 본부의 연구지원실에 4부의 별쇄본을 보내어 본교 및 학술진흥재단에 대한 연구실적물 제출 절차를 마치게 했다. 이로써 1999년도 학술진흥재단 선도연구자지원 연구비에 대한 결과보고는 모두 끝낸 셈이다.

26 (수) 맑음

다시 가상강좌의 강의노트 입력을 시작하여, 제12강 「서양의 충격과 그 사상적 대응」 일본·한국 부분을 계속하였다.

조교가 나의 학술진흥재단 2001년 선도연구자지원 연구비 중 413,800원을 연구보조원 명단에 올라 있는 자기가 책을 사는 것으로 처리하여, 일단 구내서점의 구좌로 입금된 그 금액을 현금으로 찾아서 나에게 전해주었으므로, 퇴근 시에 내가 농협의 단말기를 통해 내 구좌로 입금하였다. 10만 원을 초과하는 금액은 업주가 세금을 부담해야 하므로, 10만 원 이하짜리 가짜 영수증을 조교가 몇 장 적어서 처리하였다고 한다. 대학본부의 연구지원실에 의해 중앙관리 되고 있는 연구비 인출에 관한 수속은 조교에게 일임해 두고 있지만, 이와 같은 부정한 편법을 사용해야 할 바에는 차라리 신청하지 않는 편이 좋았으리라는 생각을 이번에도 늘 하고 있다.

27 (목) 맑음

『日本中國學會報』 제2호와 『南冥院報』 제24호(2001년 12월)를 훑어보았다. 후자에 의하면 이 달 23일(일)부터 24일(월)까지 이틀간 산청군 삼장면 대포리에 있는 한별가든에서 사단법인 남명학연구원의 2001년도 연구위원 정기 세미나가 개최되었다. 나는 사전에 김 국장에게 참가할 의사가 없음을 표명하였기 때문인지 따로 연락을 받지 못했다.

28 (금) 맑음

가상강좌 '서양의 충격' 부분의 파일에다 좀 더 수정 보완을 가한 다음 漢代 부분의 보충 작업에 들어갔다.

29 (토) 흐리고 저녁 무렵 빗방울

MBC TV에서 지난 12월 4일 밤 12시 30분부터 1시 30분까지 방영된 '행복한 책읽기' 〈남명 조식과 퇴계 이황의 사상세계 탐험〉을 시청하였다.

가상강좌 제4강 漢代 부분의 입력을 계속하였다.

점심 때 김경수 국장이 학교로 와 자기 차에 나를 태우고서 함께 진양호 아래의 영덕 대게·바다가재·왕새우 등을 전문으로 하는 식당으로 가서 점심을 대접해 주었다. 박라권·사재명 군과 진주전문대학의 유아교육과 교수로서 다음 학기에 본교 철학과 대학원의 한국실학연구 과목을 맡아주기로 되어 있는 송준식 교수도 함께 어울렸다. 포도주 및 소주와 함께 대게를 들고 나서, 김 국장은 금년에 한국연극대상 등을 수상한 「시골선비 조남명」이라는 연극을 만드는 데 공헌했다는 사유로 손숙 씨가 주관하는 연극단의 감사패를 받기 위해 밀양으로 간다고 하여 헤어지고, 나머지 네 명은 판문동에 있는 '로마의 휴일'이라는 커피숍에 들러 콜롬비아 원두커피를 마시며 대화를 나누었다.

김 국장으로부터 지난 12월 23~24일 양일간에 걸쳐 개최된 남명학연구원 2001년도 연구위원 세미나의 발표논문과 금년 8월 8일에 중국 西安의 交通大學에서 國際南冥學研究會 주최로 개최된 『曹南冥誕辰500周年紀念國際學術研討會論文提要』의 복사물 및 MBC TV의 비디오테이프를 얻어와, 「南冥學關係旣刊文獻目錄」에다 그 내용을 추가하였다. 엊그제의 통화에서 내가 『孤臺日錄』과 『端磎家曆日記』를 연구원에서 영인 출판해 보도록 권유한 바 있었는데, 이번의 연구원 세미나에서는 『고대일록』의 영인뿐 아니라 번역까지 붙여서 합본하여 출판하자는 의견이 있었다고 한다.